应急管理理论与实务丛书编委会

本书获广东省“211工程”三期重点学科建设项目“应急管理理论与实务”基金资助

应急管理理论与实务丛书

旅游应急管理

梁明珠　等编著

暨南大學出版社
JINAN UNIVERSITY PRESS

中国·广州

图书在版编目（CIP）数据

旅游应急管理/梁明珠等编著．—广州：暨南大学出版社，2011.10
（应急管理理论与实务丛书）
ISBN 978-7-81135-992-3

Ⅰ.①旅…　Ⅱ.①梁…　Ⅲ.①旅游经济—经济管理　Ⅳ.①F590

中国版本图书馆CIP数据核字（2011）第192393号

出版发行：暨南大学出版社

地　址：中国广州暨南大学
电　话：总编室（8620）85221601
营销部（8620）85225284　85228291　85228292（邮购）
传　真：（8620）85221583（办公室）　85223774（营销部）
邮　编：510630
网　址：http://www.jnupress.com　http://press.jnu.edu.cn

排　版：广州金易计算机技术服务部
印　刷：佛山市浩文彩色印刷有限公司

开　本：787mm×960mm　1/16
印　张：21
字　数：412千
版　次：2011年10月第1版
印　次：2011年10月第1次
印　数：1—2000册

定　价：42.00元

总 序

我国正处在社会转型与体制转轨、机遇与风险并存的社会高风险期，加上各种自然灾害与人为事故纠结在一起，在社会急速变化的过程中，各类公共危机问题被迅速地集中和放大，蕴涵着不可忽视的各类风险。金融、环境、信息、流行疾病、民族分裂主义、自然灾害等非传统安全因素已成为威胁国家安全的组成部分，这些非传统安全危机深刻地考验着中国政府的执政能力。面对非传统安全危机，加强执政能力建设，趋利避害，化解风险，已成为中国政府长期面临的重要课题。从2006年1月国务院颁布《国家突发公共事件总体应急预案》起，就意味着战略性地应对公共危机已被擢升至国家高度。

“突发公共事件”是指突然发生，造成或者可能造成重大人员伤亡、财产损失、生态环境破坏和严重社会危害，危及公共安全的紧急事件。随着各国社会经济的快速发展，各类突发公共事件的危害日益突显。突发公共事件主要分为自然灾害、事故灾难、公共卫生事件、社会安全事件四类；按照其性质、严重程度、可控性和影响范围等因素分成四级，特别重大的是Ⅰ级，重大的是Ⅱ级，较大的是Ⅲ级，一般的是Ⅳ级。一国政府应对突发公共事件的能力已经成为评价其执政、施政能力的重要绩效标准。

北京大学丁元竹教授曾把中国社会的风险归结为十个方面：就业、“三农”、金融、贫富差距、生态与资源、台湾、全球化、国内治理危机、信心和诚信、艾滋病和公共卫生。

这是当代后发展国家现代化、城市化荆棘之路的共性，也是正在进行追赶型、跨越式发展的中国社会不得不面对与思考的问题。能源安全、环境安全、生态安全、金融安全、网络安全、信息安全、卫生安全、文化安全等涉及社会生活的多个领域，具有隐蔽性、危险性、突发性和非确定性的特点。进入21世纪以来，各种自然灾害、事故灾难、公共卫生事件、社会安全事件等频频发生，往往使国家遭受严重损失。研究社会转型期各类重大的突发公共事件和社会经济风险与自然条件状态下的各种自然灾害及次生灾害所带来的应急管理问题，提高突发公共事件应急管理能力成为政府不可回避且具有刻不容缓意义的现实课题。

中央综治办主任陈冀平曾指出，从目前的社会形势看，新的社会矛盾将不断产生，原有的一些社会矛盾可能随之凸显，并呈现出经济领域的新矛盾与其他领域的矛盾相互影响、相互作用的局面，主要表现为涉及农村土地征用、城镇房屋拆迁、国有企业改革、部分军队退役人员等方面的信访问题仍然十分突出，非法集资、股市房市受损、高校毕业生就业、医疗、养老、环境污染、城市公共服务与管理等诱发群体性事件的因素也正在增多。由经济纠纷引发的暴力讨债、绑架、哄抢等“民转刑”案件可能更加突出，流动人口犯罪、多发性侵权犯罪和非法集资等涉众型经济犯罪可能更加突出，城市社会治安问题向农村蔓延扩散的趋势可能更加突出，尤其是个人极端事件有可能进一步增多，治安问题的敏感性将会进一步增强，一起普通的刑事案件或治安案件有可能转变为社会热点问题，甚至诱发其他矛盾和问题。

近50年来，世界经济发展步伐加快，在石化能源体系支撑下的高碳工业，形成了火电、石化、钢铁、建材、有色金属等工业，并由此衍生出汽车、船舶、航空、机械、电子、化工、建筑等行业。气候变化主要是由人为活动排放的二氧化碳、甲烷、氧化亚氮等温室气体造成的。全球变暖的后果是冰川融化、海平面上升、生态系统退化和自然灾害频发。从企业应急管理和长远视角来看，企业外部市场变幻莫测，内部管理与控制日趋复杂。外部风险包括市场风险、竞争风险；内部风险则包括品牌风险、战略风险、文化风险、团队风险、领导人风险、财税风险、舆论风险、法律风险和技术风险等。

马凯在《求是》杂志中撰文指出：我国正处于工业化、城镇化快速发展时期，各种传统的和非传统的、自然的和社会的风险、矛盾交织并存，公共安全和应急管理工作面临的形势更加严峻。归纳起来，应急管理面临的态势包括四个方面：一是自然灾害处于频发期。我国是世界上自然灾害最为严重的国家之一，灾害往往具有种类多、分布地域广、发生频率高、造成损失重等特点。特别是近年来，极端气候事件频发，中、强地震呈活跃态势，自然灾害及其衍生、次生灾害的突发性和危害性进一步加重、加大。二是安全生产形势严峻。我国经济发展较快，能源、资源、运输供给长期偏紧，再加上安全生产基础薄弱，一些地方和企业责任不落实、监管不到位，生产安全事故发生率居高不下，重、特大事故时有发生。三是公共卫生事件防控难度增大。公共卫生事件的诱因和影响都呈较强的国际性特点，全球新发的三十多种传染病已有半数在我国出现，重、特大疫情和群体性不明原因疾病时有发生。随着人口流动量的加大和流动速度的加快，疾病的防控难度加大，造成的损失更加严重，而在食品、药品生产经营中市场秩序混乱、源头污染严重、监管力量薄弱等问题尚未得到根本解决。四是社会安全面临新的挑战。

我国改革和发展进入关键阶段，各种利益关系错综复杂，国家安全面临的形势更加复杂严峻，维护社会稳定的任务更加艰巨。对当前国际金融危机造成的重大影响和可能引发的各类突发公共事件，我们要有充分的准备。2008 年 3 月 14 日，少数不法分子在西藏拉萨制造了打砸抢烧暴力事件，烧死或杀死藏汉群众 18 人，给当地人民群众生命和财产安全造成重大损失。之后，2009 年乌鲁木齐"7 · 5"打砸抢烧严重暴力犯罪事件又造成 197 人死亡，其中绝大多数是无辜群众。这场打砸抢烧暴力事件的发生，是由以热比娅为首的境外敌对势力和境内极少数人极力炒作广东韶关旭日玩具厂群殴事件，把一个一般的治安案件说成是民族事件，从而极力煽动民族仇恨所致的。2010 年春节期间，山西省的晋中、太原、吕梁、长治、晋城、阳泉等地区，到处都是地震将发的议论，一场大规模的群众恐慌在山西蔓延。2 月 20 日晚至 21 日凌晨，许多山西人离家，躲避在广场、公园等地，夜不归宿，甚至开车逃往外乡。造谣人利用网络传播大地震谣言，而政府机构最初也处于一片迷乱中，直到 21 日早晨，山西省政府及各地区地震部门通过媒体及移动通信转达了政府公告，称群众这次避震行动是为谣言所惑，要广大群众安心。诸如此类的民生事件，实则是 2007 年哈尔滨水污染事件中短信传播哈尔滨要大地震的翻版，对于非常事件与突发事件，应该由民调机构和覆盖面广的大众媒体联合发布官方信息，以正视听。

应急管理是指政府及其他公共机构在突发公共事件的事前预防、事发应对、事中处置和善后管理过程中，通过建立必要的应急机制，采取一系列必要措施，以保障公众生命和财产安全，促进社会和谐、健康发展的有关活动。佐治亚州州立大学著名应急管理学家威廉 · L. 沃认为："应急管理就是对风险进行管理，以使社会能够与环境或技术危险要素共存，并应对环境、技术危险要素所导致的灾害。"应急管理是对突发公共事件的全过程管理。根据突发公共事件的预警、发生、缓解和善后四个发展阶段，应急管理可分为预测预警、识别控制、紧急处置和善后管理四个过程。应急管理又是一个动态管理过程，包括预防、准备、响应和恢复四个阶段，均体现在管理突发公共事件的各个阶段中。

应急管理是一个完整的系统工程，可以概括为"一案三制"，即突发公共事件应急预案，应急机制、体制和法制。以政府应急管理为主线，围绕政府应急管理决策层次、技术管理层次、社会动员与响应机制等层次展开研究，达到在紧急状态下各行为主体凝聚人心、从容应对、缓解危机、减少缺失的效果。政府危机管理即政府在公共危机事件发生之前、发展过程之中和后危机时期，为减少和消除危机造成的危害和损失，根据危机管理计划和程序而对危机直接采取的对策及管理措施。政府应急管理是在政府常态型危机管理基础上的紧急状态的管理，各种信息资源、物质资源、人力资源如何高效配置与有效运筹，如何防止灾害的蔓延与次生灾害的扩大等，均是政府应急管理在紧急状态下需要解决的关键问题。我国正处于经济体制和经济增长方式双重转轨的特殊时期，存在着诱发公共危机的潜在的制度及非制度因素。高度重视公共危机管理、建立公共危机的预警机制和政府干预公共危机体系尤为必要。应急管理的基础是常规性政府危机管理，只有基础性工作常抓不懈，才能在紧急状态下临危不乱。

发达国家十分重视突发公共事件应急管理的研究，其研究范围覆盖了灾害或危机产生、发展、消亡的整个过程。日本是较早开展城市应急管理研究的国家，研究的领域和能力不断拓展，研究的水平处于世界前列。美国也在“9·11”事件发生后，组建了部级的美国国土安全部（DHS），标志着美国国家级突发公共事件应急管理体系从“综合应急管理”提升到“国家安全应急管理”的高度。相关国际组织也非常重视突发公共事件应急管理。联合国第二届世界减灾大会发表的《兵库宣言》要求各国将防灾减灾、保障国民生命和财产安全“作为国家的第一责任”，并将“确保减灾成为各国政府部门的工作重心之一”列为《兵库行动框架》（2005—2015 年）提出的五个行动重点之一。世界各国的政府部门、学术团体和专门机构已经开始从事各种针对突发事件的预防、监测、预报、识别、测定、控制、应急预案制定、事发时的快速反应及救灾、灾后的快速评估与重建的研究。

美国的乔治·华盛顿大学、马里兰大学、北达科塔州立大学和加拿大的尼加拉瓜学院等国外大学，在一些领域均有较为系统的研究，包括危机与应急管理，流行病及预防医学，危机和应急管理中的信息技术、自然、技术危害以及恐怖袭击之风险管理，大规模恐怖行动的预防和反应，危机管理、灾后重建以及组织持续，减灾管理，健康与医疗应急管理。上述研究系统地对政府层面与技术层面的公共危机与应急管理技术提供了强有力的理论指导。

公共危机与突发事件已成为构建和谐社会和可持续发展的重要隐患，越来越引起社会各界对如何有效应对突发事件、妥善预防和处理危机的高度重视。2006

年1月国务院颁布《国家突发公共事件总体应急预案》，象征着从战略上应对公共危机已被提升至国家高度。中央进一步明确提出，要建立健全社会预警体系，提高保障公共安全和处置突发事件的能力。2007年8月，全国人大常委会通过了《中华人民共和国突发事件应对法》。汪永清、莫于川、韩大元等学者对该法进行了解释。一些学者则比较研究了国外紧急状态下的法律制度，如徐高、莫纪宏等。目前，我国的研究基本上处于介绍国外经验，对我国应急管理存在的问题及对策等事实进行描述和研究为主的阶段，而上升到法理以及制度比较研究尚欠深入，难以对应急管理的依法行政提供充分的理论支持。另外，对危机处理研究较多，对事后重建和救济研究较少，不利于依法规范政府行政行为，实现缓解公众利益和私人利益的矛盾、维护社会稳定的目的。

关于灾害及突发公共事件应急工程的研究，国内外已经积累了大量的研究成果。从第一个应急管理国际组织——国际应急管理工程协会诞生之日起，各类研究成果层出不穷。这些成果几乎囊括了火灾、地震灾害、矿井塌陷、核泄漏事故灾难等具体灾害/危机的各领域。我国从20世纪80年代末开始创建许多研究学报和学术期刊，如《自然灾害学报》、《环境污染与防治》、《环境卫生工程》、《中国环境管理》、《中国减灾》等，针对我国自然灾害以及事故灾难的防灾减灾研究已经较为深入，目前国内较为集中的研究主要体现在城市灾害应急与管理，区域应急管理实务预案、演练及绩效，突发事件应急管理，现代城市公共安全应急管理，领导干部预防和处置突发公共事件实用指南与案例分析，公共危机与管理，国家与政府的危机管理，灾难性事故与事件应急处置，城市安全学，政府应急管理实务，中央和大城市政府应急机制建设，灾害应急处置与综合减灾，地震应急等研究领域。

政府应急管理和企业应急管理均需要建立应急管理综合平台和预案建设，运筹帷幄，才能在非常态情景下保持临危不乱，但是无论国内还是国外，对于突发公共事件的研究普遍侧重于技术和具体方法应用的应急工程研究，并形成了一类特殊管理理论与方法——应急管理，而蕴涵其中的基础科学问题研究还没有得到广泛关注。这样，构成了面向突发公共事件的应急管理和应急工程两个紧密结合、相辅相成的研究层面。其中，应急管理中的科学问题研究是应急工程问题研究的基础，而后者又是在前者指导下的实践。

从2008年暨南大学获教育部批准在全国率先招收应急管理本科生并成立全国首家应急管理学院，到2009年广东省“211工程”三期重点学科建设项目

"应急管理理论与实务"正式立项，再到暨南大学应急管理研究中心成立并成为广东省高校重点人文社科研究基地，得到了广东省政府、省政府应急办的大力支持和社会各界的广泛关注，我们深感责任的重大与使命的神圣。应急管理属于新型交叉管理学科，"211 工程"三期重点学科建设项目共设置了二十余个选题，从政治、经济、管理、公共卫生、新闻处置、社区与区域合作、应急管理史、应急管理平台等领域进行研究，试图对完善中国应急管理理论作出富有成效的尝试，也期盼对中国应急管理工作提供指导与借鉴。丛书的出版难免存在这样或那样的疏漏，期待读者给予批评指正。

暨南大学应急管理研究中心　暨南大学应急管理学院

广东省"211 工程"三期重点学科建设项目

应急管理理论与实务丛书编辑委员会

2011 年 1 月

前言

旅游业是一个充满生机与活力的朝阳产业。中国的旅游业经过将近30年的发展，已经取得了举世瞩目的成就，并以其广泛的产业关联效应和乘数效应推动着中国经济的发展。然而，旅游业在快速发展的同时也面临着负面事件的威胁。近年来的诸多负面事件对旅游业造成的经济影响是整个经济领域前所未有的。例如，2001年的“9·11”事件给国际旅游业带来了严重的冲击，导致整个世界经济的衰退；2003年的SARS疫情、2004年发生在印度洋国家的海啸、2008年中国的汶川大地震等，都给受灾地区甚至世界旅游业带来了巨大的冲击。因此，有必要在科学理论的指导下，为旅游业建立一个全面、系统和高效的突发事件应对机制，减少各种类型的突发事件对旅游业的负面影响，尤其要推动旅游应急管理由经验型管理向制度型管理发展。

从20世纪80年代中期至今，编者一直从事旅游管理的教学与研究工作，目睹了中国旅游业发展的过程，深感旅游应急管理的理论知识对于指导旅游业在面对突发事件时健康、有序发展的重要性。近年来，编者经过潜心研究，初步总结出一套相对完整的旅游应急管理知识体系。在编写该教材的过程中，编者从大量国内外教材和专著中汲取精华，力求使本书既能与国际先进理念接轨，又能与中国当前的旅游发展实践相结合。

本书在结构上共分为十章，内容涉及旅游应急管理的各个方面，具体包括旅游应急管理概述，危机与旅游突发事件，旅游应急管理相关理论，旅游应急预案与体制、机制，政府旅游应急管理，旅游行业协会应急管理，旅游景区应急管理，酒店应急管理，旅行社应急管理，旅游者及其家庭旅游应急管理。本教材既体现了国家标准和规范化要求，又从多角度反映了旅游活动主体的应急管理，突出了教材的时代性与系统性；并将旅游应急管理的基础理论与实践有机地融合起来，具有较强的可读性和自学指导性，突出了教材的实操性；同时根据教学需要，每章均设置了学习目的、学习要点、本章小结、思考与练习、拓展阅读等内容，有利于读者准确、快速地掌握各章的重点内容和关键术语。

本书由暨南大学管理学院旅游管理系主任、博士生导师梁明珠教授负责体例的设计、内容和结构的安排、大部分章节的撰写以及全书的统稿工作。具体撰写分工为：第一章由梁明珠、云晓、王莉莉、谢兴编写；第二章由梁明珠、杨英、杨剑、王琦编写；第三章由王伟、李龙编写；第四章由梁明珠、王伟、刘少和编写；第五章由汪会玲编写；第六章由刘少和编写；第七章由梁明珠、王倩、臧花编写；第八章由文吉编写；第九章由蒲阳编写；第十章由梁明珠、刘少和编写。

本书可用作教材，适用于旅游高等院校、旅游研究机构、高等职业教育机构及参加自学考试的人员，同时也适用于旅游行业管理和旅游职业培训，对理论研究、学历教育、职业培训以及实际工作都具有实用性和参考价值。

我国旅游应急管理的研究目前还处于起步阶段，因此本书的疏漏之处在所难免，恳请有关专家和广大读者批评指正，以共同推进旅游应急管理学科的进一步发展。

编 者

2011 年 3 月

目　录

第一编

旅游应急管理的一般理论

第一章　旅游应急管理概述

【学习目的】

通过本章的学习，要求掌握危机、突发事件、风险、旅游安全及旅游应急管理的基本概念；认识国内旅游应急管理的现状和存在的问题；了解不同国家旅游应急管理的经验以及本教材的知识体系。

【学习要点】

1. 危机、突发事件、风险、旅游安全、旅游应急管理的概念。
2. 国内旅游应急管理的现状。
3. 不同国家旅游应急管理的经验。
4. 教材的知识体系框架。

【关键词】

危机　突发事件　风险　旅游安全　旅游应急管理

第一节　相关概念

旅游业是个非常敏感的行业，任何突发事件的发生都可能对旅游业的稳定发展产生一定的影响，如经济危机、自然灾害、文化冲突等。目前，中国旅游业正处于快速发展时期，频繁出现的自然灾害、瞬息万变的国内外形势，都对中国旅游业产生着重要的影响。因此，在旅游业中建立应急管理机制已成为保证旅游业健康发展的必备条件之一。

一、危机

（一）危机的界定

“危机”（crisis）一词最初是一个医学术语，指人濒临死亡、游离于生死之间的状态。随着“危机”一词适用对象的不断扩展，人们对“危机”定义的理解逐渐发生了变化。国内外学者主要从决策与冲突这两个角度对“危机”进行解读。

危机研究的先驱赫尔曼（Hermann，1972）认为：“危机是威胁决策集团优先目标的一种形势，在这种形势中，决策集团作出反应的时间非常有限，且形势常常向令决策集团惊奇的方向发展。”该定义涵盖了危机的三大要素，分别为决策单位的高度优先目标受到威胁、作出反应的时间有限以及意外性。

荷兰的危机研究专家罗森塔尔（Rosenthal，2001）将危机定义为一个过程，即“危机是一段剧变和集体紧张的时期。在这段时间里，日常的生活方式和社会体系的核心价值受到威胁，且威胁的方式是我们意想不到的，甚至是无法想象的”。

巴顿（Barton，1993）认为：“危机是一个会引起潜在负面影响的具有不确定性的大事件，这种事件及其后果可能对组织及其人员、产品、服务、资产和声誉造成巨大的损害。”

薛澜（2003）认为：“危机通常是决策者的核心价值观念受到严重威胁或挑战，有关信息很不充分，事态发展具有高度不确定性和需要迅捷决策等不利情境的汇聚。”

高世屹（2003）指出：“危机是指内部或外部不确定的变化（突变或渐变）因素对组织整体利益产生威胁的一种紧张状态。”

此外，朱德武（2002）对危机的定义进行了乐观的阐释，认为危机就是“危险和机会”，每一次危机既是失败的根源，又是孕育成功的种子。

（二）危机的特征

危机的特征十分明显，Lerbinger（1997）指出，危机具有突发性、不确定性和时间紧迫性三种特征。突发性指的是危机的发生通常都是令人猝不及防的；不确定性可以理解为未知性和不可预期性；时间紧迫性指的是管理层必须在最短的时间内降低危机对组织所造成的损害，在高风险及高度不确定的状况下掌控情势使其不致恶化，所有的决定都必须在巨大的压力下作出。

Brecher（1978）列举了危机的四项特质：

（1）内外环境突然发生变化，而且该变化已经影响到组织基本目标的达成。

（2）各种变化之间具有联动性，即使是微小的顾客抱怨风波都可能酿成致命的伤害。

（3）变化会带来风险，但充其量只能事前预估，却不能完全避免，所以危机的发生是条件概率的概念，当各种条件都具备时，危机爆发的概率就达到警戒标准。

（4）对变化作出反应的时间非常有限，而且紧迫。

综上所述，危机的特征可以归纳为以下五点：

（1）突然爆发，完全发生在人们的意料之外。

（2）触发性事件，决策时间短暂和具有惊奇及紧急的要素。

（3）威胁巨大和后果严重，其严重性体现在其对现有结构、常规程序或组织生存提出挑战，并给直接受到影响的人留下危机难以应对的印象。

（4）转折点，当变化十分巨大时，其影响可能是积极和消极双方面的。

（5）具有易变、不稳定和活动性特征。

二、突发事件

所谓“突发事件”，是人们对于突然发生的紧急事件的总称，在我国的学术界和法律界又被称为“突发公共事件”。2007 年 11 月 1 日起实施的《中华人民共和国突发事件应对法》规定：“突发事件是指突然发生，造成或者可能造成严重社会危害，需要采取应急处置措施予以应对的自然灾害、事故灾难、公共卫生事件和社会安全事件。”尽管突发事件是人们描述突发紧急情况的一个常见词汇，但是突发事件这个概念并不规范，所涵盖的时间外延也过于狭窄。突发事件对社会的影响是一个持续的过程，国际上一般倾向于采用“危机”这个概念，因为“危机”比突发事件更立体地反映了一个持续过程对社会的影响。

突发事件强调事件发生的不可预测性与事件处理的紧急性，危机强调事件的危险性。因此，从内涵上来讲，突发事件并不能完全等同于危机事件，有些突发事件因危害程度和紧急程度较低，对人民生命财产不造成危害，如球迷欢庆胜利的游行，就不能纳入危机的范畴。同样，有些危机并不具有突发性的特征，而表现出渐进性，如有时大洪水的形成是一个逐步推进的过程。表 1－1 所示为突发事件与危机事件的比较。

表 1－1　突发事件与危机事件的比较

比较项目＼名称		突发事件	危机事件
不同点	影响范围	一般较小	一般较大
	严重程度	一般	严重或比较严重
	事件性质	结构良好	结构不良
相同点	紧急性	强	一般较强
	危害性	一般较大	大
	突发性	强	一般较强

资料来源：卢涛．危机管理［M］．北京：人民出版社，2008.

三、风险

（一）风险的定义

据艾瓦尔德（Ewald，1991）考证，“风险”（risk）一词来源于意大利语risque，出现在早期的航海贸易和保险业中。在早期的用法中，风险被理解为客观的危险，体现为自然现象或者航海遇到礁石、风暴等事件。这个词的现代用法是由保险理论和该词的法律定义所界定的。风险的现代含义已经不同于最初的“遇到危险”，而是“遇到破坏或损失的机会或危险”。经过两个多世纪的发展，风险这个词汇与人类的决策和行动后果联系更加紧密，并被视为对待影响个人和群体的事件的特定方式。

国外学者对于“风险”的定义主要分为两类，一类是把风险看作物质特性，即把风险定义为“某个事件造成破坏或伤害的可能性或概率”；另一类则既把风险看作一种物质特性，又把它视为一种社会建构，如道格拉斯和维尔达沃斯基（1982）把风险定义为“一个群体对危险的认知，它是社会结构本身具有的功能，作用是辨别群体所处环境的危险性”。

（二）风险的特征

根据上述关于“风险”的定义，总结出风险的基本特征在于其客观性、不确定性、可测性和双重性。

1. 客观性

风险无处不在，无时不有，无论是自然灾害，还是社会领域中的战争、冲突、意外事故等，都是不以人的意志为转移、独立于人的主观意识而存在的。

2. 不确定性

不确定性是风险最本质的特征，指的是风险结果是否会发生是不确定的。人们对事件未来的结果不能完全确定，主要表现在时间、空间和损失程度三方面的不确定性上。

3. 可测性

可测性指的是人们可以根据风险发生的可能性对不确定的风险进行测量。虽然风险具有客观性和不确定性，但是人们同样可以以过去发生的类似风险事件的相关资料为依据进行预测和衡量。

4. 双重性

风险的双重性主要体现为风险的损失和收益是并存、对等的，目标收益越高，风险可能就越大；目标收益越低，风险可能就越小。

四、旅游安全

广义的旅游安全是指旅游现象中的一切安全现象的总称，既包括旅游活动中各相关主体的安全现象，也包括自然和社会现象中与旅游活动相关的安全事态。例如，“恐怖主义”是一种社会政治现象，但它与旅游活动的开展有关，因此，“恐怖主义”也属于旅游安全的广义范畴。

狭义的旅游安全是指旅游活动中各相关主体的一切安全现象的总称。它既包括旅游活动各环节中的安全现象，也包括旅游活动中涉及人、设备、环境等相关主体的安全现象；既包括旅游活动中安全观念、意识培育、思想建设与安全理论等“上层建筑”，也包括旅游活动中安全的防控、保障与管理等“物质基础”。

五、旅游应急管理

在我国，“应急”这一概念出现得比较晚，将“应急管理”作为一门单独的学科来研究只是近几年的事情。但是，学者们对于应急管理的研究可以追溯到较早时期，尽管当时并没有提出明确的应急管理概念。国内学者陈安教授认为，出于对应急管理的层次性特征的考虑，按风险发生概率的大小和危害程度来分，风险的表现可以是三种情形，即干扰情形、危机状态和突发事件，与此相对应，应有三个层次的管理概念，即干扰管理、危机管理和应急管理（见图1－1）。可以认为，针对干扰情形的干扰管理是应急管理的初级阶段，主要任务是预防；针对危机状态的危机管理则是应急管理的中级阶段，主要任务是阻止危机发生；针对突发事件的应急管理属于高级阶段，主要任务是在危机已经发生时进行应急管理。

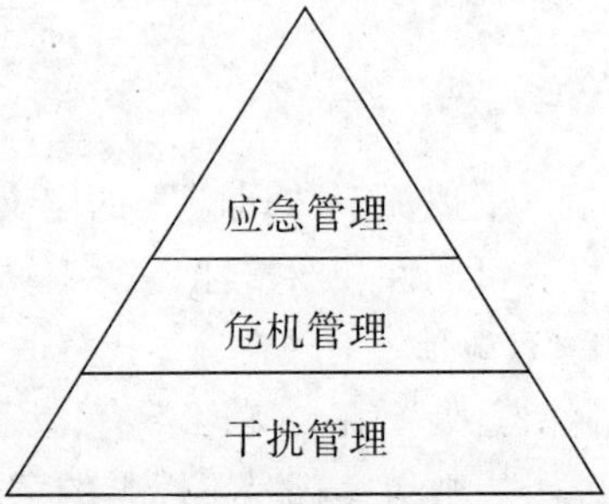

图1－1 应急管理与干扰管理、危机管理的关系

旅游应急管理，可以理解为旅游管理部门以及旅游行业机构在旅游突发事件的事前预防、事发应对、事中处置和善后管理过程中，通过建立必要的应对机制，采取一系列必要措施，保障游客生命财产安全，促进社会和谐健康发展的有关活动。旅游应急管理首先表现为对旅游突发事件的全过程管理，可根据突发事件的发展分为预测预警、识别控制、紧急处置和善后管理四个环节；其次，旅游应急管理表现为一个动态管理，包括预防、准备、响应和恢复四个阶段；最后，旅游应急管理表现为一个完整的系统工程，可以概括为“一案三制”，即旅游突发事件应急预案及应急机制、体制和法制。旅游应急管理是一门综合应用科学、科技、计划和管理的学科，用于处理在旅游业中会杀伤大量旅游人群、对财产造成损坏以及干扰社会生活的事件。

综上所述，完善突发事件应急管理机制，能够有效地提高相关部门处理旅游突发事件的能力，切实做好相关的应急救援工作，更好地保护游客的生命财产安全，最大限度地减少突发事件对旅游业造成的损失。

第二节　中国旅游应急管理现状

目前，世界各地都面临着突发事件所带来的严峻考验，突发事件几乎每天都以各种不同的形式发生在世界的不同角落。例如，2001 年发生在美国的“9·11”事件，2003 年几乎影响全世界的 SARS 事件，2004 年印度洋海啸，以及 2008 年中国南方雪灾和汶川大地震等。除了上述这些巨大事件以外，还有火灾、堵车、交通事故等，都是发生在每个人身边并造成一定影响的突发事件。

就中国旅游业而言，改革开放后，遭遇了多起严重的突发事件，这些事件涉及自然灾害、金融危机、政治事件、恐怖活动和疾病疫情等，它们都给中国旅游业带来了重大的负面影响，使旅游业遭遇发展低谷和经济损失（见表 1-2）。

表 1-2　1980 年以后中国旅游业遭遇的主要突发事件

事件名称	发生时间	事件描述	主要影响
特大洪水	1988 年	中国西江上中游大水，柳州、梧州等沿江城市被淹，桂北、桂中地区严重水灾；黑龙江、内蒙古两个省区的部分地区受灾，大庆油田部分被淹，滨洲铁路一度中断；浙江宁海、奉化、嵊县一带洪水暴发，宁海、奉化县城被淹；湘西、湘北、鄂东和江汉平原及闽、赣等省部分地区水灾	中国旅游业的超高速增长受其影响
亚洲金融风暴	1997 年	1997 年 7 月，亚洲金融风暴席卷泰国，泰铢贬值，这场风暴扫过了马来西亚、新加坡、日本和韩国等地，打破了亚洲经济急速发展的景象。亚洲一些经济大国及地区的经济开始萧条，一些国家的政局也开始混乱	旅游消费疲软，并导致中国酒店业陷入结构性失衡，旅游业从业人员的相对收入水平逐渐下降

（续上表）

事件名称	发生时间	事件描述	主要影响
特大洪水	1998 年	1998 年 7 月至 9 月中国长江及淮河由于气候异常、暴雨过大、河湖调蓄能力下降、削峰作用降低及水位抬高等原因发生特大洪水，造成 4 150人死亡，经济损失高达 2 551 亿元人民币	与亚洲金融风暴共同影响中国旅游业发展，旅游增速放缓
“9·11”事件	2001 年	美国东部时间2001 年 9 月 11 日上午（北京时间 9 月 11 日晚上），恐怖分子劫持 4 架民航客机撞击美国纽约世界贸易中心和华盛顿五角大楼，包括美国纽约地标性建筑世界贸易中心双塔在内的 6 座建筑被完全摧毁，其他 23 座高层建筑遭到破坏，造成 2 998 人遇难，美国经济一度瘫痪	旅游客源结构发生改变，当年旅游收入增幅较上年同期下降 3.15 个百分点
SARS 疫情	2002 至 2003 年	SARS 是指严重急性呼吸系统综合征，于 2002 年在中国广东顺德首发，并扩散至东南亚乃至全球，期间有包括医务人员在内的多名患者死亡，引起联合国、世界卫生组织及媒体的高度关注	中国入境旅游和国内旅游人次大幅度下降，旅游业总收入同比上年下降 12.3%
南方雪灾	2008 年	2008 年 1 月，一场 50 年一遇的特大冰雪灾害袭击了中国南方大部分地区，广东、广西、湖南、贵州、湖北、四川等 17 个地区不同程度受灾；电力告急，交通告急，人民生命财产遭受严重威胁，超过 1.15 万辆车、3.5 万名旅客被困于京珠高速公路，近百万返乡过春节的旅客滞留广州火车站	中国南方地区入境游与国内游人次有所下降
汶川大地震	2008 年	2008 年 5 月 12 日 14 时 28 分，四川汶川县发生 8.0 级大地震，直接严重受灾地区达 10 万平方千米，遇难人数 69 227 人，失踪人数 17 923 人，受伤人数 374 643 人，直接经济损失达 8 452 亿元人民币	中国入境旅游人次总体下降，再次出现负增长
台湾台风	2010 年	2010 年 10 月，强台风“鲇鱼”给台湾带来了极大的破坏，各地连日普降大雨，苏（澳）花（莲）公路沿线塌方，有 33 个旅游团 200 多名大陆游客被困在苏花公路，还发生了来自珠海的旅游团全体失踪以及北京旅游团司机、导游罹难的不幸事件	“台湾游”市场受到严重影响，出团率创新低

资料来源：谢朝武．业外突发事件与旅游业的应急管理研究［J］．华侨大学学报（社会科学版），2008（4）：28～36.（略有改动）

从表1-2中可以看出，中国目前处在突发事件的高发时期，而国内旅游业应对突发事件的能力相对较弱。国内旅游应急管理现状主要表现为以下四个方面：

一、法律法规体系建设缓慢

在法律法规体系建设方面，中国已经出台了有关应急管理的法律法规，如《中华人民共和国防洪法》《中华人民共和国消防法》《中华人民共和国防震减灾法》《中华人民共和国安全生产法》《中华人民共和国传染病防治法》《中华人民共和国食品卫生法》等，但是这些法律法规具有较强的独立性与部门管理色彩，导致在突发事件的应对上存在协调困难的问题，各地区、各部门的应急预警能力和相互之间的协同应对能力较弱。从旅游业本身法律法规体系建设方面来看，旅游业法制建设较为缓慢，至今仍然没有形成一套适合于旅游业的法律法规。中国作为旅游大国，其旅游业最早对外开放，相关法律法规却不完备。现有的法规条例大都是国家部委办的行政条例，各地政府的管理条例大都带有地方或行业色彩，明显地影响和制约着大旅游、大行业、大发展战略的实施，导致旅游业在应对突发事件时出现无法可依的尴尬局面。

二、应急管理机制建设不完善

面对层出不穷的突发事件，世界各国应根据自身的情况，建设适合本国旅游业的应急管理机制。然而，中国旅游业至今还没有建立起处理不同突发事件的应急管理机制。因此，在面对可能的多种突发事件并发局面时，地方政府和旅游企业在应急管理中容易出现行动协调不一致的现象，或出现隐瞒不报等情况，严重影响旅游业处理突发事件的效率。

2009年甲型H1N1流感暴发时，四川省旅游局执法总队在卫生部门指导下，率先开展了旅游市场综合治理应急平台建设工作，有效防止了疫情通过旅游渠道扩散，逐步实现客运车辆、导游以及执法人员等的远程指挥管理。然而，由于人力、资金等条件限制，国内旅游管理部门在建设统一指挥、反应灵敏、协调有序、运转高效的应急管理机制方面仍有待完善，需要不断地提高旅游业应急响应和快速处置能力，才能有效地减少各种灾害带来的不利影响。

三、应急教育人才培养不足

长期以来，中国一直未全面落实应急知识、危机意识的普及与培训，导致民众相对缺乏关于灾害预防与应对教育的知识，这种现象在旅游人才培养方面同样存在。面对突如其来的灾难，许多人往往手足无措、自乱阵脚，失去保护自己的机会。究其原因，主要表现为应急演练少、应对灾害经验不足以及应急教育开展不多等。倘若游客在旅游途中掌握一定的应急知识，即使在旅游过程中遭遇各种突发事件，也能理性思考，沉着应对，在拯救自己的同时还能帮助别人。旅行社作为旅游行业的主要板块，其从业人员的数量及质量都将对旅游业的发展产生重大影响。国内大多数的旅游从业人员，如导游、司机等，没有接受足够的应急管理培训，应急处理能力比较弱。

四、应急基础设施建设缺乏

旅游应急管理的重要环节在于远程调度指挥管理。由于当前资金不足，导致应急基础设施比较缺乏，如国内许多省市缺少旅游应急车辆、旅游应急对讲机等硬件设备，这对旅游应急信息反馈等工作造成严重障碍。同时，由于基础设施不完善，许多部门在开展旅游应急管理工作时，无法及时、有效地进行沟通与联络，无法第一时间掌握旅游团队、旅游景区、星级酒店等多变环节的运行安全及卫生状况、游客秩序等信息，当突发事件发生时无法做到及时通报相关部门并派人前往处理，以及将处理结果、求助信息等快速准确地反馈给主管部门。

第三节　国外旅游应急管理经验

一、发达国家旅游应急管理经验

（一）美国

美国作为世界头号强国，同时也是入境旅游人数最多的国家之一，在多次遭受恐怖主义袭击、社会动荡及自然灾害影响后，意识到旅游应急管理的必要性，因此较早地构建了规范的应急管理体系。

1979年3月，美国政府针对频繁发生的自然灾害和各种突发公共事件，成立了由总统直接领导的专门管理灾难的机构——联邦紧急事务管理署（Federal Emergency Management Agency，FEMA），总部设在华盛顿特区，总署设署长办公室、总顾问办公室、国家紧急准备办公室、国家安全协调办公室、公民使团办公室、平等权利办公室和监察长办公室。署长办公室下设七个机构，即应急准备与复原局（联邦协调官员处）、联邦保险与减灾局、联邦消防管理局、外部事务局、信息技术服务局、管理和资源规划局、地区协调局。每个局下还内设若干个处、室，责权分明。美国联邦、州、郡、市都有自己的紧急救援专业队伍，他们是紧急事务处理中心实施灾害救援的主要力量。紧急救援队伍为了适应各类灾害救援工作的需要，又被分成若干功能组，各功能组相互配合，相互衔接，共同完成救援工作。在突发公共事件的救援过程中，大众力量也发挥着重要作用，尤其在重大突发公共事件发生、专业救援力量不足时，大众力量更是防灾减灾、实现自救互救不可缺少的力量。目前，美国民众对防灾减灾热情很高，他们通过社区救灾反应队、美国红十字会、教会组织、工商协会紧急救援组织、城镇防震行动议会等基层组织、非政府组织、志愿者组织参与救援工作。

美国旅游业借助其先进的管理制度和强烈的忧患意识，已经建立了一套完备的紧急事件响应模式，而构成其重要组成部分的旅游应急模式，以顺畅的管理沟通为显著特点，同样也处于世界领先地位。美国的旅游应急管理主要有以下五点经验：

1. 危机前应急预控管理

应急预控管理主要是指对旅游业发展趋势进行实时监控，企业通过监控和预警系统检测隐患和漏洞，并在危机发展初期及时收集资料和数据，对其进行评估、分类，制定一系列旨在抑制其发展和降低影响的沟通策略。美国大部分旅游企业都意识到了应急预控管理的重要性，认为应该在最合适的时间内将危机扼杀在摇篮之中，因而应急预控被企业广泛采用。通常企业会派专人或工作组负责对旅游业大环境进行监控，在第一时间内察觉可能会威胁本企业利益的导火索。其主要原则有两个：①尽早识别潜在危机源；②在威胁波及旅游企业前解除隐患。

2. 编制危机沟通计划书

一份出色的危机沟通计划书对于企业来说是无价之宝。通过编制沟通计划书，美国旅游企业有效地降低了危机的负面影响。如1995年底，佛罗里达旅游厅、迈阿密影视发行办公室、迈阿密旅游局、劳德代尔旅游局和佛罗里达商业厅共同编制了危机沟通计划书，有效地绕过了旅游形象问题纠纷。为了尽量避免危机爆发后的应急处理出现被动局面，各大国际航空公司都编制了完整的危机沟通计划书，对企业进行动态监控，并且接受广大公众的监督。在任何时刻，沟通计划书的作用都不可轻视。

3. 应急救援联动化

对严重旅游事故实施紧急救援时，各职能部门之间的联动至关重要。目前，美国联动机制主要靠应急处理小组或应急处理委员会编制各种突发事件预案和计划得到保证。美国紧急救援中心根据旅游事故影响系数和特点，对各单位成员进行任务部署。为了确保联动机制的高效，各级行政长官是应急处理的第一责任人，相关行政部门和机构构成应急小组或委员会的成员单位；应急预案和计划对相关单位的责任给予了明确规定，便于行动的实施。

4. 应急处理宣传的透明化和信息共享

对于重大旅游事故，各级政府不应对媒体隐瞒信息，而应注重大众媒体在应急救援中的作用，并设现场信息发布点，为各媒体记者采集信息提供方便。应急处理中心的信息系统，相关成员单位均可以进入。紧急处理中心可以进入国家的一些信息系统，如国家地理信息系统、城市资源信息系统等，保证其及时获得所需信息，以便更好地为救援工作服务。

5. 优良的应急管理大环境

美国旅游业应急管理的领先地位主要应归功于全社会优良的应急管理大环境。为应对各种突发公共事件，美国建立了比较完备的应急机制，其应急管理模式在国际社会处于领先地位。其先进性主要体现为以下三点：①协调一致、高效有序的指挥系统；②高效执行、快速救援的机制建设；③全民关注、共同参与的应急意识。

（二）英国

英国是世界主要的旅游目的地之一。2001 年 2 月，英国出现了第一例被证实的口蹄疫，随后在英国许多农场都发现有类似病例。到 2001 年 3 月，英国口蹄疫疫情的有关发展情况如下：确认病例 435 起、已宰杀牲畜 272 824 头、等待宰杀的牲畜 130 634 头、已焚烧的牲畜尸体 190 284 具。英国农业当局下令在受感染地区进行检疫，并命令受感染地区及周边地区的农场宰杀所有牲畜；对那些曾访问过疫区的人们的鞋及交通工具进行全面消毒处理。在口蹄疫暴发期间，英国政府有关当局还通过广播、电视、报纸，特别是互联网，发布了一系列公告，限制游客进入疫区及周边地区，关闭了大量的国家公园和自然保护区，取消了一系列的大型活动，甚至推迟了大选。由于大量的公园、花园及乡村地区禁止人们进入，这场口蹄疫危机很快转化成一场旅游危机，并直接导致英国旅游业在 2001 年出现大滑坡，致使英国入境旅游遭受重大打击。同时，由于部分乡村地区限制游客进入，也对英国旅游局的一系列乡村旅游推广活动造成了负面影响。此外，由于越来越多的国家对访问英国的回程游客甚至他们所携带的行李采取严格的检疫消毒措施，导致游客不满，再加上英国当局本身采取的一系列限制措施，这些都致使一些潜在的游客放弃去英国旅游。不过，在口蹄疫事件中，英国旅游局采取了一系列有效的措施，使得负面影响降到了最低。

1. 阶段性措施

在口蹄疫暴发后，英国旅游局就积极制定了一系列措施，并分阶段实施这些措施。

第一阶段：短期应急措施。英国旅游局在口蹄疫暴发初期，就首先采取措施，收集信息，向公众提供最新的疫情和各旅游景点的情况。英国旅游局还委托全球著名的公关公司 GCI Group 负责与国际媒体及各主要客源国的旅游企业联系，通报信息。在这一阶段，英国旅游局网站成为最主要的传播工具。另外，英国旅游局还专门邀请了世界 40 家最主要的旅游公司负责人，召开了一个“高层论坛”，英国首相布莱尔参加了论坛，并和与会人员一起对英国主要旅游区域进行了视察。英国旅游局希望这些国外旅游企业高层主管回到自己国家后能成为“英国旅游大使”。与此同时，英国旅游局还组织一系列重大活动，将公众的注意力放在正面的宣传活动上。例如，2001 年 4 月，在英国西南部的康沃尔郡，名为“Eden”的旅游推广项目正式实施。这个活动主要以大规模植物展览为主题，展示了来自世界各地的近 85 000 种不同品种的植物，吸引了全世界环境爱好者的广泛注意，并成为英国生态旅游活动的主要组成部分。可以说，在口蹄疫暴发期间，“Eden”项目的实施对英国乡村旅游业减少损失和恢复起到了重要的促进作用。

第二阶段：中期措施。英国旅游局实施的第二阶段措施主要是与各主要航空公司、旅行公司及酒店集团协作，针对某些特定的客源国市场（如美国和加拿大）制定一系列市场促销战略，吸引这些国家的游客重返英国。促销活动包括邮寄宣传材料、参与推广各种体育比赛活动、组织商务论坛和各种艺术展览等。另外，英国旅游局还作出了一个重要的战略决策，就是参与赞助转播著名的英国足球联赛，在转播联赛的过程中，穿插了许多英国著名旅游目的地的画面，收到了很好的宣传效果。

第三阶段：长期发展战略措施。英国旅游局制定实施的第三阶段发展战略措施是重新开展各种不同主题的宣传活动，特别是在 2002 年举行的庆祝英国女王伊丽莎白二世登基 50 周年的大型庆典活动和在曼彻斯特举办的英联邦国家运动会，吸引了大量英联邦国家的游客。在整个计划的制订和实施过程中，英国旅游局市场推广预算得到了很大增加。同时，还与英国政府其他部门，如体育部、文化部、外交部等建立了密切的合作关系，这些部门都积极推广英国的促销活动。

如前所述，英国旅游局与世界各主要航空公司及旅行公司建立了密切的合作伙伴关系。通过这种伙伴关系，在口蹄疫暴发期间，英国旅游局鼓励航空公司和旅行社降低价格，特别是在美国、西欧及日本市场，其降价幅度更大，因为这些地区的客源下降幅度也最大。然而，一些乡村地区的旅行社及酒店业主却希望提价以补偿因口蹄疫危机所遭受的损失。因此，尽管英国旅游局与全球各大旅游企业的合作关系在口蹄疫危机控制方面得到了体现，然而在基层的旅游景点地区，这种合作关系还不明显。有鉴于此，英国各州或县一级的政府部门对一些私营的规模较小的旅游经营商提供了一些补贴，以减少他们的损失。

2. 媒体应对措施

在口蹄疫暴发初期，国际媒体就进行了广泛报道。很快，这场疫情危机就转变成了“乡村危机”及“经济危机”。英国当局大规模宰杀和焚烧牲畜、关闭旅游景点、强制游客及车辆进行检疫消毒，加上环保组织和农民的抗议活动、大型节庆活动的取消等，都成为国际媒体在2001年2—6月的报道主题。部分媒体甚至将英国描述为“欧洲的病人”及“欧洲的贱民”。许多英国旅游局驻外机构接到大量的咨询都是诸如“我是否可以吃当地的食物”“当我回来时是否需要检疫消毒”之类的问题。媒体对口蹄疫危机的报道，加剧了游客出行英国的担心，并进一步加剧了英国农民和政府之间的矛盾。许多英国农民认为英国政府过分夸大口蹄疫疫情，特别是疫区周边地区的农民更是对政府采取预防措施命令他们宰杀牲畜感到愤怒。这些情况也在英国媒体上有大量的报道。由于英国媒体大都由国际媒体巨头控制，导致伦敦、华盛顿和耶路撒冷成为当时世界上国际新闻报道的热点地区，口蹄疫成为全球性的新闻报道主题。

针对这种情况，英国旅游局采取了一切宣传手段极力向外报道英国旅游的正面形象。在此期间，英国旅游局特别重视互联网和群发电子邮件的传播方式。为了加强其所发布信息的可信度，英国旅游局还采取了一系列与其他媒体合作而不是对抗的方式，如邀请国际新闻界的记者访问疫区，以取得第一手资料，并向记者们强调由于疫情的报道对英国乡村经济的重大打击，包括旅游业收入的减少及失业人数的增加等，以引起记者们的同情。这种巧妙的公关方式，也使得英国本土的媒体自发发起了一系列运动，鼓励英国人在国内度假、旅游，用国内旅游抵消国际旅游的负面影响。这些由英国本土媒体发起的运动得到了英国各级旅游部门的支持，至2001年6月，媒体对口蹄疫疫情的负面报道大幅度减少。

（三）加拿大

加拿大于20世纪60—70年代着手建立应急管理机构，经过多年的探索和实践，加拿大已形成了一套相对完善的、行之有效的应急管理系统。

2003年8月16日，不列颠哥伦比亚省的基洛纳市阿卡纳甘地质公园发生了一场旷日持久的森林火灾，为期一个多月，26 000名当地居民被疏散，238座私宅被破坏，当地多处旅游景点被毁坏，高峰期旅游人次大幅下跌。这场森林火灾几乎将阿卡纳甘地质公园夷为平地，其接壤地带以及周边城镇都遭到严重的毁坏。公园主要的旅游基础设施被毁坏，地质公园游憩地和国家遗产地釜谷铁路栈桥这两个支撑着多个旅游运营商的景区也被破坏。仅釜谷铁路栈桥造成的经济损失就高达1 500万加币。在应对火灾过程中，不列颠哥伦比亚省制定了一套严密的监测系统，由本省林业部的保护机构运行，负责搜索和监测森林火灾。一旦发现火源，基洛纳城和周边的阿卡纳甘流域将及时获知信息。这次事件对当地的应急系统是一次巨大的考验，其可借鉴的经验有：

1. 制订区域应急计划

阿卡纳甘应对森林火灾的应急措施被认为是非常出色的，因为阿卡纳甘备有一份计划周密、操作性强的区域应急计划，由不列颠哥伦比亚应急体系与专职应急协调员负责实施运转，阿卡纳甘与周边各市以及各消防部门保持密切联系，并及时更新互援程序。由于当地火灾频发，大型的旅游企业也都会制订各自的灾难应急计划。

2. 联合媒体进行危机公关

阿卡纳甘旅游组织意识到了媒体报道能够给当地旅游带来机遇。为应对起初媒体的负面报道，不列颠哥伦比亚省旅游组织和阿卡纳甘旅游组织积极策划强力度和长时间的营销活动，并开通了免费电话，用于联系企业会员。免费电话中心为游客提供咨询，并对有关阿卡纳甘火灾和当地旅游业现状的问题作出解答。基洛纳旅游营销组织开设了"每日播报"，用来报道大火对旅游业的影响以及要求会员回复预定，并向大家确保其未来营业，并且向游客信息中心提交了报告，以确保游客安全，并传递其即将恢复营业的信息。这些报告也由起初的向游客信息中心通报烟火情况的文书，转向了消除社会负面感知和促进基洛纳旅游发展的媒介。基洛纳的应急补救措施对媒体采取包容的态度，很快就抑制了灾难的敏感认知，使媒体报道的重点逐渐转移到救火的英雄事迹以及众志成城的感人场面上。可见，基洛纳营销组织在媒体管理上化被动为主动，成功塑造了本地灾后的旅游形象。

3. 发动各界进行广泛筹资

基洛纳旅游营销组织和葡萄酒协会捐献了15.5万加币作为营销资金开展活动，以吸引周边省市的游客。联邦、省政府以及旅游合作伙伴也筹集了60万加币，重振灾后旅游市场。加拿大西部经济多样化组织、不列颠哥伦比亚政府、不列颠哥伦比亚旅游营销组织和私人利益相关者也纷纷筹资。基洛纳旅游营销组织为与旅游企业保持良好的沟通效果，定期向各旅游企业发送电子邮件，告知营销行动的最新动态。无可否认，基洛纳旅游营销组织在恢复性营销上表现出色。

综上所述，阿卡纳甘地质公园应急管理的成功之处首先在于灾前预警、灾时救援和灾后重塑三阶段的信息畅通，这保证了灾难发生后能及时实施援救，其次在于成功地借助媒体塑造了灾后形象。基洛纳旅游营销组织在这一系列沟通中发挥着至关重要的作用。

二、发展中国家旅游应急管理经验

（一）印度

2004年12月26日，是一个令全球震惊悲痛的日子。印度洋发生里氏9.0级强烈地震并引发海啸，灾难波及印度尼西亚、斯里兰卡、泰国、印度、马尔代夫等国，遇难总人数多达30万。此次灾难发生在2004年底，由此产生的对旅游业的影响以及全球各国家、团体和各方面对此次灾难的反应，在2005年都有所显现。2005年1月3日，世界旅游组织发布报告，称受到海啸严重影响的主要旅游国家包括印度、印度尼西亚、马尔代夫、泰国和斯里兰卡，其他重要旅游景点并未受到冲击，因此，海啸对世界旅游业冲击有限。尽管如此，受灾地区旅游业被挫伤的事实仍然无法回避，地震、海啸对旅游业的影响或许没有表现在绝对数字上。但2005年3月威世国际为世界旅游机构进行的一项调查显示，亚太地区因为南亚海啸所蒙受的旅游损失高达30亿美元。威世国际副主席保罗·道宁指出，尽管亚太地区不少度假景点并未受到海啸破坏，但调查发现，有9%的国际游客因此而感到害怕，当年打算到其他地区度假。

在经历了一次又一次的重大灾难考验，特别是在遭遇了2004年底的印度洋海啸事件后，印度政府对突发事件的防范和应对的重视程度有了显著提高，在如何利用现代信息通信技术提升旅游应急能力方面作出了很多有益的探索。建设灾害知识管理系统是印度实现灾害管理创新的重要表现形式，并取得了很好的成效。

1. 政府牵头，多部门协作

在印度内政部、联合国开发计划署“国家灾害风险管理”项目的共同主持下，建立知识网络，使主要的政府机构、政策制定者、灾害管理者以及来自工程学、建筑学、规划学、地震学、水文地理学、农学和社会学的专家能在一起交换信息和工作以减少灾害风险的倡议得到了正式的部署。这一倡议的目的是连接所有的政府部门、法定机构、科研组织/机构，以共享各方面专家的专业知识。知识交换的具体形式包括面对面的交谈、举办专题学术讨论会、共享经验性的文件以及通过互联网门户网站分享知识。

2. 注重知识管理环境的营造

要形成一个实践社区，就必须将项目的参与者连接起来，建立一个协作平台。为方便项目参与者的交互，这一协作平台是以电子平台的形式来实现的。这一系统以激励为基础，并向相关各方提供各种工具、决策支持系统和监测系统。按照印度内政部的安排，除灾害知识管理协作平台的第一期纳入连接计划的参与者外，这一网络还将连接由国内500多个机构组成的印度全部的政府项目合作伙伴。接下来的重点是持续促进各种网络的演进和优化，使包含所有州灾害管理部门的州网络、包含在印度的所有行政培训机构以及灾害管理领域其他培训机构的培训网络等，都接入到这一网络中来。

3. 利用知识门户网站进行互动

印度政府灾害知识管理系统包含有一个门户网站，用以促进网络成员之间的知识协作。灾害知识管理门户网站不仅提供捕捉、获取和组织知识的工具，而且还提供用于寻找和分享知识的便利工具。灾害知识管理门户提供了十分全面的知识协作工具以及基于激励的工具。

灾害知识管理门户网站在广域网上运行并且通过接入等级来控制。不同网络中的用户可在此网站中分享他们的项目情况和进展。用户可采集各种项目所形成的成果，如灾害管理计划、各种手册、文件、报告和人力资源培训工具等。网站也包括电子邮件和论坛的数据服务器，可以进行记录和交互。灾害知识管理门户网站中还拥有各种组件和电子邮件数据服务器，以方便网络成员间的讨论和互动。

（二）泰国

泰国是一个旅游业发达的国家，旅游业是泰国外汇收入的主要来源。泰国旅游业自20世纪60年代起步以来，虽然经历了金融危机、“9·11”事件、伊拉克战争、SARS、海啸等多种危机的影响，但始终能够保持稳定发展，这与其政府有效的应急管理运作是分不开的。

2004年底的海啸主要影响泰国南部6个省的沿海地区，包括普吉、甲米、攀牙、董里、拉廊和沙敦，造成了约1 000亿泰铢的财产损失，夺去了大约1万人的生命。这次海啸是泰国历史上最严重的自然灾害，它使泰国经济在2005年遭受重大损失，使受灾地区的旅游业、捕鱼业、房地产业、基础设施方面受到沉重的打击，造成众多劳动力失业。受灾的6个省是泰国旅游业重要的收入来源地，每年都有大批外国游客和国内游客来此度假，每年为泰国创造1 500亿泰铢的旅游收入，占泰国全部旅游收入的25%左右。由于海啸发生在圣诞节和新年之间，正是旅游旺季，这6个省的财产损失达600亿泰铢，受此影响的收入损失达400亿泰铢。海啸影响泰国GDP下降0.35% ~0.40%。面对这一突如其来的灾难，泰国政府采取了一系列紧急措施：财政部与政府相关部门提供了6 500万泰铢的资金支持，努力帮助受灾企业尽快恢复营业；政府考虑采取一项免税购物的计划，以吸引游客，振兴南部安达曼海沿岸的海啸灾区旅游业；泰国政府还启动了旅游业恢复振兴计划，决定投入3 000亿泰铢用于旅游业，其中一项重要举措就是尽快恢复被海啸破坏的旅游景点，并建立海啸预警中心，确保游客安全。其中可供借鉴的经验有：

1. 政府对于旅游危机有充分的认识和准备

公共危机是对社会应急机制、执政党执政能力和政府治理能力的考验。一般来说，对于公共危机的管理包括减少与缓解危机、动员社会一切资源控制危机并参与危机后的恢复与重建等工作。在旅游危机的控制与管理方面，泰国政府也积累了一定的经验，在旅游业遇到危机时，泰国政府从容面对危机，并及时采取措施弥补危机带来的损失，动员和调动一切因素控制危机的发展，并在危机后尽快地恢复了正常的社会秩序。

2. 政府及时采取积极有效的补救措施

在2003年SARS期间，为了减少对旅游业的冲击，泰国内阁频频在旅游区举行会议，并由国家出钱设立了SARS赔偿基金，表示任何人只要在泰国感染SARS，均可向政府索赔10万美元，以此减少外国游客的担心。国有的中小企业发展银行开始向旅游业的相关企业发放总额为7.14亿美元的“紧急贷款”，每家旅游相关企业可以从“紧急贷款”中借贷1.19万~7.14万美元，两年内还清。由于外国游客大幅度减少，泰国政府采取各种促销手段提倡泰国人游泰国的活动，例如，内阁通过了总额为950万美元的资助旅游计划，由国家出钱让公务员、教师和大学生免费在国内旅游；着力挖掘家庭、老年人、青年人和高收入人群的旅游消费潜力；泰国400家旅行社、酒店和国内航空公司推出30%~40%的优惠折扣价，以鼓励人们在国内度假。2003年，在海外游客比上年减少了7.36%、收入递减了4.39%的情况下，泰国国内游客却比上年增长了12.2%，收入增长了23.2%，从而使全年旅游收入较上年不但没有减少，还增长了7.2%，有效地稳定了旅游业的发展。

3. 重视危机过后旅游形象的重塑

2004年海啸过后，泰国政府计划为遭受海啸袭击的地区打造新的旅游形象，使普吉、甲米、攀牙、董里、拉廊、沙敦六府恢复到原有状态，并且将它们打造成世界级旅游区。普吉岛保持其海滨度假业中心的地位，并成为游客前往南部其他地区的集散中心。政府扩大皮皮岛的海滨区范围，从而减少岛上的饭店数量，增加自然资源。整个泰国受灾最严重的攀牙府的克拉岛将海滨区前移，成为以海滨活动和自然活动为主的度假区。泰国政府还把六府管辖的土地分成不同区域，并对各个区域的经营类型作出规定，鼓励当地居民经营家庭旅馆和生态旅游产品。泰国政府还加快实施使普吉岛成为免税区的计划，同时鼓励加大对当地人造旅游景观的投资。泰国政府为吸引更多的外国游客前来旅游，批准了一项耗资38.5亿泰铢（约合1亿美元）的旅游复苏计划，资金主要用于安达曼六省的旅游重建，剩下的部分用于普吉岛和皮皮岛海滨的优化改造，同时还举办大规模的公关活动宣传泰国安全目的地的形象。

要消除其他国家游客对泰国旅游资源受灾情况的误解，克服信息传播中的不准确性，最好的方法就是让游客亲自来看看，因此，泰国政府出台了一系列促销措施，包括酒店低价客房和航空公司优惠机票等，并取消境外航空公司的落地费用，以鼓励其组织到普吉岛的包机团等。

4. 善于利用信息与传媒掌控和化解危机

用多元化的传播渠道散布消息时，政府是最具有掌控能力的权威角色。海啸发生后，为了尽快化解危机对旅游业带来的影响，泰国政府不间断地通过媒体报道灾区恢复的情况，并通过各种信息传播泰国推出的为复苏旅游业采取的种种优惠措施。为了尽快复苏中国旅游市场，泰国政府举办各种会议，邀请国内近百名主流媒体人士在曼谷召开了“振兴泰中旅游事业，促进发展2005年旅游市场计划新闻发布会”。2005年4月12—16日，泰国政府首次举办“泼水节嘉年华狂欢盛会”，借此机会加速海啸后东南亚旅游市场的恢复。旅游业可以说是一个社会中最为敏感的环节，与此同时，旅游业的兴衰也直接影响着一个社会的平衡。危机发生时要综合多样的社会援助力量，共同对抗危机。因此，泰国政府在每次旅游危机发生后，都会一方面通过媒体及时报道受灾情况，另一方面利用媒体力量呼吁全社会、全世界的关心和援助，从而尽快减少危机带来的损失以及尽快恢复旅游业的正常发展。借助媒体的宣传，全世界都了解了海啸给泰国人民带来的灾难，从而使泰国得到了世界人民的支持，不少国家和企业及个人伸出了援助之手，仅中国红十字会就向泰国红十字会捐赠了350万美元，并与泰国红十字会一起开展海啸灾区重建合作项目等。

5. 建立健全有效的危机防控机制

通过这次海啸，泰国政府也意识到泰国旅游危机的应急设备和措施还不够完善，还难以应对突然发生的重大自然灾害，因此，泰国政府加强了国家对于发生公共事件的总体应急体系的完善。例如，投资1 000万美元建立海啸预警中心，该预警中心还与所有东南亚国家共享。

（三）马来西亚

近年来，由于受到金融危机、禽流感、恐怖主义、海啸等全球和地区性问题的影响，马来西亚旅游业的发展历经坎坷，但是一系列应急管理措施使其旅游业仍然保持着持续稳定的发展。

1. 与东南亚国家联盟成员国合作应对旅游危机

2004年12月26日，印度洋发生强烈地震并引发海啸，给印度尼西亚和泰国等东南亚国家造成惨重损失，其中旅游业是遭受打击最为严重的行业之一。为此，2005年1月21日至29日，东南亚国家联盟（以下简称东盟）各国在马来西亚的浮罗交怡举办了东盟旅游论坛。东盟10个成员国（截至2011年8月已有12个成员国）的旅游部长或其代表出席了论坛部长级会议，会上各国达成共识，各国旅游部门将加强合作，尽快恢复旅游业，并且设立危机管理系统，以随时应对因天灾等突发事件引起的各种危机。除了更有效率地推广东盟各国旅游业，各国也开始合作推动“观光东盟运动”，这是加强各国联系网络的手段之一。同时，各国联合建立危机管理系统，以应对各种危机对本地区旅游业的影响。此外，2005 年 9 月 9 日，马来西亚旅游部长会同东盟其他国家旅游部长，与中、日、韩旅游部长在北京召开特别会议，并发表《10 +3 振兴旅游业北京宣言》，以此促进旅游业的复苏。

2. *及时采取有效措施应对危机*

2004 年底的海啸对马来西亚的影响在东南亚各国中是较轻的，因此马来西亚在较早结束灾情救援工作后，就立即启动了危机公关方案，并邀请一些主要客源国的主流媒体到马来西亚进行实地采访，希望传递这样一个信息：海啸已经过去，马来西亚的旅游基础设施并没有受到太大影响，水电供应、通信、交通、城市和机场要道都没有问题。同时，马来西亚政府加强了海啸预警工作，海滨建起了监察塔预警，设立了高低潮警报系统，因此来马来西亚旅游是安全的。同时，旅游行业的工作人员也在奋起自救，如在酒店早早地为每一位入住的客人备好一叠专门关于海啸事件的详细资料，犹如一份安民告示，并在台灯下、书桌边留下一份温情十足的捐款赈灾呼吁书。此外，在海啸发生后不久，马来西亚就推出了一些特色旅游活动，以刺激旅游业的复苏。比如，2005 年 2 月在东马沙巴州举办了东盟 10 +3 旅游论坛和马来西亚国际旅游洽谈会，同年 3 月在吉隆坡首次举行中马旅游洽谈会，在中国的春节期间举办了一些具有地方特色的旅游节目和活动，等等。

3. *成立专门的危机管理委员会来应对危机*

为减轻突发性危机给旅游业带来的损害，最大限度地缩小或消除危机的负面影响，马来西亚成立了国家旅游危机委员会，其成员包括天然资源及环境部、气象局、卫生部、新闻部、马来西亚机场有限公司、航空公司以及有关旅游业的营业者、社团及协会。此委员会在应对 SARS 和伊拉克战争突发事件中发挥了良好的作用。

4. *注重对相关旅游业统计信息的收集*

在很多时候，旅游业本身的相关统计信息能反映旅游业出现的一些问题，如果能够透过此类信息来提早发现问题，就可以事半功倍地解决问题。

据马来西亚旅游部公布的资料，2005 年上半年赴马来西亚旅游的中国游客为148 623人，比 2004 年同期的 296 890 人锐减 49%，甚至低于发生 SARS 疫情的 2003 年的同期人数。但 2005 年 1—7 月，赴马来西亚的其他国家游客人数却比 2005 年同期增长了 4.0%。据此，马来西亚旅游部立即将中国游客人数下降列为“危机事件”进行处理。经过调查发现，主要原因有三个方面：一是市场开拓与管理方面的问题，如对本国旅游资源的推销不够全面细致，同行之间存在恶性竞争而影响到服务质量，各部门协调不力等；二是 2005 年 7 月发生在云顶的侮辱中国游客事件和近期经常发生的中国游客遇劫案件，也对旅游业造成负面影响，同时这也是中国游客赴马来西亚旅游人数锐减的导火索；三是传统线路缺乏新意，而现在中国人可去的旅游目的地越来越多，可选择性也不断加大。针对这些问题，马来西亚旅游业采取了相应对策进行处理：一是为方便中国公民赴马来西亚旅游，马来西亚开始网上受理签证。在中国公民赴马来西亚签证可以在北京、上海、广州、昆明四地办理的基础上，开始通过网上办理签证的方式，使得中国公民无论身在何处，都可以通过网络递交申请，并且在24小时内得到回复。二是通过一系列措施保证中国游客在马来西亚旅游时的安全，如加强国内地接旅行社导游的安全培训，让导游告知游客具体防范措施，增加一些保护外国游客安全的措施，在一些景点给予中文提示，对酒店也进行整顿，加强礼貌服务等。三是马来西亚当局在机场、旅游景点等地安排了会讲汉语的工作人员解决中国游客的语言障碍。四是设计组合多元化的旅游线路来吸引更多的中国游客。

5. *危机发生后避免发生价格战或削价甩卖*

在危机处理上应讲究科学性，特别是不要使危机发生地卷入价格战或者削价甩卖，要提供特殊的报价。马来西亚就在周末假期和节日期间实施特殊报价，并且采取了下列措施：①专门训练了一些能够使用多种语言为游客提供协助的警察部队；②设计组织更加多元化的产品线路，提供更多可供选择的旅游产品；③通过加强从业人员的安全培训、增加安保人员和安全措施等手段来提高游客在马来西亚旅游的安全性；④提供更高质量的服务；⑤加强对旅游产品的整体促销；⑥简化相关手续，方便游客。通过这些措施，赴马来西亚的游客在旅游期间产生了物有所值的感觉。因此，危机发生后关键不是提供最便宜的价格，而是实现物有所值。物有所值则要靠不断提高旅游服务质量来体现，使游客充分体会到不虚此行。

第四节 教材的知识体系框架

本教材系统地介绍了旅游应急管理的一般理论，并分别从政府、旅游行业协会、旅游企业以及旅游者的角度分析了旅游活动主体的应急管理活动，将理论性与操作性融汇一炉。其内容体系结构主要由五编组成：第一编是旅游应急管理的一般理论，包括旅游应急管理概述、危机与旅游突发事件、旅游应急管理相关理论、旅游应急预案与体制、机制；第二编是政府旅游应急管理；第三编是旅游行业协会应急管理；第四编是旅游企业应急管理，包括旅游景区应急管理、酒店应急管理、旅行社应急管理；第五编是旅游者及其家庭旅游应急管理。

本书的知识体系框架如图1－2所示。

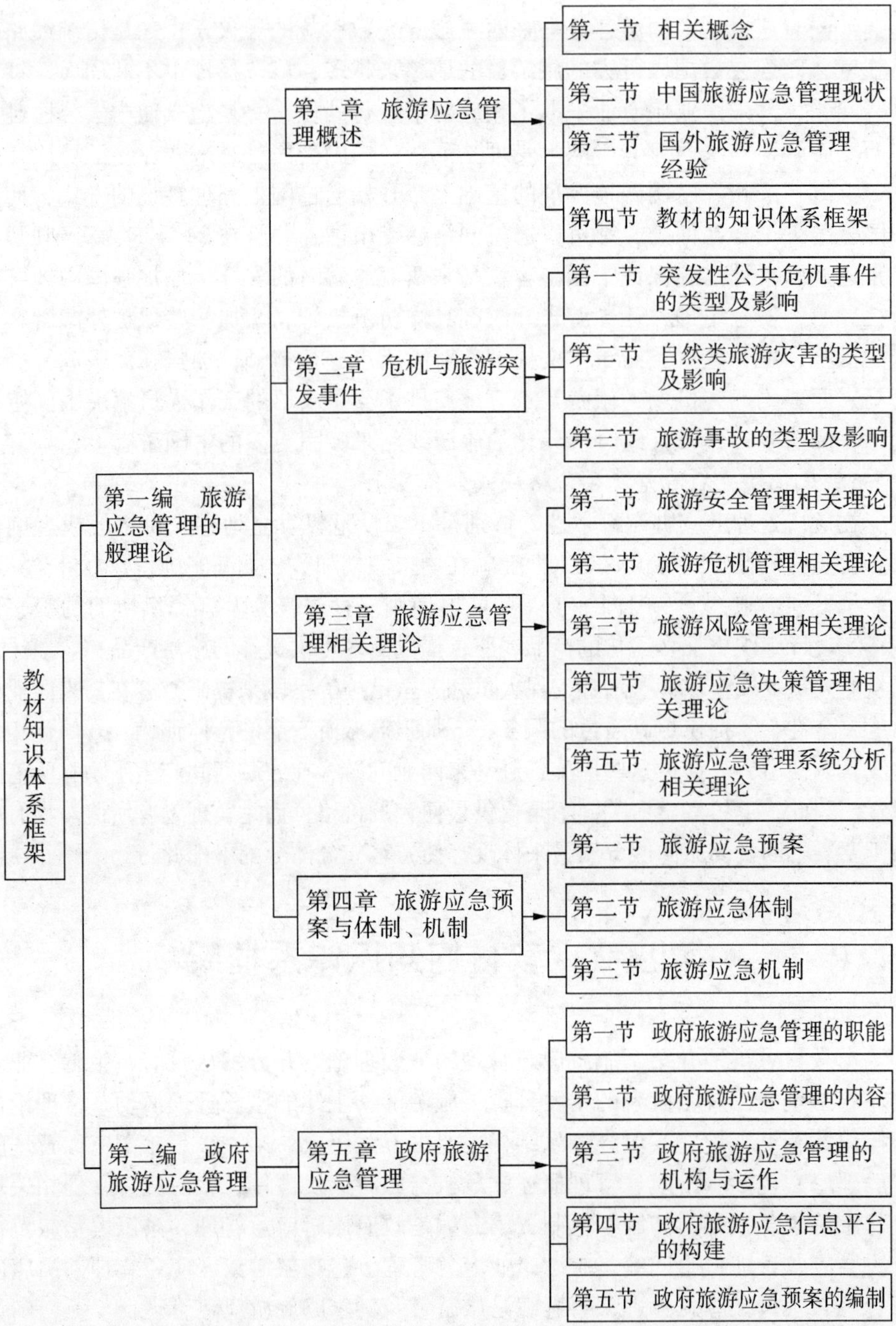
教材知识体系框架
第一编 旅游应急管理的一般理论
第一章 旅游应急管理概述
第一节 相关概念
第二节 中国旅游应急管理现状
第三节 国外旅游应急管理经验
第四节 教材的知识体系框架
第二章 危机与旅游突发事件
第一节 突发性公共危机事件的类型及影响
第二节 自然类旅游灾害的类型及影响
第三节 旅游事故的类型及影响
第三章 旅游应急管理相关理论
第一节 旅游安全管理相关理论
第二节 旅游危机管理相关理论
第三节 旅游风险管理相关理论
第四节 旅游应急决策管理相关理论
第五节 旅游应急管理系统分析相关理论
第四章 旅游应急预案与体制、机制
第一节 旅游应急预案
第二节 旅游应急体制
第三节 旅游应急机制
第二编 政府旅游应急管理
第五章 政府旅游应急管理
第一节 政府旅游应急管理的职能
第二节 政府旅游应急管理的内容
第三节 政府旅游应急管理的机构与运作
第四节 政府旅游应急信息平台的构建
第五节 政府旅游应急预案的编制

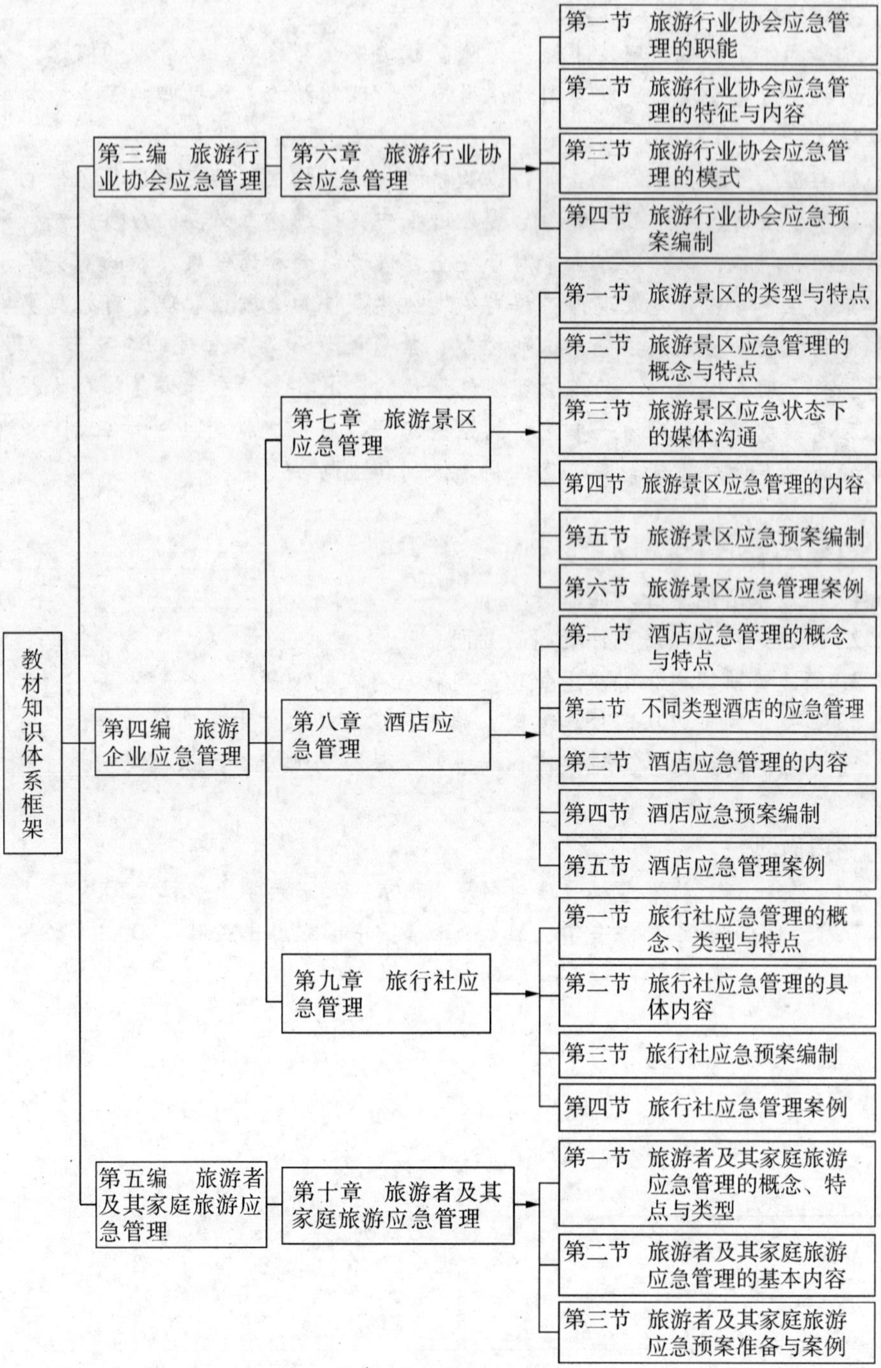

图 1－2　本书知识体系框架

本章小结

本章阐述了危机、突发事件、风险、旅游安全与旅游应急管理的概念，介绍了国内旅游应急管理的现状与国外旅游应急管理的经验，总结归纳了本教材的体系框架。

旅游应急管理指旅游管理部门以及旅游行业机构在旅游突发公共事件的事前预防、事发应对、事中处置和善后管理过程中，通过建立必要的应对机制，采取一系列必要措施，保障游客生命财产安全，促进社会和谐健康发展的有关活动。

旅游应急管理首先表现为对旅游突发公共事件的全过程管理，可根据突发公共事件的发展分为预测预警、识别控制、紧急处置和善后管理四个环节；其次，旅游应急管理表现为一个动态管理，包括预防、准备、响应和恢复四个阶段；最后，旅游应急管理表现为一个完整的系统工程，可以概括为“一案三制”，即旅游突发公共事件应急预案及应急机制、体制和法制。

思考与练习

1. 简述旅游应急管理的概念。
2. 简述危机与突发事件之间的异同。
3. 简述目前国内旅游应急管理的现状与存在的问题。
4. 谈谈中国可以从国外典型国家旅游应急管理工作中得到什么启示。
5. 本教材的知识体系框架有何特点？主要分为哪几个知识模块？

拓展阅读

[1] 邹统钎．旅游危机管理［M］．北京：北京大学出版社，2005.
[2] 郑向敏．旅游安全学［M］．北京：中国旅游出版社，2003.

第二章　危机与旅游突发事件

【学习目的】

通过本章的学习，掌握突发性公共危机事件、自然灾害、旅游事故的概念及类型；了解各种突发性公共危机事件、自然灾害、旅游事故的影响；认识重大旅游活动中的突发事件类型及影响。

【学习要点】

1. 突发性公共危机事件的概念、类型及影响。
2. 自然灾害的概念、类型及影响。
3. 旅游事故的概念、类型及影响。

【关键词】

危机　旅游突发事件　自然灾害　旅游事故

第一节　突发性公共危机事件的类型及影响

在旅游业蓬勃发展的同时，世界范围内发生的“9·11”事件、英国口蹄疫、伊拉克战争、SARS疫情、禽流感疫情以及东南亚海啸、金融危机等，均导致了区域性的旅游业危机。危机种类繁多，其中突发事件对旅游业的冲击最为明显。据世界旅游业委员会估算，SARS疫情、恐怖主义威胁和经济衰退，使得2003年全球减少了700万个工作岗位，旅游业损失超过了100亿美元。

一、突发性公共危机事件对旅游业的影响

这里所说的突发性公共危机事件，是指在较短的时间内急速爆发的、危及公共利益和企业经营安全的危机事件。对于企业而言，突发性公共危机事件具有三大特点：事前几乎没有征兆；事件起源与企业无关；对企业影响深刻，甚至造成致命的打击。突发性公共危机事件类型多样，大致可分为五类：一是自然类危机事件，如汶川大地震、东南亚海啸；二是政治类危机事件，如政治形势的混乱、

战争等；三是人为安全类危机事件，如恐怖袭击、人为犯罪等；四是经济类危机事件，如国际金融风暴等；五是公共卫生类危机事件，如SARS疫情等。旅游突发事件还包括环境污染、旅游基础设施及旅游设备故障等。

（一）自然类危机事件对旅游业的影响

自然灾害属于异常的自然现象，其引发因素既有纯自然因素，如地震、海啸、台风；也有人为因素，如工业化造成的旅游环境恶化、建设性破坏及乱采滥伐等导致多种不良后果。

自然灾害一般可分为三类：

（1）气象性灾害，如水灾、旱灾、热带气旋、低温、霜雪、冰雹、雷电等。

（2）地质性灾害，如地震、地面下沉、滑坡、海岸侵蚀、崩塌、泥石流、海啸、风暴潮、海冰等。

（3）生物性灾害，如森林灾害、农作物灾害、畜牧业灾害（如禽流感）等。

世界旅游组织认为，热带飓风、风暴潮、洪水、雪崩和地震是旅游业中最严重的自然灾害。自然灾害危机与旅游目的地的地理和生态环境密切相关，因此，自然灾害通常是可以预见的。一般而言，海岛或海滨度假目的地往往与飓风相伴；山岳型目的地容易受到泥石流、山体滑坡、雪崩等的影响；非洲大陆则容易与蝗灾相伴。但是自然灾害又具有不可控制性，它们对旅游业的冲击往往更多地表现在旅游基础设施和接待设施的破坏以及游客和旅游从业人员的伤亡上，也对旅游需求和供给能力产生影响，由此造成工作机会的减少。例如，2004年12月26日，印度尼西亚苏门答腊岛西部沿海发生里氏9.0级地震，并且引发海啸，袭击了亚洲和非洲一些国家的海岸，造成多达30万人死亡；而2001年我国台湾发生的“九·二一”大地震，使岛内50万旅游从业人员生计受到影响。

但是，自然灾害造成的影响一般具有临时性和短期性，并容易得到人们的理解和社会的同情，在灾后通常可以获得社会救援，可在一定程度上弥补灾后造成的损失。汶川大地震后获得社会捐赠达570.19亿元，这次抗震捐赠是新中国成立以来捐赠款物数量最大、来源最广、响应速度最快的一次。

（二）政治类危机事件对旅游业的影响

对旅游业影响最大的政治类危机事件是战争和军事冲突，可以说战争是旅游业的一大天敌。战争给旅游业带来的消极影响主要包括：

（1）战争给交战各方带来巨大的经济损失，直接影响旅游业的发展。如“二战”给德国、法国、波兰、英国等欧洲国家造成的财产损失总额达到3 949亿美元。

（2）战争摧毁旅游基础。战争不仅导致基础设施被大量破坏，更为严重的是，战争造成自然旅游资源和人文旅游资源的大量损毁。例如，阿富汗因为宗教冲突造成巴米扬佛像被摧毁；英法联军对北京的攻占直接导致圆明园的毁坏。

（3）战争导致旅游市场的萎缩。如受伊拉克战争爆发的影响，澳大利亚2003年的旅游预订比同期减少了22%，旅游收入减少了24%。

随着时间的推移，当战争创伤渐渐愈合后，战争遗产也会带来一定的积极影响，例如，由于战争在当事人心中的感情纠葛，会使其产生纪念和缅怀需要，从而形成战争遗产旅游，如前所述，战争刺激了奖励型、情感型、军事型和政治型的旅游。和战争有关的吸引物形成了最大的旅游吸引，如“越战”导致美国老兵与越战相关的旅游，“二战”后在亚洲各国出现的针对日本游客的旅游产品开发。

战争对旅游业的影响程度取决于战争的持续时间、范围、强度和卷入程度。一般而言，战争持续时间越长，带来的影响就越大。例如，中东的长期政治不稳定和多次中东战争，使该地区始终被认为是最不安全的地区；非洲等地区由于常年战乱，旅游业难以发展。战争范围也对整个国际旅游市场产生影响。一般来说，局部战争和小范围冲突往往对交战双方之间的旅游流动造成负面影响，在其他条件不变的情况下，游客会选择其他目的地来代替而非完全取消旅行。战争强度对旅游业尤其是旅游业的恢复具有重要意义。战争越激烈，创伤越深，带来的敌对情绪可能就越高，市场恢复越缓慢；战争破坏性越大，基础设施恢复越困难，则旅游业振兴越缓慢。旅游人数与战争卷入程度高度相关，那些在冲突中采取积极介入策略的国家，其结果是游客数量迅速下降，而未过多介入的国家则下降较少。

（三）人为安全类危机事件对旅游业的影响

旅游人为安全类危机事件是指游客在旅游活动中受到暴力犯罪、恐怖活动等事件的影响而成为脆弱的袭击目标的事件。人为安全类危机事件可分为犯罪与恐怖主义两大类。

1. 犯罪活动对旅游业的影响

安全问题作为危机研究的一部分具有特殊的意义。例如，1992年发生在美国佛罗里达戴德县的1.2万多起犯罪并未影响其旅游业，然而，当1993年10多位来自加拿大、英国、德国等重要客源地的游客成为袭击对象后，“阳光之都”形象受到影响，旅游人数骤减，其中德国游客减少1/3。1994年，该州旅游人数由1993年的60.8万人次下降到1994年的41.1万人次，旅游业受到巨大冲击。

针对游客的犯罪活动，从发生的目的性和组织性可以分为：

（1）一般性犯罪。这类犯罪在任何时候和任何地点针对任何人都可能发生，犯罪活动与旅游目的地无关，游客只是整体受害者中的一部分。犯罪原因及程度与社区社会经济等特征相关，高犯罪率对旅游目的地的吸引力产生消极影响。

（2）针对旅游目的地的一般性犯罪。这类犯罪地点的选择通常源于旅游目的地的性质，往往由于旅游目的地移民较多及其人口流动性大所致，如毒品、卖淫、抢劫等，目标并不专门针对游客。一些社会学者的研究证明，这些犯罪活动对旅游业发展产生消极影响。

（3）针对游客的专门犯罪。由于游客消费超常于一般消费，同时也不同于当地居民消费，因此容易成为袭击目标，加上信息的不对称等，使游客相比之下更容易成为犯罪受害者。例如，由于中国公民具有使用现金消费的习惯，在许多国家的机场和旅游目的地，中国游客往往更容易成为罪犯盗窃行李和抢劫的目标。又如，1994 年 3 月 31 日的“千岛湖事件”造成来自我国台湾地区及东南亚的游客锐减，严重打击了千岛湖旅游业的发展。

一般来说，如果犯罪活动控制在人们可接受的限度内，则短期内总体旅游状况不会有太大的波动，然而，一旦它们带来的伤亡引起了人们的警觉，旅游行为将会发生改变。从长远来看，犯罪会削弱旅游目的地的安全形象，进而引起人们态度的变化和信心的丧失。犯罪作为人为危机，在一定范围内可以得到控制。一方面旅游目的地必须加强安全措施并提升警力，包括对难以防范的犯罪采取补救措施；另一方面，增加对游客的安全保险及安全教育，提高其风险意识。

2. *恐怖主义活动对旅游业的影响*

恐怖主义活动在危机中占有特殊地位。恐怖主义是指针对政府、公众或个体使用令人莫测的暴力、讹诈或威胁，以达到某种目的的政治手段。恐怖袭击是恶意行为的一种表现形式，目的是破坏目标国家的社会、政治和经济体系。国际恐怖主义，尤其是针对游客的恐怖活动会给世界旅游业造成上百亿美元的损失。研究证明：一个国际旅游目的地国家的国内恐怖主义活动对其入境游客有明显的负面影响，并且具有显著的时滞效应。

恐怖主义活动与旅游业的关系主要包括两个方面：

（1）从恐怖活动袭击对象指向看，分为两种情况：①不特别针对游客的恐怖活动。在这种事件中，游客往往成为受害者之一，其后果通常只是导致入境游客的轻微减少。例如，新出现的生化袭击的威胁对于游客来说，是一种新生事物，在现实中鲜为人知。②将游客作为明确袭击目标的恐怖主义活动。这种事情通常发生在旅游业占据重要地位的国家和地区，且游客与当地社区存在一定文化、宗教和社会的冲突。恐怖活动的目标在于通过袭击游客造成巨大混乱以达到其政治目的。这种事件的后果十分严重，通常带来较大人员伤亡和财产损失，并引起媒体广泛关注，同时动摇旅游客源地的信心，造成旅游目的地的社区恐慌，并引起旅游目的地和旅游客源地之间的敌对态度。

（2）从恐怖主义对待旅游业的态度看，恐怖活动分为两种类型：①外向型。将游客作为客源国的象征，在这种情况下，对游客产生威胁的可能性与其来源国所表现出的政治倾向性相关。政治倾向性是指某国或政治组织在国际争端和危机中所采取的行动和立场。这类袭击的目的在于向游客输出地传递某种信息，而这种信息在正常情况下是被漠视的，如近年来频繁发生在穆斯林国家和地区的针对游客的绑架、谋杀、爆炸等事件。通常恐怖主义会将大型旅游接待设施如酒店、俱乐部、娱乐场所、交通工具等作为袭击目标，这种外向型的犯罪活动情节严重、影响巨大，且规模越大，袭击后果越严重，则灾难可能性越大。飞机由于其高风险性和高威慑性往往成为制造国际恐怖主义活动的首选。例如，“9·11”事件后国际游客搭乘飞机进行旅游的人数急剧下降。此次恐怖袭击过后，一些航空公司（如 Sabina，Swissair，US Airways）纷纷破产，成千上万的旅游从业人员失去了工作，国际航空业至今仍然面临困境。同时，外向型恐怖主义带来的显著后果在于打击了游客的信心，使旅游业发展失去基础，其影响呈现出根本性和长期性。恐怖事件还对游客的精神和经济都产生重要的影响。事实上，“9·11”事件使全世界在几个星期内都笼罩在恐怖袭击的阴影之下，人们普遍感受到恐惧与悲痛。②内向型。指恐怖主义将游客作为目的地经济体系的组成部分，通过各种暴力活动袭击游客和旅游设施，以此来反对旅游接待国家、地区或目的地。这类事件发生地区与旅游业高度相关，但要确定特定袭击对象十分困难，每一位游客都可能成为攻击目标。例如，西班牙在国际旅游接待人数上一直居于首位，“埃塔”（ETA）恐怖组织自 20 世纪 70 年代就将游客作为袭击目标，但受到影响的不仅仅是游客，还包括西班牙政府。类似的组织还包括秘鲁的“西德罗·卢明诺索”（Senderro Luminoso）和土耳其的 PKK 恐怖组织。由于恐怖组织的政治倾向性明显，因此，对于游客的影响具有一定的可预期性。通常在这种情况下，世界各国尤其是受影响国会通过旅游劝告来阻止国民前往危险国家和地区旅游。由于内向型恐怖活动目标不在于游客，通常会事先发出警告，并选择游客少的地方进行破坏，因此，其后果更多地反映在旅游设施的破坏上。这类事件对于旅游业的冲击呈现出局部性和短期性，一般通过相应的救援能很快恢复。

恐怖主义形成的原因多种多样，其中最显著的为宗教种族矛盾或者历史原因导致的区域文化冲撞（culture shock），这些冲突以极端形式反映出来，导致旅游人为危机的发生，从而制约国际旅游业的发展。例如，中东、东南亚、南亚地区不时有宗教冲突发生，影响了这些地区国际旅游业的发展。此外，游客与旅游目的地居民间的冲突关系也会成为恐怖活动的导火索。如果区域旅游价值主体之间发生尖锐的矛盾，则会导致比较严重的文化冲撞，甚至演化为严重的恐怖袭击事件，因此需要在区域旅游开发过程中兼顾政府、居民、投资商多方的利益，从根本上消除冲突的诱因。

（四）经济类危机事件对旅游业的影响

由于宏观经济发生剧烈波动，造成经济衰退乃至爆发危机，对旅游需求也会产生巨大冲击。经济危机对旅游业的冲击主要体现在以下三个方面：

（1）由于经济增长停滞或下降，导致人们实际收入减少，因而影响旅游需求。旅游需求的决定因素包括旅游动机、可自由支配收入和闲暇时间。尽管经济危机对旅游业的冲击并不存在现实的人身伤害等风险因素，但是经济危机可能带来的收入下降、高失业率等问题，抑制了旅游需求的总量或者导致旅游需求发生质量偏差。例如，受“9·11”事件及其他因素影响，美国经济在“9·11”事件发生后几年持续低迷，因此消费者信心一直处于摇摆之中，这直接导致远程旅游人数的减少，同时促进了替代性近程旅游、区域内旅游或国内旅游人数的上升。

（2）汇率变动导致国际旅游成本变化，从而加大部分国家和地区的旅游成本，进而削弱其旅游消费能力。此外，为了防止外汇流失，一些客源国也会采取多种措施限制国民出境旅游。例如，亚洲金融危机时期的全球旅游收入为4 480亿美元，增长率为3%，在此前的10年里，这两项指标一直是以年平均10%的速度递增的。又如，英国为避免外汇流失，对出境游客实行征税，导致英国出境旅游人数急剧减少。

（3）经济危机可能引发目的地国家旅游价格发生剧烈波动，也会导致旅游实际购买力下降，进而打击旅游业。例如，石油危机引发的价格上涨，客观上阻碍了旅游业的发展，尤其是国际旅游业的发展。

（五）公共卫生类危机事件对旅游业的影响

公共卫生危机是指各种对人类健康带来巨大危害的突发传染性疾病。传染性疾病的蔓延往往会引起全球性或区域性旅游危机。

（1）公共卫生危机会导致人们产生恐慌心理，从而抑制旅游意愿。如艾滋病在南亚、东南亚以及非洲的感染人数迅速增加，引起游客对到该地区旅游的恐惧心理。Carter（1998）发现，大多数游客认为非洲充满冲突、饥荒和艾滋病，他们通常将那些有关艾滋病、霍乱、埃博拉病毒的新闻报道与整个非洲联系起来，而不是将其仅仅局限在发生地，这种共识成为非洲旅游业发展的主要障碍。

（2）公共卫生危机爆发时，政府等组织制定的相关政策会限制人们的旅游行为。一般情况下，世界卫生组织和旅游客源国政府为防止传染病蔓延和保护本国居民安全，通常会发出相应的旅游警告，从而控制因旅游而出现公共卫生危机的恶化。例如，英国、荷兰等国暴发的疯牛病、口蹄疫影响着国际游客的进入，英国2001年前8个月的旅游入境人数下降了5%～6%。2003年的SARS疫情更是引发全球性旅游危机，但不同地区程度不尽相同。亚太地区旅游人数比2002年减少了1 200万人次，同比下降9%；影响较小的美洲，仅下降了2%；欧洲基本持平；未受影响的中东和非洲地区则分别增长了10%和5%。

由于全球化、工业化、城市化进程的加快和现代生物技术的发展，公共卫生危机风险进一步加大。旅游由于其人际沟通特征，既可能是受害者，同时也是重要的传播途径，因此，如何开展“有道德的旅游”及加强管理，日益引起广泛的重视。

（六）环境污染和旅游基础设施、设备故障事故对旅游业的影响

由于技术演进、社会发展和管理失误造成的恶性事件也是引发旅游危机的重要因素，它们往往摧毁旅游业赖以生存的自然环境和基础设施，损害旅游目的地的形象，降低旅游吸引力。由于这种危机大都是人为造成的，其后果远远严重于自然危机，如果处理不当，又会带来新的信任危机，进而打击游客信心。这种危机包括：

（1）旅游目的地自然环境的污染，如水污染、空气污染等。如众所周知的人类特大灾难——苏联切尔诺贝利的核泄漏，导致该国旅游收入大幅度下降，其影响至今难以消除；再如，意大利著名的海滨浴场罗马涅海岸1989年6月发生的海藻剧增给其旅游业带来了巨大影响，当年入境旅游人数骤减25%。更糟糕的是，在所有的危机解除后，又产生了连锁反应，目的地的负面形象不再局限于海水污染，还波及先前被掩盖的消极因素，如秩序混乱、拥挤、噪声、犯罪等。其他类似事件包括巴西 Balneario Camboriu 海滩海藻及水污染事件、西班牙和葡萄牙海岸的“埃丽卡号”与“名望号”油轮燃料泄漏事件等。我国也曾连续发生“赤潮”等灾害，对海滨度假地的旅游业产生了消极影响。

（2）旅游基础设施、设备故障事故，包括空难、火灾、其他交通事故等。这类事故频繁发生与目的地及经营者的管理息息相关，其对旅游业的影响力取决于灾难产生的后果。由于其可控性，这类危机的防范成为旅游安全管理的重要内容。例如，2004年7月，包头空难造成55人丧生，促使中国重新审视航空运输安全状况；天津水上乐园游乐场伤人事故、上海动物园动物咬人事件等，都向人们发出了安全警告。

二、重大旅游活动中的突发事件类型及影响

随着经济的发展，人们的生活水平日益提高，休假制度不断完善，各旅游目的地都在节假日期间举办很多大型的节庆活动，以此拉动当地经济的发展。但是，节庆活动在同一时间积聚大量的游客，会造成景区超负荷运作、交通缺乏管制等问题，这也为旅游活动中发生一些突发事件埋下了隐患。具体来说，重大旅游活动中的突发事件主要包括发生重大治安灾害、游客流量失控、交通拥挤和发生骚乱与踩踏事件等。这些事件会给游客带来生命财产的危害，也对旅游目的地产生不可估量的影响。

（一）重大治安事故对旅游业的影响

治安灾害事故是指由于事故的行为人故意或过失行为，违反治安管理法规和有关安全管理的规章制度，造成物质财产损失或人员伤亡，并在一定程度上对社会或单位内部或居民社区的治安秩序造成危害的事故。治安灾害事故与公共安全有紧密的联系，危害公共安全是治安灾害事故的主要特征之一。

重大的旅游活动会积聚大量的游客和车辆，为交通事故、火灾、食物中毒、犯罪活动等治安灾害事故埋下了隐患。这些治安灾害事故会给旅游目的地及游客带来严重的影响：

（1）造成重大人员伤亡，物质严重损毁。治安灾害事故的发生，一般都会造成大量的人员伤亡和物质损失。一方面会直接危害社会成员的生命和健康；另一方面会破坏人类长期劳动积累的物质文化财富。2010 年 10 月，数十名游客食用海螺沟磨西镇一家酒店提供的早餐后出现食物中毒症状，其中一名女性游客病情严重，送院后不久死亡。截至次日零点，负责救治中毒游客的泸定县人民医院仍有 42 名患者住院治疗，其中 9 人重症、3 人危重。又如，“中国第一桥”河北赵州桥文物陈列室 1998 年 11 月 27 日晚突发火灾，共计 228 平方米的展室被大火焚烧坍塌，内部陈列的修缮大石桥时更换下来的部分原始石桥构件遭受一定程度的损坏。

（2）影响旅游目的地形象。事故的发生通常会引起社会的广泛关注，各种媒体会纷纷报道事故，将这种影响不断扩大。2010 年 8 月 23 日，香港游客在菲律宾马尼拉闹市区遭劫持，8 名人质遇害。由于菲律宾警察抢救人质方式受到外界质疑，导致游客对菲律宾政府失去信心，对目的地的安全持怀疑态度，使去菲律宾旅游的人数在短期内骤减。

（二）游客流量失控、交通拥挤对旅游业的影响

游客流量失控的问题往往出现在一些知名的或免费开放的旅游景区、景点，旅游人数的增加必将导致交通拥堵。具体来说，游客流量失控及交通拥堵对旅游业有如下影响：

（1）加大了景区管理的难度，容易造成对旅游资源的破坏。如作为世界著名文化遗产地的敦煌莫高窟曾免费向游客开放，前来参观的人数不断增多，在2004年达到了43万人次，给敦煌遗产保护和管理带来了许多不便。特别是客流量的季节性失衡，过量的游客参观造成一些洞窟过度“疲劳”，如每年的七、八、九三个月就能占到全年旅游人数的2/3左右，过多的二氧化碳使得溶洞资源被破坏，壁画的颜色发生改变。

（2）影响游客的旅游体验。许多著名旅游景区内主要景点人满为患，严重影响了旅游景区的视觉效果。同时由于停车场面积有限，有些自驾车游客就将车辆停在景区主要干道上，严重影响了交通的流畅；同时也增加了游客用餐的困难，还加剧了游客排队上厕所的难度。每年洛阳牡丹花会期间，游客量均达到每天40多万人次，给洛阳市的交通带来不小的压力。一些著名景点如龙门、关林、白马寺、国家牡丹园多分布于近郊，而指定餐厅和宾馆又集中在市区，因此大量的旅游团队车流在一日内便要往返于市区与市郊多次，造成旅游景区、酒店附近的道路拥挤不堪。游客的种种基本需求得不到满足，严重影响了游客的旅游体验。

（3）接待质量下降。洛阳花会期间有庞大的旅游团队数量，各旅游企业人力资源明显不足。特别是在花会第一、第二个周末的高峰期，规模较小的旅行社每日也要接待10个以上团队，规模较大的旅行社每日要接待30个左右的团队，“一导难求”成为不争的事实，而临时导游在带团过程中出现的技术与经验问题，直接降低了接待服务质量。

（三）骚乱踩踏事件对旅游业的影响

2010年11月22日是柬埔寨为期三天的传统送水节的最后一天，全国各地约有300万人涌向金边观看在洞里萨河上举行的龙舟大赛以及参与在金边钻石岛等地的庆祝活动。当地时间23时左右，由于游人太多，金边市区连接钻石岛的一座桥产生晃动，引起人们恐慌，导致相互拥挤踩踏，造成至少345人死亡、410人受伤，大部分人死于窒息与内伤。这起事件被称为“史上最严重的踩踏事件”，它受到国际舆论的广泛关注，各国政府以此为鉴，在此后的节庆活动中加强了游客的疏导工作。这种严重的骚乱踩踏事件使游客的生命安全受到威胁，破坏了

旅游目的地的形象，也影响了游客对旅游目的地的选择。

为避免出现踩踏等公共安全事件，在公共场所进行大规模的集会活动时，事先应该制定比较周密和完善的应急预案。预案的内容包括：估计有多少人，设置一些疏散通道、警示标志，周围有哪些救援力量，等等。同时要与相关部门提前沟通，确保各种人员及时到位。

总体来说，公共危机的发生，不仅造成人民生命财产的巨大损失，对社会基础设施造成巨大破坏，也可能引起环境的恶化，阻碍经济社会的可持续发展，甚至导致社会和政治的不稳定，引起社会恐慌和社会正常秩序与运转机制的瓦解。公共危机是能够带来高度不稳定性和高度威胁性的不可预测的非常规事件，是由突发公共事件导致的一种危险状态，在这种状态下，社会、经济、基础设施、公共秩序、生态环境和公民身心健康等都受到严重威胁。

第二节　自然类旅游灾害的类型及影响

我国幅员辽阔，自然条件复杂，是世界上自然灾害种类最多的国家之一。国家统计局发布的数据显示，2007 年我国各类自然灾害造成的直接经济损失超过 2 363亿元。其中全年农作物受灾面积 4 899 万公顷，绝收 575 万公顷；因洪涝灾害造成直接经济损失 826 亿元，死亡 1 168 人；因旱灾造成直接经济损失 785 亿元；因海洋灾害造成直接经济损失 88.4 亿元；累计发生赤潮面积 11 610 平方千米；实际发生各类地质灾害 2.5 万起，共造成 598 人死亡，直接经济损失达 24.8 亿元；大陆地区共发生 5 级以上地震 6 次，成灾 3 次，造成直接经济损失 20.2 亿元。旅游业是时刻与危机相伴的行业，一次灾难可能会摧毁某些旅游设施或吸引物，会夺去部分游客的财产甚至生命。

自然类旅游灾害，是指由于火山、地震、泥石流、台风、冰雹、洪水、滑坡、土地沙漠化、水土流失、海岸线变化等自然灾害性因素所导致的旅游灾害，也就是说，凡是对旅游业造成直接影响的各种自然灾害都属于自然类旅游灾害。旅游业是除农业以外最容易受自然灾害影响的产业，所以基本上所有种类的自然灾害都会对旅游业造成影响。根据致灾因子的不同，自然类旅游灾害可分为以下四种类型：地质类旅游灾害、气象气候类旅游灾害、海洋类旅游灾害、生物类旅游灾害。

一、地质类旅游灾害

地质灾害是指由地质动力作用所导致的岩体或土体位移、地面变形以及地质环境恶化，并危害人类生命财产安全的现象或过程，主要包括地震、火山活动、地裂缝、地面沉降、泥石流、滑坡、崩塌等。地质类旅游灾害的种类主要有地震、泥石流和火山喷发等。地质类旅游灾害的共同特点是：分布广泛、危害大、伤亡多、突发性强。以下简单介绍三种主要的地质类旅游灾害。

（一）地震

地震是指岩石圈在内力作用下突然发生破裂，地球内能以地震波的形式强烈释放出来，从而引起一定范围内地面震动的现象。地震是地球上经常发生的一种自然灾害，大地震动是地震最直观、最普遍的表现形式。在海底或滨海地区发生的强烈地震，可能引起巨大的波浪，称为海啸。地震常常造成严重的人员伤亡，能引起火灾、水灾、有毒气体泄漏、细菌及放射性物质扩散，以及造成海啸、滑坡、崩塌、地裂缝等次生灾害。

“5·12”汶川大地震摧毁了四川多个县城，造成重大人员伤亡和经济损失。此次地震给四川省旅游业带来近 500 亿元的经济损失，约占 2007 年四川省旅游总收入的四成。据四川省旅游局统计，在地震发生之前，仅 2008 年 4 月，四川省接待入境旅客 9.45 万人，国内游客 1 436.58 万人，旅游总收入 74.96 亿元。地震灾害导致四川省 384 个旅游景区、524 家星级饭店、684 家旅行社、58 家旅游汽车公司停业或基本停业，全省超过 30 万旅游从业人员面临失业的困境。此次强烈地震使四川省主要旅游景区均受到不同程度的损坏，位于震中区的两个世界遗产（都江堰、卧龙自然保护区）损毁尤为严重。其中，青城山—都江堰景区的主要建筑二王庙、伏龙观损坏严重，经济损失达 12 亿元；绵阳猿王洞、千佛山、窦圌山三个景区，道路全部损毁，窦圌山双峰中的一峰倾斜非常严重；三星堆博物馆建筑物轻微受损，当日起闭馆检修；四姑娘山、海螺沟景区的基础设施建设亦遭到破坏。

（二）泥石流

我国山区面积占国土面积的 2/3，滑坡和泥石流成为一种分布较广的自然灾害。泥石流是山区暴发的特殊洪流，夹带泥沙、石块甚至巨大的砺石，破坏力极强。泥石流因其形成过程复杂、暴发突然、来势凶猛、历时短暂、破坏力大，成为山区经济建设的一大灾害。泥石流的主要危害是冲毁城镇、工厂、矿山、乡村，造成人畜伤亡，破坏房屋及其他工程设施，破坏农作物、林木及耕地。此外，泥石流有时也会淤塞河道，不但阻断航运，还可能引起水灾。泥石流对旅游业干扰很强，例如，北京市山地旅游区多位于泥石流易发区，特别是官厅水库以下、石景山以上地段是北京市发生泥石流最典型的地区，康西草原、十三陵水库、八达岭长城、香山等重要旅游景点均位于该区。我国国家级风景名胜区中有泥石流活动的区域达33处。泥石流常毁坏旅游设施，危害游客安全，影响旅游功能的发挥和正常运营，一旦旅游区泥石流灾害造成重大人员伤亡，将对旅游区的旅游需求产生长期的负面影响。

新疆天池是国家AAAAA级旅游风景名胜区，是新疆的名片，也是当地重要的经济支柱之一，是我国申报世界遗产的候选地。仅在2006年，到新疆天池的游客就达82.6万人次，旅游收入1.5亿元以上。然而，频繁发生的泥石流灾害不仅对天池的旅游业产生负面影响，也给天池的可持续发展造成重大威胁。新疆天池泥石流规模大，是冰川加降雨型泥石流，其危害比单纯的降雨型泥石流更加严重。新疆天池流域有多条泥石流沟，输送大量泥沙进入天池，造成淤积，导致湖泊缩小。近35年来，天池湖岸共前进271米，平均每年前进7.74米，面积缩小8.5万平方米，缩小了3.47%。以此速度推算，约440年后，天池将消失。

（三）火山喷发

火山喷发是地壳运动的一种表现形式，也是地球内部热能在地表的一种最强烈的显示。由于岩浆中含大量挥发物质，加之覆岩层的围压，使这些挥发物质溶解在岩浆中无法溢出，当岩浆上升靠近地表时，压力减小，挥发物质急剧被释放出来，于是形成火山喷发。

2010年4月中旬的冰岛火山灰导致我国许多旅行社的多个旅行团约500名游客被困欧洲，损失主要包括协调游客食宿、签证延期、保险延期等。还有游客无法返程，导致酒店预订、机票预订等方面的损失很大，部分国内游客也不得不取消欧洲出行计划。

二、气象气候类旅游灾害

气象气候条件是旅游活动的基本条件之一，它影响着旅游活动的进行。适宜的气象气候条件可以为旅游活动提供方便，反之，恶劣的气象气候条件就会给旅游活动带来诸多困难。气象气候类旅游灾害是指由于气象气候因素发生灾变而引起的旅游灾害，包括暴风雪、台风、暴雨、酷暑、严寒等。气象气候灾害不仅危害游客安全、旅游交通和旅游资源，而且造成旅游地客源流失，如2008年初我国南方的冰雪灾害。同时，人文旅游资源珍贵稀缺，一旦遭到破坏将很难恢复原貌，而各种气象气候灾害如暴雨、狂风、冰雹等均会对其产生严重影响，因此，应采取各种防范措施保护珍贵的人文旅游资源，使世代人民能共享文化瑰宝。

（一）旱灾

旱灾属于偶发性的自然灾害，与一般干旱不同，即使在水量丰富的地区也可能因一时的气候异常而产生旱灾。在气象气候灾害中，旱灾是我国影响面最大、最为严重的一种灾害。旱灾的特点是范围广、时间长、影响大。例如，2006 年入夏以来，重庆市大部分地区和四川省东部持续高温少雨，局部地区遭受了 50 年一遇的干旱；近年来，桂林也连年发生秋季干旱，严重影响了人民的正常生活，也影响了桂林漓江的旅游业发展。

（二）洪涝

洪涝，指因大雨、暴雨或持续降雨使低洼地区淹没、积水的现象，包括河流洪水、湖泊洪水和风暴洪水等。其中影响最大、最常见的洪涝是河流洪水，尤其是流域内长时间暴雨造成河流水位居高不下而引发的堤坝决口，对地区发展损害最大，甚至会造成大量人员死亡。在我国，洪涝灾害是仅次于旱灾的气象灾害。1998 年，长江、松花江、嫩江等流域发生全流域性特大洪水，全国 29 个省市受到洪涝灾害影响，受灾人口达 1.8 亿人。

华东大部分地区多洪涝灾害，其中东部沿海、淮河流域平均 2～3 年就发生 1 次洪涝灾害。例如，1954 年，江淮流域发生特大洪水，30 万平方千米的地域严重受灾，1 888 万人陷入困境，11 万人死亡，经济损失达 200 亿元；1980 年，安徽、江苏、浙江三省因洪涝灾害导致的旅游收入损失共达 11 亿元；1996 年，皖南地区山洪暴发，通往黄山的铁路、公路交通全部中断，黄山风景区变为一座孤岛；2003 年“十一”黄金周期间，西安市由于降水时间较长，导致山岳、游乐景点的客流量仅为 81 万人次，同比下降 16%，旅游收入为 5.28 亿元，同比下降 8%，旅游业出现负增长。

（三）热带气旋（飓风与台风）

热带气旋是发生在热带或副热带洋面上的低压涡旋，是一种强大而深厚的热带天气系统。登陆陆地的热带气旋会带来严重的财产和人员伤亡，是自然灾害的一种。不过热带气旋亦是大气循环的一个组成部分，能够将热能及地球自转的角动量由赤道地区带往较高纬度；另外，也可为沿海地区带来丰沛的雨水。飓风和台风都属于热带气旋中强度最高的一级，风力达 12 级以上。

2005 年，对于全球旅游业来说，“飓风”成为一个关键词。从美国东南部、中美洲到亚洲，“飓风”或“台风”一次次接踵而至。论破坏力，美国“卡特里娜”飓风位居榜首。8 月 25 日，“卡特里娜”飓风在美国东南部佛罗里达州登陆，在当地造成至少 7 人死亡、5 人失踪，被雅虎旅游和国家地理旅游杂志联合评为“美国家庭旅游首选地”的新奥尔良也在飓风中遭受重创。在此后的很长一段时间里，新奥尔良乃至美国受灾地区的旅游业都没有恢复到以前的水平。旅游业是新奥尔良的支柱产业之一，当地的餐饮业和会展业十分发达，2004 年新奥尔良接待游客 1 010 万人次。在飓风过后，2005 年 9 月至 2006 年 5 月新奥尔良有 450 个会议被取消，仅此一项损失就高达 35 亿美元。当地酒店业也遭受了毁灭性的打击，全市原有酒店 266 家，飓风过后重新开业的只有 24 家，市区约 8.2 万套客房，对外开放的只有1.3万套。在飓风后的几个月里，新奥尔良的游客几乎绝迹，2005 年的游客量仅为 850 万人次。

2005 年 7 月，飓风“埃米莉”曾直逼墨西哥坎昆市，当地约 4 万名游客被迫缩短行程。10 月 5 日，台风“斯坦”使中美洲地区暴雨成灾。当日，危地马拉世界知名旅游胜地阿提特兰湖附近发生泥石流事故。10 月 21 日，墨西哥又遭到“威尔玛”飓风的袭击，3 万名游客陷于惊恐和黑暗之中，著名旅游胜地坎昆岛处于水淹之中。其中，坎昆岛一地滞留 1 万至 1.2 万游客，坎昆以南地区滞留大约 2 万名游客。“威尔玛”同样没有放过古巴，飓风期间，滞留在古巴的 3. 5 万名外国游客中共有 1 749 人被转移到同等档次的安全酒店。

（四）雨雪冰冻灾害

雨雪冰冻灾害包括由冰川引起的灾害和由积雪、降雪引起的雪灾两部分。雨雪冰冻灾害对工程设施、交通运输和人民生命财产造成直接破坏，是比较严重的自然灾害。雨雪冰冻灾害多发生在山区，一般对人身和工农业生产的直接影响不大。其最大危害是对公路交通运输造成影响，由此造成一系列间接损失。

2008 年 1 月中旬到 2 月上旬，中国遭遇了罕见的低温、雨雪和冰冻天气，对贵州、湖南、湖北、江西、安徽、广西、重庆、广东、浙江、四川、陕西、江苏、云南、甘肃、河南、青海、西藏、山西、上海共 19 个省市（区）造成了严重影响。大雪造成高速公路、铁路、民航受阻，旅客大量滞留，生活和生产物资运输中断。京广、沪昆铁路因断电运输受阻，京珠高速公路等干线近两万千米瘫痪，22 万千米普通公路受阻，14 个民航机场被迫关闭，造成大量旅客滞留车站、机场、铁路、公路沿线。低温雨雪冰冻灾害对我国旅游业造成重大损失，全国旅游业因此遭受直接经济损失约 69.7 亿元。据不完全统计，截至 2008 年 2 月 9 日，全国 19 个受灾省市（区）的 824 家旅游景区、5 231 间建筑、1.5 万处旅游公共服务设施、2 542 千米旅游道路遭到不同程度的损坏；1 662 个旅游景区因灾暂时关闭，大量绿化植被和古树被冻坏冻死，大量名贵树木被压断，游乐设施、游船游艇等设施设备不能正常运转，停车场、游步道和旅游标志标牌大量损坏。雨雪冰冻灾害不仅损坏了旅游景区的景观设施、服务接待设施和基础设施，也使灾区旅游业遭受直接的经济损失，它的后继影响也是广泛的。根据2008年春节期间部分重灾区的旅游接待统计分析，重灾区乃至全国的春节旅游接待都出现不同程度的下滑，如贵州省旅游总收入同比减少了21亿元。

（五）其他气象灾害

历史古迹、革命纪念地和博物馆等人文旅游景观，因其稀缺独特和不可再生的特点，一旦遭遇气象灾害，后果常常是毁灭性的。例如，由于当地降雨中的酸性物质过多，山西大同云冈石窟遭受严重的污染和侵蚀，大多数佛像的表面都披上了一层黑纱，且风化严重，导致面目全非；贵州省普定县玉真山古寺庙始建于明太祖朱元璋在位时期，其中玉皇阁于清光绪十三年重建，为历史价值极高的旅游资源，但由于寺庙未安装防雷装置，玉真山古寺常年遭受雷击，损坏严重，已逐显破败迹象；历经两千多年的风雨侵蚀，陕西西安原高120米的秦始皇陵，如今降至64.97米。

三、海洋类旅游灾害

海洋自然环境发生异常或激烈变化，导致在海上或海岸发生的灾害称为海洋灾害。海洋灾害主要指风暴潮灾害、海浪灾害、海冰灾害、海雾灾害、地震海啸灾害及赤潮、海水入侵等突发性的自然灾害。引发海洋灾害的原因主要有大气的强烈扰动，如热带气旋、温带气旋等；海洋水体本身的扰动或状态骤变；海底地震、火山爆发及其伴生的海底滑坡、地裂缝等。海洋自然灾害不仅威胁海上及海岸，有些还危及沿岸城乡经济和人民生命财产的安全。例如，强风暴潮所导致的海侵（即海水上陆），在我国少则几千米，多则20～30千米，甚至达70千米，某次海潮曾淹没多达7个县。上述海洋灾害还会在受灾地区引起许多次生灾害和衍生灾害，如风暴潮引起海岸侵蚀、土地盐碱化，海洋污染引起生物毒素灾害等。海洋类旅游灾害主要表现为风暴潮和海啸等灾害。

（一）风暴潮

风暴潮是由台风、温带气旋、冷锋的强风作用和气压骤变等强烈的天气系统引起的海面异常升降现象，又称“风暴增水”、“风暴海啸”、“气象海啸”或“风潮”。风暴潮会使受到影响的海区潮位大大地超过正常潮位，如果风暴潮恰好与影响海区天文潮位高潮相重叠，就会使水位暴涨，海水涌进内陆，对相关旅游项目造成巨大冲击。如1953年2月发生在荷兰沿岸的强大风暴潮，使水位高出正常潮位3米多，海水冲毁了防护堤，淹没土地3万多平方千米，导致2 000

余人死亡；又如1970年11月12—13日发生在孟加拉湾沿岸地区的一次风暴潮，导致30余万人死亡和100多万人无家可归。这种风暴潮对旅游地破坏力极大，极易造成大量人员伤亡，不仅危及游客，连一定范围内的居民也难以幸免，严重威胁城乡经济和人民生命财产的安全。

（二）海啸

海啸是由水下地震、火山爆发或水下塌陷和滑坡所激起的巨浪。2004年12月26日，印度洋发生里氏9.0级强烈地震并引发海啸，灾难波及东南亚诸国，遇难人数多达30万人。此次海啸对印度尼西亚、斯里兰卡、泰国、马尔代夫等东南亚国家的旅游业造成了重大的财产损失和人员伤亡，2005年各受灾国旅游业出现大幅度滑坡。

四、生物类旅游灾害

生物类旅游灾害是指各种生物活动（包括动物、植物和微生物活动）对人类生命和生存环境造成的重大伤亡和破坏。生物灾害主要包括农作物病虫害、森林病虫害、蝗虫与鼠灾、生物入侵等，其中对旅游业影响较大的是生物入侵。自然界造成动物灾害的原因是多方面的：有自然因素，如气候变化、环境变化使动物的数量、习性发生改变；有动物本身的因素，如繁殖力过强或过弱、数量过多或过少造成生态失衡。但更多的原因还在于人类自身，比如对许多动物的乱捕乱杀、对森林的乱砍滥伐、对草原的过度开垦、围湖造田等破坏了动物的食物链，毁坏了动物的生活环境，加速了物种的灭绝，破坏了生物的多样性；又如过量使用化肥和农药，造成水域、空气和土壤的污染，破坏生态平衡，并且引起抗药性及物种变异。

被喻为“紫色恶魔”的凤眼莲在全世界水域的肆虐繁殖即是外来物种入侵最典型的一个例子。1884年，原产于南美洲委内瑞拉的凤眼莲被送到了美国新奥尔良的博览会上，来自世界各国的人见其花朵艳丽无比，便将其作为观赏植物带回了各自的国家，殊不知繁殖能力极强的凤眼莲从此便成为各国大伤脑筋的头号有害植物。在非洲，凤眼莲遍布尼罗河；在泰国，凤眼莲布满湄南河；而美国南部沿墨西哥湾内陆河流水道，也被密布的凤眼莲堵得水泄不通，不仅导致船只无法通行，还导致鱼虾绝迹，河水臭气熏天；我国的云南滇池，也曾因为凤眼莲疯狂蔓延而被专家指称患上了“生态癌症”。

第三节　旅游事故的类型及影响

事故指一切无任何先兆而发生的事，且事件多不寻常，会引起意想不到的后果，通常事先都不知道其原因。事故本身具有突发性和不可预测性。

旅游事故通常指在旅游活动中，由于各种原因引发的对旅游主、客体和媒介等带来影响的不可预知的事件。这类事件有可能是由于旅行社的疏忽引发，或者由于旅游者自身不合理行为导致，也可能是因为其他不可预知的原因，如食物中毒、设备故障、火灾等引起的。

一、旅游事故的类型

旅游事故复杂多样，按其性质和责任可以将旅游事故分为以下三种类型：

（一）旅行社业务事故

旅行社业务事故通常指由组团社或地接社人员的工作失误而导致的事故，一般来说，主要包括误机（船、车）事故，漏接、错接、空接事故，遗失行李事故等。

1. 误机（车、船）事故

误机（车、船）事故，是指由于某些原因或有关工作人员工作的失误，旅游团（者）没有按原定航班（车次、船次）离开本站而导致暂时滞留的事故。误机（车、船）事故属重大事故，不仅给旅行社造成巨大的经济损失，而且还会使游客蒙受经济和其他方面的损失。

导致误机（车、船）事故发生的原因主要有：导游日程安排不当，临行前安排游客去地域复杂的游览景点或商业区参观游览和购物，延误了时间；导游没有按服务规范提前抵达机场（车站、码头）；在新旧航班（车次、船次）时刻交替期间，导游本着经验主义，仍按以往的班次离开时间送客；航班班次（车次、船次）变更，旅行社内勤没有及时通知导游或导游没有提前与内勤联系并确认航班（车次、船次）时刻，仍按原计划预订的航班（车次、船次）时间送客，等等。

造成误机（车、船）事故的原因，还包括交通事故、汽车在途中抛锚、严重堵车及游客自身原因。

2. 漏接、错接、空接事故

(1) 漏接。

漏接是指导游没有按预定航班（车次、船次）时刻迎接旅游团（者），导致旅游团（者）抵达后，无导游迎接的现象。

造成漏接的原因是多方面的，归纳起来主要有：导游或司机因故未按预定时间抵达机场（车站、码头）；航班（车次、船次）时间发生变更，导游没有认真阅读计划，仍按原计划时间去迎接；新旧航班（车次、船次）时刻交替时，导游没有认真核实，仍按原时刻去迎接；航班（车次、船次）临时变更（提前），旅行社没有及时转发变更通知，等等。另外，也不排除在途中出现严重堵车、交通事故或汽车抛锚等因素，从而造成漏接。

(2) 错接。

错接是指导游将其他旅游团（者）当作自己所接的旅游团（者）接走。错接事故的发生，往往给旅行社带来一系列的麻烦，在游客中造成不良影响，从而影响旅游服务质量。

造成错接事故的原因主要在导游方面。导游接团时没有认真核实团名（编号）、境外组团社或国内组团社名称、旅游团人数、领队或全陪姓名等。

(3) 空接。

空接是指由于某种原因，旅游团（者）推迟抵达接待站，导游仍按原计划预定的航班（车次、船次）接站而没有接到旅游团（者）。

造成空接的原因通常是天气或交通工具机械故障，使游客滞留在上一站或途中，而上一站旅行社并不知道这种临时变化，全陪或领队又无法及时通知下一站地方接待旅行社。但也不排除主观原因，例如，全陪没有将变更情况通知下一站接待旅行社；全陪委托上一站接待旅行社通知下一站接待旅行社有关变更事宜，但由于有关工作人员疏忽，没有及时通知。

3. 遗失行李事故

遗失行李事故主要发生在旅游团（者）来旅行途中或旅游目的地境内。

遗失行李的原因大致分为三个方面：在候机、转车或离开酒店时游客没能照顾好自己的行李，错拿别人行李或把自己的行李与其他旅游团行李混放在一起；民航、铁路、航运部门在运输过程中出现差错；导游没有及时做好提醒工作，没有帮助游客照看好行李，没有认真清点、检查行李，没有做好交接工作，行李员在交运过程中责任心不强。

(二) 游客个人事故

个人事故属非责任事故，主要是由于游客自身原因导致证件、财物的丢失和旅游活动过程中的走失事故的发生。

1. 丢失证件事故

从旅游心理学角度看，在旅游期间，游客经常会表现出自由散漫、丢三落四等“旅游病”症状，丢失证件、财物现象时有发生。

丢失证件主要是指外国游客丢失外国护照和签证、华侨丢失中国护照、港澳同胞丢失“港澳居民来往内地通行证”、台湾同胞丢失“台湾同胞旅行证明”、出境旅游的中国公民丢失护照和签证、国内旅游的中国公民丢失身份证等。不论丢失什么证件，都必将给游客带来诸多不便和损失，严重时会出不了境、回不了国、上不了飞机；诸如办理申领手续、补办工作等，将给旅行社和导游的工作带来不少麻烦和困难。这类事故在旅游团中时有发生，导游在带团过程中，一般都会提醒游客保管好自己的证件，或者建议将游客证件交由领队统一保管或存放在酒店的保险柜内。旅行社应当建立类似事故的预防和处理机制。

2. 丢失财物事故

在旅游期间，游客不慎丢失财物，不仅给游客带来生活上的不便，也带来经济上的损失。若丢失贵重物品，还影响游客出境，需要旅行社或导游帮助其办理有关证明和索赔手续，也给接待工作带来困难。

造成游客财物丢失的原因，一方面是游客个人因素，另一方面是不法分子的盗窃。前者属于个人事故，后者属于治安事故。

3. 走失事故

游客走失事故通常发生在参观游览过程中和自由活动期间。走失事故的发生，往往给游客造成心理上的伤害，使其极度焦虑和恐慌，严重时会影响旅游计划的进展，甚至危及游客生命安全。

造成游客走失的原因主要有三个方面：一是导游没有向游客交代清楚停车位置、集合时间、游览路线等有关事宜；二是游客对某一事物或现象感兴趣，或在某景色优美处摄影滞留时间较长而脱离旅游团；三是在自由活动、外出购物时，游客没有记清所住酒店地址和回程线路。当然，在出境游中还不能排除另外一种原因，即某些游客由于自身原因而故意脱离旅游团。

（三）其他安全事故

旅游安全事故是指旅游活动中突然发生的，伤害游客人身安全和健康，或者损坏设备设施，或者造成经济损失的，导致旅游活动暂时中止或永久终止的意外事件。常见的旅游安全事故主要包括以下五种类型：

1. 交通事故

交通事故一直是我国安全事故的主要类型之一，每年都造成较大的人员伤亡和财产损失。根据国家公安部交通管理局报告，2009 年全国共发生道路交通事故 238 351 起，造成 67 759 人死亡、275 125 人受伤，直接财产损失达 9.1 亿元，影响巨大。交通是旅游活动吃、住、行、游、娱、购六要素中重要的一环，是人们离开居住地到目的地进行空间位移的载体。因此，虽然没有相关数据表明旅游交通事故在全部交通事故中所占的比例，但是可以看出旅游交通事故是威胁游客生命财产安全的巨大隐患。事实上，许多交通事故都与旅游业有一定的关系，旅游交通事故也成为旅游活动中影响最大、发生频率最高的事故之一。

交通是旅游业产生、发展、运行的先决条件，交通工具快速发展的同时也增大了交通事故发生的空间。旅游交通通常包括区外交通和区内交通两部分，区外交通主要由陆运、水运和空运构成，区内交通工具主要是汽车、电瓶车、索道、缆车等。因此，按照交通工具的形式，旅游交通事故可以分为一般道路交通事故、高速公路交通事故、航空事故、水运事故、索道及缆车故障事故等。

一直以来，旅游交通事故杜而不绝，有增无减。2010 年 8 月 24 日，一架隶属河南航空公司的飞机从哈尔滨飞往伊春，在林都机场降落时发生事故，导致 42 人死亡，54 人受伤，这是继 2002 年“4・15”釜山空难、“5・7”大连空难及 2004 年“11・24”包头空难之后，在中国发生的又一起严重灾难。2007 年，在西藏318 国道曲水段桃花村境内发生了一起重大旅游交通事故。一辆西藏博达旅游客运公司的金龙牌 37 座旅游大巴（内乘游客 28 人、司机 1 人、导游 1 人）在前往日喀则的途中，行驶至拉萨市曲水县境内时，因司机强行超车，导致车辆坠入离路面 80 米的雅鲁藏布江，事故造成包括司机、导游在内的 15 人死亡，2 人失踪，13 人受伤。此次事故是自 1980 年西藏对外开放旅游以来发生的第一起重大旅游交通事故。1999 年 10 月 3 日，在我国实行的第一个“黄金周”期间，许多景区都出现爆棚的现象，贵州省马岭河风景区一缆车由于严重超载发生坠毁事故，造成 14 人死亡，22 人受伤。这起事故也是旅游景区开放缆车以来最为严重的事故。

2. 治安事故

治安事故主要是指骚扰、偷窃、抢劫、诈骗、行凶等威胁人们生命财产安全的事件。旅游活动是一种人际关系复杂的社会性活动，游客在旅游活动过程中要与形形色色的人打交道，难免会遇到各类治安事故。旅游治安事故发生率反映了旅游地整体治安状况，对游客目的地选择决策行为具有强烈、持续的影响。1994 年 3 月 31 日，台湾长风旅行社旅游团一行 24 人乘“海瑞号”游轮在浙皖交界处千岛湖游览时，当地 3 名歹徒登船抢劫并纵火焚船，致使船上 24 名台湾游客以及 8 名大陆居民（2 名导游，6 名船员）全部遇难，从而酿成一起特大抢劫纵火杀人案，即“千岛湖事件”。2010 年 8 月 23 日，香港旅游团在菲律宾遭劫持导致8人遇难的惨案也让国人痛心不已，并带来恶劣的影响。

3. 设备故障事故

旅游设备故障事故是由于机器设备整体或部分丧失常规性能给游客带来人身和财产等伤害的事件。在旅游活动中，尤其是在景区中的“游”这一环节，游客的许多行为都需要借助机器的辅助来完成，如需乘观光电梯、热气球等。另外，部分主题公园的各类游乐设施也是游客追求惊险刺激的载体，此类设施具有较高的技术和质量要求，一些质量不过关的设备存在着较高的事故危险。随着新设备在旅游业中的应用，设备故障原因引发的事故日渐频繁。2009年10月9日，桂林阳朔热气球爆炸事故造成4名外籍游客死亡。2010年6月29日，深圳东部华侨城的太空迷航爆炸事故导致6人死亡，10人受伤。

4. 食物中毒及其他疾病

食物中毒，指食用了毒害物质食品或者被毒害物质污染的食品后出现的急性、亚急性疾病。食物中毒具有潜伏期短、突然地和集体地爆发等特点，多数表现为肠胃炎症状，并与食用某种食物有明显关系。食物中毒通常包括细菌性食物中毒、真菌毒素中毒、动物性食物中毒、植物性食物中毒、化学性食物中毒五种类型。近半数的食物中毒属于细菌性食物中毒，这种食物中毒多数又是由于食用变质的动物性食品，如变质禽肉、变质奶、病死畜肉等所引发的。

在旅游过程当中，有两个原因导致游客食物中毒更易爆发：一是旅行社的恶性价格竞争致使旅游产品质量大打折扣，饭菜的质量达不到要求；二是游客远离家乡，水土不服，身体抵抗力下降，这也会增大食物中毒及食物过敏等疾病的风险。如1999年6月，厦门某酒店曾发生过28人集体食物中毒的事故。总之，由于旅游条件较差、饮食卫生不过关，加上游客旅途劳累、水土不服等因素，旅游团游客暴发肠道感染、胃部不适、恶心、呕吐、心脏病等情况并不少见。

5. 火灾

火灾是因自然或人为原因导致人员伤亡和财产损失的灾害。与旅游业联系较为紧密的火灾包括旅游景区内的森林火灾以及酒店火灾等。旅游景区的森林火灾可以归为自然灾害一类，而旅游事故中的火灾主要指酒店、商场以及娱乐场所出现的火灾事件。这类事件也需要引起足够的重视。2008年2月15日凌晨，浙江义乌一酒店发生重大火灾事故，造成11人死亡。

二、旅游事故的影响

旅游事故的破坏性往往是多方面的，最终将威胁到旅游业的健康发展。但是，经过积极应对，不断吸取教训，政府、旅游企业、游客等都能从事故中有所收获。

（一）消极影响

1. 威胁游客人身财产安全

旅游事故最为直接的影响就是威胁游客及相关人员的安全。旅游需求并不是人们的基本需求，而是人们基于自身的生理需求和安全需求的一种追求身心放松、愉悦自我的精神需求，而旅游事故在很大程度上会给游客及公众带来心理上的阴影。旅游安全是旅游业的生命线，旅游事故处理不当将会影响当地旅游业的发展。

2. 破坏旅游目的地形象

旅游目的地发生旅游事故，可能导致公众对目的地产生不安全感和不信任感，从而使目的地在人们心中变成“不适合进行旅游活动的地方”，人们纷纷敬而远之。1994 年的“千岛湖事件”，导致台湾很多旅行社抵制大陆游活动，旅游景区接待的台湾游客人数较之前有所减少。

3. 增加企业成本和管理难度

旅游事故通常都导致设施、设备的破坏和秩序的混乱。火灾导致房屋烧毁，交通事故、设备故障导致工具设备毁坏，使公众产生恐慌心理，进而引发骚乱，加上媒体的负面曝光，更使得旅游企业经营管理困难重重。

（二）积极影响

1. 推动相关法律法规的制定和完善

事物往往都具有两面性。从不同的角度、不同的处理方式，我们可以看到不同的效果。旅游事故在带来一系列破坏性影响的同时，也让我们正视现有法律法规及管理制度的不足，从而推动相关法律法规的制定和完善。

2. 促进安全保障体系的建立与实施

目前，我国安全保障体系建设并不完善，如一些商场、酒店的安全通道并不通畅，有的是堆满杂物，有的是大门紧锁，一旦发生火灾将会酿成惨剧。各部门应事先准备，建设安全预警系统、应急管理系统等，做到居安思危，防患于未然，而不是亡羊补牢。

3. 引导民众提高旅游安全意识

日本、新西兰两国都是地震多发国，政府在建设各种设施时，事先就做好了各种准备，包括安全保障体系的建立，两国民众的安全意识也很强，因此灾难发生时他们的应对能力较强，往往能把损失降到最低。旅游事故的发生在一定程度上也是民众自我安全意识不足的结果，我们应促使相关部门加强安全意识宣传以及民众自身学习，不断提高民众的安全意识和自救、救人技能。

本章小结

本章阐述了突发性公共危机事件、自然类旅游灾害、旅游事故的概念，并对这些危机、事故进行了分类，分析了每一类型的危机对旅游业造成的影响。

突发性公共危机事件是指在较短的时间内急速爆发的、危及公共利益和企业经营安全的危机事件。突发性公共危机事件的类型是多样的，大致可分为五个方面：一是自然类危机事件，如汶川大地震、东南亚海啸；二是政治类危机事件，如政治形势的混乱、战争等；三是人为安全类危机事件，如恐怖袭击、人为犯罪等；四是经济类危机事件，如国际金融风暴；五是公共卫生类危机事件，如SARS疫情。旅游突发事件还包括环境污染和旅游基础设施、设备故障等。自然类危机事件造成的影响一般具有临时性和短期性，容易获得社会同情和捐赠；战争对旅游业的影响程度取决于战争的持续时间、范围、强度和卷入程度；如果犯罪活动控制在人们可接受的限度内，则短期内总体旅游状况不会受到太大的波动，一旦它们带来的伤亡引起了人们的警觉，旅游行为将会发生改变；一个国际旅游目的地国家的国内恐怖主义活动对其入境游客有明显的负面影响，并且具有显著的时滞效应；经济类危机事件会对旅游需求产生巨大冲击；公共卫生类危机事件往往会引起全球性或区域性旅游危机；环境污染和旅游基础设施、设备故障事故往往摧毁旅游业赖以生存的自然环境和基础设施，损害旅游目的地形象，降低旅游目的地的吸引力。

自然类旅游灾害，是指由于火山、地震、泥石流、台风、冰雹、洪水等自然灾害性因素所导致的旅游灾害，也就是说，凡是对旅游业造成直接影响的各种自然灾害都属于自然类旅游灾害。根据致灾因子的不同，自然类旅游灾害可分为以下四种类型：地质类旅游灾害、气象气候类旅游灾害、海洋类旅游灾害、生物类旅游灾害。地质类旅游灾害的共同特点是：分布广泛、危害大、伤亡多、突发性强；气象气候类旅游灾害不仅危害游客安全、旅游交通和旅游资源，而且造成旅游地客源流失；海洋类旅游灾害不仅威胁海上及海岸，有些还危及沿岸城乡经济和人民生命财产的安全；生物类旅游灾害是指各种生物活动（包括动物、植物和微生物活动）对人类生命和生存环境造成的重大伤亡和破坏。

旅游事故通常指在旅游活动中，由于各种原因引发的对旅游主、客体和媒介等带来影响的不可预知的事件。这类事件有可能是由于旅行社的疏忽引发，或者由于游客自身不合理行为导致，也可能是因为其他不可预知的原因，如食物中毒、设备故障、火灾等引起的。旅游事故的破坏性往往是多方面的，最终将威胁到旅游业的健康发展。但是，经过积极应对，不断吸取教训，政府、旅游企业、游客等都能从事故中有所收获。

思考与练习

1. 请列举突发性公共危机事件的类型。
2. 自然类旅游灾害分为哪四种类型？
3. 重大旅游活动中的突发事件具有哪些影响？
4. 简述旅游事故的概念及影响。

拓展阅读

[1] 刘春玲. 旅游产业危机管理与预警机制研究 [M]. 北京：中国旅游出版社，2007.

[2] 谷慧敏. 旅游危机管理研究 [M]. 天津：南开大学出版社，2007.

[3] 国家旅游局人事劳动教育司. 导游业务 [M]. 北京：旅游教育出版社，2007.

第三章　旅游应急管理相关理论

【学习目的】

通过本章的学习，要求认识和了解旅游安全管理、旅游危机管理、旅游风险管理、旅游应急决策管理、旅游应急管理系统方面的相关理论知识。

【学习要点】

1. 旅游安全需求理论和旅游应急决策管理理论。
2. 旅游危机生命周期、旅游危机管理框架。
3. 旅游风险管理理论。
4. 旅游应急管理系统及相关分析理论。

【关键词】

旅游安全　旅游危机　旅游风险　管理系统

第一节　旅游安全管理相关理论

一、旅游安全需要理论

对于人类动机的研究表明，在消遣和旅游需求的决定因素及其实践方式中，发挥决定性影响的是社会心理因素。马斯洛（Maslow）的需要层次理论从人的本质和心理需求角度提出了对旅游活动中的安全需求及其属性的心理学解释，是了解旅游动机的基础，也是旅游安全研究的理论基础之一。马斯洛把人的需要划分为生理需要、安全需要、感情与归属需要、受尊重需要、自我实现需要五个层次，需要层次由低向高逐步发展。

显然，安全需要是人继生理需要之后的第二层次需要，有着多种不同的概念，涉及诸如受到保护，摆脱恐惧，经济、政治和社会的稳定，免受战乱、动乱和犯罪之害等方面。在生理需要方面的基本要求得到满足之后，人们便开始在更广泛的意义上寻求安全。

当游客离开居住地进入一个完全“陌生”的“旅游社会”时，原来井然有序的主流生活中的需要层次也发生了变化，从而形成了“旅游社会”中新的“旅游需要层次”。由于旅游活动客观环境的变化和旅游者主观心理感受的不同，形成了有别于原来的安全需要的更高层次的新安全需要——旅游安全需要。这种旅游安全需要贯穿于旅游活动的全过程，并在适当的背景下显示出其迫切性。旅游安全需要客观上对旅游行为、旅游决策、旅游目的地产品、旅游趋势和旅游政策带来很大的影响（见表3－1）。

表3－1 旅游安全需要对旅游行为、旅游政策的影响

旅游安全需要	对旅游行为的影响	对旅游政策的影响
游客人身安全需要	避免到因犯罪率高或政治不稳定而闻名的旅游地，找近的或熟悉的旅游地	必须切实保障游客人身财产安全 必须建造更安全的留宿地 必须纠正无根据的社会不稳定形象
旅游中疾病保险需要	老年游客倾向于寻找有可靠医疗设备的旅游地	必须改善旅游景点的医疗条件 必须发展社会保险方面的双边协议 让游客更容易找到医护警

总之，当旅游成为越来越普遍的大众现象时，“旅游社会”中出现了新的有别于“世俗生活”中的需要层次——旅游安全需要层次，旅游安全需要也就成为旅游这一特殊社会现象的高层次的安全需要。因此，马斯洛需要层次理论和由此引申出来的旅游需要层次理论将是从心理需要角度阐述旅游安全问题、引导旅游安全研究的理论工具之一。

二、旅游安全的社会学分析

旅游安全的研究离不开社会学的视角，在旅游社会学的研究框架中（如图3－1所示），社会心理学、犯罪学、社会冲突与批判理论及符号互动理论都为旅游安全的研究提供了理论支撑。

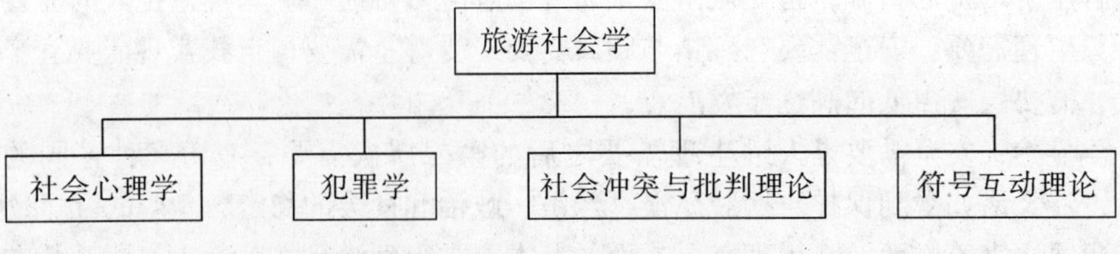

图3－1 旅游社会学的研究框架

从社会学角度来看，旅游安全问题主要是指安全隐患的根源来自不同的国家、民族和文化体，这些安全问题所引致的后果会波及区域内不同的国家、民族和文化体。其主要表现形式有战争、恐怖主义、旅游走私、旅游偷渡、旅游贩毒、旅游色情活动、流行性疾病、人口拐卖、经济危机等，其主要成因是国际社会问题对旅游业产生负面影响，进而构成安全问题，或借助旅游业得到了进一步强化和恶化，从而形成安全问题。

旅游安全问题是一个系统性的社会问题，主要表现为旅游安全问题牵扯的国家和民族较多，内容涉及区域内的人权、国际秩序、宗教和文化形态，旅游安全问题实现的途径多元化，旅游安全问题生成的机制复杂化，旅游安全问题生成的过程隐蔽化。旅游安全问题的社会缘起可以归结为以下五个方面：

1. 人权与旅游安全的悖论

基本人权包括了迁徙自由、人身自由不可侵犯，但在西方人权理论的鼓吹和影响下这两项人权得不到很好的保障，导致了旅游安全问题从社会的最基本层面上产生。如从 2002 年开始，美国秘密对出入境游客进行电脑打分，根据分数高低评定游客成为恐怖分子或者罪犯的可能性，被秘密“评分”的游客已达到数百万，美国的行为已经严重侵犯了游客的隐私权和迁徙自由权。

2. 经济诉求与安全诉求的平衡

一些国家的地区和城市出于经济考虑，对旅游业的经济重视远胜于对旅游安全的重视，对旅游业中存在的安全隐患采取了漠视或默许的态度，旅游领域成为许多政府政策无原则优惠的领域。旅游是一种流动性强和传播迅速的活动，因此，许多人便以旅游为载体和工具，利用旅游从事商品走私、偷渡、贩卖毒品、拐带人口、色情服务等非法活动。

3. 不平等的国际政治秩序

目前，全球的国际政治秩序还存在南北不平等、东西不平等、区域间的不平等、富国和穷国的不平等，霸权主义依然盛行，多极化的格局还没有完全形成。不平等的国际政治秩序是战争和恐怖主义的母体，当代发达的军事武器、政治仇恨与不平等的政治秩序联姻就催生了战争和旅游恐怖主义。旅游恐怖主义已经无处不在、无时不在，任何游客在任何地方、任何时候都有可能成为袭击对象。

4. 不平衡的国际经济秩序

全球的国际经济秩序也同样处于一种不平衡的状态，也存在南北差距、东西差距、区域差距、国与国的差距以及人与人的差距。世界各国贫富悬殊这一国际社会问题也引发了一系列旅游安全问题：一是一些发达国家不惜一切代价维护有利于自己的现行世界经济秩序，进而人为操控导致金融危机爆发；二是欠发达国家的个人对财富的欲望导致了对西方国家财富的崇拜和追求，从而产生偷渡现象；三是个人和国家基于改善贫穷现状和缩小贫富差距的愿望，在一定程度上导致了区域内旅游色情、旅游走私、旅游贩毒、利用旅游进行人口拐卖等区域性旅游安全问题。

5. 民族冲突、宗教冲突和文化冲突

与国际政治经济相比较，民族、宗教和文化的冲突对区域旅游安全问题的作用表现得更微观、更具体，也更具有实质性的直接作用。区域性的民族、宗教和文化冲突所导致的不同亚文化群之间的敌意和仇恨产生了区域性的不安全行为和活动。民族和宗教问题是区域不稳定的最为基本和直接的因素，绵绵不绝的巴以冲突的本质是民族和宗教的冲突，其后果之一便是旅游业遭殃。

第二节 旅游危机管理相关理论

一、旅游危机生命周期理论

由突发事件引起的旅游危机一般都会持续一定的时间，是一个具有特定生命的短周期事件。从其孕育生成到化解消除要经历五个阶段（见图3-2），依次是潜伏孕育期、生成显现期、全面爆发期、消减衰退期和化解消除期，我们把此过程称为旅游危机的生命周期。

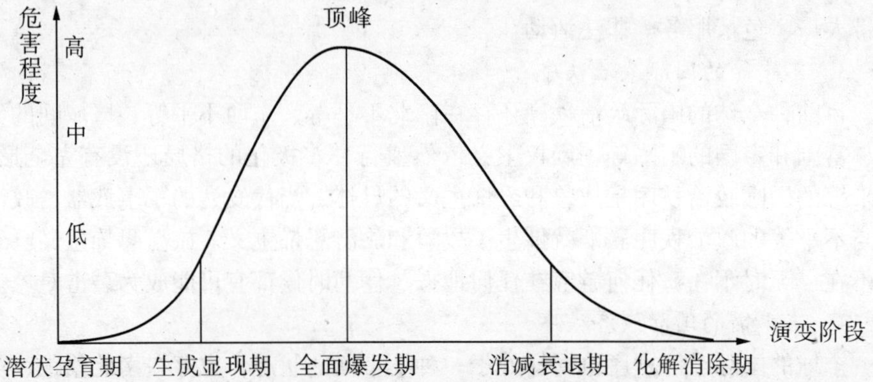

图3-2 旅游危机的生命周期

资料来源：孙根年．论旅游危机的生命周期与后评价研究．人文地理，2008（1）：7~12.（略有改动）

由于事件的性质和强度不同，突发事件所引起的旅游危机及其在各阶段的表现也存在差异。从危机的生成过程来看，某些突发事件引起的旅游危机生成显现期和全面爆发期极为短暂，如海啸；而另一些旅游危机生成显现期和全面爆发期持续的时间相对较长，如1997年亚洲金融风暴。从危机的衰退消除过程来看，某些突发事件引发的旅游危机对游客心理造成极其深刻的影响，其衰退消除需要相对较长时间，如美国“9·11”恐怖袭击事件。但不管危机从孕育到消除的过程有多大的差异，其生命周期及阶段都呈现出以下一般特征：

1. 潜伏孕育期

危机诱发因素不断积累，直到开始造成更大危害时就进入下一阶段，是一个从量变到质变的过程。期间并不是不产生危害，而是这种危害处于相对较低的水平，有一定的隐蔽性，因而不易察觉，但总有一定的先兆在某些方面表现出来。

2. 生成显现期

突发事件由隐性危机转变为显性危机并快速生成，当旅游系统明显感受到危机正在发生时，危机已经生成并开始全面爆发，此时其危害程度急剧上升，并在极短的时间内给旅游业带来大规模的危害，并且这种危害还会迅速加深和不断积累。

3. 全面爆发期

危机已全面爆发并进入最恶劣的状态，对旅游系统的影响和危害达到峰值，游客流入量急剧下降甚至停止，景区几乎没有游客光顾，宾馆、酒店基本停止营业。该阶段与危机生成显现期相比较，危害的程度迅速加深，影响范围不断扩大，对旅游系统形成全面的打击。

4. 消减衰退期

这个时期事件的矛盾和冲突不断减弱，对旅游业的危害程度从峰值转而下降，危机形势逐渐趋于减缓。旅游危机已经得到了有效的控制，旅游系统开始进入逐渐恢复的阶段，但是要从危机破坏中恢复到危机发生前的状态仍需一段时间。

5. 化解消除期

引起危机的因素已经完全解除，旅游系统已恢复原有正常秩序，旅游危机的危害程度已降至最低并逐渐消失，本次旅游危机的生命周期到此结束。

二、危机管理和应急管理的概念辨析

危机管理和应急管理是两个非常容易混淆的概念，两者有交叉的部分，但也有明显的区别，表现在管理对象、管理内容和概念渊源等方面，如表3－2所示。

表 3-2　危机管理与应急管理的区别

项目名称	危机管理	应急管理
对 象	危 机	突发事件（不仅包括突发性公共危机事件，还包括大量常规型突发事件）
内 容	围绕危机生命周期展开，包括减缓、准备、响应、恢复等	围绕突发事件全过程展开，既包括非常态情景下的救援、复位，事件发生后的重建、重构，也包括常态情景下的灾害减缓、响应准备及恢复准备等
主 体	所有的组织，包括政府、企业等	以政府为主，强调政府与其他组织建立伙伴关系，共同应对灾害
核 心	非常规决策及行为；危机战略；公众沟通	政府的非常态管理职能；发展和执行应对灾害的公共政策；对突发事件的社会管理
学 科	工商管理；政治学	公共管理；公共政策

三、旅游危机管理框架

为了将危机的影响降到最低，旅游目的地必须具备危机意识，采取有效的旅游危机管理措施。按危机的发展过程划分，旅游危机可以分为三个阶段：危机前阶段（明显的迹象表明危机可能爆发）、危机中阶段和危机后阶段。对这三个阶段进行进一步分析，可以建立一种动态的危机管理框架。这个框架包括各个阶段的首要任务和具体措施，依据各个阶段的不同，相应的危机管理内容如图 3-3 所示。

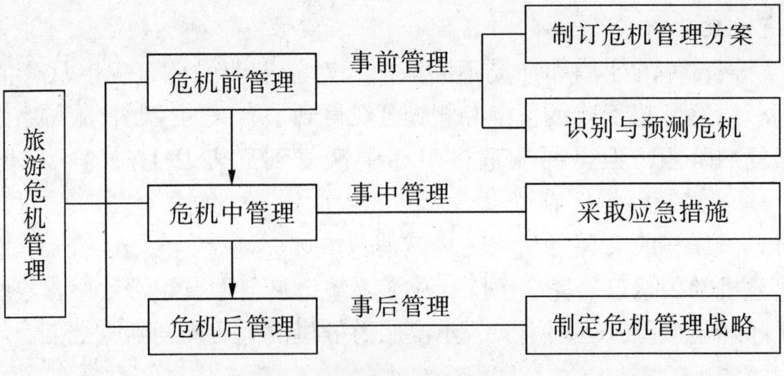

图 3-3　旅游危机管理框架

（一）危机前管理

（1）设立旅游危机基金。危机期间旅游目的地需要进行紧急救助活动，危机过后还要进行额外的营销活动来重振旅游经济，都需要资金的支持。因此，旅游企业应提前设置危机基金，并预先规定危机基金的使用许可，从而快速地应对紧急情况。

(2) 建立危机预警系统。危机预警系统列举一切可能导致危机的因素，确立危机在何种条件下可能发生并实施重点监控；模拟各种情况，组织演习，迅速提高运用防范和处理安全事故的有关技巧，并研究出最佳处理方案。

(3) 建立安全保障系统。借鉴国内外危机管理的经验教训，分析所有可以采用的能对旅游业产生影响的安全措施和各方面的实际情况，构建旅游安全保障体系。通过采取尽可能隐蔽且不妨碍游客到来的方式，提供安全的旅游环境。

(二) 危机中管理

1. 应急组织构建与程序安排

(1) 紧急成立危机管理指挥小组，召开新闻会议，组织专业人员对危机的性质、持续的时间及其对旅游业造成的影响进行评估。

(2) 识别潜在的威胁、灾难，根据潜在灾难的定义和分类及其出现的可能性，在各个管理层面和阶段上安排实施的任务和活动的先后次序，以保证各行动步骤间的相互连接。

2. 紧急状态处理

(1) 重视沟通。政府、企业、行业协会之间保持信息交流畅通，掌握各项进展情况。

(2) 对受害者进行施救。在危机发生时迅速采取措施对受害者进行救助。

3. 危机期管理措施

(1) 注重资料的收集。一方面随时更新有关旅游目的地入境游客的数据，以评估每一阶段危机影响的范围和规模；另一方面要收集以往危机的有关数据，为制订可能的解决方案提供参考。

(2) 采取措施减轻灾难造成的损失。增加促销预算，直接与旅游贸易伙伴沟通，传递安全信息，降低价格，刺激消费量增加，在安全的前提下组织周边地区的游客进行旅游。

(3) 政府作出政策反应。对受损的旅游企业提供贷款、津贴等补偿。

(三) 危机后管理

1. 恢复期管理措施

(1) 加强形象建设。危机后旅游目的地的形象重振，需要依靠改善游客的亲身体验和媒体的正面宣传，尤其要加强沟通和信息交流，加强与其他组织的合作，及时向他们通告目的地的有关行动。

（2）开展促销活动。加强各部门与组织在营销方面的合作，针对极具潜力的细分市场开展促销。

2. 修订危机管理战略

修订旅游危机管理战略的目的是增强未来的安全性，在此基础上，对管理战略进行持续、实时的更新。危机过后就战略实施情况进行报告与总结，从中吸取经验与教训。

四、危机管理模型

危机管理的内容围绕危机生命周期展开，包括减缓、准备、响应以及恢复等，每个危机阶段都对应着一定的管理内容。罗伯特·希斯的危机管理模型可以看作是四个阶段危机生命周期对应的危机管理内容，如图 3－4 所示。

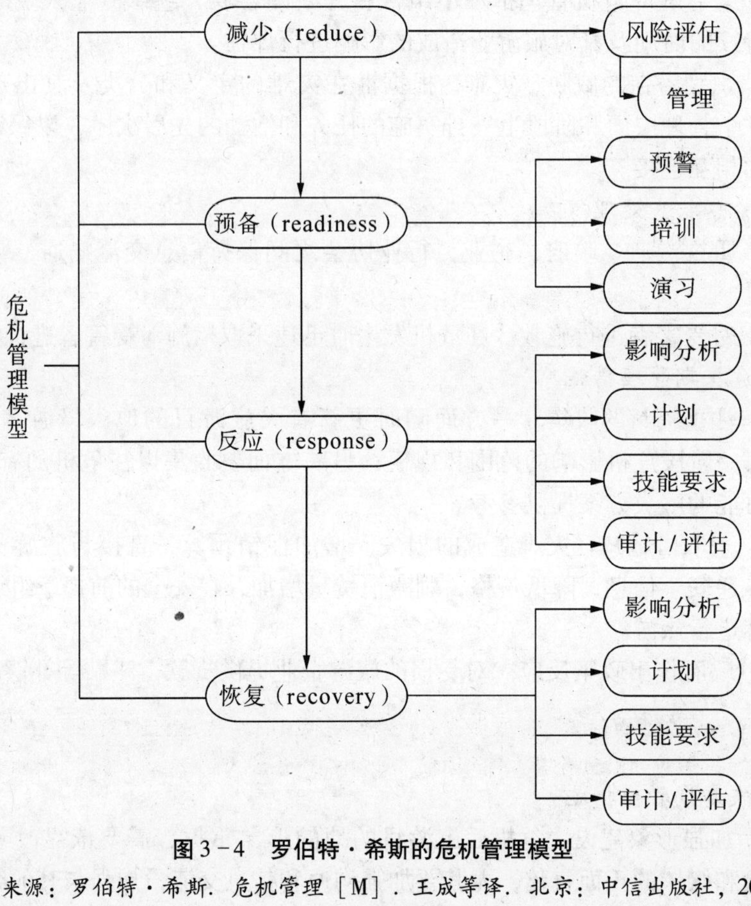

图 3－4 罗伯特·希斯的危机管理模型

资料来源：罗伯特·希斯. 危机管理［M］. 王成等译. 北京：中信出版社，2001.

第三节 旅游风险管理相关理论

一、风险分散原理

风险分散原理是资产组合理论的基本思想，常被运用到旅游风险管理中，并借鉴其方法。资产组合理论指运用二次规划方法建立起一套模型，阐述如何通过有效的分散化来选择最优的投资组合。资产组合理论以方差作为度量风险的方法，因此方差方法的优劣决定着资产组合模型的优劣。方差有着良好的数学特征，在用方差度量金融或证券资产组合的总风险时，组合的方差可以分解为组合中单个资产收益的方差和各个资产收益之间的协方差，这是马科维茨的资产组合理论在技术上可行的基础。同样，旅游风险可以分为交通风险、法律和社会治安风险、景区风险、住宿风险、卫生风险、医疗风险等，在管理的过程中也应该考虑如何实现有效分散化，以使各个风险的危害降到最低。

二、风险时间运动原理

旅游风险虽然表现形式各式各样，但是在风险管理过程中也有许多规律可循。

（1）风险的本质是不确定性，某一项具体的客观不确定性随着时间的推移而递减，如图 3 - 5 所示。

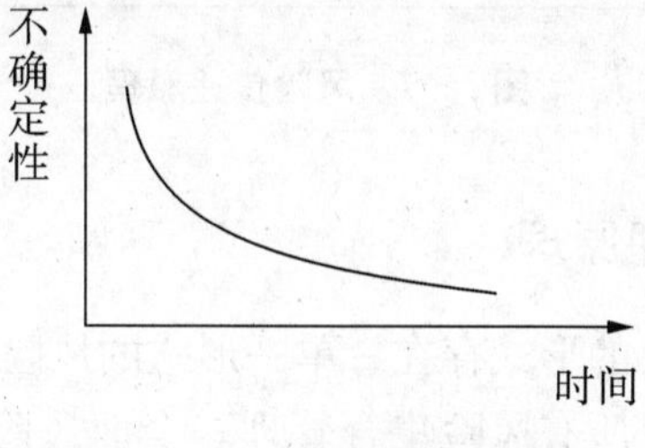

图 3 - 5 不确定性的时间递减

（2）一项新的旅游产品或服务的需求风险和竞争风险随着时间的推移，或产品的生命周期，显现出先由高到低，再由低到高的趋势；不同时期两者的主导地位不同，如图 3 - 6 所示。

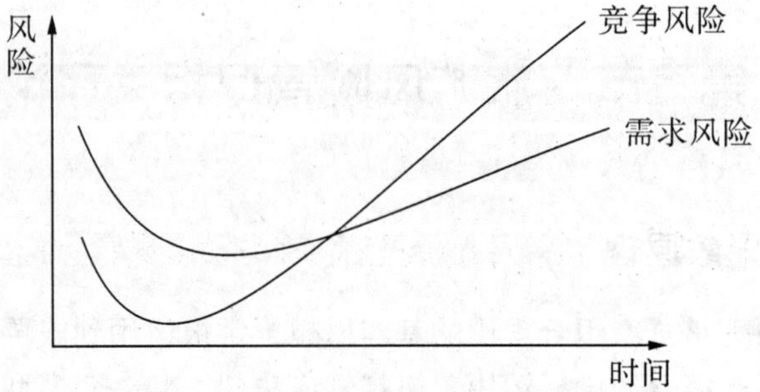

图 3-6 需求风险和竞争风险的变化趋势

三、风险传递原理

旅游产品是存在风险的，其风险结构可分为：技术风险（技术阶段存在的各种风险）、生产风险（生产阶段存在的各种风险）、市场风险（产品上市后存在的各种风险）。这三种风险可由前到后传递，即技术风险可引发生产风险，生产风险又会引发市场风险，技术风险也会直接引发市场风险，如图 3-7 所示。因此，在开发旅游产品时，对技术风险和生产风险控制的力度对产品上市后存在的市场风险具有一定的影响。各旅游企业的风险管理应把握风险传递原理，在风险产生的源头尽量将风险减到最小。

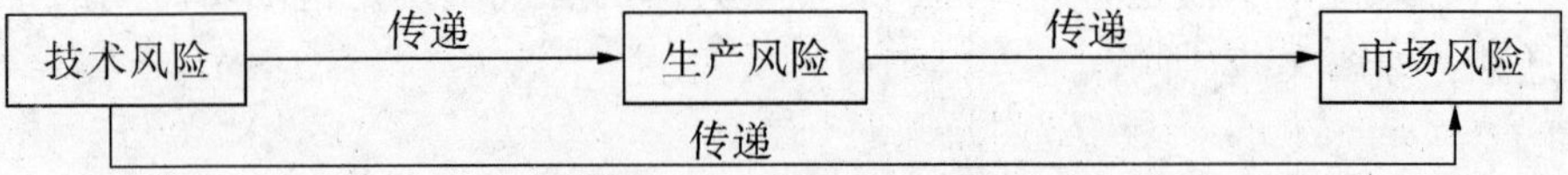

图 3-7 风险传递原理

四、全面风险管理原理

旅游风险往往以复合的形式存在，单一形式的风险一般具有相互联动性，应从整个旅游系统的角度对所有风险集合管理。全面风险管理理论的核心理念是：对整个旅游系统内各个部分的业务单位、各个种类的风险进行通盘管理。旅游系统要求风险管理系统不仅仅要处理各种风险，并且要覆盖到涉及这些风险的所有资产与资产组合，以及承担这些风险的各个业务单位；要能一致地测量并加总这些风险，考虑全部的相关性，而不是用分离的、不同的方法去处理不同的风险。

全面风险管理理论首先要求风险管理的流程是自上而下的，是由核心领导层出发的风险管理；其次，要求企业所有部门的所有员工都参与到风险管理中来；

再次，要求从概率、价格及偏好三个角度出发去分析风险；最后，它是一种全过程的风险管理，涵盖了风险辨识、风险评估、风险预警、风险控制与风险措施各个环节，是一个动态的管理过程。

第四节 旅游应急决策管理相关理论

一、运筹学理论

按照运筹学的方法，可以对旅游安全管理进行科学的量化决策。在既定的物质条件（人力、物力、财力）下，为达到安全管理的目的，运用科学的方法（主要是数学方法）进行数量分析，统筹兼顾各旅游主体及旅游活动中各环节之间的关系，为选择出最优的旅游安全决策方案提供数据支撑，在旅游活动中最经济有效地使用各种物质条件，以便作出科学合理的安排，达到最佳安全管理效果。

（一）运筹学的特点

（1）运筹学已被广泛应用于研究工商企业、军事部门、民政事业等组织内的统筹协调问题，故其应用不受行业、部门的限制。

（2）运筹学既对各种经营进行创造性的科学研究，又涉及组织的实际管理问题，它具有很强的实践性，最终应能向决策者提供建设性意见，并收到实效。

（3）运筹学以整体最优为目标，从系统的观点出发，力图以对整个系统最佳的方式来解决该系统各部门之间的利害冲突，对所研究的问题求出最优解，寻求最佳的行动方案，因此也可将它看成是一门优化技术，提供的是解决各类问题的优化方法。

（二）运筹学研究内容

运筹学研究的主要内容包括：规划论（包括线性规划、非线性规划、整数规划和动态规划）、库存论、图论、排队论、可靠性理论、博弈论等。

1. 规划论

规划论的研究对象是计划管理工作中有关安排和估值的问题，解决的主要问题是在既定条件下，按某一衡量指标来寻找安排最优方案。

2. 库存论

库存论是一种研究物质最优存储及存储控制的理论。物质存储是工业生产和经济运转的必然现象，如果物质存储过多，则会占用大量仓储空间，增加保管费用，使物质过时报废，从而造成经济损失；如果存储过少，则会因错过销售时机而减少利润，或因原料短缺而造成停产。因此，如何寻求一个恰当的采购、存储方案就成为库存论研究的对象。

3. 图论

图论将复杂庞大的工程系统和管理问题用图描述出来，可以解决很多工程设计和管理决策的最优化问题，如完成工程任务的时间最少、距离最短、费用最省等。图论受到数学、工程技术及经营管理等方面越来越广泛的重视。

4. 排队论

排队论又叫随机服务系统理论。它的研究目的是要回答如何改进服务机构或组织被服务的对象，使得某种指标达到最优的问题。比如，一个港口应该有多少个码头，一个工厂应该有多少维修人员等。

5. 可靠性理论

可靠性理论是研究系统故障，以提高系统可靠性问题的理论。

6. 博弈论

由于研究的是双方冲突、制胜对策的问题，所以这门学科在军事方面有着十分重要的应用。

二、决策理论

（一）决策概述

决策理论研究决策问题。所谓决策就是根据客观可能性，借助一定的理论、方法和工具，科学地选择最优方案的过程。决策问题是由决策者和决策域构成的，而决策域又由决策空间、状态空间和结果函数构成。研究决策理论与方法的科学就是决策科学。决策所要解决的问题是多种多样的，从不同角度出发有不同的分类方法，按决策者所面临的自然状态的确定与否可分为确定型决策、风险型决策和不确定型决策；按决策所依据的目标个数可分为单目标决策与多目标决策；按决策问题的性质可分为战略决策与策略决策；按不同准则还可以划分成其他多种决策问题类型。不同类型的决策问题应采用不同的决策方法。

决策的基本步骤为：①确定问题，提出决策的目标；②发现、探索和拟订各种可行方案；③从多种可行方案中，选出最满意的方案；④决策的执行与反馈，以寻求决策的动态最优。

（二）旅游安全决策步骤

在进行旅游安全决策时，要以充足的事实为依据，采取严密的逻辑思考方法，对大量的资料和数据按照事物的内在联系进行系统分析和计算，遵循科学程序，作出正确的安全决策。旅游安全决策遵循一定的基本步骤，而且各个步骤并不是互相孤立地进行的，而是互相联系和互相作用的。

(1) 观察和分析。在发现了安全问题以后，有必要进一步收集资料，丰富有关这一安全问题的知识，然后加以分析，了解问题背后的缘由，加深对安全问题的认识和理解。

(2) 确定旅游安全问题。即确定影响旅游安全问题的诸种因素，特别是目标、约束条件、组织各部门的关系、可能取代的其他途径、上级领导要求的限制等。在确定目标时要以整个组织的最优化为终极目标，注意克服过分强调局部优化的弊端，且旅游安全目标和其他因素都应尽量计量化。

(3) 建立模型。管理科学中常用数学模型代表所研究的系统，即用一组变数的函数来表示安全系统的效率，一般形式为 $E=F(x_i, y_i)$。在旅游安全管理中，E 代表旅游安全系统的效率（防控效果、安全投入成本等），称为安全目标函数；F 代表函数关系；x_i 代表安全系统中可以控制的变数（可控变数）；y_i 代表安全系统中不受控制的变数（不可控变数）。

(4) 从模型得出解决方案，包括找出使旅游安全系统效率最优化的可控变数值。虽然以最优化为目标，但事实上从模型得出的解答只能是一种预期性或平均性的答案，可能只是“令人满意的”，而非最优解。

(5) 对旅游安全管理模型及解决方案进行检验。包括验算变数，用实际的安全防控与管理的情况来对模型进行检验和预测，并对实际的旅游安全防控结果和预计的旅游安全防控结果进行比较等。旅游安全管理部门首先应在小规模的实验中确定旅游安全管理模型的功效，如果发现差错，可以对旅游安全管理模型加以适当的修改，从而得出新解。

(6) 建立对安全解决方案进行监控的手段。因为现实的安全问题或安全体系是动态而变化的，所以必须注意其变化，建立适当的监控手段。

(7) 将旅游安全解决方案付诸实施。应注意旅游安全管理模型的目标、假设、限制甚至遗漏事项，把情况反馈到前面的步骤中去，并对临时发现的偏差和缺点予以纠正和补救。

三、控制理论

（一）控制论概述

在控制论中，控制指为改善某个或某些受控对象的功能或发展，需要获得并使用信息，以这种信息为基础而选出的、加于该对象上的作用。由此可见，控制的基础是信息，一切信息传递都是为了控制，进而任何控制的实现又都有赖于信息反馈。信息反馈是控制论的一个极其重要的概念。通俗地说，信息反馈就是指由控制系统把信息输送出去，又把其作用结果返送回来，并对信息的再输出产生影响，起到制约的作用，以达到预定的目的。信息论、自动控制系统论、自动快速电子计算机理论是控制论的三个基本部分。

（二）控制论在管理上的应用

管理系统是一种典型的控制系统。管理系统中的控制过程在本质上与工程的、生物的系统是一样的，都是通过信息反馈来揭示成效与标准之间的偏差，并采取纠正措施，使系统稳定在预定的目标状态上的。

维纳（Wiener）认为，控制论的目的在于创造一种语言和技术，使我们有效地研究一般的控制和通信问题，同时也寻找一套恰当的思想和技术，以便通信和控制问题的各种特殊表现都能借助一定的概念来分类。的确，控制论为其他领域的科学研究提供了一套思想和技术，以致在维纳的《控制论》一书发表后的几十年中，各种冠以控制论名称的学科如雨后春笋般发展起来，如工程控制论、生物控制论、神经控制论、经济控制论以及社会控制论等。而管理更是控制论应用的一个重要领域，可以这样认为，人们对控制论原理最早的认识和最初的运用是在管理领域。用控制论的概念和方法分析管理控制过程，更便于揭示和描述其内在机理。

四、应急组织管理理论

（一）应急机制设计原理

1. 应急机制的构建原则

为了有效地应对突发事件，需要按照以下原则构建应急机制：

（1）“以人为本”的原则。在突发事件应对的过程中，人们往往面临着多重价值目标的选择。构建的应对机制必须体现“以人为本”的原则，时刻把挽救人的生命放在第一位。

（2）综合协调的原则。突发事件应急机制必须有助于冲破条块分割、部门分割的行政体制束缚，打破地域、部门界限，调动全社会一切人力、物力和财力，确保社会公众的生命、健康与财产安全。

（3）预防为主的原则。突发事件应急机制必须能够有效地监控危险源，对风险进行动态的预测预警，进而最大限度地遏制突发事件的发生。

（4）尊重科学的原则。突发事件应急机制的构建既需要科学的管理理念，又需要科学的管理方法，还需要先进的科学技术。尊重科学是其中的一个重要原则。但是，在尊重科学的同时，也要依靠群众，因为社会公众在生产、生活中积累了应对突发事件的宝贵经验。

（5）依据法制的原则。突发事件应急机制必须符合相关应急法律法规的要求，才可以有效地调节突发事件应对过程中的各种矛盾。

（6）社会参与的原则。突发事件的应对机制必须有利于发挥群智、群力、群策的作用，做到群防、群控，体现公共治理的精神。

2. 突发事件应急机制构成体系

重大突发事件的应对机制，必须体现应对主体的多元性、应对过程的全阶段性和应对客体的全风险性。具体而言，重大突发事件的应对机制主要包括九大机制（见图3-8）。

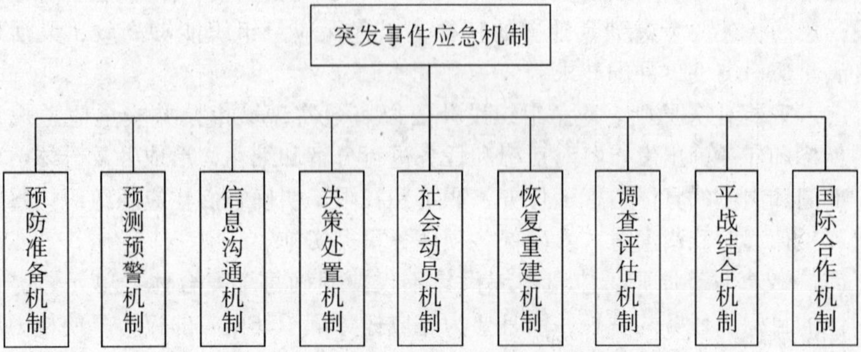

图3-8　突发事件应急机制构成体系

（1）预防准备机制。主要是采取必要的措施，降低社会系统相对于突发事件的脆弱性，并为可能发生的突发事件做好充分的准备。

（2）预测预警机制。主要功能是在对可能引发突发事件的危险要素进行监控、预测的基础上，及时向社会公众发出警报，做到预防在先，减少损失。

（3）信息沟通机制。主要功能是及时、准确地将突发事件的相关信息传递给应急管理者，为其进行科学应急管理决策奠定基础；及时、准确地向社会公众传递突发事件及其有关处置的权威信息，与社会公众进行有效的沟通。

（4）决策处置机制。主要功能是在报送信息的基础上，设定重大突发事件的目标，发布命令，调动队伍、物资、设备等资源，对重大突发事件及时进行处置，选择处置重大突发事件的最优方案。

（5）社会动员机制。主要功能是充分调动政府、市场与第三部门的各种力量，形成合力，共同应对突发事件。

(6) 恢复重建机制。主要功能是以保险、损失补偿、心理干预等方法，减轻突发事件对社会经济及公众生活的影响，使其尽快恢复到正常状态。

(7) 调查评估机制。主要功能是对突发事件处置过程中的问题进行调查，开展应急处置绩效评估，以厘清责任，吸取教训。

(8) 平战结合机制。主要涉及的是应急与应战的一体化问题。实现应急与应战的统一，整合各种军事及民用资源，避免机构的重复设置，获得双重收益。

(9) 国际合作机制。主要功能是增强国际交流与合作，履行国际义务，开展并接受国际灾害援助，共同应对可能对人类命运产生影响的突发事件。

(二) 应急组织设计相关理论

1. 应急组织设计原则

应急组织不同于一般的组织结构，因此在设计应急组织时既要适应一般的组织设计思想，还要考虑到其独有的特征，以确保应急组织能够高效、灵活地运行，满足应对突发事件的要求。

(1) 目标任务原则。应急组织设计要以有效实现城市公共安全应急规划制定的目标和任务为出发点，对目标和任务进行分解和细化，形成各复合体、单元体、部门和岗位的具体目标、任务、职责和权限，明确它们在应急组织体系中的位置、工作程序和沟通方式，确保各项任务贯彻实施。

(2) 权责对等原则。应急组织设计不仅要明确每个复合体、单元体、部门和岗位的目标、任务与责任，而且要为完成任务赋予其相应的权力，使权力和责任相匹配。同时，要谨防两种现象的发生：一是有责无权或权力过小导致应急责任无法履行，影响应急活动的有效开展；二是有权无责或责任过小，导致不负责任的权力行使，给应急工作造成损害。

(3) 统一指挥原则。在应急组织体系中，必须实行统一领导、统一指挥和统一行动的一体化集中式管理和运行方式。由于应急活动的特殊性，每个下级只能服从单一上级的领导，任何多头领导或集体决定，只能由单一上级作出，须防止出现多头领导现象，否则会使下级无所适从，出现应急工作混乱的局面。同时，也要防止越级指挥现象，防止人为造成权力与职责结构的破坏，使应急工作无法有效展开。

(4) 分工与协作原则。分工是提高应急工作效率的有效手段，使各复合体、单元体、部门和岗位专注于应急活动某一方面的工作，提高执行应急任务的熟练程度，保证快速的工作节奏，从而提高效率。有分工必有协作，协作是整个应急组织高效运行的基础，合理设计各复合体、单元体、部门和岗位的协作机制，可有效实现协同效益。分工与协作是相辅相成的关系，没有分工就谈不上协作，没有协作，分工也就不可能达到整个组织所需要的效率，应急组织的目标也就难以实现。

（5）执行与监督分离原则。为确保在应急活动中应急机构和人员能够合理行使职权和履行职责，应分别设置执行机构和监督机构，防止出现运动员、裁判员一体化现象，导致应急工作效果无法衡量，不能充分实现奖惩分明的管理原则。

（6）精简效率原则。精简效率是要精简机构、任用精明强干的人员，以实现高效率的应急管理。这样可省去大量的协调工作，使信息和沟通保持畅通快捷，也有利于办事效率的提高。

2. 应急组织架构

应急组织是以单元体为元素构成的，每个单元体相当于一个独立的政府行政单位或社会专业应急组织，比如公安、消防、急救、防汛等，由单元体构成针对各种类型突发事件应对的不同复合体。每个单元体与复合体都具有相同的组织结构形式，包括决策层、执行层、行动层三层结构，我们称之为基本结构。整个应急组织是一个模块化结构，可灵活组合与拆分。应急组织架构由决策机构、顾问团队、执行机构和专家小组组成（见图3－9）。

（1）决策机构。决策机构由政府各应急单位最高领导人挂帅，由各部门负责人组成，是应对突发事件的领导机构，其主要职责如下：①全面领导突发事件的处置工作；②研究、制定、确定应对突发事件的重大决策；③协调与其他应急组织的关系；④确定突发事件应急响应工作的启动与结束。

（2）顾问团队。顾问团队由管理专家、业务专家、社会专家等权威人士组成，为决策机构出谋划策，起到参谋作用。其主要职责如下：①协助制定应急法律法规以及相关政策和管理办法；②为应急管理提供意见和建议；③为决策机构提供应急事项决策方案；④保持与外部其他相关专家和专业机构的联系。

（3）执行机构。执行机构由政府相关单位组成，贯彻落实决策机构作出的决定和决策，指挥应急队伍完成突发事件响应工作。其主要职责如下：①指挥、部署、协调突发事件的处置工作；②监测事态的发展状况，汇集有关信息并及时向决策机构汇报；③开展应急资源的配置、调动工作；④收集应急活动与事件信息；⑤处理与媒体报道、采访、新闻发布会等相关的事务，保证报道的可信性和真实性。

其中，常态机构属于执行机构的一部分，是专职应对突发事件的机构，常态机构之间在业务上保持密切联系，形成稳定的组织系统。在平时，常态机构要做大量的突发事件预防、应急准备管理工作。其主要工作如下：①研究、制定和贯彻落实应急法律法规、政策与管理制度；②制定应急规划和应急预案；③建设和完善应急组织体系；④建立和完善应急运行机制；⑤统筹规划和部署应急资源；⑥监督政府部门应急培训和演练的实施；⑦检测、汇集突发事件信息，及时通报相关单位做好准备工作；⑧建设和完善应急运作平台；⑨开展应急普及宣传教育和培训。

（4）专家小组。专家小组由各领域的业务和技术专家组成，为执行机构制订具体的突发事件应对方案。其主要职责如下：①对突发事件进行识别、评估和风险评价；②提出针对具体突发事件的处置方案和措施；③协助制定处置突发事件的行动过程；④参与处置突发事件的行动过程；⑤为应急业务系统和应用系统的建设把关；⑥为应急业务管理提供建议和意见。

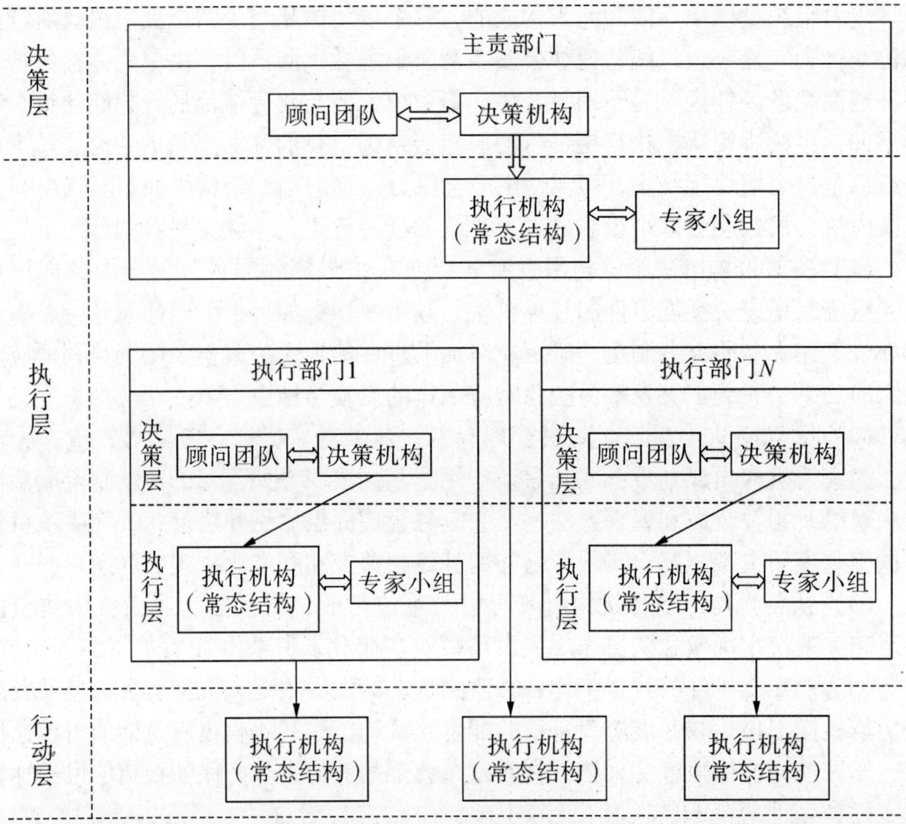

图3－9　应急组织架构

资料来源：张沛，潘锋. 现代城市公共安全应急管理概论［M］. 北京：清华大学出版社，2008.

第五节 旅游应急管理系统分析相关理论

一、系统的概念与特征

钱学森认为，系统是由相互作用和相互依赖的若干组成部分结合成的具有特定功能的有机整体，而这个系统又是它所从属的一个更大系统的组成部分。系统概念是系统工程的核心和基本概念，从系统工程的角度而言，系统的范围或规模是根据我们研究问题的需要来决定的，系统具有特定的结构，表现为一定的功能和行为。系统整体的功能和行为由构成系统的要素和系统的结构所决定，而这些功能和行为又是系统的任何一部分都不具备的。

明确系统的特征，是认识系统、研究系统思想与管理应用的前提和关键。具体来说，系统具有以下特征：

（1）整体性。系统是由两个或两个以上可以相互区别的要素，按照作为系统所应具有的综合整体性而构成的。系统的整体性说明，具有独立功能的系统要素以及要素间的相互关系（相关性、阶层性）是根据逻辑统一性要求，协调存在于系统整体之中的。

（2）集合性。集合的概念就是把具有某种属性的一些对象看成一个整体，从而形成一个集合。集合里的各个对象叫做集合的要素（子集)。这些要素可以是具体的物质，也可以是抽象的或非物质的软件、组织等。

（3）层次性。系统作为一个相互作用的诸要素的总体，可以分解为一系列的子系统，并存在一定的层次结构。它是系统空间结构的特定形式，在系统层次结构中表述了在不同层次子系统之间的从属关系或相互作用的关系。

（4）相关性。组成系统的要素是相互联系、相互作用的，相关性说明这些联系之间的特定关系，以及这些关系之间的演变规律。

（5）目的性。通常系统都具有某种目的，要达到既定目的，系统会具备相应的功能，而这正是区别不同系统的标志。系统的目的一般用更具体的目标来体现，比较复杂的社会经济系统都具有不止一个的目标，因此，需要用一个指标体系来描述系统的目标。

（6）环境适应性。任何一个系统都存在于一定的物质环境之中，因此，它必然要与外界环境产生物质的、能量的和信息的交换，外界环境的变化必然会引起系统内部各要素之间的变化。系统必须适应外部环境的变化，不能适应环境变化的系统是没有持续生命力的。只有能够经常与外界环境保持最优适应状态的系统，才是保持持续发展势头的理想系统。

旅游活动本身涉及商业、住宿业、餐饮业、交通业、娱乐业等相关行业，是由旅游六要素（食、住、行、游、购、娱）以及旅游外围环境组合而成的旅游综合大系统。

二、系统分析原理

（一）系统分析概念与管理系统分析特点

“系统分析”（System Analysis）一词是在20世纪30年代提出的，当时以管理问题为主要应用对象。到了20世纪70年代，由于它的应用获得成功，得到了进一步的发展。以后的几十年，无论是研究大系统的问题，还是建立复杂的新系统，都广泛应用系统分析的方法。系统分析的目的是帮助决策人对所要决策的问题逐步提高清晰度；方法是采用系统的观点，用定性和定量的工具，对所研究的问题进行系统结构和系统状态的分析，提出各种可行方案和替代方案，并进行比较、评价和协调。系统分析的任务就是向决策人提出系统方案和评价意见，以及建立新的系统的建议。

管理系统分析是以组织系统整体效益为目标，以寻求解决特定问题的最优策略为重点，在借助管理者经验的基础上，运用管理系统建模及预测、优化、仿真、评价等方法，对组织系统中各要素或子系统之间的相互关系进行定性和定量分析，为决策者选择满意的管理系统方案提供决策依据的分析研究过程。管理系统分析的特点包括以下四点：

（1）以整体为目标。管理系统分析首先要把所研究的管理问题、现象和过程作为一个系统整体，确定管理系统的边界范围，把它从周围的系统中划分出来；同时鉴定该管理系统的组成部分（可以用多种方式分析组织系统的要素组成部分），确定各组成部分（要素或子系统），而各组成部分都可以作为一个子系统来对待，各子系统具有特定的功能及目标。只有彼此分工协作，才能实现系统的整体目标。

（2）以特定管理问题为对象。系统分析是一种处理问题的方法，有很强的针对性，其目的在于寻求解决特定问题的最优方案。管理活动涉及大量复杂和多变的相关因素，许多问题都存在不确定性。管理系统分析需在这些不确定的情况下，研究各种方案所可能产生的结果。不同的系统分析解决的问题有所不同，针对相同系统所要解决的不同问题，也必须进行不同的分析，制订不同的解决方案。

（3）运用定量分析方法。解决问题必须以相对可靠的数字资料为分析依据，保证结果的客观性。在资料的整理上，必须运用各种科学的计量方法。管理系统分析的步骤都力求运用一切计量因素，这是区别于传统分析方法的一大特点。系统分析的价值在于，它能先行解决问题中较容易的可计量因素的部分，这些主要由系统分析人员处理，然后决策者可以集中精力来解决问题中较难的非计量因素的部分。

（4）凭借价值判断。从事系统分析时，存在可计量的事物和需凭借系统分析人员或管理人员的经验作价值判断的事物，由此必须对某些事物作某种程度的预测，或者使用过去发生的事实做样本，以推断未来可能出现的趋势或倾向。此外，方案的优劣应是定量分析和定性分析的结合，数据和经验的结合，因此，在进行评价时，仍需凭借价值判断进行综合权衡，以判别由各种不同策略产生的效益优劣，以便选择最优方案。

（二）管理系统分析程序

系统分析的程序构成，强调决策过程中信息的沟通。沟通的对象大致可分为两类：一类是专业人员之间在分析问题的活动过程中必须进行的信息沟通，另一类是专业人员与决策者之间对所研究的问题进行的信息沟通。前一类的有效沟通是为了充分了解所研究系统中有关信息的可知部分，这是系统分析人员的常规工作内容；后一类的有效沟通是系统分析的目的所在，即系统分析人员在经过充分的研究和分析之后，对应该和可能了解的信息进行处理，并提供给决策者。管理系统分析的程序构成如图 3－10 所示。

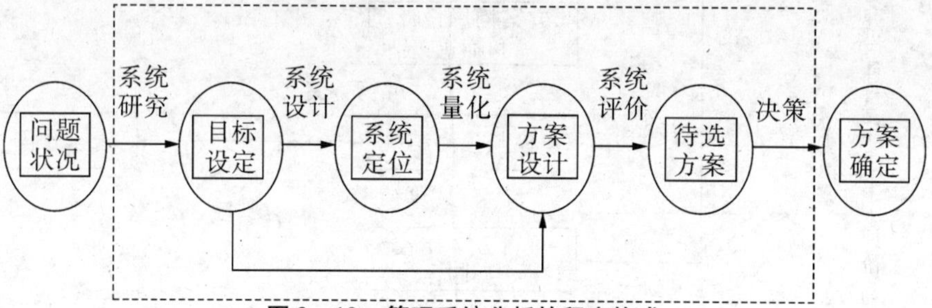

图 3－10　管理系统分析的程序构成

资料来源：薛惠锋等．管理系统工程新论［M］．北京：国防工业出版社，2008.

在图 3－10 中，从问题状况到目标设定的过程是一种系统研究的作业，它通过目标设定圈定了系统的信息集合。从目标设定到系统定位，是一种系统设计的作业，它通过对系统结构的剖析和可能替代方案的构思等，对系统有了进一步了解，为下一步的系统量化和系统评价提供了条件。在目标既定和系统设计作业的基础上，应用系统优化或其他定量分析方法，对有关方案进行筛选和效果分析，输出各个可行方案的计算结果。然后再通过系统评价及协调技术，得到确定的若干待选方案，作出排序评价。剩下的就是由决策者去作最后的选择或者决策。

（三）管理系统分析内容

管理系统分析活动内容如图3－11所示。首先由管理问题的起始状态引起或者刺激人们（决策者和系统分析者等）的兴趣，使他们认为有必要对此问题进行研究。于是他们就着手从若干方面进行调查，从而初步形成了需要解决的问题。在从问题形成到目标确定的过程中，人们离不开价值分析准则。在产生系统目标的同时，必然伴随着对与该目标有关系统的界限及其环境特性的确认。因此，目标和系统界限的确认以及价值分析准则的选择，是系统分析工作中的基础研究活动。只有在此基础上，才能进一步对系统结构、可行方案的构思等作出设计和筛选，对系统环境进行分类和简化，并列出可供计算和分析的可行方案集。通过对其结构的分析，可以应用建模手段和模拟、优化等技术，获得各个可行方案的计算结果，得出比较、分析和排序的结果，最后对所进行的工作进行分析和评价，作出决策并予以执行。

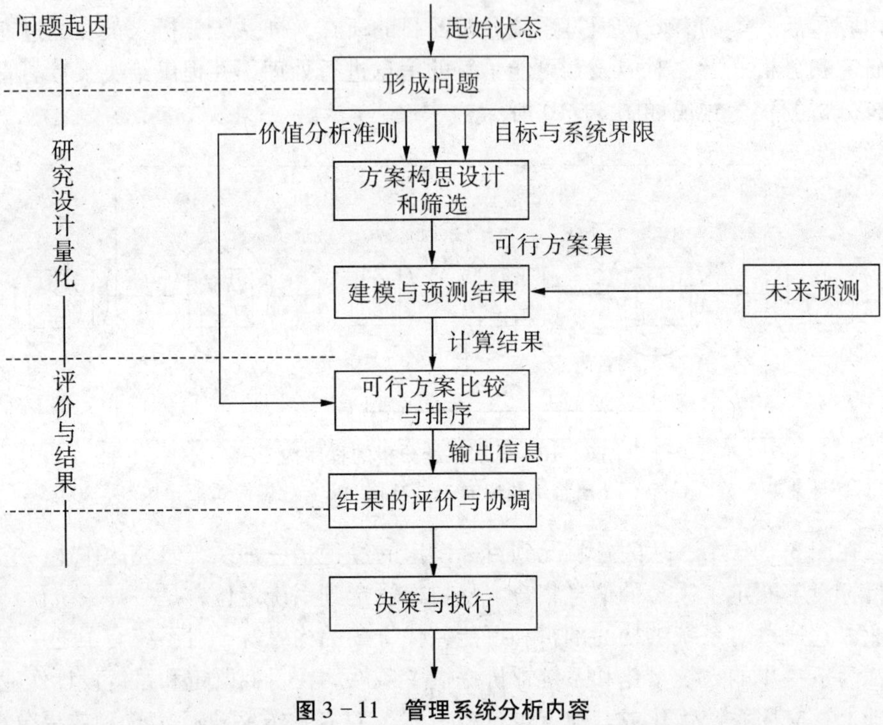

图3－11 管理系统分析内容

资料来源：薛惠锋等．管理系统工程新论［M］．北京：国防工业出版社，2008.

由此可知，系统分析的内容十分丰富，涉及面广。下面就从系统的整体分析、结构分析、逻辑分析、环境分析四个方面来讨论旅游管理系统的相关内容。

1．整体分析

旅游管理系统是由多个不相同的要素或者单元相互联系、相互作用形成的集合体。它是作为一个统一的整体而存在的，各部分的独立机能和相互关系只能统一和协调于系统的整体之中。整体性是旅游管理系统的一个最基本属性。

（1）旅游管理系统的各个要素和单元对系统整体均有其独特作用，突出整体中任何局部的作用都将影响到整体效果的发挥，应按各司其职、各尽其责的观点来对待系统的各个组成部分，不能盲目夸大或缩小其中任何一部分的作用。

（2）旅游管理系统的各个组成部分必须按照系统的整体目标进行排序，偏离系统整体目标或分散目标都会增加系统的内耗，从而导致系统整体功能的无输出或者小输出。

（3）必须不断调整和处理旅游管理系统的各个要素和单元中不合理或相互矛盾的成分，以促进系统各组成部分的均衡发展，提高旅游管理系统的整体效果。

（4）旅游管理系统的整体功能大于部分功能之和。

2．结构分析

旅游管理系统的结构是指系统内部诸要素的排列组合方式。结合性是系统有机联系的反映，旅游管理系统之所以成为有机整体，就是因为系统各要素和单元之间是按照一定的方式结合在一起的。旅游管理系统的各要素由于排列组合方式的不同，就可能使系统具有完全不同的性质、特征和功能。

结构分析作为旅游管理系统分析的一个重要组成部分，是寻求旅游管理系统合理结构的途径和方法，其目的在于找出系统结构上的层次性、相关性和协同性等特征，使系统的组成要素及其相互关联在分布上达到最优组合和输出。

3．逻辑分析

旅游管理系统逻辑分析方法是指对系统的实质内容进行逻辑的分析，以揭示系统逻辑结构的方法。旅游管理系统逻辑分析的过程是：①目标设定；②分析备选方案；③求解模型；④费用、效果评价；⑤优化排序、选择决策。以上过程如图 3－12 所示。

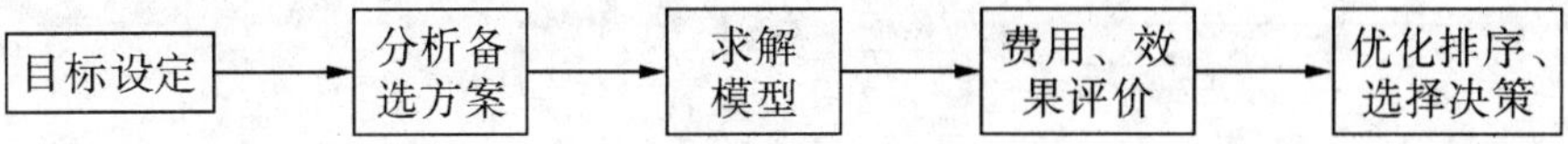

图 3－12　逻辑分析过程

4. 环境分析

旅游管理系统存在于环境之中，与环境相联系、相作用，又与环境相区别。环境是指系统之外的所有其他事物或存在，即系统发生、发展及运行的生态条件或背景。环境因素主要有自然和技术环境因素、社会经济环境因素和文化心理环境因素。

三、混沌理论

混沌理论是系统从有序突然变为无序状态的一种演化理论，是对确定性系统中出现内在“随机过程”形成的途径、机制的研讨。近年来频繁扰动旅游业发展的各种各样的危机事件，其预测的困难及运动轨迹的模糊，具有明显的非线性特征。非线性科学尤其是混沌理论的建立、发展和应用，为旅游科学研究开辟了一个新的领域，为旅游业的非线性现象提供了一个认识和解决问题的途径。

混沌理论的核心概念是“蝴蝶效应”，指由于对初始条件存在敏感性依赖，初始条件的细微变化将导致终端事件的动态大变革。换句话说，初始一个小小的错误，通过相互加强反馈的正向过程，将可能导致将来一个巨大的错误。运用混沌理论关于“蝴蝶效应”和“面包师效应”等的概念，对旅游活动中的旅游危机现象进行分析，解释旅游业的高度敏感性及连锁反应与危机的联系，并根据这些非线性现象的复杂规则运动特征，探索目的地旅游危机的影响机理。旅游业本身就具有潜在不稳定特征，这也为危机的发生和蔓延埋下了不稳定的种子。这些不稳定特性除了导致旅游系统不断出现一般性波动现象外，还可能在外力的作用下导致大规模的波动现象。在确定的旅游系统中，旅游活动在一般条件下围绕稳定主因子进行线性运动，但在系统内部不稳定因素遇到外力干扰时，就会出现内部结构因素的重构运动，如果外力的冲击强度足够大，导致旅游活动呈现出某些显著的混乱现象，就会出现旅游危机。

本章小结

旅游应急管理是一个比危机管理、安全管理、事故管理等更为宽泛的概念，它以旅游安全管理、旅游危机管理、旅游风险管理、旅游应急决策管理等为基础，借助系统管理理论，将旅游应急管理的事前、事中、事后管理过程看作一个动态运转的旅游大系统，运用系统分析理论，寻求应急管理的最佳效果。

旅游安全管理涉及马斯洛需要层次理论及旅游安全需要理论，旅游安全需要客观上会对旅游行为、旅游目的地产品、旅游决策、旅游政策等方面带来很大的影响。

旅游危机管理理论包括旅游危机生命周期理论、旅游危机动态管理框架等。旅游危机生命周期理论具体可以分为潜伏孕育期、生成显现期、全面爆发期、消减衰退期、化解消除期五个阶段。针对危机前、危机中、危机后三个阶段，旅游目的地将会采取不同的旅游应急管理措施，从而建立起一种动态的管理框架。

旅游风险管理关联到风险分散原理、风险时间运动原理、风险传递原理、全面风险管理原理等相关的理论基础。

旅游应急决策管理涉及运筹学理论、决策理论、控制理论、应急组织管理理论等相关的理论基础。

系统具有整体性、集合性、层次性、相关性、目的性和环境适应性的特征。管理系统分析具有以整体为目标、以特定管理问题为对象、运用定量分析方法、凭借价值判断的特点。旅游管理系统可以从整体、结构、逻辑、环境四方面分析其相关内容。

思考与练习

1. 简述旅游安全需要理论。
2. 简述旅游危机生命周期理论。
3. 简述旅游应急机制设计原理。
4. 论述旅游应急管理系统分析的内容。

拓展阅读

[1] 郑向敏. 旅游安全学 [M]. 北京：中国旅游出版社，2003.

[2] 孙东川，林福永，孙凯. 系统工程引论 [M]. 北京：清华大学出版社，2009.

第四章　旅游应急预案与体制、机制

【学习目的】

通过本章的学习，要求认识和理解旅游应急预案、体制和机制等基本概念；了解旅游应急预案的框架体系和编制内容；掌握旅游应急体制、机制构成体系。

【学习要点】

1. 旅游应急预案的概念、框架体系及编制内容。
2. 旅游应急体制的结构和功能。
3. 预防预警、处置救援、善后恢复三大旅游应急子机制的内容。

【关键词】

旅游应急预案　旅游应急体制　旅游应急机制

第一节　旅游应急预案

应急预案又称应急计划，是针对可能发生的重大事故（件）或灾难，为保证迅速、有序、有效地开展应急与救援行动，降低事故损失而预先制订的有关计划或方案。为确保我国旅游业安全、有序、可持续发展，科学地制定旅游应急预案是一项极其重要的工作。

旅游应急预案是指为了迅速、有效地处理游客和旅游企业因自然灾害、事故灾难、公共卫生事件、社会安全事件等发生的人身伤亡及财产损失的紧急事件而编制的应急救援行动计划和实施指南。

一、旅游应急预案的框架体系

旅游应急预案是预防和处置各类旅游突发事件的规范性文件。根据我国现有的行政区域划分及其政府执行部门设置的特点，旅游应急预案一般以市为单位制定。图4－1为旅游应急预案通用框架，应急预案的格式及正文内容条目不限于所列设置，预案编制者可根据实际需要加以变化，但要参照上级预案和已经发布的预案，避免预案之间产生较大差异。

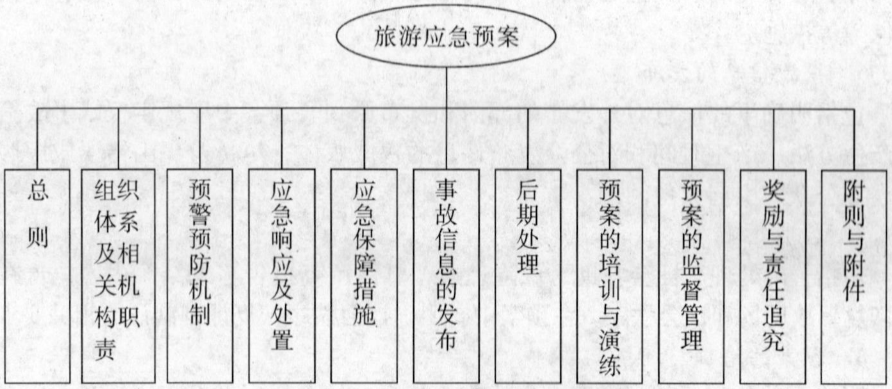

图 4－1　旅游应急预案编制框架

旅游应急预案一般包括总则、组织体系及相关机构职责、预警预防机制、应急响应及处置、应急保障措施、事故信息的发布、后期处理、预案的培训与演练、预案的监督管理、奖励与责任追究、附则与附件等内容。

具体来说，旅游应急预案的主要内容为：

1. 总则

规定旅游应急预案的编制目的、编制依据、适用范围、事件分级标准、应急工作原则。

2. 组织体系及相关机构职责

建立高效率的应急组织体系是落实旅游事故应急预案的关键。该部分应列出在旅游事故应急救援中承担职责的所有应急机构和部门、负责人及候补负责人、联系方式等，并明确其在预警预防机制、应急响应和后期处理各个阶段中的职责。健全的应急组织应包括处理紧急事故的领导机构、应急专家组、专业救灾队伍及医疗救援小组、后勤、保卫等其他必要的机构和人员。

3. 预警预防机制

主要措施包括危险源的监控管理、信息检测与报告、预警预防行动、预警支持系统、预警级别及发布、信息报告与通知、信息传递等，旨在防范旅游突发事件的发生，或把突发事件控制在特定危害范围之内。

4. 应急响应及处置

包括应急响应分级、应急响应程序、信息共享与处理、通信、应急指挥和协调、事故现场的监测、评估及紧急处理、应急结束等，通过快速反应及时控制突发事件并防止事态扩大。

5．应急保障措施

包括应急处置的各种资源的保障措施，如应急通信与信息保障、应急救援队伍保障、经费保障、交通运输保障、医疗卫生保障、社会动员保障、应急救援技术保障等措施。

6．事故信息的发布

包括明确事故信息对外发布的部门和发布原则。预案中应规定权威事故信息的产生方法、产生时间和对公众发布信息的权威媒体，尽量避免因错误或虚假信息误导公众，引起其他问题。

7．后期处理

包括善后处理、社会救助、保险理赔、事件调查报告与总结等内容，旨在尽快恢复事故现场和社会秩序。在预案中要明确社会秩序恢复计划制订的相关要求。

8．预案的培训与演练

明确旅游各相关部门在安全事故应急救援中的责任，做好宣传教育、应急培训等工作，明确应急演练的规模、方式、频次、内容和组织，在评估后进行总结。

9．预案的监督管理

应急预案的管理应明确负责应急预案的制定、修改及更新的部门，及对应急预案进行监督，定期和不定期评审，保证持续改进。

10．奖励与责任追究

明确在旅游应急救援工作中应给予奖励或追究责任的条件、内容及相关制度。

11．附则与附件

附则主要内容有应急预案相关专业术语和定义、应急预案备案、维护和更新、制定与解释、实施和生效时间等；附件一般包括旅游突发事件有关部门应急联络方式、旅游突发事件信息报告表等。

以上各方面相互联系、互为支撑，共同构成应急预案的基本框架。其中组织体系及相关机构职责、预警预防机制、应急响应、后期处理是应急预案编制、管理的重点和难点。

二、旅游应急预案的编制与生成

旅游应急预案的编制一般要遵循一定的流程（见图4－2），主要包括以下步骤：

1．成立应急预案编制小组

成立应急预案编制小组将各有关职能部门、各类专业技术有效结合起来，有利于保证应急预案的科学性和完整性，并使编制工作顺利进行。旅游应急预案编制小组一般由预案编制领导小组和预案编制工作组组成。领导小组一般由旅游行政管理等各相关职能部门的领导组成，主要负责选定预案编制工作组的成员、预案编制过程的监督、组织和协调工作；预案编制工作组成员一般包括旅游相关领域的技术和管理专家，下属区、县的行政负责人，消防、公安、卫生、医疗急救、邮电、交通运输管理部门、广播电视新闻媒体和有关旅游企业及上级政府应急机构代表等。预案编制工作组成员确定后，要确定工作组领导，一般由领导小组指派旅游行政管理部门的主管或其代表担任，以便协调各参与单位和成员之间的关系。

2. 危险源识别与风险评估

危险源识别与风险评估是预案编制的关键过程。风险评估的结果是应急预案的编制依据，并为应急准备和应急响应提供必要的信息和资料。建立危险源识别与风险评估程序，以使风险评估工作规范和标准化，保证应急预案的有效性。危险源识别可对旅游突发事件的现有预案和以往应急工作进行分析，获取有用信息。其目的是要将旅游企业、旅游景区、酒店中可能存在的重大危险因素识别出来，进行风险分析。风险分析主要是考虑危险发生的可能性，采取一定的风险评估方法，评估事故发生时可能造成的事故后果，如人员伤害及财产损失，对环境的影响，对旅游企业、旅游景区的影响等。

3. 应急能力评估与建设

应急预案的实施需要应急能力作保障，确定了旅游过程中可能发生的安全事故类型和事故严重程度之后，就要对已有的应急资源和应急能力进行评估，包括旅游城市、旅游企业、旅游景区、酒店等应急资源的评估。应急资源包括应急人员、应急设备、装备和物资及其对应急时效的保障程度等；应急能力包括应急人员的技术、经验和接受的应急培训等。对应急能力的评估除了以上两个方面，更为重要的是明确存在的不足，提出应急能力建设的要求，进一步完善应急体系建设。

4. 编制应急预案

基于风险评估结果、应急资源的现状及有关的法律法规要求，编制应急预案还应充分收集和参考已有的应急预案。应急预案编制小组要合理组织预案的结构体系，每个部分都采用一致的逻辑结构来组织内容，采用规范的格式，确保应急预案内容的协调和一致。应急预案的编制结构一般有：树形结构、条文式结构、分部式结构、顺序式结构。起草编写过程一般为：

（1）确定目标和行动的优先顺序。

（2）确定具体的目标和重要事项，列明需要完成的任务清单、工作人员和时间，明确危险源和风险分析中发现的问题及资源不足的解决方法。

（3）拟写预案编制计划。给计划编制小组的每个成员分配相应的编写内容，确定最合适的格式。

5. 应急预案的评审与发布

(1) 应急预案的评审。应急预案编制工作完成后，要经过严格的评审才能予以发布。根据评审性质、评审人员和评审目标的不同，评审过程分为内部评审和外部评审。内部评审是指编制小组内部实施的评审。在应急预案初稿编写工作完成后，管理部门应组织小组成员对其进行评审，既要确保语言简洁顺畅，又要保证内容完整；外部评审是预案编制单位组织本地或外地同级机构、上级机构、社区公众及有关政府部门实施的评审，目的是确保预案被各阶层接受。根据评审机构和人员的不同，外部评审可分为专家评审、同级评审、上级评审、社区评审和政府评审。

(2) 应急预案的发布。编制的旅游应急预案获得国家旅游局、省旅游局等有关单位的批准审核后，由应急预案制定机构最高行政官员签署发布，并报送上级旅游行政管理部门和应急机构备案。

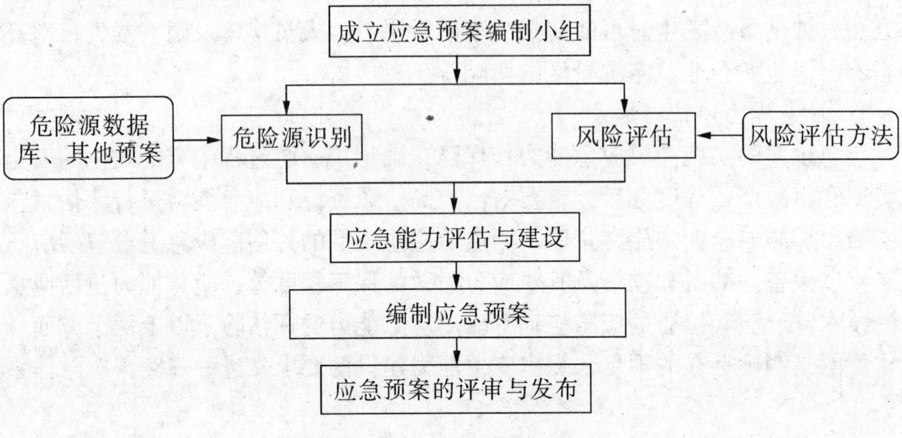

图4-2 应急预案编制流程

三、旅游应急预案启动与终止

旅游突发事件发生后，事发地旅游行政管理部门和事发旅游企事业单位应配合当地政府，依照有关法律法规对突发事件进行统一处置。应急预案的启动与终止过程一般为：

(一) 先期处置

旅游突发事件发生后，事发地旅游行政管理部门和事发旅游企事业单位要根据职责和规定的权限，启动相关应急处置预案及确定响应等级，控制事态发展并向上级报告。

（二）分级响应及组织指挥

通常，旅游突发事件响应等级分为Ⅰ级、Ⅱ级、Ⅲ级和Ⅳ级，分别应对特别重大、重大、较大和一般旅游突发事件。当旅游突发事件发生在重要地段、重大节假日、重大活动和重要会议期间，应视情况相应提高其应急响应等级。旅游突发事件发生后，旅游行政管理部门应立即进入应急响应状态，逐级上报有关情况，通报领导小组各成员，对事件进行分析，提出处置建议并发布有关预警信息。地方政府和旅游行政管理部门要成立相应的应急处置指挥部，派遣有关人员赶赴事发现场，各有关部门和单位应立即调动救援队伍和社会力量及时赶到事发现场，按照各自职责和分工共同实施应急处置，必要时请求上级政府支援。

（三）应急处置

事发地政府全面负责本行政区域内旅游突发事件的应急处置工作，政府和有关部门根据预案要求给予技术、物资和人员的指导与支援。应急处置包括五种程序：突发自然灾害和事故灾难事件应急救援处置程序、突发公共卫生事件应急救援处置程序、重大食物中毒事件应急救援处置程序、突发社会安全事件应急救援处置程序、国（境）外发生突发事件应急救援处置程序。

（四）保障行动

相关部门根据工作职责，实施通信、交通、物资、生活、资金、医疗和治安等保障行动。当地旅游行政管理部门要围绕旅游突发事件应急救援工作加强对工作人员的培训和演练，做到熟悉相关应急预案和程序，了解有关应急支援力量、医疗救治、工程抢险等相关知识，保持信息畅通，保证各级响应的相互衔接与协调。要做好公众旅游安全知识、救助知识的宣传教育工作，不断提高旅游全行业及旅游者预防和处置旅游突发事件的能力。

（五）信息发布

当地旅游行政管理部门根据上级旅游行政管理部门和政府授权及突发公共事件新闻发布要求组织协调新闻发布工作，及时向社会和新闻媒体发布有关旅游突发事件相关信息。

（六）响应终止

当事态平息、危险因素消除后，由旅游突发事件领导小组进行评估，提出响应终止建议，经旅游突发事件领导小组批准后宣布应急响应行动终止。旅游突发事件领导小组协调有关部门和事发地区政府及时恢复正常的社会秩序。图4-3所示为深圳市（2008年）旅游突发事件应急预案工作流程。

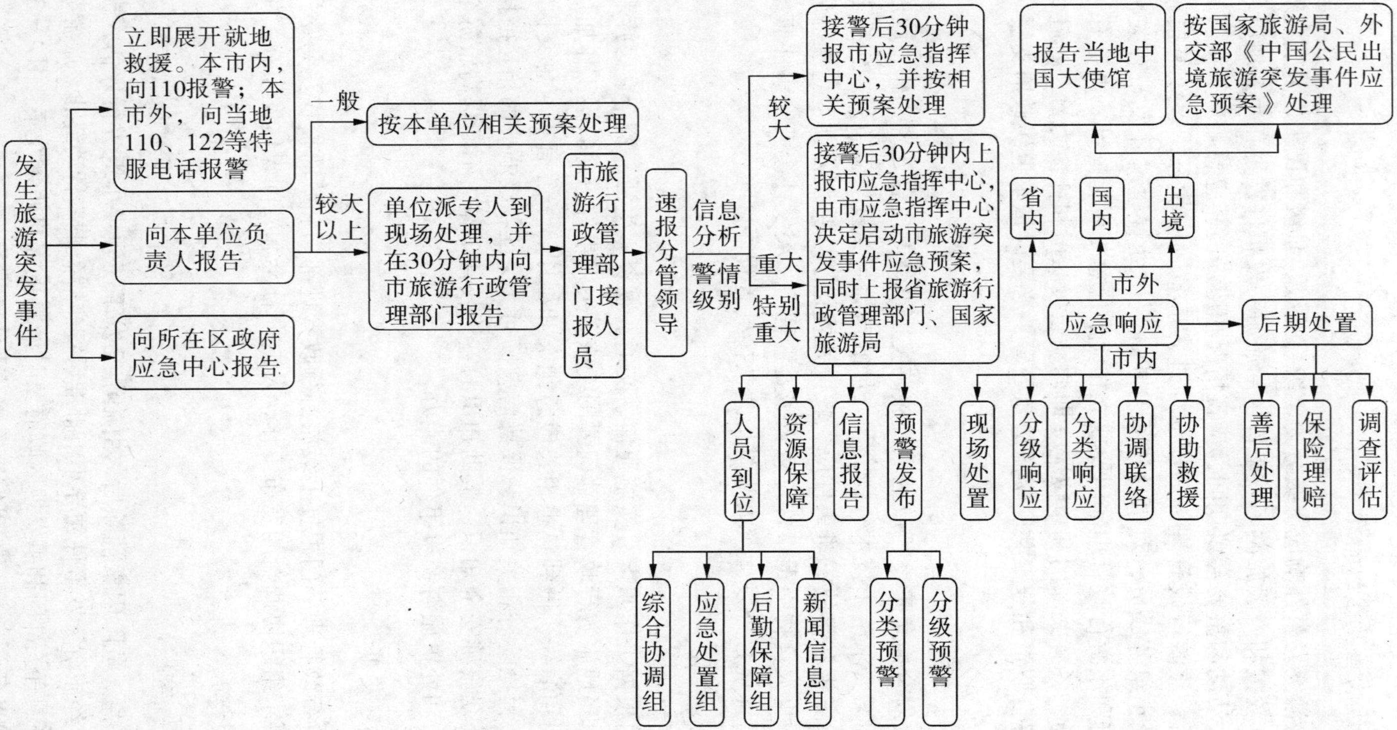

图4–3　深圳市旅游突发事件应急预案工作流程

资料来源：深圳市旅游局印发的《深圳市旅游突发事件应急预案》(深旅行管〔2008〕68号)。

四、旅游应急预案培训、演练与评估

旅游应急预案发布后，要充分发挥其指导作用，必须对相关人员进行培训，对应急预案进行演练。通过培训演练，一方面可以提高团队技能，另一方面通过评估进一步修改完善应急预案的内容，增强其可操作性。

（一）应急预案培训

应急预案培训的范围包括对政府应急主管部门、旅游行政管理部门和旅游企业进行全员培训和专业应急人员培训等。通过培训，使应急人员、当事人等相关人员了解一旦发生突发事件应该怎么做、做什么以及如何协调不同应急部门的工作等。在培训之前应充分分析应急培训需求，制订培训方案。

（二）应急预案演练

应急预案演练指按照应急预案的程序开展的模拟应急救援行动。应急预案演练是应急管理工作的重要环节，目前我国应急预案演练的形式主要有桌面演练、功能演练和全面演练，旅游行政管理部门可根据具体的工作需要选择适当的演练方式。应急预案演练过程可分为演练准备、演练实施和演练总结三个阶段，其目的是提高应急救援队伍的技术水平和应对突发事件的能力，检验预案是否适应可能出现的各种突发情况，找出需要进一步完善和修改的地方。

（三）应急预案评估

为确保参演应急组织从演练中获得最大收益，演练结束后要对其进行评估与总结。演练评估的主要内容包括：演练执行情况，预案的合理性和操作性，指挥人员的指挥能力，参演人员的处置能力，演练的设备、装备的先进性和适用性，应急物资、通信、交通、安全等保障是否充分，演练的成本效益。评估小组要充分研究演练中发现的问题，确定导致问题的根本原因，并对该问题的纠正进行监督管理，增强预案的科学性和有效性。

五、旅游应急预案管理存在的问题

做好应急预案管理是有效开展应急救援工作的重要保障，因此必须加强应急预案的管理工作，建立应急预案的评估管理、动态管理和备案管理制度。旅游行政管理部门、旅游企业等要根据有关法律法规的变动情况、应急预案演练情况及外部环境的不断变化，及时修订和完善应急预案。从目前各地编制的旅游应急预案来看，还有不少预案存在问题，旅游应急管理体系建设尚待进一步深化与完善。

（1）应急预案的针对性不强。有些地方急于求成，为了尽快制定应急预案，参考上一级或其他同类应急预案，在很短的时间内完成编制任务，没有针对实际情况进行风险分析。应急预案的编制应根据本地的风险评估和应急资源调查，结合实际情况有的放矢地制定或修改。

（2）部分应急预案缺乏可操作性。许多部门的应急预案照搬上级预案的原则性语言太多，具体操作内容太少。对于潜在危险分析、保障行动、决策指挥与协调机制等缺乏详细、系统的描述，工作流程、岗位职责、应急处置方法也不够明确。应急预案层次越低，专业性应越强，预案应该越具体地明确“什么事”、“谁来做”、“怎么做”。

（3）缺少培训和必要的演练。应急预案要发挥作用，必须让应急预案所涉及的相关人员、部门通过培训、演练来增加对应急预案内容和自己责任的了解。在我国，一些旅游应急预案制定出来后往往被束之高阁，既无演练，也无实战经验。应定时进行桌面推演和实战演练，提高应急人员的知识、技能和经验。

（4）应急预案之间衔接不够。制定应急预案必须要照顾上下左右关系。目前我国的上下级应急预案、同级应急预案、政府与企业或者相邻地区之间的应急预案没有很好地衔接，从组织结构、处理程序到职责划分等都存在一些盲点、重叠和矛盾。

第二节　旅游应急体制

从管理学角度来看，体制是国家机关、企事业单位的机构设置、隶属关系和管理权限划分等方面的具体体系和组织制度的总称，限于上下之间有层级关系的国家机关、企事业单位。体制是管理机构和管理规划的结合体或统一体，不同的管理机构和不同的管理规范相结合，形成了不同的体制。因此，体制的形成不仅需要成立一个实体机构，更要有对实体机构的责任界定，以及对不同实体机构之间的关系的规定。

一、应急体制的结构

应急体制是应急系统建设的主要构件，其设计的科学性和运作的高效性对于应急系统来说是至关重要的。从结构上看，旅游应急体制应该包括政府应急与社会应急机构、应急准备与监测预警系统、应急响应与处置救援系统、恢复重建与评估总结系统、资源支持与技术保障系统五大部分，各系统的结构以及它们之间的关系如图 4－4 所示。

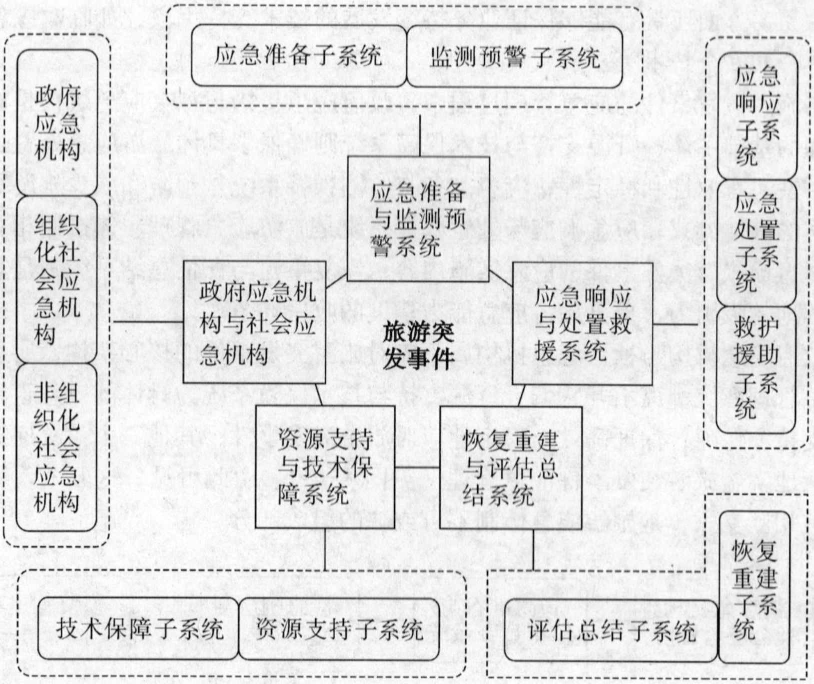

图4-4 旅游应急体制结构

（1）应急机构包括两个子机构系统，即政府应急机构和社会应急机构，其中社会应急机构包括组织化社会应急机构和非组织化社会应急机构。政府应急机构主要是指旅游突发事件应急管理相关政府机构；社会应急机构则应该包括非政府组织、各类旅游企业及社会公众等组织和个人实体。

（2）应急准备与监测预警系统包括两个部分：一是应急准备子系统，主要指为应对旅游突发事件而进行的应急知识宣传教育和必要的应急演练等一系列技能、物质、心理方面的应急准备工作；二是监测预警子系统，主要是适时监督、预测并对可能爆发的旅游突发事件及时发布预警信息。

（3）应急响应与处置救援系统可以分为旅游突发事件应急响应子系统、应急处置子系统、救护援助子系统。其中，应急处置子系统主要指应对旅游突发事件所进行的及时上报、控制事态、协调配合等一系列现场处置工作；救护援助子系统主要处理旅游突发事件发生后的游客救助、疏散、安抚等工作。

（4）恢复重建与评估总结系统包括恢复重建子系统和评估总结子系统。前者指旅游突发事件得到控制或者消除后，受影响的旅游区域的恢复重建工作；后者主要是对旅游突发事件前、中、后各个时期应对工作的评估与总结。

（5）资源支持与技术保障系统一方面具有应急资源的存储、调拨与集成等功能，另一方面还具有能够保证业务持续发展的技术支持手段，如临时应急通信系统、公共安全技术等。

在旅游突发事件的应急管理过程中，政府应急机构与社会应急机构是旅游应急管理的基础主体；资源支持与技术保障系统则确保了具体旅游应急处置过程中的及时性、有效性和稳定性；应急准备与监测预警系统是预防和减少旅游突发事件发生的有效方式；应急响应与处置救援系统是旅游应急管理主体按照相关法律法规，直面旅游突发事件的应急实施内容；恢复重建与评估总结系统则是重塑旅游目的地的吸引力，提升旅游应急能力建设的收尾环节。

政府应急机构与社会应急机构属于应对旅游突发事件的核心架构，所有具体的应急管理系统都离不开它们；资源支持与技术保障系统为具体的应急管理工作提供支持和保障，保证高效与稳定地应对旅游突发事件；其他三个系统递进式有条不紊地实施旅游突发事件应急管理（见图4-5）。由此可见，这五个系统紧密联系且相互支撑，是旅游应急体制不可或缺的组成部分。

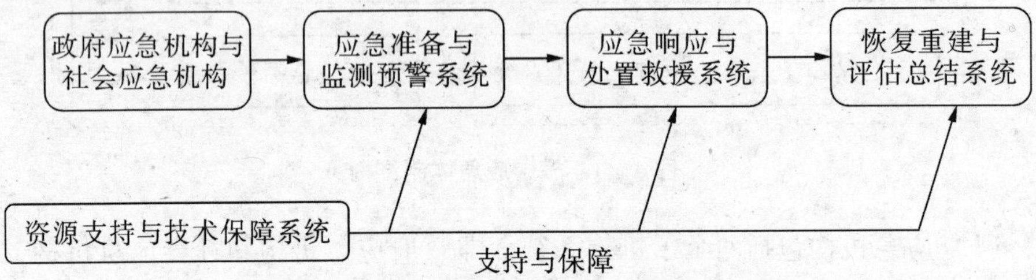

图4-5 旅游应急体制五大系统的逻辑关系

二、应急体制的功能

（一）政府应急机构与社会应急机构

政府应急机构与社会应急机构分别需要承担行政责任和社会责任。前者属于旅游应急管理的责任主体，即对于应对旅游突发事件而言，它具有不可推卸的责任与义务；后者同样有义务参与旅游突发事件的应对工作，更多时候是作为旅游应急管理的辅助机构，支持和协助政府应急机构积极应对旅游突发事件，有时也会在一定时间和区域内发挥旅游应急的重要作用。社会应急机构又可划分为组织化的社会应急机构和非组织化的社会应急机构两种。

通常来说，政府应急机构都具备管理与服务两大基本功能。政府应急机构的管理职能是指应急管理机构对所管辖范围内的人力、物力、财力等资源进行计划、组织、领导、协调、控制的权力。这种管理源于应对突发事件过程中由于多机构、多主体而可能引发的矛盾冲突并导致应急处置效率低下的问题，因此需要在法律法规的约束下，由法定的政府应急机构进行协调和联络，使这些原本属于互不统属状态的机构，在发生突发事件后，利用共同的力量完成受损害或者受影响人员需要的救护援助以及恢复设施设备运转等任务。而政府行政机构的应急服务职能，则是在受到突发事件损害或者影响的人员需要救助时对其提供必要的救助。政府应急机构与社会应急机构组织关系如图 4－6 所示。

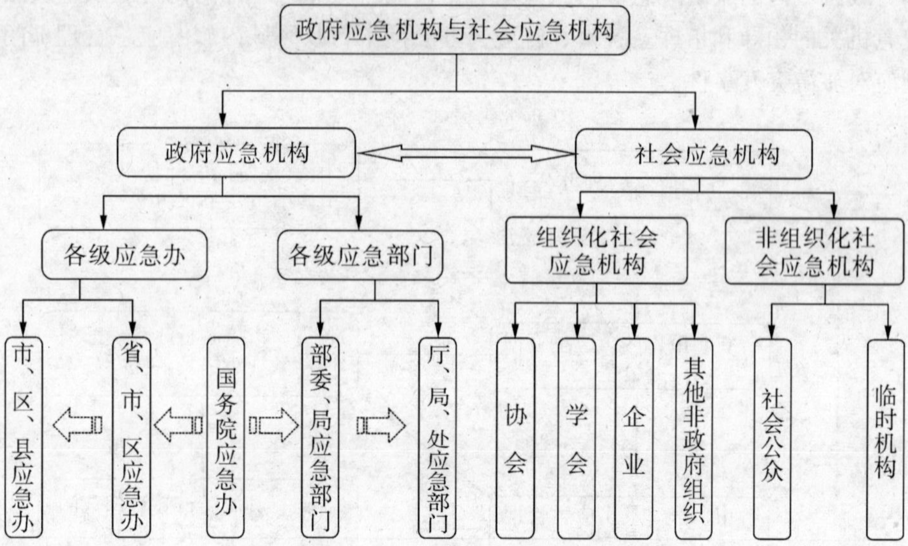

图 4－6　政府应急机构与社会应急机构组织关系

资料来源：陈安等．现代应急管理理论与方法［M］．北京：科学出版社，2009.（略有改动）

政府应急机构主要包括法律和制度上与应急管理相关的政府机关、事业单位等国家组织，相关应急职能涉及应急管理权责的确认、应急管理效率的评价以及应急措施失误时的责任追究等方面。在我国政府应急机构设置中，国务院是应急管理工作的最高行政领导机构和决策机构。在国务院总理领导下，通过国务院常务会议和国家相关突发事件应急指挥机构，负责突发事件的应急管理工作；国务院办公厅设置国务院应急管理办公室，履行值守应急、信息汇总和综合协调职责，发挥运转枢纽作用；国务院有关部门依据法律、行政法规和各自的职责，负责相关类别的突发事件，是应急管理的工作机构，而国务院应急管理办公室是各部门的协调机构；地方各级政府是本行政区域突发事件应急管理工作的行政领导机构，是属地应急管理体系的责任人和领导者，负责本行政区域各类突发事件的应对工作。地方应急办是基层应急组织的枢纽部门，承担应急管理的日常协调和总值班工作。

图4-7表示现阶段我国旅游突发事件政府应急机构设置。国务院应急管理办公室是我国旅游应急管理的最高行政管理机构，负责指挥和协调各省、市（区）的应急办以及国家旅游局的应急机构。在旅游突发事件政府应急机构框架下，省、市（区）的应急办可以指挥下属的市、区（县）的应急办，并且协调本行政区域内的旅游应急部门；这些省、市旅游应急管理部门同时服从上级旅游应急机关的领导和指挥。各市、区应急办会同本行政区域内旅游应急管理部门共同应对旅游突发事件。

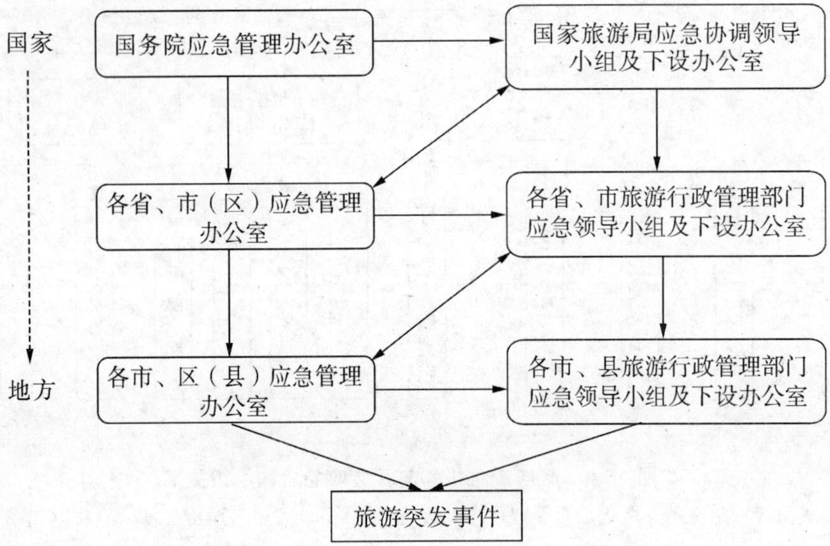

图4-7　我国旅游突发事件政府应急机构设置

社会应急机构属于应急管理中没有法定责任归属的应急辅助机构，其构成基础以及维持结构的核心是道德观、社会伦理、公众舆论、媒体宣传等软性规范。社会应急机构可以作为政府应急管理的组成部分，承担一部分应急处置、应急救援和恢复重建的工作。实际上，一个健全、完善的应急管理系统运作确实离不开社会力量的支持与协助。企业、公民及其他社会力量的动员和参与不仅可以提高政府应急管理工作的效率，而且还可以降低政府应急管理成本，减少突发事件带来的损失。

旅游突发事件社会应急机构可以分为组织化的社会应急机构和非组织化的社

会应急机构两大类。组织化的社会应急机构包括相关的旅游行业协会、学会等半官方的组织以及旅游企业、社团、基金会、非营利单位等非政府组织。这些组织有义务协助政府进行旅游突发事件的应急处置，控制、减轻和消除旅游突发事件造成的损失，弥补政府应急机构存在的不足。非组织化的社会应急机构则涵盖了所有可能与旅游应急管理相关（直接相关或间接相关）的临时机构和包括游客在内的社会公众。

（二）应急准备与监测预警系统

在旅游应急体制中，政府应急机构与社会应急机构规定了应急管理的主要责任主体。而在具体实施旅游应急管理任务时，旅游应急准备与监测预警系统则显得至关重要。可以这么说，一个健全的应急准备与监测预警系统，一定意义上决定了应对旅游突发事件的高效性和及时性，否则，旅游应急管理从一开始就处于被动状态。该系统包括应急准备子系统与监测预警子系统两部分。因此，它们各自应起到的作用分别如下：

1. 应急准备子系统——提升抵御突发事件的能力

（1）组织开展旅游应急知识的宣传教育，提升旅游企业、游客的安全意识。

（2）通过实施必要的旅游应急演练，提升游客自救与互助的能力。

（3）科学评估旅游应急的能力水平，促使旅游应急管理部门和相关企业人员及时做好组织、物质、心理等各项应急准备工作。

（4）采取多种措施阻断或者延缓旅游突发事件的发生。

2. 监测预警子系统——节省应对突发事件的时间

（1）对于以往旅游突发事件资料的分析和总结，识别和掌握旅游突发事件的规律、特点。

（2）监测旅游活动过程中的异常情况。

（3）预测可能发生的突发事件的类型与方式，对其发展趋势和损害程度作出科学的判断。

（4）及时发布旅游预警与警示信息，引导游客安全出行和合理分流。

（三）应急响应与处置救援系统

旅游活动的监测与预警主要是预防、降低和避免旅游突发事件的发生，做好应对随时可能发生的突发事件的前期准备工作。如果发生了旅游突发事件，那么就进入了现场应急管理阶段。作为旅游突发事件发生期间应急管理的内容，应急响应与处置救援系统具体包括三个子系统，即应急响应子系统、应急处置子系统和救护援助子系统。三个子系统层层递进，共同组成旅游突发事件的现场应对内容。应急响应与处置救援系统如图 4－8 所示。

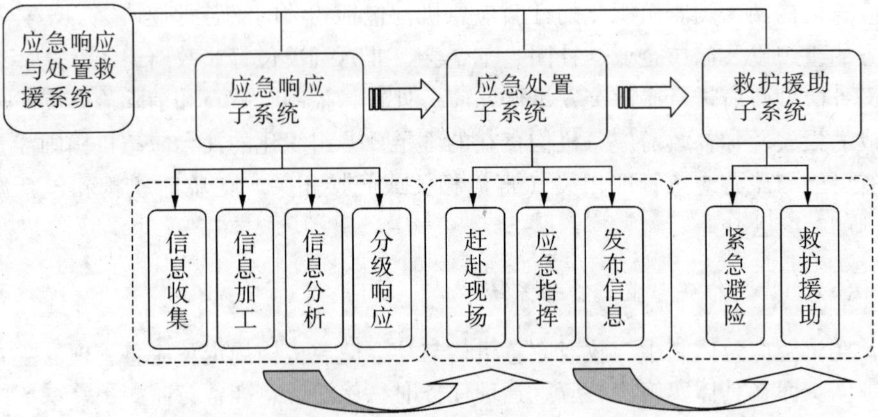

图4-8 应急响应与处置救援系统

（1）应急响应子系统。指通过建立健全旅游突发事件的应急响应制度，从突发事件的危害程度、影响范围以及应急部门的应对能力等方面，来确定应急响应的级别和预案。根据旅游影响和伤亡情况，旅游突发事件可以分为重大、较大、一般三种级别的应急响应模式，分别由各级应急管理机构启动相应的应急预案和应急系统进行应急响应。如果旅游突发事件超出了旅游应急部门的应对能力，需要向同级人民政府和上级旅游行政管理部门请求支持，及时升级旅游突发事件的应急响应级别。

（2）应急处置子系统。即在旅游突发事件发生后，履行统一领导职责或者组织处置旅游突发事件的应急管理机构，针对其性质、特点和危害程度，调动应急救援队伍和社会力量，根据相关法律法规和规章采取应急处置措施，并及时发布旅游突发事件发展动态和应急处置工作的信息。

（3）救护援助子系统。主要指在旅游突发事件发生时，为受影响游客提供临时的避险场所。它往往利用宾馆、酒店等旅游接待设施或者城市公共场所等，为受影响游客提供安全避险和基本生活保障；而对于旅游突发事件中的遇险游客，应迅速采取各种救援措施，积极寻找被困游客，及时治疗受伤游客，使他们得到妥善安置。

（四）恢复重建与评估总结系统

在旅游突发事件应急管理过程中，恢复重建与评估总结系统作为最后环节，同样发挥着应有的应急管理功能。恢复重建与评估总结系统可以分为恢复重建子系统和评估总结子系统，特别是评估总结子系统不容忽视，这也是常态化、全过程旅游应急管理的内容之一。

（1）恢复重建子系统。指在旅游突发事件应急处置工作结束后，旅游应急管理机构立即组织人员评估突发事件对地方旅游业造成的影响，制订旅游恢复重建计划，积极扶持和帮助受影响旅游企业的建设恢复工作，修复被损毁的旅游资源，做好旅游市场宣传促销工作，重塑旅游形象。

（2）评估总结子系统。指旅游应急管理机构认真分析应对旅游突发事件的得与失，查找应急管理过程中的不足与失误，总结应急管理各环节的经验与教训，提交书面报告，并提出改进旅游应急管理的建议与措施，以便不断提升旅游应急能力。

（五）资源支持与技术保障系统

资源支持与技术保障系统作为前三个应急系统的后方支持力量，是保障应急准备、应急响应、应急处置各个阶段有效性和稳定性的必要基础和前提架构。这一系统也可以分为资源支持子系统与技术保障子系统，它们相互联系、相互补充，为旅游突发事件的应急管理提供了支持和保障。资源支持与技术保障系统内容如图4－9所示。

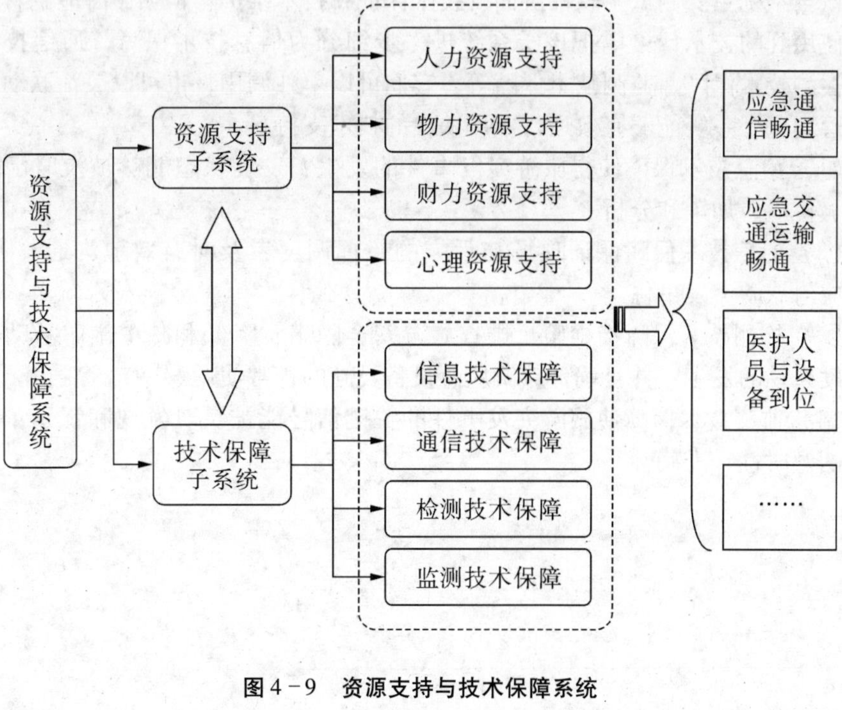

图4－9　资源支持与技术保障系统

1. 资源支持子系统

该子系统主要对应急资源的布局、调度和补偿等进行合理配置。平时的应急资源配置和布局直接影响战时应对旅游突发事件的时效性。利用最短的时间，迅速调拨和征集旅游应急资源有效应对旅游突发事件的能力，一定程度上决定了旅游应急管理的成功。在应对旅游突发事件中，更多地需要借助其他专业的支持与协助。按照资源类别划分，资源支持子系统包括人力资源、物力资源、财力资源和心理资源方面的支持。

(1) 人力资源即应对突发事件的救援力量，如消防人员、交通警察、医护人员、海上搜救人员、铁路与民航搜救人员、军人等。

(2) 物力资源是一个内容广泛的概念，它包括突发事件的预防、处置、恢复等环节所需要的各种救援物资、应急设备和设施等，并且包括受影响游客的食宿问题。

(3) 财力资源主要包括应急管理过程中的财政、金融、保险等方面的内容。

(4) 心理资源则主要是指在应急管理过程中对受影响游客心理的疏导和安抚等内容。

2. 技术保障子系统

该子系统主要侧重于软件层面的技术保证和技术维护。根据旅游应急管理中主要使用到的技术，可以把该子系统进一步细分为信息技术保障、通信技术保障、检测技术保障、监测技术保障等。它们可以单独调用，也可以灵活联动，是应急管理各个系统能够有效运行不可缺少的技术支持。

(1) 信息技术保障使得旅游突发事件的发生、发展状态能够被及时高效地采集、传输、加工和分析。

(2) 通信技术保障保证现场与后方的指挥调度者及时有效地沟通、协调，共同应对旅游突发事件。

(3) 检测技术保障指检验、排查旅游安全隐患，降低和减少旅游活动过程中突发事件的发生，并且确保旅游应急设备设施的正常使用。

(4) 监测技术保障使旅游突发事件的关键信号能被及时发现和识别，提高预警的及时性和准确性。

第三节 旅游应急机制

一、我国应急管理机制简要回顾

与应急管理体制不同，机制在应急管理中是一个相对宏观的组成部分，它规定应急管理中体制运行需要遵循的规则和规律。具体来说，应急管理机制是突发事件应急管理过程中的组织及其内部相互作用的关系，是为有效应对突发事件而采取的各种制度化、程序化的应急管理方法与措施。从内涵上看，应急管理机制是一组以相关法律法规和部门规章等为基础的政府应急管理工作流程；从外在形式上看，应急管理机制体现了政府应急管理的各项具体职能；从功能作用上看，应急管理机制侧重于在突发事件防范、处置和善后处理的整个过程中，各部门和单位通过科学地组织和协调各方面的资源与能力，更好地防范与应对突发事件。总的来说，应急管理机制以应急管理全过程为主线，涵盖事前、事中和事后各个时间段，包括预防、预警、应急处置与救援、善后恢复与重建等环节。

2003 年，一场突发公共卫生事件——SARS 疫情的肆虐，凸显了传统的日常管理与应急管理机制的不足。在 2003 年 7 月召开的全国防治 SARS 工作会议上，党中央、国务院特别提出了加快突发事件应急机制建设的任务。2004 年，党的十六届四中全会通过有关决定，进一步提出“建立健全社会预警体系，形成统一指挥、功能齐全、反应灵敏、运转高效的应急机制，提高保障公共安全和处置突发公共事件的能力”。同时，国务院也把加快突发事件应急机制建设作为全面履行政府职能的一项重要任务来部署。进一步完善应急管理机制，既是政府应急机构有效履行社会管理职能、提供公共服务的基础性工作，又是政府应急机构自身建设的重要而紧迫的任务，同时也是检验政府应急机构应急能力的重要标志。2006 年，国家正式提出我国要按照“一案三制”的总体要求建设应急管理体系。2007 年，我国第一部突发事件应急管理综合性法律——《中华人民共和国突发事件应对法》颁布，自此我国应急管理机制建设进入了快速而规范的发展阶段。

（一）我国现有应急管理机制

经过近几年的实践努力，我国逐步建立起统一指挥、功能齐全、协调有力、运转高效的应急管理机制系统，基本形成了预防与应急准备机制、应急监测与预警机制、信息报告与沟通机制、应急指挥和协调机制、信息发布与舆论引导机制、社会动员机制、善后与重建机制、调查评估和学习机制、应急保障机制等应急机制。

（1）预防与应急准备机制。通过预案编制管理、宣传教育、培训演练、应急能力和脆弱性评估等，做好各项基础性、常态性的管理工作，从更基础的层面改善应急管理。

（2）监测与预警机制。通过监测突发事件苗头的信息并及时预警，减少事件产生的概率及其可能造成的损失。

（3）信息报告与沟通机制。按照信息先行的要求，建立统一的突发事件信息系统，有效整合现有的信息资源，拓宽信息报送渠道，规范信息传递方式，做好信息备份，实现上下左右互联互通和信息的及时交流。

（4）应急指挥与协调机制。通过信息收集、专家咨询来制订与选择方案，实现科学果断、综合协调、经济高效的应急决策和处置。

（5）信息发布与舆论引导机制。在第一时间主动、及时、准确地向公众发布警告以及有关突发事件和应急管理方面的信息，宣传避免、减轻危害的常识，提高主动引导和把握舆论的能力，增强信息透明度，把握舆论主动权。

（6）社会动员机制。在日常和紧急情况下，动员社会力量进行自救、互救或参与政府应急管理行动，在应急处置过程中对民众善意疏导、正确激励、有序组织，提高全社会的安全意识和应急技能。

（7）善后与重建机制。积极稳妥地开展生产自救，做好善后处置工作，把损失降到最低，让受灾地区和民众尽快恢复正常的生产、生活和工作秩序，实现常态管理与非常态管理的有机转换。

（8）调查评估和学习机制。遵循公平、公正、公开的原则，引入第三方评估机制，开展应急管理过程、灾后损失和需求等方面的评估，以查找、发现工作中的问题和薄弱环节，提出防范和改进措施，不断完善应急管理工作。

（9）应急保障机制。建立人、财、物等资源清查制度，明确资源的征用、调用、发放、跟踪等程序，规范应急资源在常态和非常态下的分类与分布、生产和储备、监控与储备预警、运输与配送等，实现对应急资源供给和需求的综合协调与优化配置。

（二）我国应急管理机制存在的问题

欧美、日本及其他发达国家和地区均建立了比较完善的应急管理机制，在应急管理机制实践方面取得了良好的效果。目前我国应急管理机制主要存在以下问题：

1. 应急响应能力不足，指挥协调体系不够完善

虽然我国已建立以国务院为领导的专门应急管理机构，但缺乏相应的激励机制和约束机制，对事件上报和分析产生了较大的时间迟滞，部门与部门之间、部门与地方之间缺乏统一规划，无法有效衔接，应急响应能力相对不足；而且地方政府权力有限，往往是政府领导人的指挥调动起关键作用，而不是依靠应急管理机制。

2. 财政应急机制不够完善，应急财政投入缺乏

我国对突发事件的财政投入长期不足，卫生和社会保障投入不足尤为严重，这极大地制约了对突发事件的预防和控制效能的发挥。而预备费不足以及财政资金的使用缺少有效的绩效评估，有时又造成应急经费的大量浪费。

3. 应急资源使用率低，社会动员机制整合不畅

一些发达国家应急管理机制都是全民参与的，充分调动了市场、第三方的各种力量，政府与企业、社会团体、其他非政府组织在突发事件前签订协议，对志愿者实行有偿原则，突发事件发生时共同协调合作，实现信息共享、资源合理配置、保障力量互用，为国家应对突发事件提供重要的人力、物力、财力等方面的支持。在我国，公众自救互助意识不够，非政府组织比较分散，缺乏统一管理，造成政府应急管理部门单边应对的局面，而没有充分整合和发展民间的社会力量来共同应对突发事件。

（三）我国旅游应急管理机制建设

2003年，SARS疫情对旅游业的重大冲击引起世界和中国对旅游突发事件管理的高度重视。同年，世界旅游组织发布了《旅游业危机管理指南》，提出为降低各种突发事件对旅游业发展的不利影响，旅游目的地应采取有效的应急管理措施。旅游突发事件应急管理的主要途径有四个：沟通、宣传、安全保障和市场研究，从而形成比较系统、完备的旅游突发事件应急管理机制。《旅游业危机管理指南》还针对旅游突发事件事前、事中和事后三个阶段提出了行动建议。

1. 旅游突发事件之前：使旅游突发事件影响最小化的最佳途径是做好充分准备

在沟通方面，制订应急管理计划，任命专门的发言人，设立一个媒体和沟通部门，基于诚实和透明的原则与媒体经常沟通。良好的合作是有效应急管理的一个关键，在制订应急管理计划过程中，要把公共服务和私营旅游企业都包括进来，定期对应急管理计划进行预演排练，并不断修正和完善。

在宣传方面，开发一个旅游贸易伙伴数据库，建立一个在旅游突发事件发生

时能及时联络数据库中贸易伙伴的沟通系统。预留特别情况基金，尽力获得支出这笔基金的提前允诺，而不必经过一个冗长复杂的行动程序，以便在突发情况时迅速、灵活地作出反应。

在安全保障方面，建立和保持与其他安全保障部门的工作联系。旅游行政管理部门应任命专人负责与其他政府部门、专业服务机构、旅游行业等在安全保障方面的联络。旅游行政管理部门要制定旅游行业的安全保障措施，并在改进安全保障方面担当积极的角色，发起并成立面向当地旅游从业人员的安全工作组，鼓励在旅游行业的公共安全和私人安全机构之间建立合作伙伴关系。组建能用多种语言提供服务的警察队伍和紧急电话中心。

在市场研究方面，旅游行政管理部门要与主要的酒店、航空公司和旅游经营商设立双向协定，交换关于过夜停留、出租率、价格等方面的最新数据信息。

2. 旅游突发事件期间：积极处置好旅游突发事件发生的第一个24小时

在沟通方面，坚持诚实和透明，不要实行新闻管制。建立一个媒体中心，并迅速通过媒体发布准确、及时、统一的旅游突发事件信息。其他组织也应向媒体提供相关信息，如警察机构、防灾减灾组织、航空公司、酒店协会、旅行经营商团体和世界旅游组织，要及时向这些组织通告目的地的有关行动，将信息纳入他们的对外沟通中。

在宣传方面，直接向公众和合作伙伴提供关于灾害程度、受难者救助行动、结束突发危机的安全保障服务以及防止灾害不再发生的举措等方面的详细信息。旅游突发事件通常使政府对旅游业给予比正常环境下更多的关注，要利用这个机会寻求在宣传预算上的增长，这将有利于产业恢复和吸引游客返回。积极实施金融救助或财税措施支持旅游企业。在困难时期，政府需要与企业紧密合作，可以用临时性的税收优惠、补贴、削减机场收费和免费签证等措施来激励旅游经营者、航空公司、游船公司等企业在事后迅速恢复运营。

在安全保障方面，充分发挥应急电话中心的作用，要通过跨机构的接触和联络，采取安全保障措施来结束突发事件和提升安全水平，并加强内部沟通，防止错误信息的传播。

在市场研究方面，派出调研队伍，调研在突发事件期间旅行的游客的身份，他们的旅游动机和目的，同时回溯在突发事件期间媒体对于目的地报道了些什么内容，然后迅速向宣传部门反馈信息。

3. 旅游突发事件过后：需要加倍努力，尤其在沟通和宣传领域

在沟通方面，积极准备反映旅游活动正常的新闻条目，以证明旅游目的地已经恢复常态。邀请媒体重返目的地，向他们展示所取得的成绩。集中精力做正面

的报道，以抵消危机在游客心目中形成的不利形象。

在宣传方面，向新的市场群体和特殊的市场群体进行有针对性的宣传，要提供特殊的报价。把宣传促销转向那些最有活力的市场，通常，他们是距离东道国最近的客源市场，因为那里的游客对目的地更为熟悉。开展国内市场宣传，国内旅游在危机恢复时期可以弥补外国旅游需求减少带来的损失。增加组织旅游经营商进行考察旅行和专门活动的频率，组织专门的活动和会议，创造与贸易伙伴及国际社会沟通的机会。

在安全保障方面，重新审视安全保障系统，以保证其在旅游突发事件结束后依然到位。通过旅游接待调查结果反馈，奖励先进，鞭策后进，提高安全保障服务的质量。

在市场研究方面，调研客源市场对目的地的感知。针对主要客源市场，通过研究潜在的游客和调查贸易伙伴，确定他们是否做好旅行的准备，并了解他们对旅游目的地的感知和理解。将这些信息反馈给宣传促销部门，量体裁衣、对症下药，采取行动纠正不良的印象。

根据国家建立健全“一案三制”应急管理体系的要求，国家旅游局和各省、市旅游行政管理部门加快了旅游业应急管理体系的建设进程。为了迅速、有效处置旅游者在旅游过程中所遇到的各种突发事件，尽可能地为游客提供救援和帮助，保护游客的生命和财产安全，2005 年，国家旅游局制定了《旅游突发公共事件应急预案（简本）》，初步形成了预警发布、救援、信息报告、应急保障和演练的应急管理机制。为了贯彻《中华人民共和国突发事件应对法》，国家旅游局进一步加强两方面应急管理机制的建设：一是健全旅游突发事件信息报告和通报机制，按照旅游突发事件应急预案的要求，提高信息报送的及时性和准确性，健全与各级政府及相关部门之间的会商通报机制；二是完善旅游突发事件防范应对联动机制，主动加强与公安、交通、卫生等相关部门的沟通协作，增强旅游突发事件的协调处置能力，并充分发挥商业保险、民间组织、旅游企业及旅游者在防范和应急救援等方面的积极作用。

《国家突发公共事件总体应急预案》详细规定了突发事件运行机制，主要包括预测与预警、应急处置、恢复与重建、信息发布四个方面。因此，根据我国近年来旅游应急管理机制建设与运行的实践经验，以及旅游突发事件事前、事中、事后各个阶段的不同特点和内容，旅游应急机制应该包括预防预警机制、处置救援机制和善后恢复机制，如图 4－10 所示。

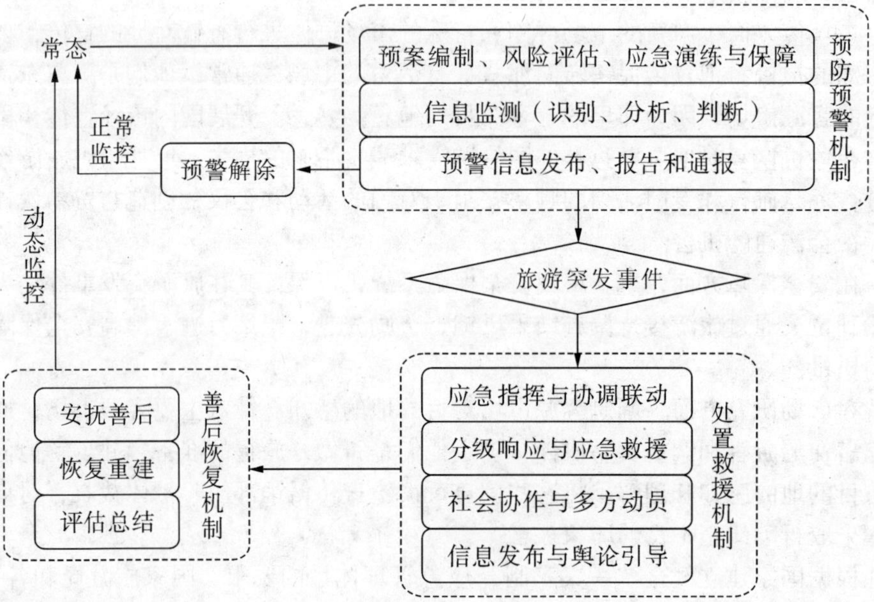

图 4－10 旅游应急机制

二、预防预警机制

预防是突发事件应对过程中的第一个阶段，是“防患于未然”的阶段。隐患险于明火，防灾重于救灾，预防突发事件的发生，是应急管理的内在要求。旅游突发事件引发原因具体可以分为自然因素和人为因素两种，如果预防工作做得好，人为因素引发的旅游突发事件是完全可以避免的；即使是自然因素引发的旅游突发事件，如果预防和应急准备工作充分，也可以有效减少人员伤亡和财产损失。因此，旅游突发事件的预防和应急准备，是应对旅游突发事件的基础性工作。

预警是与预防紧密联系、相辅相成的。所谓预警机制是指根据有关突发事件的预测信息和风险评估结果，依据突发事件可能造成的危害程度、紧急状况和发展趋势，确定相应的预警级别，标志预警颜色，并向社会发布相关信息的机制。预警是在突发事件实际发生之前对事件的预报、预测及提供预先处理操作指南的重要机制，主要包括以下内容：

（1）对预警范围的确定。需要严格规定监控的时间范围、空间范围以及监控对象范围。

（2）预警级别的设定及表达方法的规定。

(3) 紧急通报的次序、范围和方式。

(4) 突发事件范畴与领域预判。对突发事件涉及的范畴和领域进行预判，初步对突发事件给出一个类别和级别，以匹配应对预案。

根据《旅游突发公共事件应急预案（简本)》，各级旅游行政管理部门应根据有关部门的重大突发事件的预告信息，以及本地区有关旅游安全的实际情况，适度发布本地区相关旅游警告、警示，并及时将情况逐级上报。国家旅游局根据有关部门提供的情况和地方旅游行政管理部门提供的资料，经国务院批准，适时向全国发出相关的旅游警告或者禁令。

建立健全旅游突发事件预防预警机制的主要目的，不仅在于发生旅游突发事件时启动应急预案予以处置，更重要的是未雨绸缪，平时根据预案有关预防、应急准备、监测预警等方面的规定，采取各种有效的防范措施，做好应对可能发生的旅游突发事件的各种准备工作，做到有备无患，尽量及时化解可能导致旅游突发事件的风险，最大限度地避免、减少旅游突发事件的发生，而当不可避免的旅游突发事件发生后，尽最大可能减少人员伤亡和财产损失，削弱旅游突发事件的负面影响。

(一) 预案编制、风险评估、应急演练与应急保障

1. 预案编制

旅游应急预案是在辨识和评估潜在重大危险、事件类型、发生的可能性、发生过程、事件后果和影响的严重程度的基础上，对应急机构与职责、人员、技术、装备、设施设备、物质、救援行动及其指挥与协调等方面预先作出的具体安排，它明确了在旅游突发事件发生之前、发生过程中以及刚刚结束之后，谁负责做什么、何时做，以及相应的策略和资源准备等。因此，旅游应急预案以危险源评价和旅游突发事件后果预测为依据，作为预先制订的事件控制和旅游应急方案，是旅游突发事件应急救援活动的行动指南。

做好旅游应急预案，就是要在常态条件下多考虑非常态条件下可能发生的情况，预测可能会遇到哪些旅游风险或灾难，以及会产生哪些后果。2005 年，国家旅游局制定了《旅游突发公共事件应急预案（简本)》，具体针对突发自然灾害和事故灾难事件、突发重大传染病疫情、重大食物中毒事件、突发社会安全事件、国内（外）发生突发事件等情况制定相关旅游应急措施，指导旅游应急工作有序进行，从而把旅游突发事件造成的损失降到最低。

此外，在编制旅游应急预案中应注意以下四点：①旅游应急预案的编制必须基于旅游突发事件风险的分析结果、应急资源的需求和现状以及有关的法律法规要求；②编制旅游应急预案时应充分收集和参阅已有的应急预案，尽可能减小工

作量和避免应急预案的重复和交叉，并确保与其他相关应急预案的协调和一致；③为了控制、减轻和消除旅游突发事件对旅游业造成的不利影响和损失，旅游应急预案内容应尽量做到细致、全面，覆盖突发事件可能影响的各个环节，达到每一个应急细节都有案可循的程度；④在旅游突发事件应急预案制定过程中，还要考虑到应急预案的可行性、可操作性，并且及时更新修订。

2. 风险评估

很多旅游突发事件的发生，都是由于对旅游风险隐患不了解、监控不到位、排查不及时导致的，而旅游突发事件造成的危害得不到及时有效的控制、应急救援工作不得力，也是由于旅游应急部门事先没有掌握有关旅游危险源的性质、特点和处置知识。因此，各级旅游应急部门负责本行政区域内旅游突发事件的应对工作，承担着预防和先期处置旅游突发事件的重要职责，有必要全面了解本行政区域内存在的旅游危险源性质、特点，以及可能引发的旅游突发事件的种类、造成的社会危害及其性质和特点。

各级旅游应急部门应该对旅游景区设施设备、旅游车辆、住宿餐饮、导游服务质量以及出国游客的违规风险给予重点关注，特别是对高发时段、易发领域的旅游风险源进行重点监控，在黄金周以及旅游旺季期间组织对旅游安全问题进行全面检查，对各种可能的旅游安全隐患进行风险评估和监控，并且责令有关旅游企业或人员采取安全防范措施，为及时排除旅游安全隐患、预防旅游突发事件做好充分的准备。

3. 应急演练

通过组织开展旅游应急知识的宣传教育、救援培训和必要的应急演练，做到熟悉相关应急预案和程序，了解有关应急支援力量、医疗救治、工程抢险等相关知识，提高旅游应急部门的应急能力水平以及旅游企业、游客的安全意识和自救互助的能力，这对于提升预防和处置旅游突发事件的效率，避免或减少旅游突发事件的发生，减轻不可避免的旅游突发事件造成的人员伤亡和财产损失，具有非常重要的意义。

（1）旅游应急部门组织开展旅游应急知识普及活动和必要的应急演练。如编写旅游应急知识宣传手册，免费向旅游人群发放；播放公益广告、办培训班、贴宣传画、办宣传栏等，扩大旅游应急知识的影响范围；开展不同类型、不同形式的旅游应急演练活动，最终达到宣传普及旅游应急知识、检验旅游应急预案、锻炼旅游应急队伍的目的。

（2）旅游企业、旅游行业协会结合各自的实际情况开展有关旅游突发事件应急知识的普及活动和必要的应急演练。

（3）新闻媒体无偿开展旅游突发事件预防、自救与互助知识的公益宣传。

新闻媒体有义务免费刊登、播放预防旅游突发事件的知识，如刊登或播放旅游人群可能受到旅游突发事件危害的警告，避免、减轻危害的常识和咨询电话，有关采取特定措施避免或者减轻危害的建议、劝告等，通过制作专门旅游应急栏目、制作公益广告等方式，进行旅游突发事件预防、自救互助知识的普及与宣传。

4. 应急保障

旅游应急部门按照职责分工和相关应急预案做好应对旅游突发事件的人力、物力、财力、交通运输、医疗卫生、通信等方面的准备，综合协调和优化配置应急管理所需物料、装备、通信器材、生活用品等物资和紧急避险场所，以及运输能力、通信能力、生产能力和有关技术、信息的储备，从而保证旅游突发事件中应急救援的需要、遇险游客群体的基本生活，以及善后安抚、恢复重建工作的顺利进行。

（1）在人力资源保障方面，组织对旅游应急部门和旅游企事业单位管理人员的应急专业培训，以提高旅游应急工作的能力和效率；吸收专家为旅游应急工作提供专业咨询；协调消防、公安、医疗、急救、交通等专业队伍和单位，熟练掌握救援技术和装备；对非专业人员的动员，侧重于组织化程度较高的单位，机动人力资源可以考虑社会志愿者组织等；对常见旅游突发事件和游客群体要组织宣传、培训和演练。

（2）在物资保障方面，全面掌握本区域范围内的旅游住宿设施场所，在应对旅游突发事件过程中，妥善安置遇险游客群体，落实饮食、住宿等基本生活保障，做到科学布局，避免应急资源供应不足。

（3）在财政资金保障方面，各级财政设立一定额度的旅游应急准备金，列专户用于旅游应急支出，当年未使用完的结转下年使用，每年预算应将旅游应急准备金补足。

（4）在信息保障方面，统一规划有线、无线通信专用号段，统一各级应急指挥、救援队伍、后勤保障等旅游应急单位的应急电话号码，临时启动，并与相关单位或人员的固定或移动通信工具建立无缝连接或自动转接关系；系统整理、总结、剖析国内外旅游突发事件历史案例，编制旅游应急案例库，为以后处理旅游应急事务提供直接、形象的参照。

（5）在医疗卫生保障方面，组织医疗卫生专业技术队伍，根据需要及时赶赴旅游现场开展医疗救治、疾病预防控制等卫生应急工作；及时为受影响旅游区域提供药品、器械等卫生和医疗设备。

（6）在交通运输保障方面，在发生旅游突发事件的紧急情况下，保证应急交通工具的优先安排、优先调度、优先放行，确保运输安全畅通；依法建立紧急情况社会交通运输工具的征用程序，确保旅游救援物资和人员能够及时、安全送达；根据旅游应急处置需要，对现场及相关通道实行交通管制，开设旅游应急救援“绿色通道”，保证应急救援工作的顺利开展。

（二）信息监测

加强信息监测机制建设，建立健全监测网络和体系，是提高旅游应急机构信息收集能力，及时做好旅游突发事件预警工作，有效预防、减少突发事件的发生，控制、减轻、消除旅游突发事件引发的社会危害的基础。

（1）根据旅游突发事件的种类和特点，建立健全基础信息资源库。旅游突发事件基础信息资源库的构成内容有：①针对物理对象的信息资源库，包括旅游目的地的旅游资源地理数据、旅游安全隐患信息、经济发展水平、旅游经营管理状况等数据信息；各旅游企业的基本信息、经营能力及突发事件防范能力的基本信息；旅游者的基本信息，包括身体状况、经济状况、旅游安全意识的信息。②针对旅游应急管理机构的信息资源库，包括当地旅游应急管理现状；旅游管理者对应急管理的重视程度、支持意向；旅游应急管理机构对应急管理政策的接受状况、培训所需的资源；旅游应急管理机构突发事件应对能力的综合信息，如组织机构设置情况、人力资源储备状况、应急预案设置状况、应急专家咨询、突发事件案例等信息。因此，应建立健全基础信息资源库，要求各级旅游应急部门开展旅游风险隐患、风险源、应急资源分布情况的调查并建档，为旅游突发事件的监测预警和隐患治理提供基础信息。

（2）完善监测网络，明确监测项目，提供必要的设备设施，配备专职或者兼职人员，对可能发生的旅游突发事件进行监测。分析和总结以往旅游突发事件的资料，识别和掌握旅游突发事件的规律、特点，对旅游风险源进行实时监测，重视游客的投诉意见反馈，关注旅游突发事件中的新类型和新特点，尽早发现旅游突发事件的苗头。

（三）预警信息发布、报告和通报

旅游突发事件预警信息的发布、报告和通报工作，是健全和完善旅游突发事件预防预警机制的关键性环节。一般来说，建立完整的旅游突发事件预警信息机制，主要包括以下两个方面的内容：

（1）根据有关旅游的监测信息和分析结果，预测可能发生的旅游突发事件的类型和方式，对其发展趋势和损害程度作出合理的判断，运用官方信息公告、大众传媒、互联网络、手机电话等传播途径及时发布可能爆发旅游突发事件的预警，提醒旅游应急管理部门和相关人员做好各项应急准备工作，避免旅游突发事件的发生或者减少其可能造成的损失。

（2）建立旅游应急管理组织的各层级汇报制度，加强本行政区域旅游应急管理部门与上级部门、相关应急管理部门的信息报告、通报工作，使旅游应急信息能够在有效时间内传递到行政组织内部的相应层级，有效发挥应急预警的作用。

三、处置救援机制

旅游突发事件发生后，必须及时采取措施进行有效处置，最大限度地减少损失，防止事态的进一步扩大。旅游应急管理机构应当针对旅游突发事件的性质、特点和危害程度，调动旅游应急救援队伍和社会力量，根据实际情况采取各种旅游应急措施。因此，在应对旅游突发事件过程中，对受灾群众实施及时、有效的救援和处理发挥着重要作用，具体来说，处置救援机制包括应急指挥与协调联动、分级响应与应急救援、社会协作与多方动员、信息发布与舆论引导四部分内容，如图4－11所示。

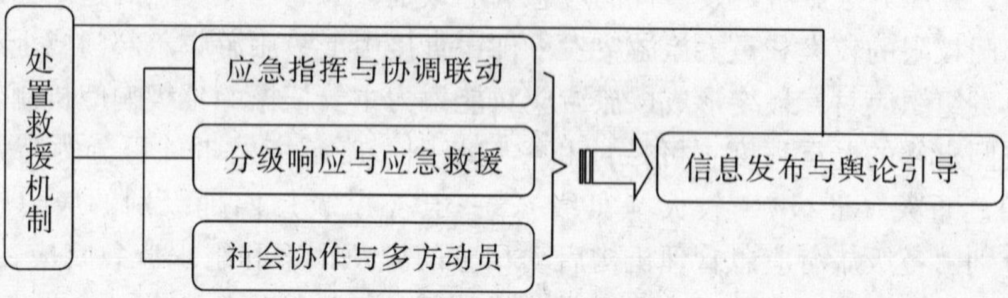

图4－11　处置救援机制

（一）应急指挥与协调联动

根据我国具体国情，旅游业正常运行除了接受旅游部门管理外，还涉及建设部门、林业部门、文物部门、国土资源部门等其他主管部门，这些相关部门共同组成了旅游应急管理的机构群体。旅游应急管理应当注重整体作用，充分发挥各相关部门的效能，健全和完善旅游应急指挥与协调联动机制，统一各涉旅部门应急管理的步伐，统筹协调旅游突发事件应急管理工作。

（1）各级旅游行政管理部门依据相关法律法规，强化应急机构和队伍建设，加强与旅游相关部门的沟通协作，形成政府统一领导下协调有序、高效运转的应急指挥系统。

（2）强化应急管理领导机构和办事机构建设。市级以上旅游行政管理部门设立旅游突发事件应急领导小组，由主要负责人担任组长；领导小组下设办公室，具体负责本地区旅游突发事件的应急指挥和协调处理工作；各旅游企业要成立相应的突发事件应急领导机构，明确主要领导为突发事件应对工作的第一责任人。

（3）完善旅游突发事件防范应急联动。由旅游行政管理部门牵头，相关政府部门出面，联合公安、武警、边检、交通、通信、水电力、消防、卫生各个部门，建立旅游应急管理整体联动系统，增强旅游突发事件的协调处置能力，并充分发挥商业保险、民间组织、旅游企业及旅游者在应急救援等方面的积极作用。

（二）分级响应与应急救援

1. 分级响应

从旅游突发事件的影响范围、危害程度以及旅游应急部门应对能力等方面，可确定旅游应急响应行动的级别和程序。基于属地化管理的原则，如果当地旅游应急部门有能力应对已经发生的突发事件，应由其负责组织旅游应急工作，同级人民政府或者上级旅游应急部门予以技术、资金、物资等方面的援助；当地旅游应急部门无力应对旅游突发事件时，及时向同级人民政府和上级旅游应急部门请求支持，及时升级旅游突发事件的应急响应级别；对于已经发生的超出当地旅游应急部门权限的较大和重大旅游突发事件，直接由上级旅游应急部门或上级人民政府负责组织应对，最终形成以旅游应对能力为主要依据的分级响应机制。

按照事件的严重程度、可控性和影响范围，旅游突发事件可分为特别重大（Ⅰ级）、重大（Ⅱ级）、较大（Ⅲ级）、一般（Ⅳ级）四种级别的应急响应模式，分别由各级旅游应急管理机构启动相应的应急预案和组织应急响应。其中，特别重大旅游突发事件（Ⅰ级），是指造成游客30人以上死亡（含失踪），或100人以上重伤（包括急性中毒，下同），或1亿元以上直接经济损失的事件。重大旅游突发事件（Ⅱ级），是指造成游客10人以上、30人以下死亡（含失踪），或50人以上、100人以下重伤，或5 000万元以上、1亿元以下直接经济损失的事件。较大旅游突发事件（Ⅲ级），是指造成游客3人以上、10人以下死亡（含失踪），或10人以上、50人以下重伤，或1 000万元以上、5 000万元以下直接经济损失，或涉及港澳台、涉外食品安全事故，或资源开发造成环境污染和生态破坏，直接威胁游客安全的事件。一般旅游突发事件（Ⅳ级），是指造成游客3人以下死亡（含失踪），或10人以下重伤、中毒，或1 000万元以下直接经济损失的事件，或涉及港澳台、涉外食品安全事故，以及游客违反有关部门的提示、警示、劝告而进行、开展某项旅游项目或者前往某个旅游目的地等事件。上述有关数量的表述中，“以上”含本数，“以下”不含本数。

当发生特别重大（Ⅰ级）旅游突发事件时，国家旅游局启动应急预案，事发所在地省级旅游行政管理部门启动相应的旅游应急预案，在省级人民政府领导下，进行具体响应。

发生重大（Ⅱ级）旅游突发事件时，由省级旅游行政管理部门决定启动相应的旅游应急预案，在省级人民政府（或相应的地方政府）领导下，参与和协调相关部门和单位及时采取应急处置措施。

当发生较大（Ⅲ级）旅游突发事件时，由市人民政府启动全市旅游突发事件应急预案。市应急指挥部进行具体响应，必要时派出工作组赶赴现场，做好协调、信息掌握、采取应急处置措施等相关工作；事发地所在的区人民政府也应当启动区旅游突发事件应急预案，在市应急指挥部的领导下，由区应急指挥机构组织指挥区直相关部门和单位及时采取应急处置与救援措施。

当发生一般（Ⅳ级）旅游突发事件时，由事发地所在的区人民政府启动区旅游突发事件应急预案，由区应急指挥机构组织指挥协调区直相关部门和单位及时采取应急处置与救援措施，并及时向市应急指挥部报告。

2. 应急救援

旅游突发事件接报后，属地旅游应急部门人员应当迅速赶赴现场，协调相关部门，共同维护现场秩序，了解突发事件的性质、时间、原因、伤亡情况等基本信息，并及时报告上级部门和通报有关部门；同时采取控制、救援、安置等措施，把旅游突发事件造成的损失降到最低。

国家旅游局根据不同突发事件的类型和特点，分别制定了旅游应急救援处置程序与措施。具体包括：

(1) 突发自然灾害和事故灾难事件的应急救援处置。

(2) 突发重大传染病疫情应急救援处置。

(3) 重大食物中毒事件应急救援处置。

(4) 突发社会安全事件应急救援处置。

(5) 国（境）外发生突发事件应急救援处置。

(三) 社会协作与多方动员

在应对旅游突发事件时，旅游应急部门固然责无旁贷，但还是无法承担起应急管理与服务的所有任务，为此，通过整合社会资源，形成政府与社会的“强强联合”，能够有效地提高旅游应急部门的突发事件控制能力。通过与有关企业、事业、行会、地方兄弟省市、志愿组织签订应急救援合作协定，来形成法制化的公私应急救援合作关系和与地方政府之间相互救援的协定。这种建立在法律契约基础上的相互应急救援机制，确保了“一方有难，八方支援”，大大提高了地方应急部门应对危机的能力。

一方面，旅游应急部门通过与旅游企业、行业协会、志愿者等社会力量签订事前合同、协议或者共同制订旅游应急计划，明确各自的责任、义务、职责分工和工作程序，建立制度化的合作互助关系，同时为其参与应急管理提供必要的财政资助和安全装备、专业培训等，最后将社会力量发展成为旅游应急管理中有力的支持者。

另一方面，在旅游突发事件紧急情况下，多方动员社会力量进行自救、互救或者参与到旅游应急管理行动中，将单一的旅游部门应急模式转变为社会化多元应急模式，促进旅游应急管理和社会动员的共同建设和发展。

（四）信息发布与舆论引导

按照信息先行的要求，旅游应急部门应全面掌握有关旅游突发事件的信息，大力宣传避免、减轻旅游危害的常识，主动、及时、准确地向社会和公众通报有关旅游突发事件的进展和旅游应急管理的相关信息，加强与传媒及公众的联系和沟通，把握舆论的主导权，增加信息透明度，避免信息传递的不畅与失真。

在应对旅游突发事件的过程中，旅游应急部门应建立有效的信息收集、管理和发布系统，形成即时的应急反应网络，迅速收集相关旅游应急信息，加强对有害信息的监控和管理。根据突发事件涉及的范围、严重程度等，确立由不同等级主体通过新闻媒体及时向公众公布突发事件应急管理工作的进展，并加强与社会公众之间的互动，防止信息的误传和谣言的散布，使公众保持情绪稳定和理解。建立新闻发言人制度，塑造开放的信息通道，客观、准确、诚实、透明地披露信息。旅游应急部门要实施危机公关，表现出对旅游突发事件的快速、果断的反应和认真负责的态度，维护旅游目的地的良好形象，在圆满处理好突发事件的同时，赢得游客的信任。

四、善后恢复机制

善后恢复机制是指旅游突发事件的威胁和危害基本得到控制或者消除后，及时组织开展事后恢复与重建工作，减轻旅游突发事件造成的损失和影响，妥善解决处置旅游突发事件过程中引发的矛盾和纠纷的一整套机制。

（一）安抚善后

对在旅游突发事件中受伤的游客进行及时的安抚善后工作，具体包括安置、抚慰、赔偿等内容，妥善解决因应对旅游突发事件所引发的矛盾和纠纷。

（1）对旅游突发事件中受到影响的游客实施就地安置，提供基本的生活保障，然后积极开展抚慰、赔偿工作。

（2）对受到旅游突发事件影响的游客进行心理疏导，帮助他们尽快摆脱恐惧心理及紧张状态。

（3）对受到伤害或者死亡的游客进行赔偿，旅游企业、保险公司等单位依照相关法律、法规和规章的规定进行合理赔付，或者双方、多方经过平等协调，达成赔付协议。

（二）恢复重建

旅游突发事件结束后，要尽快恢复社会秩序，使旅游经营重新走上正轨。旅游应急管理部门和旅游企业要积极制订旅游恢复计划，重点从多渠道加大旅游宣传促销，突出旅游应急管理的效果，强调旅游目的地的安全性，改变游客认为目的地不安全的心理认知，并向游客尤其是近距离的游客提供优惠措施，使到访游客满意，恢复游客的信心，重塑旅游目的地的良好形象。

（三）总结评估

旅游突发事件结束后，旅游应急机构要尽快启动突发事件反馈与评估系统，接受社会各方面的反馈信息，对旅游突发事件的影响、损失等进行评估。对旅游突发事件爆发的原因、影响机制等进行调查研究，揭示突发事件预防、应急处理等方面的不足和漏洞，从组织和功能上完善旅游应急管理系统，总结应急管理的成功和失败之处，并分析原因，为进入下一轮旅游应急管理提供经验和教训。

旅游应急管理部门对旅游突发事件应对工作进行全面总结，并向上一级旅游行政管理部门报告。其中，总结应当包括以下内容：

（1）旅游突发事件的发生原因。

（2）旅游突发事件的发生过程。

（3）旅游突发事件的应急情况。

（4）旅游突发事件应对中存在的问题。

（5）旅游经营恢复情况。

（6）改进旅游应急工作的考虑和建议。

本章小结

本章阐述了旅游应急预案、旅游应急体制、旅游应急机制等概念，介绍了旅游应急预案、旅游应急体制和机制的框架体系及组成内容。

旅游应急预案一般包括总则、组织体系及相关机构职责、预警预防机制、应急响应及处置、应急保障措施、事故信息的发布、后期处理、预案的培训与演练、预案的监督管理、奖励与责任追究、附则与附件等内容。另外，还涉及旅游应急预案的编制与生成、启动与终止及旅游应急预案的培训、演练与评估等内容。

旅游应急体制包括政府应急机构与社会应急机构、应急准备与监测预警系统、应急响应与处置救援系统、恢复重建与评估总结系统、资源支持与技术保障系统五大部分。它们共同确保旅游应急体制功能的实现。

旅游应急机制由预防预警、处置救援、善后恢复三大机制组成。预防预警机制包括预案编制、风险评估、应急演练与应急保障，信息监测，预警信息发布、报告和通报等内容；处置救援机制包括应急指挥与协调联动、分级响应与应急救援、社会协作与多方动员、信息发布与舆论引导四部分内容；善后恢复机制包括安抚善后、恢复重建、总结评估三部分内容。

思考与练习

1. 简述旅游应急预案的框架体系及所涉及的内容。
2. 简述旅游应急体制的结构。
3. 如何实现旅游应急体制的相关功能？
4. 简述我国旅游应急机制存在的问题。
5. 论述旅游应急机制的内容体系。

拓展阅读

[1] 计雷等．突发事件应急管理［M］．北京：高等教育出版社，2006.

[2] 陈安，陈宁，倪慧荟．现代应急管理理论与方法［M］．北京：科学出版社，2009.

[3] 王宏伟等．重大突发事件应急机制研究［M］．北京：中国人民大学出版社，2010.

[4] 中国政府网—应急管理：http：//www. gov. cn/yjgl/index. htm.

[5] 应急管理研究网：http：//emr. casipm. ac. cn.

第二编

政府旅游应急管理

第五章　政府旅游应急管理

【学习目的】

通过本章的学习，认识政府在旅游应急管理中的基本职能及其操作流程，了解旅游应急信息平台的功能及其构建的基本知识。

【学习要点】

1. 政府旅游应急管理的基本职能及内容。
2. 旅游突发事件预防、处置的组织设置与基本程序。
3. 旅游应急信息平台构建的基本内容。
4. 政府旅游应急预案编写框架。

【关键词】

政府旅游应急管理　政府旅游应急预案　旅游应急信息平台

第一节　政府旅游应急管理的职能

我国旅游行业管理一直采用“政府主导”模式，即旅游行政管理部门作为政府行政权力机构，代表政府行使行政权力。在国家及省、市各级旅游行政管理部门的主持下，成立了各级旅游协会、旅游酒店协会、旅行社协会、旅游车船协会等行业组织，但从人员安排、经费来源和协会职能来看，协会一般依附于各级旅游行政管理部门，在旅游行政管理部门的主导下做一些补充性工作。并且，旅游突发事件一旦发生，影响面非常广，需要政府调用一切可以调用的资源以控制事态，减少蔓延，因此，政府对旅游突发事件的干预是非常必要的。总的来说，政府旅游应急管理的职能可以归纳为决策职能、组织职能、协调职能、控制职能四个方面。

一、决策职能

应急管理是一种非常规性决策，它要求决策者在时间和资源都非常有限的情况下，对危机情况作出快速反应。因此，旅游应急管理决策应首先治标，特别是在突发事件刚爆发时，应立即采取策略制止其进一步恶化，特别是应调动一切可以使用的资源，尽可能减少人员伤亡。此外，应力求决策的科学性，在紧急处理之后应启动并运转突发事件决策管理程序，组织相关专家快速讨论，优化紧急应对方案。

二、组织职能

政府旅游应急管理的组织职能贯穿于突发事件事前、事中、事后的全过程，组织职能的实施关键在于组织机构和人员各司其职、各负其责、协调一致的行动，以及资源的合理分配和使用。因此，政府应督促旅游行政管理部门明确各应急管理部门的职位、职责和职权，建立健全分类管理、分级负责、条块结合、属地管理为主的应急管理体制，形成统一指挥、功能齐全、反应灵敏、运转高效的应急机制，健全应对突发事件的组织体系，明确各方面职责，确保一旦有事，能够有效组织，快速反应，高效运转，临事不乱。

三、协调职能

政府旅游应急管理的协调职能包括三个方面的内容：组织内的协调、与公众的协调、与媒体的协调。旅游是一个综合性的产业，旅游各组成要素的应急管理部门要树立大局意识和责任意识，不仅要加强本系统的应急管理，落实好自己负责的专项预案，还要按照总体应急预案的要求，做好纵向和横向的协同配合工作。在与公众和媒体的协调方面，旅游应急管理部门应做到坦诚、真实、明确，并采用电话、网络、电视等媒体全方位地向人们传递信息，尽可能地减少公众的猜测。

四、控制职能

政府旅游应急管理的控制职能主要包括应急预案控制、人员控制、资源控制、问题与偏差控制、应急管理目标控制等方面。为此，应不断完善各级各类应急预案，并认真抓好落实。健全监测、预测、预报、预警和快速反应系统，加强专业救灾抢险队伍建设，健全应急物资储备制度，搞好培训和预案演练，全面提升旅游企业的抗风险能力。

第二节　政府旅游应急管理的内容

政府作为旅游企业的管理部门和政策的制定者，在旅游应急管理方面担负着重要责任，随着旅游业在国民经济领域地位的提升，旅游应急管理逐步发展成为政府战略的一部分。政府旅游应急管理的主要职责是在突发事件发展的各个阶段制定相应的旅游应急决策，并协调各方关系，迅速调集资源，组织、实施控制危机局面。一般来说，政府旅游应急管理的主要内容包括以下七个方面：

一、建立健全旅游突发事件的预警机制

政府建立健全旅游突发事件的预警机制包含三方面的内容：发出旅游警告、编制和印发旅游突发事件预防手册、旅游突发事件预警监测。

1. 发出旅游警告

政府应建立健全旅游行业警告、警示通报机制，对危机事件和重大疫情、安全问题进行预警，根据有关部门提供的重大突发事件的预告信息，以及本地区有关涉及旅游安全的实际情况，适时通过媒体发布本地区相关旅游警告、警示，并及时将情况逐级上报。同时，结合现有和新出现的外部机遇与威胁，以政府的名义提出有预见的建议、科学合理的指导意见和处理方案。旅游行政管理部门可以向各级旅游单位及时传达上级旅游行政管理部门的旅游警告或禁令并督促其落实，游客可以根据政府发布的旅游警告作出决定。

例如，中国香港设立“外游警示制度”，目的就是协助香港居民了解在前往海外国家时所可能面临的人身安全风险。当这些国家出现可能影响香港居民人身安全的事故时，保安局会评估风险，当中包括风险的性质（如是否针对游客）、程度及持续性，并考虑是否需发出外游警示，下表所示是香港 2010 年 11 月发布的国外旅游警告。

香港 2010 年 11 月发布的国外旅游警告

外游警示		国　家
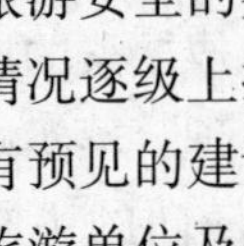 有严重威胁	不应前赴	菲律宾

（续上表）

外游警示		国　家
 有明显威胁	调整行程 如非必要，避免前赴	无
 有威胁迹象	留意局势 提高警惕	印度、印度尼西亚、伊朗、泰国、尼泊尔、巴基斯坦

资料来源：卢涛．危机管理［M］．北京：人民出版社，2008.

中华人民共和国外交部网站上也公布了出国特别提醒，为中国公民出国旅游的安全问题提供参考，并且，在国家旅游局的网站上设置了旅游提示专区，为中国公民出行可能面临的问题及其解决方案提供一些建议和参考。

2. 编制和印发旅游突发事件预防手册

旅游突发事件预防手册是一种将预防和实际管理相结合的应急处理手段，由旅游行政管理部门将常见的突发事件的预防和处理措施予以总结，并印制成随行小册子分发给游客。例如，在猪流感（后改称“甲型 HINI 流感”）暴发的时候，我国政府就及时印发了《旅游出行手册——预防猪流感措施》，对普通公众及时了解猪流感的预防方法起到很好的作用。

阅读材料 5.1

旅游出行手册——预防猪流感措施

（1）避免接触流感样症状（发热、咳嗽、流鼻涕等）或有呼吸道疾病症状的病人。

（2）注意个人卫生，经常使用香皂和清水洗手，尤其是咳嗽和打喷嚏后。

（3）游览过程中避免前往人群拥挤、空气污浊的场所；在诸如展览馆等室内参观时，要注意开窗通风情况。

（4）咳嗽或者打喷嚏时用纸巾遮住口鼻，然后将纸巾扔进垃圾桶。

（5）如果在墨西哥等地旅游时发现有感冒发热等症状，应立即中止旅游，并及时就医。

(6) 如果你已经有了流感的症状，千万要待在家里不要去上班或者上学，直到流感的症状消失。

(7) 专家称吃熟猪肉或猪产品不会感染猪流感，市民不必恐慌，加热至71℃就可杀死病菌。

3. 旅游预警监测

必要的突发事件监测和预警机制能大大降低危机发生几率或减少危机损害。例如，政府依托现有的气象灾害防御业务系统和气象预报、警报、预警信息发布系统，为旅游景区建立旅游气象灾害监测与预报预警系统，将整个景区的气象信息进行精细化的预报，尤其加强对影响景区经营建设的灾害性天气的预报预测和跟踪服务，准确掌握各区域特别是山区上游的雨量、温度实况。为景区在应急响应时的科学决策提供“第一手依据”，最大限度地减少气象灾害造成的损失，保障景区安全运营，提高区域防灾、减灾能力。

二、设立旅游应急管理机构并规范其职能

组织机构的设置是应急管理体系构建的重要部分，只有建立一个好的组织结构体系才能保证组织的高效运转，所以政府应急管理组织机构体系的建立是政府应急管理能力得到最有效发挥的组织保障。我国旅游应急管理机构多是临时建立的，旅游应急领导小组组织成员基本上都是由政府各职能部门负责人兼职，旅游应急办公室人员也是由旅游行政管理部门各科室人员兼任。这种临时的旅游应急管理机构的缺点表现为：

(1) 不具有延续性。有关应急处理的经验不能有效保留，随着各处室人员的更替，应急管理机构的人员也相应变动。

(2) 不具有高效性。应急管理需要各个政府机构的合作，临时指挥中心通常需要大量的时间来协调相关的机构，浪费了抢险救灾的时间。

(3) 不具有前瞻性。临时机构与专门的应急管理机构相比，事前没有一个有效的应急管理计划和较成熟的应急管理操作方案。如果没有常设性的应急管理机构，政府部门在危机应对和政策调整上会一直处于被动状态。

为此，在旅游应急领导小组的基础上，旅游行政管理部门应设置专门的应急管理常设机构，并且要通过法律的形式明确规定它们各自的职权、职责、运作程序、合作程序等，防止各部门之间出现互相推诿或各自为政的情况。同时，还要加强旅游企业的应急管理组织机构的建立，这是应急管理最基层也是最关键的一个环节。基层是离危机最近的部门，如果基层能及时发现危机的苗头，及时上报，主管部门就能及早应对，从源头上杜绝危机的发生。另外，常设旅游应急管

理机构，也要加强与其他负责安全管理的政府部门的联系，如公安部门、紧急情况处理部门、卫生部门、外交部门等。这样有利于对旅游危机进行有效预警，并快速、正确地作出反应，能够在危机出现后将影响和损失控制在最小范围内。

三、建立和完善应急处置的快速反应机制

政府对旅游应急处置的反应越迅速，就越能处于有利地位。在突发事件发生时，政府应立即组织力量进行评估，及时分析原因，果断采取措施，制订应对方案，明确分工，落实资源保障措施，尽可能把损失控制在最小的范围内。强制干预是政府权威和有效管理的直接体现，必要时，政府可以运用强制干预的手段，利用所有可以利用的资源，尽快恢复社会稳定。

政府在建立和完善应急处置的快速反应机制时，应注意以下三个方面的问题：

(1) 政府要提高对快速反应机制建设重要性的认识，要从维护社会稳定、保护人民群众生命财产安全的高度认识其重要性，切实增强快速反应机制建设的紧迫感和责任感。

(2) 要加强对广大干部群众的思想教育，使公众能够充分认识快速反应机制在预防危机范围扩大、处置突发事件等方面所起的作用。

(3) 要从正、反典型案例中探索快速反应机制建设的经验与教训，从科学的角度探索旅游危机快速反应的处置方法。

四、建立健全旅游应急预案体系

目前，我国各省（市）政府基本上都建立了旅游应急预案，各旅游企业的应急预案也在督促建立之中，预案体系较为完备，但还应注意相关预案之间要做到互相衔接，逐级细化。预案的层级越低，各项规定就要越明确、越具体，要防止走形式主义、生搬硬套的情况发生。另外，还要加强预案的宣传、培训和演练。

1. 宣传

旅游行政管理部门可结合每年的“安全生产月”和日常的新闻报道，通过电视、报纸、网站等媒介，向社会宣传旅游常识及旅游安全事故的预防、避险、自救、减灾等知识，全面提高人民群众的快速报警意识。要大力宣传快速反应的成功案例，增强群众协助处置危机事件的信心和决心，为应急管理快速反应机制建设奠定坚实的群众基础。

2. 培训

一方面要加大对在职特别是一线人员培训、教育的投入，确保每年定期培

训、轮训；另一方面要解放思想、实事求是，大力增强应急管理人员教育培训的实战性，彻底改变教育培训重理论、轻技能以及与实战脱节的倾向，通过组织不同规模的实战演练来检验和提高实战能力。旅游行政管理部门可定期推荐旅游企业员工参加相关专业机构举办的注册安全主任、注册安全工程师培训考核学习。

3. 演练

旅游行政管理部门结合每年的“安全生产月”进行旅游安全事故应急救援演练，演练可以是模拟事故故障时的反应，也可以进行实际演练。演练前应制订包括演练对象、地点、参加人员、操作规程、使用设备等在内的详细演练方案。演练结束后，应对演练情况进行评估、总结，对预案进行修订。

五、建立健全旅游应急法律法规体系

旅游应急管理涉及资源保护、旅游赔偿、旅游质量评判、旅游从业资格等，如果对这些内容没有严格的标准，容易在应急处置过程中出现纠纷，若无法可依，会增加处理难度，降低效率。因此，应加强旅游应急管理的法制化建设，把整个应急管理工作建设纳入法制和制度的轨道，按照有关的法律法规来建立健全预案，依法行政，依法实施应急处置工作，要把法治精神贯穿于应急管理工作的全过程。

目前，我国已有的旅游应急管理相关法律法规主要有《重大旅游安全事故处理程序试行办法》《重大旅游安全事故报告制度试行办法》《特别重大事故调查程序暂行规定》《旅行社办理旅游意外保险暂行规定》等，这些法律法规为我国旅游应急管理奠定了很好的基础，但还有待完善。政府需要前瞻性的眼光，借鉴先进经验，并结合我国实际，制定并颁布与旅游突发事件处理相关的法律法规。

六、构建旅游应急信息平台，完善应急信息管理机制

旅游应急信息平台既是旅游应急管理体系的基本组织部分，也是旅游应急管理的一项基础性工作，是政府和社会各界更好地履行旅游应急管理职能，避免或减少各种突发事件发生、发展的手段和载体。

旅游应急信息平台运用先进的信息技术、集成化的信息网络平台，整合各方的信息资源，运用智能化的决策分析方法，为各级政府有效地实施应急管理提供技术支持，提高政府应对突发事件的应急反应能力。通过快速高效的信息传递渠道，适时、适度地发布警情和公示，让公众获取有益、可信、清晰、及时、权威的信息。

旅游应急信息平台是一个庞大的体系，包含各级政府旅游应急信息平台、面

向公众的旅游应急信息平台、旅游企业应急信息平台等组成部分，只有整合各应急信息平台功能，并实现与政府其他应急信息平台（如交通应急信息平台、公安应急信息平台等）之间的互联互通，才能充分发挥作用，

我国的旅游应急信息平台建设较为薄弱，依据目前的情况，可以应用国家旅游局构建的旅游信息管理平台和通信资源，加强旅游应急综合应用系统和旅游应急数据库的开发与建设，从应急预防、应急准备、应急响应、应急恢复等角度构建一体化的旅游应急信息平台，为旅游应急管理提供“一站式”信息咨询和服务。

七、组织力量，促进旅游危机恢复

旅游危机带来的负面影响会在公众心中保持较长的一段时间，因此在危机过后，政府应该组织旅游企业和相关媒体，积极做好危机后的沟通工作，重塑旅游目的地形象，恢复游客信心。具体来说，政府在促进旅游危机恢复方面应侧重于消除影响、恢复形象两个方面的工作。

1. 消除影响

政府应该应用各种新闻媒体，如网络、广播、电视等，为公众提供正面的、真实的危机信息报道。在危机紧急处置之后，应充分发挥政府的领导职能，全面调查危机所造成的影响范围，积极宣传政府采取的反危机措施以及旅游主管部门采取的恢复旅游业的措施，及时向新闻媒介通告旅游业的复苏计划和具体措施，以此取得公众的信任，消除猜疑心理。

2. 恢复形象

危机过后，目的地的旅游恢复需要一个过程，但是如果危机处理得当，重树目的地形象的过程也是进一步提高知名度的过程，危机也可以转变为契机。若政府处理危机得当，媒体和公众的配合得好，该地区的知名度和美誉度都有可能随之上升。

第三节 政府旅游应急管理的机构与运作

一、旅游应急管理机构运作的基本原则

1. 坚持快速反应的原则

在接到当地政府发布的二级（橙色）以上预警以及旅游行业发生重大旅游事故等信息后，旅游应急工作领导小组应迅速启动应急预案，并第一时间向当地

旅游行政管理部门和国家旅游局报告。随时保持信息渠道畅通，全面准确掌握处置突发事件的变化情况。

2. 坚持属地救援的原则

突发事件发生后，根据事件的性质，旅游应急管理部门应在本地区政府领导下，由本地区旅游行政管理部门负责相关应急救援工作，积极协调有关部门，配合当地政府组织力量迅速开展救助，运用一切力量，力争在最短时间内将危害和损失降到最低，并妥善做好善后工作。

3. 坚持以人为本的原则

在处理旅游突发事件时应以保障游客生命安全为目的，尽一切可能为游客提供救援、救助，最大限度地减少人员伤亡。

4. 坚持恪尽职守的原则

旅游应急管理部门平时要坚持做好突发事件的信息收集工作，协助做好旅游行业日常安全监管工作；启动应急预案后，应急办立即进入应急处置状态，各处室要按照职责分工选派人员进入相关工作组迅速开展工作。旅游行政管理部门必须准确掌握各类突发事件的分级标准、应急响应程序、突发信息报送标准、处置方式等内容。其他有关单位应明确本单位的应急工作责任与权限、应急组织机构与职责，杜绝相互推诿、扯皮现象，把握最佳应急处置时间，以最少的代价取得最大的成效。

5. 坚持诚信报告原则

旅游行政管理部门在接到有关事件救援报告时，要在第一时间立即向上级部门及相关单位报告，或边救援边报告，并在必要时组织新闻发布会，让公众能在第一时间了解到真实、可靠的信息，以避免引起不必要的恐慌。

6. 坚持预防为主原则

高度重视应急管理工作，常抓不懈，防患于未然。加强突发事件的科学研究和技术开发，加强宣传和培训教育工作，提高公众自救、互救和应对各类突发事件的综合素质。

二、旅游突发事件预防、处置的组织设置

一般来说，政府旅游应急管理在组织机构方面会设置旅游应急领导小组和旅游应急办公室，另外，在危机发生时临时组建旅游应急现场指挥部。旅游应急领导小组全面领导和指挥旅游行业的旅游应急救援和处置工作；旅游应急办公室在启动应急预案后，按照领导小组的指示，负责组织、协调、指挥、部署各工作组开展应急处置工作，总结应急办工作；在平时做好应急值守、信息汇总、培训指导等旅游应急日常工作。

（一）旅游应急领导小组职责

负责协调指导涉及重大旅游突发事件的相关处置工作；决定旅游应急救援预案的启动和终止，批准现场救援方案；成立现场指挥部，负责组织现场抢救，紧急指挥调度应急储备物资、交通工具以及相关设施设备，指挥、协调有关部门和单位参与旅游突发事件的救援工作。

（二）旅游应急办公室职责

贯彻落实领导小组的各项工作部署，组织实施事故应急处置工作；根据事故的控制和救援进展情况，建议领导小组确定预警级别和启动相应的应急预案；协调解决事故应急处置工作中的具体问题；对各类信息进行汇总分析，向上级部门、领导小组及成员单位报告有关救援信息，通报事故应急处置工作情况；传达落实上级领导关于事故应急救援的指示安排。

（三）现场指挥部的主要职责

现场指挥部是在旅游突发事件发生时临时成立的，是旅游突发事件的现场应急处置机构，由旅游突发事件应急指挥中心、事件发生地所辖区域应急指挥机构有关单位人员组成，下设若干应急小组，必要时吸收相关专家参与现场指挥工作。现场指挥部的主要职责是：确定现场应急处置方案，指挥、协调现场应急处置工作，调动和调配各类应急资源，组织应急现场的各类保障工作，负责现场信息的收集、研判和上报工作，对旅游突发事件作出评估，并撰写总结报告。

三、旅游突发事件预防、处置的基本程序

旅游突发事件的预防、处置基本上都遵循紧急救援、积极上报、协同控制、善后处理、事后总结评估等程序。在旅游突发事件处理结束后，事故单位应及时总结事故和应急救援工作的经验、教训，并书面报告旅游应急领导小组。旅游突发事件应急领导小组及时将处理结果和事故情况书面报告政府和上一级旅游行政管理部门。具体来说，不同的突发事件，在处理程序上也略有差异。

（一）突发自然灾害和事故灾难的应急救援处置程序

（1）当自然灾害和事故灾难影响到旅游团队的人身安全时，随团导游在与当地有关部门取得联系争取救援（有人员伤亡时要立即拨打120急救电话）的同时，应立即向主管旅游行政管理部门和所属旅行社报告具体情况；组团旅行社应立即向本社所在地旅游行政管理部门报告，以便旅游行政管理部门迅速准确地

制定应对措施。

（2）当地主管旅游行政管理部门在接到旅游团队、旅游景区（点）等发生突发自然灾害和事故灾难的报告后，应积极协助有关部门为旅游团队提供紧急救援，并立即将情况报告当地政府及上一级旅游行政管理部门；同时，及时向组团旅行社所在地旅游行政管理部门通报情况，配合处理相关事宜。

（3）上一级旅游行政管理部门在接到相关报告后，要主动了解、核实有关信息，及时上报当地政府及更上一级旅游行政管理部门；并协调相关部门做好应急救援和亲属安抚工作。

（4）旅游行政管理部门在接到相关报告后，要及时通知有关部门和医疗机构。有关部门和医疗机构接到报案后要立即携带相关设备和器械赶赴现场施救，将伤员迅速送往就近医院治疗，根据伤情需要，重伤员在经医院紧急处置并同意后，可转送医疗条件好的医院抢救；对于重伤员的抢救，要把救治责任落实到人，尽最大努力救治伤员。

（5）按照分级管理、分级负责的原则，各级机构领导和有关部门负责人接到旅游突发事件报告后须立即赶赴事故现场，按照安全事故抢险预案的规定，组织领导事故的抢救、善后、费用垫付等相关工作。

（6）事故抢救和善后处理费用垫付原则：①团队、散客乘坐交通工具发生事故，承运方要积极参与并垫付善后处理费用；②在景区、酒店、餐馆发生事故，景区、酒店、餐馆方要积极参与并垫付善后处理费用；③发生的其他事故由客源组织方先行垫付相关费用。各项费用待事故责任确定后，按规定由相关责任方承担。

（二）突发公共卫生事件的应急救援处置程序

1. 突发重大传染病疫情应急救援处置程序

（1）旅游团队在行程中发现疑似重大传染病疫情时，随团导游应立即向120急救指挥中心和卫生防疫部门报告，服从卫生防疫部门作出的安排。同时向旅游行政管理部门和所属旅行社报告，并提供团队的详细情况。组团旅行社应立即向本社所在地旅游行政管理部门报告。

（2）旅游行政管理部门接到疫情报告后，要立即做好上报工作，并积极主动配合卫生防疫部门做好旅游团队所住酒店的消毒防疫工作，做好游客的安抚、宣传工作。如果卫生防疫部门作出就地隔离观察的决定，旅游行政管理部门要积极帮助旅游团队安排好游客的食宿等后勤保障工作；并及时将有关情况通报组团社所在地旅游行政管理部门。

（3）经卫生防疫部门正式确诊为传染病病例后，旅游行政管理部门要及时上报，在本辖区范围内督促该团队所经过地区的旅游经营单位做好相关的消毒防疫工作；同时，按照国家有关规定向相关部门通报有关情况，以便及时采取相应防疫措施。

（4）同时启动《突发公共卫生事件应急预案》。

2. 重大食物中毒事件应急救援处置程序

（1）旅游团队在行程中发生重大食物中毒事件时，随团导游应立即向120急救指挥中心报告，争取救助，同时向旅游行政管理部门和地接旅行社报告。

（2）旅游行政管理部门接到报告后，应立即向旅游应急领导小组报告，并协助卫生、检验检疫等部门认真检查团队用餐场所，查明毒源，采取相应措施。

（3）旅游应急领导小组接到事故报告后应立即向政府通报有关情况，并同时向上级旅游行政管理部门报告。主动了解、核实有关信息，及时协调相关部门做好应急救援工作。积极联络组团社所在地的旅游行政管理部门，和他们共同做好事故人员亲属的安抚工作。

（4）重大食物中毒事件同样适用突发自然灾害和事故灾害事件的应急救援处置程序。

（三）突发社会安全事件的应急救援处置程序

（1）当发生港澳台和外国游客伤亡事件时，旅游行政管理单位要协助旅行社积极采取救援措施，注意核查伤亡人员的团队名称、国籍、性别、护照号码以及在国内外的保险情况，由侨外办、台办通过外事部门等有关渠道，及时通知港澳台地区的急救组织或有关国家的急救组织，请求配合处理有关救援事项。

（2）在大型旅游节庆活动中发生突发事件时，由活动主办方和承办部门按照活动应急预案，统一指挥协调有关部门维持现场秩序，疏导人群，提供救援。旅游行政管理部门积极配合，做好有关工作，并按相关规定及时上报事件有关情况。

（四）国（境）外发生突发事件的应急救援处置程序

在组织中国公民出国（境）旅游中发生突发事件时，旅行社领队要及时向所属旅行社报告，同时报告我国驻所在国或地区使（领）馆或有关机构，并通过所在国家或地区的接待旅行社或旅游机构等相关组织进行救援。要接受我国驻所在国或地区使（领）馆或有关机构的领导和帮助，力争将损失降到最低。

第四节 政府旅游应急信息平台的构建

一、信息管理在旅游应急管理中的重要性

信息管理是有效处理旅游突发事件的必要条件，只有及时、准确地将突发事件信息向社会公布，公众乃至整个社会才可能积极参与，有效应对危机，把损害降到最低。具体来说，信息管理在旅游应急管理中有以下作用。

（一）应急信息管理是旅游应急预警的必要条件

充分、必要、及时、客观、科学、全面的应急信息管理是建立旅游应急预警机制的基础。在应急信息管理中，要求决策者主动去发现危机信息，积极地收集和整理情报并发现和确认问题，而不是消极被动地等待问题的出现。应用旅游应急信息平台，可以对重大危险源特性参数进行数据采集；对重大危险源进行实时视频监控和预警，防止重大事故的发生，确保重大危险源的安全运行，并以网络方式与应急救援指挥信息系统相连。系统可以接受远程客户对实时数据和视频图像的历史存档的访问，在遇到突发事件时能及时发出预警信号。例如，美国旅游应急信息平台就整合了灾害气象监测与预警系统，能够很好地为旅游企业提供实时气象信息服务，很大程度上避免了因为灾害天气带来的旅游突发事件。

（二）突发事件信息管理是进行科学决策的前提

管理部门要进行科学决策就必须加强应急信息管理。决策者要对问题进行科学界定，弄清问题的发展趋势，才能准确陈述和解决问题。应急信息量的大小、时效性和准确性如何，直接影响到决策者的决策质量。要想在决策上不失误、少失误，就必须有丰富可靠的信息来源，而迅速的信息传递、准确的信息分析是决策科学化的重要技术基础。应用应急信息平台，在突发事件发生时，应急领导小组成员就可以利用应急平台收集、传递、处理信息，进行决策、执行、再决策、再执行，实现信息管理和信息利用的良性循环。

（三）信息管理可以有效提高应急响应速度

旅游应急信息平台是一种整合性强的综合信息平台，应急领导小组可以直接通过应急平台向各组织机构发布号令，提升应急处置和响应速度。另外，信息管理可以让应急处置行为透明化，使公众对应急处置行为有一个合理预期，避免人

为的混乱。在应急处置过程中，应急领导小组可能采取一些紧急措施，包括暂时中止公众的一些权利，要求公众配合一些特别处理措施，等等。如果公众事先没有掌握相关信息，他们就会难以理解应急领导小组相关策略的必要性，也难以对应急处置行为产生认同。而一个对应急处置缺乏认同感的群体，是不可能有效响应和配合政府应急管理的。

（四）信息管理是应急知识积累的有效工具

在突发事件的应急处理和事后恢复工作完成以后，应急指挥中心还可以从管理的角度对突发事件应对指挥和救助措施中的成功与失误进行分析、总结，评估其应对能力和薄弱环节，以及将评估结果补充或更新至预案库、知识库和案例库等信息资源库中，以便积累知识和经验，不断提高突发事件应急管理的能力和水平。

二、旅游应急信息平台构建的总体目标与构建原则

（一）总体目标

2006 年，国务院出台了《关于全面加强应急管理工作的意见》，把推进国家应急平台体系建设列为加强应对突发事件的能力建设的首要工作，明确提出："要统筹规划建设具备监测监控、预测预警、信息报告、辅助决策、调度指挥和总结评估等功能的国家应急平台。完善有关专业应急平台功能，推进地方人民政府综合应急平台建设，形成连接各地区和各专业的应急指挥机构、统一高效的应急平台体系。"旅游应急信息平台是国家应急平台的重要组成部分，通过构建旅游应急信息平台，可以实现与国家其他应急管理信息平台之间的互联互通，促进我国应急管理体系的进一步完善。

旅游应急信息平台建设的总体目标是通过运用先进的信息技术、集成化的信息网络平台、整合互联的数据信息资源、快速高效的信息传递渠道、智能化的决策分析方法，为相关管理部门有效地实施旅游应急管理提供技术支持，提高相关管理部门应对旅游突发事件的应急反应能力。

旅游应急信息平台是实施应急预案的工具，是基于先进信息技术、信息系统和应急信息资源的由软、硬件结合形成的应急保障技术系统，具备风险评估、监测监控、预测预警、动态决策、综合协调、应急联动与总结评价等功能。旅游应急信息平台具有多层次、多功能结构的特性，因此，从理念上和技术上整合那些分散、独立和功能各异的现有系统，构建全面整合的应急管理信息系统就成为提高应对突发事件综合能力的一项重要任务。

（二）构建原则

旅游应急信息平台应结合旅游应急管理的实际需要，并综合考虑国家应急管理平台体系的总体需求进行构建，因此，在系统平台构建过程中，除了遵循信息系统建设中的实用性、先进性、可扩展性、可维护性、安全可靠和标准化的一般原则外，针对旅游应急管理的特点，还应遵循整体性原则、集成性原则、科学性原则和政府主导原则。

1. 整体性原则

整体性原则强调系统内各个部分的协调，使系统形成具有一定结构的有机体，充分发挥整体功能，以达到整体目标。旅游应急信息管理平台是由相互联系、相互影响的多个功能子系统组成的，有些子系统还具备相对独立的功能，在系统设计的时候，应充分考虑总体平台的需求，并与系统平台建立密切的联系，进而发挥一些更复杂的功能。例如，旅游应急信息平台中的信息发布子系统，就可以整合我国的国家旅游网平台和政府的电子政务平台，进行统一搭建，以实现应急管理的多方联动。

2. 集成性原则

应急管理系统涉及自然因素、社会因素、经济因素、技术因素等，需要综合应用所有相关学科的研究成果，如气象学、地质学、信息技术等学科的专业知识，还包括管理学、数学、工程学、心理学、医学、法律等各方面的知识。旅游应急处置也是一个系统工程，涉及公安、医疗、保险、社会救助机构等方面的系统，因此旅游应急信息平台在设计时应结合应急处置的特点，综合考虑各方面的需求，构建集成化的应急管理综合应用平台。

3. 科学性原则

科学性原则主张从事情的本质和客观规律出发，运用科学方法和手段对旅游应急预警和处置提供科学依据。旅游应急信息平台应在精确计算和逻辑推理的基础上，应用系统基本理论，对系统、要素、环境进行全面分析研究，以求得整体优化。另外，还要以精确的数学语言描绘系统内各要素的变化规律和相互关系，以数据模型演算应急管理处置的最优方案，并自动生成预警信息。

4. 政府主导原则

政府主导型战略是旅游经济属性的客观体现，旅游应急信息平台建设是关系到中国旅游业全局的发展战略，因此，在旅游应急信息平台构建过程中，应充分发挥政府的统一主导作用，通过政府的领导和推动，确保各地和各有关组织机构、社会团体、旅游企业积极参与其中，使旅游应急信息平台得到健康、快速和持续的发展。

三、旅游应急信息平台建设内容

旅游应急信息平台是旅游应急管理的重要基础，是应急管理主管部门履行应急管理职责的重要载体，因此，系统平台在构建时应充分考虑应急管理的业务需求，确保应急平台适用、实用、好用，确保应急信息平台在应急管理实践中发挥最大的作用。

一般来说，旅游应急信息平台从两个角度进行组建，其一是平时应急信息管理平台，包括在预防阶段的基础数据管理、危险源管理、关键基础设施管理、监测监控信息管理和安全教育管理等；准备阶段的应急资源管理、应急预案管理、应急能力评估、应急演练信息管理和预测预警信息管理等。其二是战时应急信息管理，包括在响应阶段的接处警信息管理、联合指挥协调管理、现场信息采集与交互、应急资源调度管理、应急辅助决策支持、应急信息发布等，还包括在恢复阶段的灾情统计分析、受灾补助管理和应急救援案例管理等。为完成以上这些信息管理功能，旅游应急信息平台在组建时一般会设置以下子系统，如图 5-1 所示。

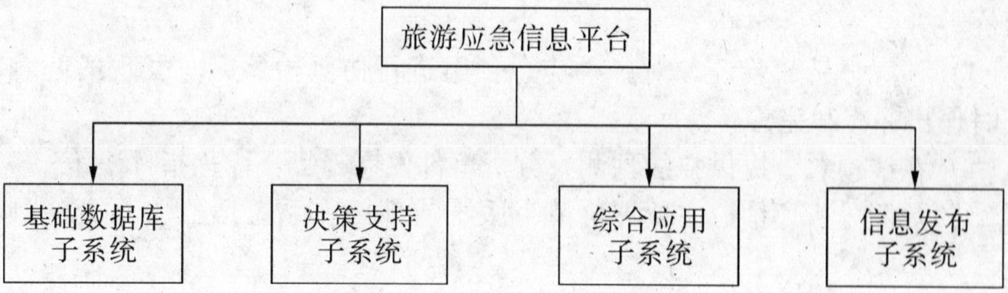

图 5-1　旅游应急信息平台

1. 基础数据库子系统

旅游应急管理基础数据库将与应急管理相关的各类基础数据进行统一管理，为预测预报、指挥调度、辅助决策等提供基础信息支持。

（1）政策法规信息库。存储国家、地方、行业各种应急管理法律法规和规章等。

（2）应急预案信息库。存储旅游行政管理部门和各旅游相关企业制定的应急预案以及相应的紧急救助标准化流程。

（3）应急组织体系数据库。存储领导机构、指挥机构、管理机构、工作机构与专家组的设置，以及人员配备和通信联络等方面的信息。

（4）应急调度资源数据库。存储应急物资储备、应急财力分配、应急反应队伍、应急器材装备等方面的信息。

（5）统一接处警数据库。存储报警类型、报警电话、报警地址、报警事由、警情性质以及处警等方面信息。

（6）案例库和知识库。存储国内外历史上发生的类似突发事件信息以及应对的经验和教训、使用的模型与方法、专家知识等信息。

以上数据库是从逻辑上进行分类管理，但实质上它们又通过一定的模型系统组成一个整体数据库平台。

2. 决策支持子系统

应急信息平台中的决策支持子系统涉及突发事件发生前的仿真演练、突发事件处置中的决策指挥以及突发事件后的知识提取，实现危机风险现场模拟、影响范围和趋势分析以及快速处置技术支持等应急决策支持功能。决策支持子系统具体功能一般包括：

（1）联合仿真演练。即演练整体的指挥、协调以及资源调配能力，基于仿真的虚拟演练，可以高效、经济地完成各种演练任务。通过演练，检验由各种设施、组织和人员构成的应急系统的完备性与严密性。

（2）应急风险评估。旅游应急信息平台由不同的系统和组织部门协调完成，任何一个环节的缺陷都将使应急系统整体可靠性下降，因此需要对系统应急风险进行评价。

（3）预案分析、验证。对各种应急预案进行仿真检验，对发现的问题或漏洞及时作出补充和完善。

（4）在线预警。提供在线预测，分析事件发展趋势，优化指挥决策。

（5）效能分析评估。主要评价单个系统或部门在系统运作中是否达到预期效能。

上述功能是在旅游应急管理基础数据库的基础上，整合各种知识、模型和系统模块，应用系统论、复杂理论构建而成的。

3. 综合应用子系统

综合应用子系统是从应急处置流程的角度，对旅游应急管理的流程进行优化再造后，根据实际需要构建的应用业务系统。一般包括以下八个子系统：

（1）接处警信息子系统。对突发事件的接警和处警信息进行管理，为各级应急救援人员提供统一的事件信息；对接处警的过程进行记录，为后续调查分析提供原始数据。

（2）联合指挥协调管理子系统。建立现场紧急事件管理系统，为突发事件管理人员、行动人员、计划人员、后勤保障人员和财务行政人员提供标准化的工作表格、信息支持、信息记录与交流手段。

（3）现场信息采集与交互子系统。根据突发事件现场及附近的视频监控系统，实时查询事故现场图像，了解事故救援进展情况，为事件指挥人员提供实时现场信息和决策依据。

（4）应急资源调度管理子系统。根据应急资源管理子系统所提供的各种应急资源信息，结合运输能力等情况，进行应急资源的优化调度和追踪管理。

（5）伤亡人员处置子系统。通过电子地图，查询事故附近的医院以及床位数，并通知其到指定地点抢救并转移伤、病员。同时，查询更大范围内的医院，预防伤亡扩大情况，若有紧急情况，及时调配其他医疗卫生力量。

（6）应急疏散管理子系统。按照应急预案进行应急疏散，根据事故现场的气候、风速、风向，推演和计算重大危险源的扩散进度与区域，分时、分批、有序地组织群众撤离。同时，通过电子地图得到小区、工厂、学校等人员密集区域的分布与人口统计，有针对性地进行人员撤离，联系安置场所，提前做好转移群众的安置工作。

（7）灾情统计分析管理子系统。对灾害所造成的损失、应急资源的消耗情况等进行及时、准确的现场记录和灾后分析，这对于灾后补偿、补助，制定防灾减灾措施等都有重要意义。

（8）受灾补助管理子系统。对受灾民众、企事业单位和应急救援人员进行灾后补偿和补助管理，合理分配救灾资金和物质，对救灾资金和物质的使用情况进行跟踪管理。

4. 信息发布子系统

应急信息发布子系统综合应用各种传播手段，及时向受影响人群提供准确的信息，向社会公众提供权威、一致的事件信息，以减少灾害损失，满足公众知情权，稳定社会情绪。

（1）基于国家旅游网的信息发布平台。

中国旅游网总平台是我国旅游业最具有影响力的旅游网站之一，是由国家旅游局联合各旅游企业统一打造而成的。截至2010年，中国旅游网已服务国内企业达4.3万家，国际企业2万家；服务旅游管理机构国内达1 000个，国际达1 000个；服务国内消费者总数达30亿人次，国际消费者达4.6亿人次；国内旅游企业撮合交易达7 000万笔，支持交易金额达20亿元人民币；国际旅游企业撮合交易达到3 000万笔，支持交易金额达10亿元人民币。其在旅游业的影响力不言而喻，并且，其电子政务系统平台较为完善，是中国旅游行政管理部门与各旅游企业交流的主要平台。旅游应急信息平台可以充分应用该信息平台发布旅游危机信息，也可以应用该系统平台的用户资源，开发信息沟通与交流服务。

（2）基于各种手持通信设备的信息发布平台。

各种手持通信设备是信息扩散的主要载体，旅游应急信息平台应整合各种手持通信设备，如手机、iPad等，扩大信息发布范围。

第五节 政府旅游应急预案的编制

一、应急预案的重要作用

编制重大事故应急预案是应急救援准备工作的核心内容，是及时、有序、高效地开展应急救援工作的重要保障。应急预案在应急救援中的重要作用和地位体现在以下四个方面：

（一）应急预案为应急管理提供依据

应急预案确定了应急救援的范围和体系，为应急准备和应急管理提供了依据。尤其是通过培训和演练，可以使应急人员熟悉自己的任务，具备完成指定任务所需的相应能力，并检验预案和行动程序，评估应急人员的整体协调性。

（二）应急预案能有效缩短应急响应时间

应急行动对时间要求十分敏感，不允许有任何拖延，应急预案预先明确了应急各方职责和响应程序，在应急资源等方面进行先期准备，可以指导应急救援迅速、高效、有序地开展，将突发事件造成的人员伤亡、财产损失和环境破坏降到最低限度。

（三）应急预案是成功处置突发事件的前提和基础

制定了完善的应急预案，必然将成立相应的组织机构，配备抢险救援器材装备，开展专业训练和实战演练，积累抢险救援经验。这些对处置突发事件起着决定性的作用。此外，通过编制应急预案，可以对突发事件的发生规律和处置对策进行研究，对那些事先无法预料到的突发事件起到基本的应急指导作用，成为开展应急救援的参考。

（四）应急预案有利于提高全社会的风险防范意识

应急预案的编制、评审、发布、宣传、演练、教育和培训，有利于各方了解可能面临的突发事件及其相应的应急措施，提高风险防范意识和能力。此外，温家宝总理指出，建立健全应对自然灾害、事故灾难、公共卫生事件和社会安全事件等方面的社会预警体系，形成统一指挥、功能齐全、反应灵敏、运转高效的应急机制，提高保障公共安全和处置突发事件的能力，是政府全面履行职能，特别是加强社会管理和公共服务职能的一项重要工作。因此，通过编制应急预案，让政府、企业以及普通公众了解突发事件的由来、处置程序和规避方法，可以全面提升全社会的风险防范意识。

二、应急预案编写特点

与一般的工作计划和方案相比，应急预案编写具有五个特点，即针对性、科学性、可操作性、完整性和可读性。

1. 针对性

应急预案是针对可能发生的突发事件，为迅速、有序地开展应急行动而预先制订的行动方案，因此，应急预案应结合风险分析的结果，有针对性地设置应急处置程序和配置相关资源。

2. 科学性

编制应急预案必须以科学的态度，在全面调查研究的基础上，实行领导和专家结合的方式，经过科学的分析和论证，制订出决策程序和处置方案。并且，应急预案还需要在实战演练中不断完善，应急预案的内容应符合国家法律法规、标准和规范的要求。

3. 可操作性

应急预案是针对可能发生的突发事件而制定的，主要目的就是在突发事件发生之时能根据预案来进行人员调度和物资调配，起到速战速决的作用，为灾害事故的有效处置做好充分的准备。因此，预案的制定一定要有较强的可操作性。

4. 完整性

应急预案是突发事件处置的前提和基础，能够为突发事件处置起到很好的指导作用，因此，要求应急预案对应急指挥过程、应急预案适用范围等方面作全面、完整的描述。

5. 可读性

应急预案应具有很好的可读性和排错性，以避免不必要的错误和误会。因此，要求应急预案语言简洁，层次及结构清晰，易于查询。

三、旅游应急预案的主要内容

旅游应急预案可以根据国务院2006年发布的《国家突发公共事件总体应急预案》进行编制。《国家突发公共事件总体应急预案》是全国应急预案体系的总纲，明确了各类突发事件的分级、分类和预案框架体系，规定了国务院应对特别重大突发事件的组织体系、工作机制等内容，是指导预防和处置各类突发事件的规范性文件。旅游应急预案一般包括总则、旅游突发事件分级、组织体系与职责、预警分级与发布、应急响应、后期处理、应急保障与演练、奖惩、附则、附件等基本模块。

旅游应急预案编写框架如图 5-2 所示。

1 总则
  1.1 编制目的
  1.2 编制依据
  1.3 适用范围
  1.4 基本原则
2 旅游突发事件分级
  2.1 特别重大事件（Ⅰ级）
  2.2 重大事件（Ⅱ级）
  2.3 较大事件（Ⅲ级）
  2.4 一般事件（Ⅳ级）
3 组织体系与职责
  3.1 旅游应急指挥中心
  3.2 旅游应急指挥中心办公室
  3.3 旅游应急现场指挥部
4 预警分级与发布
  4.1 预警分级
  4.2 预警级别的确定和发布
  4.3 预警响应
  4.4 预警解除
5 应急响应
  5.1 应急报告责任人
  5.2 分级响应
  5.3 分类处置
  5.4 信息发布
  5.5 应急结束
6 后期处理
  6.1 善后处置
  6.2 保险理赔
  6.3 事件调查
  6.4 总结评估
7 应急保障与演练
8 奖惩
9 附则
  9.1 名词术语的定义
  9.2 预案管理
  9.3 预案实施时间
10 附件
  10.1 应急组织体系框架图
  10.2 应急处置流程图

图 5-2 旅游应急预案编写框架

阅读材料 5.2

××市旅游突发事件应急预案

1. 总则

1.1 编制目的

迅速、有效地处置××市行政区域内旅游企业、旅游活动或者本市游客在外地遭遇的各种旅游突发事件，规范应急救援行为，提高应急救援能力，科学、有序、高效地做好应急救援工作，最大限度地保护游客的生命财产安全，维护社会安全稳定和社会治安秩序，建设平安××旅游。

1.2 编制依据

依据《中华人民共和国安全生产法》《中华人民共和国突发事件应对法》《中华人民共和国传染病防治法》《突发公共卫生事件应急条例》《旅行社管理条例》《导游人员条例》《中国公民出国旅游管理办法》《旅游安全管理暂行办法》《旅游安全管理暂行办法实施细则》《××市突发公共事件总体应急预案》等法律法规及有关规定，制定本预案。

1.3 适用范围

本预案适用于××市行政区域内旅游企业、旅游活动遭遇自然灾害、生产安全事故、突发公共卫生事件、突发社会安全事件和涉外旅游突发事件的各种旅游突发公共事件的应急处置工作。

(1) 自然灾害、生产安全事故导致的人员伤亡事件。包括：洪水、台风、暴风雪等气象灾害；山体滑坡和泥石流、地震等地质灾害；旅游团队交通事故；旅游景区等旅游企业火灾；游乐设施、设备安全事故；其他各类旅游安全事故等。

(2) 旅游突发公共卫生事件造成的人员伤亡事件。包括：突发性、传染性、流行性疾病疫情；不明原因群体性疾病；食物中毒；其他严重影响公共健康的事件等。

(3) 旅游活动突发社会安全事件。包括游客被杀、游客遭遇武装劫持、旅游场所发生爆炸、本市大型旅游节庆活动发生人群拥挤踩踏、建筑物倒塌等造成人员伤亡的突发事件。

(4) 涉外旅游突发事件。包括：港澳台或外国游客在××市行政区域内遭遇伤亡事件；某游客在境外或国外遭遇伤亡事件。

1.4 基本原则

(1) 以人为本，就近救援。在处置旅游突发事件中以保障游客生命安全为根本目的，在事发地的辖市、区政府领导下，相关部门必须果断、迅速地采取应对措施，全力组织应急救援，力争在最短时间内将危害和损失降到最低限度。

(2) 统一领导，分级负责。在市政府统一领导下建立分类管理、分级负责、条块结合、属地管理为主的应急管理体制，各辖市、区政府和市各相关部门按照各自职责和权限负责旅游突发事件的应急管理和应急处置工作，实行行政领导负责制，充分发挥专业应急指挥机构的作用。

(3) 条块结合，属地为主。事件发生的第一时间，现场救援的应急处置领导和指挥以当地政府为主。同时，事发地辖市、区政府按规定立即向上级政府报告情况。上级政府根据事件分级情况迅速采取应急响应行动，当地政府及其有关部门应当予以配合，充分发挥指导和协调作用。

(4) 预防为主，平战结合。贯彻落实“安全第一，预防为主”的方针，坚持应急处置与预防工作相结合。旅游行政管理部门和旅游企业都要做好预防、预测、预警和预报工作，做好常态下的风险评估、预案管理、预案演练和应急准备工作，提高应急响应系统的整体救援能力。

2. 旅游突发事件分级

按照事件的严重程度、可控性和影响范围，旅游突发事件可分为特别重大（Ⅰ级）、重大（Ⅱ级）、较大（Ⅲ级）、一般（Ⅳ级）四级。

2.1 特别重大旅游突发事件，是指造成游客30人以上死亡（含失踪），或100人以上重伤（包括急性中毒，下同），或1亿元以上直接经济损失的事件。

2.2 重大旅游突发事件，是指造成游客10人以上、30人以下死亡（含失踪），或50人以上、100人以下重伤，或5 000万元以上、1亿元以下直接经济损失的事故。

2.3 较大旅游突发事件，是指造成游客3人以上、10人以下死亡（含失踪），或10人以上、50人以下重伤，或1 000万元以上、5 000万元以下直接经济损失，或涉及港澳台、涉外食品安全事故，或资源开发造成环境污染和生态破坏，直接威胁游客安全的事件。

2.4 一般旅游突发事件，是指造成游客3人以下死亡（含失踪），或10人以下重伤、中毒，或1 000万元以下直接经济损失的事故，或涉及港澳台、涉外食品安全事故，以及游客违反有关部门的提示、警示、劝告而进行、开展某项旅游项目或者前往某个旅游目的地等事件。

上述有关数量的表述中，“以上”含本数，“以下”不含本数。

3. 组织体系和职责

3.1 旅游应急指挥中心

3.1.1 成立××市旅游突发事件应急指挥中心（简称旅游应急指挥中心）。

3.1.2 旅游应急指挥中心职责。

3.1.3 旅游应急指挥中心成员单位职责。

3.2 旅游应急指挥中心办公室

3.2.1 旅游应急指挥中心下设办公室作为办事机构，具体负责旅游突发事件应急处置的日常工作。

3.2.2 旅游应急指挥中心办公室职责。

3.2.3 旅游应急办值班电话。

3.3 现场指挥部

3.3.1 发生旅游突发事件时，成立现场指挥部。

3.3.2 现场指挥部的主要职责。

3.3.3 现场应急小组。

4. 预警分级与发布

4.1 预警分级

根据监测信息，预测即将发生的旅游突发事件，并根据其可能造成的危害的程度、发展趋势和紧迫性等因素，由低到高划分为四个预警级别，即一般、较大、重大和特别重大，并依次采用蓝色、黄色、橙色和红色加以标志。法律法规对突发事件的预警级别另有规定的，从其规定。

4.2 预警级别的确定和发布

4.2.1 蓝色预警（Ⅳ级），由辖市、区旅游应急指挥机构对预警信息进行研判和确定，请示当地政府主要负责人批准后，以辖市、区政府名义发布。

4.2.2 黄色预警（Ⅲ级），由××市旅游应急指挥中心对预警信息进行研判和确定，请示市政府分管市长批准后，以××市人民政府名义发布。

4.2.3 橙色预警（Ⅱ级），由××市政府对预警信息进行研判，由市长批准，以××市人民政府名义报省旅游突发事件应急指挥机构研判确定，再报分管省长批准后，以省人民政府名义发布。

4.2.4 红色预警（Ⅰ级），经市长批准，以××市人民政府名义立即将预警信息向省政府报告，由省政府研判确定后，报省长批准，再报告国家有关部门或以省人民政府名义发布。

4.3 预警响应

4.4 预警解除

5. 应急响应

5.1 应急报告责任人

任何单位和个人对旅游突发事件不得隐瞒、缓报、谎报或者授意他人隐瞒、缓报、谎报。事件发生时，现场有关人员应立即向当地110报警求援，开展先期救援，处置工作，并立即报告单位负责人；单位负责人接报后应立即报告当地旅游应急指挥机构；旅游应急指挥机构应立即报告当地政府作出应急响应；较大以上事件要同时立即报告上级旅游突发事件应急指挥机构。

5.2 分级响应

5.2.1 Ⅰ级响应。

5.2.2 Ⅱ级响应。

5.2.3 Ⅲ级响应。

5.2.4 Ⅳ级响应。

5.3 分类处置

5.3.1 旅游突发自然灾害和生产安全事故的应急处置。

5.3.1.1 发生在本市行政区域内的事件应急救援。

5.3.1.2 对在外地的本市旅游团突发事件的应急响应。

5.3.2 旅游突发公共卫生事件的应急处置。

5.3.2.1 突发传染病疫情应急响应。

5.3.2.2 旅游突发食物中毒事件应急救援处置。

5.3.3 旅游突发社会公共安全事件的应急处置。

5.3.3.1 发生在本市行政区域内的事件应急处置。

5.3.3.2 对在外地的本市旅游团突发事件的应急响应。

5.3.4 涉外旅游突发事件的应急处置。

5.3.4.1 发生在本市行政区域内的事件应急救援处置。

5.3.4.2 对在国（境）外的本市旅游团突发事件的应急响应。

5.4 信息发布

5.5 应急结束

6. 后期处置

6.1 善后处置

事发地市（区）旅游行政管理部门在当地人民政府的领导下，负责协调处理善后处置工作，包括人员安置、补偿、征用物资补偿、清理与处理等事项。尽快消除事件后果和影响，安抚游客和受影响人员情绪，保证社会稳定，恢复正常秩序。

6.2 保险理赔

旅游突发事件发生后，市旅游应急指挥中心办公室督促各类保险经办机构履行保险责任，迅速展开保险理赔工作。

6.3 事件调查

根据事件发生的致因，由市旅游应急指挥中心办公室会同市公安、质监、安监等成员单位按照国家、省、市有关规定进行事件调查，依据调查的事实情况提出处理建议或处理意见。

6.4 总结评估

应急救援结束后，市旅游应急指挥中心办公室应进行总结、分析，提出事件预防、救援工作改进的意见和建议，并形成应急救援总结报告，报送市政府和上级有关部门。

7. 应急保障和演练

各旅游行政管理部门要围绕旅游突发事件应急救援工作，加强对工作人员的培训和演练，做到熟悉相关应急预案和处置程序，了解有关应急救援力量、医疗救治、工程抢险等相关知识，保持信息畅通，保证各级响应的相互衔接与协调，积极做好公众旅游安全知识及救助知识的宣传工作，不断提高旅游行业及游客预防和处置旅游突发事件的能力。

8. 奖惩

应急救援工作结束后，市旅游应急指挥中心办公室应组织相关部门和单位认真总结、分析，吸取经验教训，对存在的问题责成有关单位及时整改，并依规定报请市旅游突发事件指挥中心对有关单位和个人进行奖惩；构成犯罪的，由司法机关依法追究刑事责任。

9. 附则

9.1 名词术语的定义

旅游安全事故是指涉及游客人身、财物安全的事故。

9.2 预案管理

本预案由××市旅游局制定。各辖市、区旅游行政管理部门应按职责制定相应的应急预案，报××市旅游局备案。

9.3 预案实施时间

本预案自发布之日起实施。

10. 附件

10.1 ××市旅游突发事件应急组织体系框架图

10.2 ××市旅游突发事件应急处置流程图

四、政府旅游应急管理案例

（一）案例简介

美国爱荷华州的得莫瓦尼斯市是知名的旅游与会议目的地，但1993年夏季的一场特大洪水，把这座新型城市变得四处皆水而无水可喝，一夜之间这里面目全非。

7月11日，当育空河水漫过得莫瓦尼斯水厂大坝时，当地40万人口中有25万人口的供水中断。得莫瓦尼斯因较长时间不能恢复供水而闻名美国，12天中无水可以用来沐浴、洗衣、冲刷污泥，安全的饮用水在19天后才得以恢复供应，社会各界均猜测该城市已完全瘫痪，但事实是，即便在洪水水位最高的时候仍可在得莫瓦尼斯驾车旅行而不觉水害的存在，准确地说，得莫瓦尼斯只有5%的面积遭受水害。这场水灾造成的损失较大，大水冲毁了一些房屋及商务设施，但会议场馆设施仍完好无损，绝大多数景点也未遭水害侵袭，旅游酒店中只有南方假日酒店一家受到洪水的破坏。

得莫瓦尼斯议会与旅游署在灾后应急管理中，将主要目标定为向各界传播有关水害影响的精确信息，回答来自世界各地的询问电话。早已拟订但略显粗泛的应急管理方案顺利付诸实施。由于尚难恢复供水，市内设施关闭达两周。关闭这些设施的另外考虑是担心火灾，因为消火栓在供水中断的情况下仅仅是个摆设，得莫瓦尼斯市市长宣布该市处于紧急状态。多数政府和商务机构包括旅游署只留有少数值班人员坚守岗位（旅游署的值班人员分四班昼夜工作）。总结起来，灾后得莫瓦尼斯议会与旅游署采取的应急处置措施有以下五个方面：

（1）调查了解情况。洪水过后的第二天旅游署立即着手调查哪些旅游设施可以继续开放，哪些设施不能开放，这些景点是如何处置目前这种处境的。这些情况的汇总十分关键，因为旅游署在机场的咨询中心设立的热线电话一直响个不停，很快一切可以供游客下榻的酒店都被预订一空。在这段时间内，旅游署工作人员之间保持较高频度的信息交流沟通；与市政府官员及其他决策人物保持联系，了解现状与各项进展情况；与旅游署属下的酒店、景点、餐点负责人进行交谈；与客人们交谈（如即将举办的会议与会者、旅游团队领队、商务与休闲旅游者等）。如果旅游署不能掌握精确的情况，就很难向游客提供可靠的、足以消除误解的信息。

（2）让外界了解实情。让外界了解真相的方法多种多样，但最根本的一点就是要做到诚实、准确，选择合适的时机，采用单向传播方式发布灾害信息。危机公关管理的基本原则是在组织遇到危机时要立即选定一至两名发言人负责与新闻界进行交往。这样做的目的是保持组织发出的信息口径一致，否则就会众说纷纭，对组织的信誉造成不良影响。

（3）在州内与国内散发新闻稿。旅游署在水灾恢复期间连续三次通过爱荷华州的THE LINK与全国性组织PR新闻网络向报纸、杂志、广播、电视等媒体发布消息。一般情况下，用户将新闻稿传真至新闻服务机构，这些信息马上可以通过他们的网络向有关媒体散发。

（4）与传媒保持接触。旅游署花费了大量的时间与精力与新闻记者进行交谈。那些专门为旅游行业刊物撰写消息的记者首先打电话询问有关情况。旅游署对新闻记者的询问极为重视，尽可能向他们提供最全面、最新的消息。当然，也有一些问题不能马上进行回答。按照计划，8 月中旬得莫瓦尼斯航空博览会期间将有大批记者来访，旅游署决定充分利用这一时机。记者们的所见所闻足以说明得莫瓦尼斯已经恢复正常，灾后一个月，当记者们在古董店闲逛，或到西得莫瓦尼斯的周四夜市上转悠时，他们很难相信这就是他们一个月前在电视上看到的、有人曾驾舟在大街上行驶的得莫瓦尼斯。旅游署非常高兴地听到、看到大众传播媒体对得莫瓦尼斯灾后恢复情况的报道。威拉斯各特在 NBC《今日》节目中的现场报道，《旅游时代》的封面故事及其他难以一一细数的报道向各界证实了这一事实——得莫瓦尼斯仍向外界开放。

（5）利用电视新闻。一条发往全国 200 家电视台的电视新闻以“8 月 4 日中午得莫瓦尼斯市民用白水代酒干杯庆贺供水恢复”为题，报道了 3 500 多名市民集中在诺伦广场，在那里举杯豪饮刚刚恢复供应的得莫瓦尼斯自来水。全国各地的电视观众可以看到几千个闪烁着晶莹光亮的酒杯在灿烂的阳光下被高高举起。当清凉的自来水像香槟一样从水龙头中喷涌而出，欢呼声、碰杯声、喇叭声四起，彩色气球腾空而起。当市民跳跃欢呼“美国万岁”时，地方电视台将这一动人的场面直播出去。这条电视新闻又被其他电视台采用，比旅游署寄送的电视新闻提前两天播发。

正是以上措施，使得莫瓦尼斯市迅速恢复正常，并重塑了旅游形象。

（二）案例分析

政府作为旅游企业的管理部门和政策的制定者，在旅游应急管理方面起着重要作用，主要体现在应急决策、组织、协调、控制等方面，本案例中的得莫瓦尼斯议会与旅游署在此次水灾侵袭中发挥了很好的作用，如快速决策，确定本次应急处理的目标，并启动应急预案，通过组织各种相关旅游企业迅速了解情况，并将其诚实报告给相关媒体和公众，得到了媒体及公众的信任，使该事件得到有效控制。

（三）案例应急处理过程及小结

在该突发事件处置过程中，政府首先确定本次应急处理的主要目标，就是要向各界传播有关水害的精确信息，回答来自世界各地的询问电话。其次，启动应急预案，并据此采取了一系列的行动：通过组织各相关旅游企业，迅速调查了解情况，积极协助旅游企业共渡难关。同时与市政府官员、其他决策人物及酒店、景点、餐点负责人保持联系，与客人们进行交谈，以了解各项活动进展情况。再次，通过选定一至两名发言人负责与新闻界进行交往，在州内与国内散发新闻稿，把有关水害的最新消息诚实、准确地报告给报纸、杂志、广播、电视等相关媒体和公众，让外界了解实情。尽可能向新闻记者提供最全面、最新的信息，通过新闻服务机构的网络向其他有关媒体传送。得莫瓦尼斯议会与旅游署的这些应急处置措施，使得莫瓦尼斯的旅游市场迅速恢复正常。

本章小结

本章介绍了政府在旅游应急管理中的基本职能及其操作流程、旅游应急信息平台的功能及其构建方法，通过对政府旅游应急预案的详细分析，进一步明确了政府在旅游应急管理中的角色及其应急处置步骤。

政府作为旅游应急管理的主导部门，在旅游突发事件预防、处置及善后管理等方面发挥着重要作用，明确政府在旅游应急管理中的职能、工作内容、危机处置方法与程序，对于规范旅游行政管理部门及各级旅游协会在旅游突发事件处置中的行为，提升政府旅游应急处理速度和效率有很好的指导作用。

政府旅游应急管理在坚持以人为本、属地救援、快速反应、恪尽职守、诚信报告、预防为主原则的基础上，设置专门的旅游应急领导小组和旅游应急办公室，以充分发挥政府在旅游应急管理中的决策、组织、协调、控制等职能。具体来说，政府在旅游应急管理中的主要工作内容包括：建立健全旅游突发事件的预警机制；设立旅游应急管理机构并规范其职能；建立和完善应急处置的快速反应机制；建立健全旅游应急预案体系；建立健全旅游应急法律法规体系；构建旅游应急信息平台，完善应急信息管理机制；组织力量，促进旅游危机恢复等。

思考与练习

1. 简述政府旅游应急管理的主要职能。
2. 简述政府旅游应急管理的主要内容。
3. 简述旅游应急信息平台的作用及其建设内容。
4. 结合实际，具体谈谈各级政府旅游应急预案的侧重点有什么异同。

拓展阅读

[1] 姚国章．应急管理信息化建设［M］．北京：北京大学出版社，2009.

[2] 张维平．政府应急管理：“一案三制”创新研究［M］．合肥：安徽大学出版社，2010.

第三编

旅游行业协会应急管理

第六章　旅游行业协会应急管理

【学习目的】

通过本章学习，理解行业协会、旅游行业协会、中国旅游协会等基本概念；了解旅游行业协会应急管理职能、特征与内容；认识旅游行业协会与政府部门、旅游企业之间的关系，理解我国旅游行业协会应急管理模式，思考我国旅游行业协会改革发展的方向；熟悉旅游行业协会应急管理预案编写特点和要点。

【学习要点】

1. 行业协会、旅游行业协会、中国旅游协会等基本概念。

2. 旅游行业协会与政府部门、旅游企业间的关系，以及我国旅游行业协会应急管理模式，思考我国旅游行业协会改革发展的方向。

3. 旅游行业协会应急管理职能，以及旅游行业协会应急管理的特征与内容。

4. 旅游行业协会应急管理预案编写特点和要点。

【关键词】

行业协会　旅游行业协会　中国旅游协会　应急管理

第一节　旅游行业协会应急管理的职能

与旅游接待相关的组织除了私人性的旅游接待企业与公共性的政府有关部门外，还存在介于政府部门与旅游企业之间的非政府组织、非营利组织，其中的典型代表就是旅游行业协会。与旅游行政管理部门不同，作为行业自律性管理主体，旅游行业协会具有自己的职能，在旅游突发事件的应急管理中发挥着不可替代的作用。

一、旅游行业协会及其基本职能

（一）旅游行业协会

行业协会是指介于政府与企业之间，并提供服务、咨询、沟通、监督、公正、自律、协调等职能的社会中介组织。行业协会是一种民间性组织，仅作为政府与企业的桥梁和纽带，并不属于政府管理机构系列。行业协会属于我国《民法》规定的社团法人，是我国民间组织社会团体的一种，即国际上统称的非政府机构、非政府组织，属于非营利性机构、非营利组织。旅游行业协会亦然，旅游行业协会是政府旅游行政管理部门与旅游企业间的中介组织。

由于旅游接待行业综合性强、涉及面广，有关行业协会组织众多，如旅行社协会、旅游景区协会、旅游饭店协会、休闲娱乐协会等。从纵向看，有涉及国家、省、市、县各个层面的旅游相关组织；从横向看，又包括旅游各行业协会及专业协会。其中中国旅游协会（China Tourism Association，CTA）是由中国旅游行业的有关社团组织和企事业单位在平等自愿基础上组成的全国综合性旅游行业协会，具有独立的社团法人资格，接受国家旅游局的领导及民政部的业务指导和监督管理。中国旅游协会根据工作需要设立了五个分会和专业委员会，分别进行有关的专业活动，即旅游城市分会、旅游景区（点）分会、旅游教育分会、妇女旅游委员会和旅游商品及装备专业委员会；并在中国旅游协会指导下，有四个相对独立开展工作的专业协会，即中国旅行社协会、中国旅游饭店业协会、中国旅游车船协会和中国旅游报刊协会。出于旅游行业发展的需要，2009 年中国旅游协会又分别成立了温泉旅游分会、休闲农业与乡村旅游分会、休闲度假分会。

（二）旅游行业协会的基本职能

《中国旅游协会章程》对中国旅游协会的业务范围作了如下规定：向会员宣传政府有关政策、法律法规并协助其贯彻执行；向政府反映会员的愿望和要求，并争取政策支持，保护会员的共同利益，维护会员的合法权益；收集国内外本行业的基础资料，开展行业规划、投资开发、市场动态等方面的调研，为政府决策和旅游行业的发展提出建议，协助推动行业内部相关方面的协调发展；协助主管单位建立旅游经济信息网络，进行国内外相关市场信息、先进管理方式和应用技术的采集、分析和交流工作，开展旅游市场的调研和预测；接受主管单位委托，协助业务主管单位搞好行业质量管理工作，参与相关法规和政策的研究制定，参与制定、修订行业标准，参与行业资质认证工作，推动和督促会员提高服务质量；开展行业自律，建立完善行业自律性管理约束机制，健全相关制度，协助业务主管单位制定并组织实施行业职业道德准则，推动行业诚信建设，规范行业行为，维护旅游行业的公平、竞争的市场环境；开展有关旅游产品和服务质量的咨询服务，组织有关业务培训，经政府有关部门授权或根据市场和行业的需要，举办展览会、交易会，组织经验交流，推广新经验、新标准和科研成果的应用；加强与行业内外的有关组织、社团的联系与合作；以中国旅游业的民间代表身份开展对外和对港澳台的交流与合作，积极帮助旅游企业开拓国际市场；依据有关规定，建立网站，编辑有关行业情况介绍信息资料，出版发行协会刊物；承办业务主管单位委托的其他工作。

从《中国旅游协会章程》对中国旅游协会职能范围的规定来看，我国旅游行业协会的基本职能主要体现在以下方面：

（1）代表职能。代表旅游行业全体企业的共同利益，以及行业形象。

（2）沟通职能。作为政府与旅游企业之间的桥梁，向政府传达旅游企业的共同要求，同时协助政府制定和实施旅游行业发展规划、产业政策、行政法规和有关法律。

（3）协调职能。制定并执行行规行约和各类标准，协调企业之间的经营行为。

（4）监督职能。对本行业产品和服务质量、竞争手段、经营作风进行严格监督，维护行业信誉，鼓励公平竞争，制止违法、违规行为。

（5）公正职能。受政府委托，进行资格审查、签发证照，如市场准入资格认证、质量检验证、导游证等。

（6）统计职能。对本行业的基本情况进行统计与分析，并发布结果。

（7）研究职能。开展对本国旅游行业国内外发展情况的基础调查，研究本行业面临的问题，提出建议，出版刊物，供企业和政府参考。

（8）服务职能。如信息服务、教育与培训服务、咨询服务、举办展览、组织会议等。

可见，旅游行业协会不仅是政府旅游部门职能的补充，还是行业自律性管理的中坚力量。

二、旅游行业协会应急管理的职能

旅游行业管理可以分为行政性管理与自律性管理，前者属于政府旅游相关部门职能，后者属于旅游行业协会职能。如前所述，我国旅游行业管理一直采用“政府主导”模式，即旅游行政管理部门（如各级旅游局）作为政府行政权力机构，代表政府行使行政权力。在国家及省、市各级旅游主管部门的主持下，成立了各级旅游饭店协会、旅行社协会、旅游车船协会等行业组织，但从人员安排、经费来源和协会职能来看，协会一般依附于各级旅游行政管理部门，在旅游行政管理部门主导下做一些补充性工作。在这种隶属关系模式下，旅游行业协会对突发事件的应急管理主要是在政府主导下，在事前预防、事发应对、事中处置和善后管理过程中，利用其行业性、专业性、群众性、灵活性等优势，弥补政府旅游应急管理的不足，特别是事前的预防与事后的善后，积极发挥协会组织的应急管理职能。总的来说，旅游行业协会应急管理的职能可以归纳为以下四个方面：

1. 协同领导职能

在旅游突发事件发生后，协同政府有关部门共同领导本行业积极应对、妥善处置旅游事故，尽快控制事件影响，尽可能避免、减少人员伤亡与财产损失，恢复旅游常态。同时，积极安抚、帮助突发事件中的受害方，并通过信息传播尽快恢复旅游行业形象、声誉和信心。

2. 辅助决策职能

旅游行业协会作为旅游行业的信息中心和咨询中心，掌握着本行业大量的第一手信息，对政府有关部门旅游应急管理决策具有极为重要的参考价值。在旅游突发事件的应急管理中，旅游行业协会应该成为政府有关部门的决策助手，为有关部门快速、科学决策提供信息保障。

3. 沟通协调职能

与政府有关部门相比，会员制、非政府性、专业性、群众性的旅游行业协会在旅游突发事件应急管理中的沟通协调职能具有自己的优势。一是与其会员单位，以及其他行业组织的关系更为密切，便于沟通交流与组织协调；二是作为民间性组织，更容易与公众、媒体打交道；三是作为专业性组织，在沟通协调过程中更为专业化。因此，旅游行业协会要构建起旅游应急管理过程中政府与非政府组织的协调沟通机制。政府部门在旅游应急管理中处于核心地位，起到统一调配、全程指挥的作用，旅游行业协会应该协助政府部门工作，依据政府要求与安排展开应急救援活动。通过综合协调机制建立政府部门与非政府组织之间的应急联动系统，一旦突发事件发生，系统可以立即启动，在彼此之间确保信息传递的畅通。

4. 研究培训职能

这是旅游突发事件之前、之后旅游行业协会的基本工作。旅游行业协会一方面要组织力量不断总结经验教训，调查研究旅游突发事件发生、发展与消除的规律，提高旅游行业对突发事件的预见性；另一方面要将经验教训、研究成果转化为企业特别是会员单位的共识，通过讲座、研讨班等形式开展教育培训活动，提升旅游企业管理者与员工对旅游突发事件的认知、应对与处置能力，指导企业特别是会员单位制定科学的旅游应急预案。

此外，旅游行业协会的应急管理职能还涉及三项基本职能：①计划职能，不仅为本组织，而且要协助政府部门指导旅游企业制定旅游突发事件应急预案。②组织职能，即成为政府旅游应急管理组织的有机部分，在一些发达国家与地区，作为自治组织，旅游行业协会甚至还是独立的旅游应急管理主体，主导旅游突发事件的应急管理活动。③控制职能，即通过协助政府有关部门健全监测、预测、预报、预警和快速反应系统，控制旅游突发事件的发生、发展与危害。

第二节　旅游行业协会应急管理的特征与内容

旅游行业协会属于旅游接待行业典型的非政府组织、非营利组织，不仅具有一般非政府组织、非营利组织的民间性、公益性、自治性、志愿性、专业性等特征，而且作为政府旅游行政管理部门与旅游企业的中介，还具有中介性，是政府旅游行政管理部门与旅游企业的纽带与桥梁。因此，在旅游突发事件的应急管理中，与政府、企业以及其他非政府组织等社会力量相比，旅游行业协会具有自己的优势。

一、旅游行业协会应急管理的特征

旅游行业协会应急管理的特征与其组织性质、组织特征、组织任务密切相关。从旅游行业协会的特征以及旅游突发事件的应急管理系统来看，旅游行业协会的应急管理具有如下特征：

1. 协调辅助性

有关旅游业的应急管理在宏观层面上主要由政府承担，微观层面上主要由旅游企业承担。旅游行业协会一方面积极参与协助政府旅游应急管理；另一方面积极参与指导旅游企业应急管理，主要起着协调、辅助作用。

2. 专业指导性

无论是对政府旅游应急管理还是旅游企业的应急管理，旅游行业协会作为专业咨询机构，对旅游突发事件的应急管理都具有业务乃至技术上的专业指导优势，基于专业指导，协助政府与旅游企业完善应急管理预案、参与应急管理活动。

3. 公共公益性

旅游突发事件的应急管理在很大程度上属于政府的公共服务、公共管理范围，但也属于非政府组织的社会服务、公益服务范围。旅游突发事件不仅威胁到整个行业利益，而且威胁到地区利益，既需要政府部门，也需要旅游行业协会协同参与应急管理，以取得地区、行业公共利益的最大化，体现政府、旅游行业协会的公益性。

4. 参与渗透性

旅游突发事件具有突发性、不可预见性的特点，因而突发事件应急管理的关键主要还是在于突发事件发生以后的处理与调控，这就离不开有效的社会动员。旅游行业协会作为政府与企业的中介组织，可以通过将政府组织转换成非政府组织的方式，把公共服务职能更好地深入社会，产生与行政体系相对接的社会机制。旅游行业协会多发源于民间，又一直在非政府性的社会层面运作，其工作方法特别注重引导社会公众参与、与社会成员打成一片、使用会员单位与社会志愿者等方式，因而在应急管理过程中，作为非政府组织的行业协会可以高标准地完成政府难以做到位的社会层面上的工作。

5. 反应灵活性

与政府系统相比，作为非政府组织的旅游行业协会组织行动具有更高的灵活性。对于出现的突发事件，行政系统由于受制于庞大的组织体系和严格的层级管理，甚至还受制于某些政治原因或价值观因素等，往往反应缓慢、行动滞后，或反应形式单一、服务简单。而作为非政府组织的行业协会则可以迅速调整自身，针对突发事件带来的社会问题展开行动，提供多样化的服务。

6. 机制合理性

旅游行业协会作为民间中介组织，没有政府组织的科层结构与庞大系统，运作成本低，应急反应快，代表行业声音、民间声音，约束条条框框少；同时，又与广大会员单位关系密切，能够有效调动会员单位力量，特别是招募志愿者，使用他们所提供的志愿服务，从而降低运作成本。

此外，旅游行业协会在突发事件的预防与善后方面也具有比较优势，可以依托专业咨询优势，对政府部门、旅游企业的旅游应急管理预案及其演练进行专业指导，积极预防突发事件，特别是预防与企业经营管理有关的事故灾难类事件。在突发事件的善后工作中，旅游行业协会可以代表行业乃至政府积极沟通协调事故相关方，妥善处理好善后事宜，并积极总结经验教训。

二、旅游行业协会应急管理的内容

作为政府部门与旅游企业的中介组织，旅游行业协会应急管理的内容主要是协助政府、指导企业开展应急管理活动，并对组织自身运营特别是直属业务单位运营所出现的突发事件进行应急管理。与政府旅游应急管理相比，旅游行业协会在旅游突发事件事前预防、事发应对、事中处置和善后安抚过程中的管理内容有不同的侧重。

（一）参与政府部门旅游应急管理

在我国，行业协会处于政府的参谋与助手地位。因此，在旅游应急管理方面，旅游行业协会主要是协助政府部门应对突发事件。

(1) 协助政府建立健全旅游突发事件的预警机制。政府建立健全旅游突发事件的预警机制主要包含三方面的内容：发出旅游警告、编制和印发《旅游危机预防手册》、进行旅游危机预警监测。其中，旅游行业协会在编制和印发《旅游危机预防手册》方面可以发挥专业优势，联络会员单位和社会专业机构，研究编制《旅游危机预防手册》，以供会员单位和游客使用。

(2) 参与政府旅游应急管理机构并发挥专业职能。旅游行业协会需要利用其专业、会员、基层优势，参与政府旅游应急管理机构，发挥志愿精神，随时听候分配调遣。在“自助”、“互助”、“公助”体制中，旅游行业协会应该成为“互助”体制的代表。

(3) 建立健全行业信息库，协助政府构建快速反应机制，特别是决策机制。旅游行业协会作为信息咨询机构，必须把旅游信息库建设作为基本要务，以便随时掌握旅游行业发展动态，为政府旅游应急管理的科学决策提供信息咨询，从而构建快速反应机制。

(4) 协助建立健全旅游行业应急法律法规体系，引导建立和完善旅游行业各种安全运营标准与管理规范。一方面，旅游行业协会要协助人大、政府部门建立健全旅游应急法律法规体系；另一方面，作为行业代表，联络企业建立和完善行业各种安全运营标准与管理规范，促进会员单位的标准化管理，以及全面质量管理，降低或避免人为事故灾难的发生。

(5) 协助政府，指导会员单位完善旅游应急预案体系，并加强预案宣传、培训和演练。旅游行业协会需要充分发挥专业优势与会员优势，协助政府部门、指导企业特别是会员单位针对不同突发事件制定具体、科学的旅游应急预案，并积极总结旅游应急管理的经验教训，完善体系，并加以推广；配合政府部门，在旅游行业内开展防灾、减灾主题宣传活动及应急教育活动。

(6) 在突发事件善后工作中代表行业乃至政府部门发挥主导作用。与政府部门一起做好突发事件的善后工作，消除突发事件对旅游业的负面影响，逐步恢复旅游目的地的正面形象。

（二）指导旅游企业进行应急管理

旅游行业协会作为旅游行业自律性管理机构，是旅游企业利益与形象的代表，它与企业的关系属于比较松散的隶属关系，主要在业务方面存在约束与被约束的关系。因此，除了指导旅游企业加强常态的运营管理外，旅游行业协会有义务与责任指导旅游企业加强非常态化下的旅游应急管理。其中的主要内容包括：组织企业研究旅游突发事件的发生规律并总结旅游应急管理的经验教训；指导企业制定完善的旅游应急预案，并加以培训演练；组织企业建立健全各种行业标准与管理规范，实现标准化管理、全面质量管理，减少安全隐患；代表行业向政府部门提出旅游突发事件应急管理要求；代表企业，协助政府部门建立健全旅游应急管理信息库；代表企业与政府沟通协调各种应急管理活动；通过一系列市场营销与传播活动，消除突发事件对旅游业的负面影响，树立旅游业的正面形象。

第三节　旅游行业协会应急管理的模式

一、欧美旅游行业协会发展模式

政府、旅游行业协会、旅游企业间的关系直接影响到旅游行业协会应急管理的体制、机制及制度的设计。从欧美行业协会发展来看，我国行业协会改革发展的目标是逐步走出政府隶属模式，走向行业自治模式，成为行业自律性管理的代表。旅游行业协会作为旅游企业的自治组织，与政府形成互助、协作关系，成为政府行政性管理的协作伙伴。

欧美旅游行业协会有着共同的自治传统，从其与政府的关系定位来看，由两种不同的路径演进发展起来，形成两种风格迥异的模式。

1. 同属模式

以法、德、日等大陆法系国家为主，公民信赖政府，认为政府与维护社会成员利益而成立的社会自治组织一样，会为其谋取共同利益。因而，在这些国家，行业协会被当作政府的有机组成部分或延伸机构，行业协会是在政府主导下理性构建产生的。行业组织以政府助手形象出现，与政府一起完成管理社会成员的功能，而不是偏重于对政府的制约与监督。如法国，商会不仅具有商会的一般职能，而且还行使部分政府的职能；在德国，工商会是行业协会中唯一按照法律要求成立的行业组织，是半官方的，企业和企业主都是它的法定会员，即法律规定每个企业都必须参加；在日本，90%以上的企业加入各种行业组织，行业组织在日本社会经济发展中起着协调、咨询和参考的作用。由此可见，这种模式中的行业协会与政府基本处于同一地位，对企业进行管理，因而称为同属模式。

2. 自治模式

以英、美等英美法系国家为主，在社会契约理念指导下建立行业协会，充当着抑制政府权力的角色，作为企业利益的代表与政府处于对立地位，它主要通过与政府的讨价还价来维护和争取其成员的利益。在这些国家，行业协会的产生是市场自发演进的结果，如美国的行业协会完全是自发组建、自愿参加的，美国政府对行业协会既不予干预，也不予资助；英国的行业协会组织形式也与美国有许多相似之处。

市场角色的转换是一个渐进的过程，具有极强的路径依赖性，欧美国家行业协会的发展遵循“行业自治→政府侵入→政府监控下的行业自治”路径。

二、我国旅游行业协会应急管理模式

鉴于我国旅游行业协会没有成为一个独立自主的自治组织，以及面向的突发事件不同，我国旅游应急管理模式主要在两个层面上具有代表性：①旅游目的地层面——政府统一主导旅游应急管理，行业协会、企业参与，以全面应对自然灾害类、社会安全类、公共卫生类、事故灾难类突发事件；②企业层面——各旅游企业主导旅游应急管理，政府、行业协会参与指导，主要以应对事故灾害类突发事件为主。可见，旅游行业协会应急管理模式主要是参与模式，是政府、旅游企业应急管理体制的有机组成部分，其主要职能是协助与指导，如图 6－1 所示。

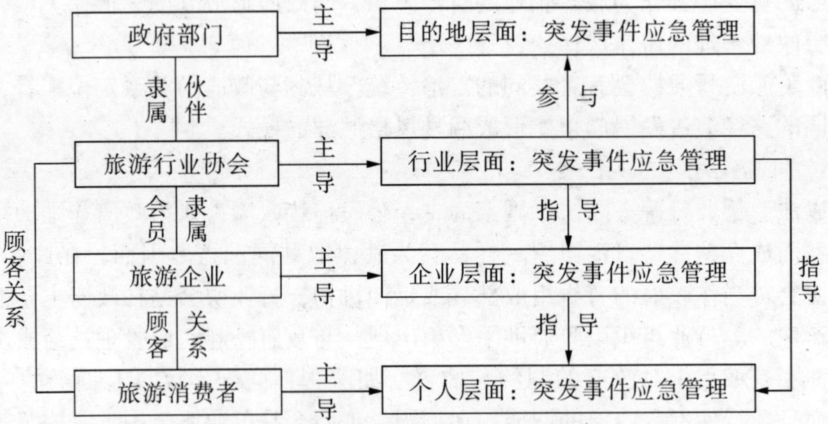

图 6－1 我国旅游行业协会应急管理模式

借鉴欧美旅游行业协会的发展模式，反思我国旅游行业协会应急管理模式，可以看出我国旅游行业协会改革发展的方向应是逐步走出政府隶属模式，走向行业自治模式。

第四节 旅游行业协会应急预案编制

一、旅游行业协会应急预案的特点

旅游行业协会应急预案与政府部门、旅游企业的应急预案有共性的一面，但由于应急主体不同，旅游行业协会应急预案也有自己的一些特点。

（一）行业性

旅游行业协会应急预案是针对具体旅游行业的特点制定的，如酒店行业、旅行社行业、景区（点）行业、休闲娱乐行业等，均有着共同面对的常见突发事件及其应急管理经验教训。因此，旅游行业协会的应急预案编制应在业务乃至技术方面具有专业性的特点。

（二）承接性

旅游行业协会上承政府、下接旅游企业，旅游行业协会应急预案也要反映这一特点，一方面要融合政府部门的旅游应急预案，另一方面要吸纳旅游企业的应急预案，有机地融会贯通，用以加强非常态化下的旅游行业的应急管理。

（三）中观性

政府部门的旅游应急预案主要以旅游目的地的突发事件预防与应对为目标，属于宏观层次的旅游应急预案；旅游企业的应急预案主要以企业的突发事件预防与应对为目标，属于微观层次的旅游应急预案；旅游行业协会应急预案主要以具有行业共性的突发事件预防与应对为目标，属于中观层次的旅游应急预案。

二、旅游行业协会应急预案制定的步骤

（一）熟悉政策法规

制定旅游行业协会应急预案首先要了解国际、国家、地方有关旅游业的政策法规，如《中华人民共和国突发事件应对法》《旅游突发公共事件应急预案》等，以及旅游接待行业有关规范，如《中国旅游饭店行业规范》《娱乐业治安管理处罚条例》等，并依据政策法规制定应急预案，做到有法可依。

（二）展开调查研究

调查可以掌握情况、发现问题、明确目标，从而为科学制定旅游行业协会应急预案奠定基础。首先，通过会员单位了解行业特点，熟悉行业情况；其次，通过会员单位掌握行业共同面对的突发事件情况的第一手资料及其应急管理的经验教训；再次，通过不同区域的调查，了解同一行业不同区域的突发事件及其应急管理的差异。通过调查研究，可以了解同一行业旅游企业共同面对的应急管理问题与目标，从而为应急预案的编制打下基础。

（三）应急预案编制

组织旅游行业协会及其下属会员单位进行专题讨论，由专门人员根据调查与讨论的结果，对同一旅游行业可能发生的具有共性的突发事件描述应急方案，最后形成文本。由于同一旅游行业共同面对的突发事件种类繁多、情况复杂，不同的应急对象可以制定不同的应急预案。

（四）应急预案评审公布

为确保旅游行业协会应急预案的科学性、合理性以及与实际情况的一致性，旅游行业协会应根据我国有关应急的方针、政策、法律、法规、规章、标准和其他有关应急预案编制的指南性文件与评审检查表，组织开展预案评审工作，并取得有关部门和应急机构的认可，以便指导旅游企业应急预案的编制、修订和应急管理活动。

（五）应急预案持续改进

要本着持续改进的精神，对应急预案进行定期检验和修订，使之逐步完善。从会员单位对旅游行业协会应急预案的应用及经验教训的总结，到旅游行业协会应急预案的修订，再到会员单位的应用及经验教训的总结，再到旅游行业协会应急预案的修订，如此循环往复，不断完善更新，以适应新问题、新情况、新形势，并将不断完善的应急预案存储在预案库中，供决策者使用。

（六）预案演练

旅游行业协会应急预案须通过会员单位落实，包括指导会员单位进行应急预案预演、练习、模拟，通过各种方式的预演，提高预案的实用性，获取应急管理经验。

三、旅游行业协会应急预案编写要点

旅游行业协会应急预案与政府部门、旅游企业应急预案的编写内容相类似，主要包括总则、预防准备、应急反应、常见突发事件应急预案要点、善后危机公关等内容，涉及事前、事中、事后全过程，以及常见专项突发事件的应急预案问题。但作为具有行业特色的应急预案，其编写要注意以下内容：

1. 注意应急预案的行业性特点

依据旅游行业的特点，以及同一旅游行业共同面对的突发事件的特点来编写，即分行业、分过程、分事件类别进行编写。

2. 注意抓住应急预案的“八要素”

应急预案的八要素是：①应急组织机构与职责；②监测与预警；③信息的收集、分析、报告和通报；④应急处置技术和监测机构及其任务；⑤应急处置的工作方案，包括指挥协调、人员撤离、紧急避难场所、医疗救治、疫病控制、新闻发布等；⑥应急设施、通信、交通、技术、医疗、治安、资金和社会动员保障等；⑦应急处置专业队伍的建设和培训，包括演练等；⑧善后恢复，科学评估。

3. 注意常态与非常态的结合

应急管理预案撰写要做到常态与非常态相结合，预案要重在临界状态的处置，使其尽量不转化为突发事件或小事不变成大事，即不恶化、不扩大。

4. 注意预防与应急的结合

应急管理预案撰写要坚持预防为主，做好预防与应急的结合，但预案要重在应急处置，而且职责、措施和程序要明确，越具体越好。

5. 注意与有关应急预案对接

应对和处置突发事件是一项系统工程，要特别注意预案体系的对接、应急机构的对接、预测预警的对接和应急资源的对接。

6. 注意政府与企业的综合协调

充分发挥中介作用，加强上与政府、下与企业的沟通协调，建立健全联动协调制度，形成统一指挥、反应灵敏、功能齐全、协调有序、运转高效的应急管理机制。

7. 注意预案与企业执行规范结合

把预案操作规程、处置程序规范化，并针对具体、常见、具有行业共性的突发事件（如针对某一种危险化学物品，某一具体自然灾害、事故灾难、社会安全、公共卫生事件）制定专项预案，以进一步规范企业应急管理规程。

8. 注意体现“以人为本”的思想

以人的生命与健康为本，财产为次。人既是保护的主体，也是做好公共安全工作依靠的主体，突发事件来临时，一定要坚持救人第一，并避免发生次生、衍生事件，注意救援者自身的安全。

四、旅游行业协会应急预案编写范例

为预防和减少旅游行业突发事件的发生，控制、减轻和尽量消除突发事件导致的严重危害，规范突发事件应对活动，全面促进旅游行业健全突发事件应急管理体制，提高应急处置能力，旅游行业协会可以依据《中华人民共和国突发事件应对法》《旅游突发公共事件应急预案》及有关法律法规，结合旅游行业的特点，制定相应的行业突发事件应急规范。图 6-2 所示为《中国饭店行业突发事件应急规范（试行）》。

目　录

总　则
第一篇　预防准备
　第一章　预案建立
　第二章　管理机构
　第三章　制度体系
　第四章　物资准备
第二篇　应急反应
　第五章　应急程序
　第六章　应急处置
第三篇　常用预案要点
　第七章　火灾
　第八章　自然灾害
　第九章　饭店建筑物和设备设施
　第十章　公共卫生和伤亡事件
　第十一章　社会治安事件
　第十二章　公关危机事件

图 6-2　《中国饭店行业突发事件应急规范（试行）》目录

五、旅游行业协会应急管理案例

（一）案例简介

2011 年 4 月 27 日 12 点 17 分，阿里山神木线小火车在开往阿里山本站途中，

第7节车厢遭左上方边坡一棵原生林木的一支长约10米、直径1米的树枝意外折断倾倒击中，造成后四节车厢翻覆，其中第5、7、8节车厢横躺在斜坡，第6节车厢翻至右侧桥下，损毁最为严重。当时乘坐这4节车厢的是广东风光国际旅行社（20人）、港中旅国际（山东）旅行社（25人）、四川省中国青年旅行社（32人）、河南省中国国际旅行社（31人）和浙江光大国际旅游组织（22人）的5个大陆旅游团（共130人），其中有5名台湾导游及1名台湾游客。

事故发生后，台湾有关方面先后出动7架直升机和27辆救护车投入抢救。受伤游客分别被送至嘉义圣马尔定医院、慈济大林医院、嘉义基督教医院、台中荣总医院嘉义分院、嘉义长庚医院和嘉义署立医院救治，嘉义林管处派专人进驻服务。台湾林业主管单位随后迅速成立紧急应变指挥中心，负责总协调，安排专人服务后续医疗与理赔事项，同时，宣布即日起停驶森林铁路全线，派人保护现场，成立专案小组查明原因。据统计，此次事故共造成98人受伤，包括96名大陆游客、1名台湾游客和1名台湾导游；死亡5人，均为大陆游客，5人中有4人是当场死亡，1人为送医后因伤重医治无效死亡；受伤游客中，有34人为中、重伤。

事故发生后，海峡两岸旅游交流协会（以下简称“海旅会”）立即启动Ⅲ级应急响应机制，邵琪伟会长和杜江执行会长先后主持召开紧急会议，要求“海旅会”驻台北办事处及时掌握事态进展，加强与台湾有关方面的沟通与协调，积极推动事故妥善解决；要求各相关地方旅游行政管理部门在“海旅会”的统一部署和协调下，认真组织相关单位，做好家属赴台、在台善后处理、伤员救治、保险赔付协调等工作。台湾海峡两岸观光旅游协会（以下简称“台旅会”）要求各相关单位尽最大努力体现善后处理诚意，安排相关家属来台处理善后；确定由台湾旅行商业同业公会总会负责办理相关家属来台手续和相关事宜。台湾境管局同时开始审批办理遇难游客及重伤游客家属的入台手续。

另外，台湾方面林管处还为相关游客争取最大理赔金额。相关保险包括：阿里山森林游乐区方面的入园团体伤害险最高理赔410万元（新台币，下同）；铁路旅客运送责任险及公共意外责任险；重伤、轻伤者则以实际就医单据理赔。慰问金按死亡、重伤、轻伤将分别发放20万元、10万元、5万元。旅行社方面，不同旅行社投保数额不同，最高额200万元或300万元旅行业责任保险；医疗险部分至少3万元。

（二）案例分析

“海旅会”与“台旅会”属于两岸民间机构，双方互设旅游办事处，派驻人员具有公务人员身份，依附于国家旅游局。对旅游突发事件的应急管理主要是在政府主导下，在事前预防、事发应对、事中处置和善后恢复过程中，利用其行业性、专业性、群众性、灵活性等优势，弥补政府旅游应急管理的不足，特别是事前的预防与事后的善后，应积极发挥旅游协会组织的应急管理职能。在此次事故发生后，“海旅会”驻台办事处充分利用身处一线的优势，积极协调、协助善后和救治工作，及时慰问伤者，联络大陆相关部门。相关省市旅游行政管理部门按照“海旅会”的统一部署，全力处理各项工作。“台旅会”牵头台湾有关方面共同会商善后处理事宜，安排家属来台处理善后，并确定由台湾旅行商业同业公会总会负责办理家属来台手续及其他相关事宜。此次突发事件的应急管理属于旅游目的地层面，是由政府统一主导，行业协会、企业参与的全面应对活动。

（三）案例处理过程及小结

事故发生后，台湾有关方面先后出动直升机和救护车投入抢救。台湾林业主管单位迅速成立紧急应变指挥中心，负责总协调，安排专人服务后续医疗与理赔事项，同时宣布即日起停驶森林铁路全线，派人保护现场，成立专案小组查明原因。“海旅会”与“台旅会”积极发挥协会组织的应急管理职能，推动事故的妥善解决。

本章小结

行业协会是介于政府与企业之间的非政府组织、非营利组织。旅游行业协会是旅游行业自律性管理的主体，也是政府、旅游企业应急管理体制的有机组成部分。本章首先从旅游行业协会的基本职能入手，尤其突出了旅游行业协会在旅游应急管理方面的职能。

旅游行业协会应急管理特征与其组织性质、组织特征和组织任务密切相关，具有协调辅助性、专业指导性、公共公益性、参与渗透性、反应灵活性、机制合理性特征，并拥有在突发事件预防和善后方面的优势；旅游行业协会应急管理的主要内容是参与政府部门旅游应急管理、指导旅游企业进行应急管理，并对组织自身运营特别是直属业务单位运营所出现的突发事件进行应急管理。

借鉴欧美行业协会的发展模式，可以看出我国旅游行业协会改革发展的方向是逐步走出政府隶属模式，走向行业自治模式；我国目前的旅游应急管理模式主要在旅游目的地层面和企业层面具有典型性。

本章着重强调了旅游行业协会应急预案编制的步骤和要点，给出了旅游行业协会应急预案编写的范例，结合“海旅会”对台湾阿里山小火车事故处理的案例，丰富了旅游行业协会应急管理的理论体系。

思考与练习

1. 简述行业协会、旅游行业协会的概念及职能。

2. 简述我国旅游行业协会应急管理模式及其改革发展的方向。

3. 与政府部门、旅游企业相比，旅游行业协会应急管理具有什么特征？

4. 与政府旅游应急管理比较，旅游行业协会应急管理内容主要侧重于哪些方面？

5. 阅读《中国饭店行业突发事件应急规范（试行）》，谈谈旅游行业协会应急管理预案的基本内容。

拓展阅读

[1] 中国旅游饭店业协会. 中国饭店行业突发事件应急规范（试行）[M]. 北京：旅游教育出版社，2008.

[2] 徐家良. 互益性组织：中国行业协会研究 [M]. 北京：北京师范大学出版社，2010.

第四编

旅游企业应急管理

第七章　旅游景区应急管理

【学习目的】

通过本章的学习，了解旅游景区应急管理的概念与特点；熟悉景区应急状态下的媒体沟通策略与管理工作；掌握景区不同类型突发事件的应急处置；了解旅游景区应急预案编写框架。

【学习要点】

1. 区分旅游景区安全管理、旅游景区危机管理、旅游景区应急管理的概念。
2. 掌握旅游景区应急管理的特点。
3. 掌握旅游景区突发事件的类型，熟悉相应的应急管理措施。
4. 熟悉旅游景区应急管理的内容。
5. 了解旅游景区应急预案编写框架。

【关键词】

旅游景区　景区管理　旅游景区应急预案　旅游景区应急管理

第一节　旅游景区的类型与特点

旅游景区是指具有参观游览、休闲度假、康乐健身等功能，具备相应旅游服务设施并提供相应旅游服务的独立管理区。该管理区应有统一的经营管理机构和明确的地域范围，包括风景区、文博院馆、寺庙观堂、旅游度假区、自然保护区、主题公园、森林公园、地质公园、游乐园、动物园、植物园，以及有关工业、农业、经贸、科教、军事、体育、文化、艺术等类型旅游景区。

一、旅游景区类型

我国国土辽阔，历史悠久，旅游资源丰富多样。旅游景区可依据景区内旅游资源的性质与成因、旅游资源价值、景区开发目的和国家标准等进行分类。

（一）按旅游资源性质与成因分类

旅游资源按其性质与成因可以分为自然旅游资源和人文旅游资源。相应地，旅游景区按旅游资源的类型可分为两大类：自然资源旅游景区和人文资源旅游景区。

（二）按旅游资源价值分类

旅游资源按其价值大小可以分为世界级旅游资源、国家级旅游资源和地方级旅游资源。相应地，根据旅游景区内旅游资源的价值，旅游景区可以分为四大类：世界级旅游景区，国家级旅游景区，省级旅游景区和市、县级旅游景区。后两者又可归纳为地方级旅游景区。所谓世界级旅游景区，主要是指世界自然与文化遗产及双遗产景区、世界地质公园、国家湿地、世界自然保护区等。所谓国家级旅游景区，主要是指国家级重点风景名胜区，国家级重点文物保护单位、国家级森林公园、国家级地质公园等。所谓地方级旅游景区，主要是指省域范围内有着重要价值和意义的景区，如省级重点风景名胜区、省级重点文物保护单位等。

（三）按景区开发目的分类

按景区开发的目的，我国旅游景区可以划分为两大类：市场开发型旅游景区和资源保护型旅游景区。市场开发型旅游景区包括主题公园和各类旅游度假区、观光农业园区等；资源保护型旅游景区包括风景名胜区、森林公园、自然保护区和历史文化保护单位等。

（四）按国家标准分类

由国家旅游局提出且从2005年开始实施的《旅游区（点）质量等级的划分与评定国家标准》（GB/T 17775—2003）规定了旅游景区质量等级划分的依据、条件及评定的基本要求，将旅游景区质量等级划分为五级，从高到低依次为AAAAA、AAAA、AAA、AA、A级旅游区（点）。此标准适用于接待海内外游客的各种类型的旅游景区，包括以自然景观和人文景观为主的旅游景区。

国家AAAAA级旅游景区的创建工作起始于2006年，2007年经全国旅游景区等级评定委员会审核批准，决定批准北京市故宫博物院等66家景区为国家首批AAAAA级旅游景区，其后增加到76家；2011年1月14日又新增19家，截至2011年5月25日共计为105家。

二、旅游景区运行管理特点

依托丰富的旅游资源，我国开发了丰富多样的旅游产品，既有观光型的旅游产品，又有度假型的旅游产品。我国旅游资源概况如表7－1所示：

表7－1　我国旅游资源概况

类　型	数　量
省级以上自然保护区	2 531处，占国土面积15.82%（其中国家级303处）
省级以上风景名胜区	700处，占国土面积1.2%（其中国家级208处，18处属于世界遗产）
省级以上森林公园	2 458处，占国土面积1.2%（其中国家级730处）
国家地质公园	182处（其中世界地质公园22处）
国家水利风景区	370处
国家湿地公园	100处，总面积达56万公顷（其中36处被列入《湿地公约国际重要湿地名录》）
世界遗产	38处（其中世界文化遗产26项、世界自然遗产7项、文化景观1项、世界自然与文化双重遗产4项）
合　计	6 379处（其中国家级以上的有1 931处）

注：以上数据截至2010年1月。

此外，我国诸多地区还有大量的未纳入上述类型的丰富的生态旅游资源，如2万多处介于省级以下、县级以上的各类旅游区（点）和大量的自然区域与农村地区。

旅游产品类型的多样性决定了我国旅游景区类型缤纷多样，同时，历史形成的原因也致使目前我国对旅游景区的管理涉及的部门较多，管理体制错综复杂。这些景区从隶属关系上涉及建设、林业、环保、地质、文物、农业、水利等部门。比如，“风景名胜区”归口建设部门，“国家森林公园”归口林业部门，“自然保护区”归口环保部门，“文物保护区”归口文化部门，“地质公园”归口国土资源部门，“寺庙道观”归口宗教部门，“水利工程”归口水利部门，等等。因此，我国旅游景区管理存在多头管理、管理运行体制不顺畅的问题。我国旅游景区分别隶属于十几个不同的政府部门，而国家级、省级、市县级等旅游资源，又分别由各级相关行政管理部门管理。目前尚没有统一的行政管理部门对各种类型的旅游景区进行统筹管理。

第二节　旅游景区应急管理的概念与特点

一、旅游景区应急管理的概念

在旅游景区应急管理体系的建设过程中，旅游景区安全管理、旅游景区危机管理以及旅游景区应急管理的概念常容易混淆，因此，有必要进行梳理。

（一）旅游景区安全管理

安全是游客选择目的地非常重要的因素，旅游安全是旅游活动正常开展、旅游业持续发展的前提，并直接影响着旅游目的地的形象。旅游安全管理是指为了达到安全的目的，有意识、有计划地对旅游活动中各种现象进行安全教育、防患于未然的控制活动的总称。这些活动包括安全的宣传与教育，安全管理方针、政策、法规、条例的制定与实施，也包括安全防控、管理措施的制定与安全保障体系的构建及运作。

旅游景区安全管理是指从管理学的角度，探讨关于旅游景区的安全问题，包含了对旅游景区的人、事、物三个要素系统的管理，其中，人是指游客、旅游从业人员和社区居民，事是指旅游安全事故事前、事中和事后的相关管理事宜，物是指旅游景区资源和旅游配套设施设备等方面的安全管理。

（二）旅游景区危机管理

世界旅游组织对旅游危机阐述为：影响游客对一个目的地的信心并扰乱旅游景区继续正常经营的非预期性事件。从危机产生的根源，可以将旅游危机分为外部原因引起的危机和内部原因引起的危机两大类。外部原因如战争、金融危机、地震等；旅游业内部的危机，是指发生在旅游业运营的范围内直接对游客或旅游从业人员发生威胁，影响旅游活动的危机，如景区火灾、旅游娱乐设施发生意外等。

旅游景区危机管理是指政府、旅游企业、景区管理部门等对游客消费过程中可能产生的危机因素采取预防或消除措施，以及在危险发生后采取弥补措施的科学管理行为。旅游景区危机管理的目的就是要在突发事件发生前，预防事件的发生；而在突发事件发生后，采取措施减少其所造成的损害，尽早从危机中恢复过来。

（三）旅游景区应急管理

应急管理是在应对突发事件的过程中，为了降低突发事件的危害，达到优化决策的目的，基于对突发事件的原因、过程及后果进行分析，有效集成社会各方面的相关资源，对突发事件进行有效预警、控制和处理的过程。

旅游景区应急管理主要是从景区的特殊性出发，对景区较易发生的安全问题与突发事件进行分析，并对其进行分级、分类，以便进行后续处置预案的选择与调整，最后形成应急方案以及展开应对工作和事后处理的全过程。

由于旅游景区应急管理的参与者可能来自不同领域，他们之间的协调联动除了进行统一指挥以外，还要有规章制度的保证，因此需要建立一套有效的应急管理机制，建构有效的应急管理系统。有效的应急管理系统有助于正确、及时地处理突发事件，对于降低财产损失、减少人员伤亡、及时恢复景区正常运作有着举足轻重的作用。加强旅游景区应急管理，是旅游景区自身发展的内在要求和必须履行的社会责任。由于旅游业突发事件涉及的利益相关主体较多，对突发事件进行恰当的干预和处理，需要地方相关部门、旅游企业、游客和旅游社区等相关主体联合行动，共同为突发事件的处理提供监督和资源保障，图 7－1 所示为旅游景区应急管理系统。

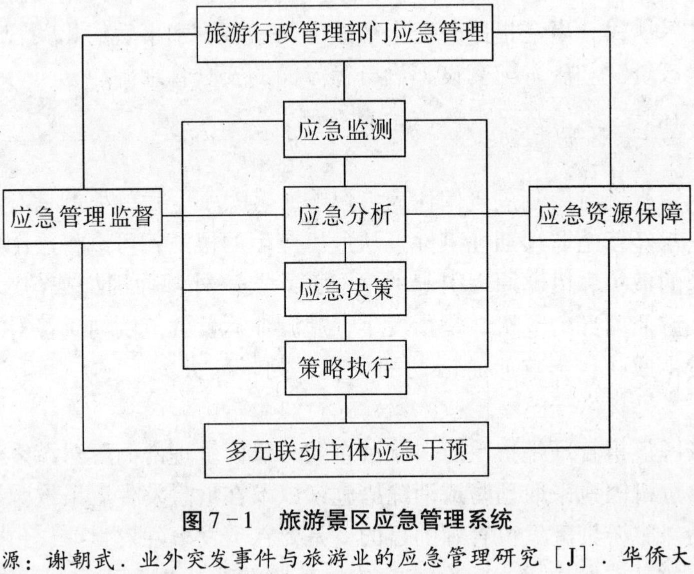

图 7－1　旅游景区应急管理系统

资料来源：谢朝武．业外突发事件与旅游业的应急管理研究［J］．华侨大学学报（哲学社会科学版），2008（4）：28～36.

二、旅游景区突发事件的类型

旅游景区突发事件的类型多种多样，有内部原因引发的，也有外部原因引发的，从其表现形态来说，可简单概括为自然灾害、事故灾害和旅游活动事故三大类，如表7-2所示。

表7-2 旅游景区应急管理类型

原 因	旅游景区应急管理类型
外部原因	旅游景区自然灾害 ①自然界的一些不可抗力因素引起的灾难，如台风、暴雨、地震、泥石流、山体滑坡、森林火灾等 ②因气象气候、生物灾害等因素使文物古迹侵蚀破坏等
内部原因	旅游景区事故灾害 ①桥梁、涵洞、缆车、索道、险峻路段等突发事件引发的安全问题 ②文化冲突事故、火灾、盗窃、设备发生故障等 旅游活动事故 ①旅游超载导致交通事故、意外事故，如旅游娱乐设施事故、治安犯罪事故等 ②恶性竞争，如低价低质、购物安全问题等 ③管理失误导致旅游资源供给不能满足旅游需求、旅游资源破坏等

（一）旅游景区自然灾害

自然灾害主要指自然环境由于种种原因发生异变而产生的各种危害旅游业的灾害。其基本类型多种多样，按成因可分为以下三种：

1. 气象灾害

气象灾害是指由于气象气候因素，如台风、暴雨、风沙、干旱、洪涝和寒潮等引发的旅游灾害。气象灾害是引发国家经济损失最主要的自然灾害。台风强大的破坏性可对沿海地区的一些景区造成重创，不仅阻碍游客进出景区，同时还会破坏旅游设施。

2. 地质灾害

地质灾害是指由于地质地貌因素发生变化引起的旅游灾害，主要包括地震、火山活动、水土流失、泥石流、山体滑坡和土地盐碱化等，其中破坏性最大的是地震。如2008年5月12日汶川大地震，给四川的生态环境造成了重大威胁。

3. 生物灾害

生物灾害是指由于森林火灾、病虫害等引起的生态环境和文物古迹遭破坏的旅游灾害，主要包括森林火灾、农作物病虫害、植被减少、物种减少和有害物种的滋生等，如2010年河南蜱虫灾害导致多人死亡。

（二）旅游景区事故灾害难

旅游景区事故灾难主要是指由于不可预测性因素所引发的游客、旅游从业人员和社区居民在景区内的旅游活动中所发生的意外事故，这是旅游景区应急管理的重点内容之一。按其表现形式可分为旅游景区交通故和旅游景区常见意外事故。

1. 旅游景区交通事故

旅游景区交通事故是指游客在进入旅游景区过程中和在景区进行活动时所乘的或使用的交通工具由于操作人员、设施设备或突发性天气原因等因素而发生的碰撞、起火等旅游事故。

2. 旅游景区常见意外事故

旅游景区常见意外事故主要是指游客在游览过程中出现的各种各样的安全事故，涉及的问题有：景区内的各类车、船等交通工具；风景区的各项基础设施，如桥梁、涵洞、缆车、索道、险峻路段等重点部位安全（如缆车或索道使游客大量集中于容量有限的景区，容易引发安全问题）；景区内的偷盗扒窃、打架斗殴、讹诈乞讨、强买强卖等突出的问题；重大节庆活动期间安全隐患，如设施设备故障、景区火灾、游客海滨浴场潜水溺水伤亡、漂流及温泉度假区意外伤害事故的，等等。

（三）旅游景区活动事故

旅游景区活动事故是指由于旅游业自身发展过程中存在的一些问题所引发的各种旅游安全问题，这是旅游景区应急管理的重点之一，是旅游安全问题的核心，同时也是直接关系到景区生存和发展的基本问题，根据其表现形式可分为以下五类事故：

1. 旅游超载事故

旅游超载事故是指游客流量或活动量超过旅游景区所能承受的极限容量而造成的旅游安全问题。旅游超载事故造成的结果是：旅游资源被破坏，旅游地域的生态系统平衡被打破，游客安全得不到保证，游客与当地居民的和谐关系破裂。旅游资源本身就有一个自然残损过程，旅游超载会极大地加速这一过程，损害资源价值。

2. 文化冲突事故

文化冲突事故是指因旅游业发展而带来的客源地（国）和旅游目的地之间

不同文化的冲突所造成的旅游安全问题，包括旅游地地方特有文化因受冲击而丧失，从而导致文化同化现象，以及外来不良文化因素对地方文化和伦理道德的“腐蚀”。例如，色情、犯罪和赌博就被认为是旅游业带来的灾难，而由于某些资源价值良好的景区在地理位置上的相对偏远性，与外界存在一定的文化差异，随着旅游业的发展，景区当地原有的文化、风俗等可能会被同化，存在失去其资源吸引力的危险。

3. 治安犯罪事故

旅游景区活动中存在的治安犯罪现象大体分为暴力型犯罪、欺诈、盗窃三大类。

（1）暴力型犯罪。暴力型犯罪是指危害游客人身安全的犯罪，与财产性犯罪的实施密切相关，一般包括抢劫、侵犯人身自由、性犯罪和与毒品、赌博、淫秽有关的犯罪。暴力型犯罪主要发生在旅游景区较偏僻的地方，如1994年“千岛湖事件”，由于歹徒登船抢劫并纵火，导致32名台湾观光游客在船舱内被烧死。

（2）欺诈。主要包括强买强卖、以假当真、以次充好等涉及游客利益的事件。如游客在景区购买旅游纪念品、土特产品等受到商家的欺诈，游客遭遇导游强迫购物、消费，景区中无证商贩经营、强行兜售、威胁游客的现象等。

（3）盗窃。这类案件多集中在景区人流量大、较拥挤的地方。

4. 旅游购物点事故

旅游购物中的安全问题主要表现为商品的安全问题和购物环境的安全问题，如购物诈骗、购物掉包、以次充好以及出售有毒食品、带疫带菌物品等。

5. 旅游资源破坏事故

旅游资源破坏事故主要是指因旅游业的发展所带来的对旅游景区资源的破坏，或因不当使用等而造成景区生态环境的恶化，最终导致旅游资源吸引力下降的安全问题，主要包括环境污染、生态平衡破坏、滥用土地资源等。环境污染包括大气污染、水体污染、土壤污染和噪音污染等，尤其是大气污染使空气中有害成分增多，对许多重要旅游资源（古建筑、文物、壁画、石雕等）侵蚀破坏严重。此外，还需要注意的是旅游超载问题也会引发旅游资源的破坏事故。

三、旅游景区应急管理特点

由于旅游业自身的特殊性，旅游景区应急管理具有其特殊的方面：第一，旅游业是一个十分敏感的产业，突发事件会对景区的发展产生重大的影响。景区突发事件的扩散速度超过一般行业，这要求旅游景区应急管理反应要迅速，并且要具有一定的跨行业管理性。第二，景区形象管理在旅游应急管理中的重要性比其他行业更突出。在突发事件发生时，景区形象更容易受到损害，因而旅游景区应急管理要采用各种手段重塑旅游景区形象，恢复游客信心。

旅游景区的突发事件一般具有以下特点：

（一）发生的突然性

旅游景区突发事件具有不可预见性，一旦发生突发性事件，将造成混乱局面，超出正常社会秩序和游客心理的惯性运行，因此突发事件出现后，游客往往措手不及，整个景区秩序混乱，严重影响旅游景区的稳定和发展。

（二）处置的紧迫性

景区突发事件扩散迅速、影响力广，并且会对景区的发展产生重大的影响，因而应急管理者需要争取在最短的时间内作出决策，控制事态，降低突发事件对景区发展造成的损害。

（三）破坏的严重性

旅游景区突发事件影响范围广、辐射面大，会对景区的发展产生严重的后果，甚至会影响该景区的生死存亡。

（四）事件的变异性

当旅游景区内突发事件发生后，一般会以发生地点为中心，向四周区域蔓延。受旅游景区自然地理因素和旅游活动特殊性的影响，会呈现向周围蔓延的态势。旅游景区应急管理要针对中心区域展开各种应急活动，切断自然和人为因素造成的扩展和蔓延，直到彻底解决问题。

（五）影响的社会性

旅游景区突发事件的发展往往超出景区的控制范围，景区应急管理涉及众多方面，一旦事件发生，要求景区内的所有部门相互配合，应对突发事件，因此在进行景区应急管理时，需要调动很多景区外部机构或者组织的力量。

（六）高度不确定性

旅游景区突发事件的种类很多，不同的突发事件有不同的发生原因。景区突发事件的发生受内外部各种因素影响，难以准确预测。

（七）决策的非程序性

旅游景区突发事件的发生具有不确定性，因而景区的管理是一个非程序化的管理过程，而景区的日常管理一般面临的是一个个相似题，有一定的套路可以遵循，是一个程序化的管理过程。

第三节 旅游景区应急状态下的媒体沟通

应对媒体是旅游景区应急管理的一个重要组成部分，景区管理人员必须着眼于发挥媒体在突发事件应急管理中的积极作用。

一、旅游景区公关危机事件处置小组

（一）旅游景区应建立公关危机事件处置小组

就突发事件的预防、处理和跟踪，全面负责和监控媒体活动，建立快速反应检查系统，建立针对内部信息系统和媒体联系的意外事故方案，收集事件事实，填写危机事件表，处理媒体的咨询或媒体的现场采访要求；帮助减少伤害和控制负面传播危险，及时处理和引导媒体的观点，维护景区声誉。

（二）旅游景区应建立对外言论的纪律

员工不得擅自向媒体提供任何不真实的信息，景区员工接到媒体的电话问询、采访或现场拍摄等要求，应立即转至公共关系部/总经理办公室。公共关系部/总经理办公室将安排景区总经理或景区授权新闻发言人就相应的媒体要求进行回复。新闻发言人或其授权人有权解答记者的问题，如果有记者找到员工，员工应表示自己无权解答，并协助找到公共关系部/总经理办公室，员工在接记者电话的时候要热情。在发生突发事件后，景区应立即通知上级主管部门，避免发布不一致的信息。

（三）信息应经公关危机事件处置小组或者指定的执行机构审定后再对外发布

公关危机事件处置小组领导要起草新闻陈述初稿并提交景区总经理批准。景区公关危机事件处置小组的成员应接受公关危机处理的培训。

（四）对不实的新闻报道进行补救处理

对新闻媒体报道的有关旅游景区的不确切的消息或不切题的引述，公共关系部/总经理办公室应立即致电相关新闻媒体，要求其予以核实并及时更正。

二、旅游景区应急状态下应对媒体的策略

（一）主动应对

旅游景区突发事件发生后，媒体对景区的报道将直接影响该景区在游客及公众心目中的形象，旅游景区必须与媒体合作，向公众传达事实与真相，在社会舆论中获得支持与主动权。

（二）信息公开

面对突发事件，景区采取充分的信息公开是避免被动地隐瞒，从而导致“传言”和“扭曲”的积极手段。随着信息时代的发展，景区发生突发事件后，积极公开信息将成为一种常态，一种有效运行的机制。

（三）积极应对

媒体能够起到监督舆论的作用，旅游景区通过积极应对媒体，与媒体保持密切联系，正确引导社会舆论，自觉接受舆论监督，既能积极有效地化解旅游突发事件，也能维持景区积极良好的形象，促进景区更快更好地发展。

三、旅游景区应急状态下应对媒体的原则

旅游景区突发事件发生初期要引导媒体客观公正地进行报道；突发事件处理过程中要面对媒体展示景区应对的具体行动，赢取游客及公众的谅解和信任；突发事件后期要利用媒体重建声誉，重塑景区的形象。

（一）第一时间原则

在当前的传播环境下，信息可以通过互联网快速传播，景区突发事件发生后，信息发布得越早、越主动，对景区化解危机越有利，在第一时间公开发布突发事件的准确信息与具体情况，能有效避免猜忌、传言和谣言，避免对景区形象造成更大的损害。

（二）主流渠道畅通原则

信息透明化，已是当今社会的大势所趋。应建立健全信息畅通机制，牢牢掌握话语权，不给小道消息和谣言提供传播空间；通过建立新闻发布机制、新闻发言人制度，促进景区突发事件的处理工作科学化、规范化，为公众开通宽敞的信息来源渠道，以满足公众的知情权。

（三）务求真实原则

突发事件发生后，应及时向公众发布信息，积极回应媒体质疑，迅速报道事件真相，坦诚回应公众疑问，抢占舆论的主动权，减少或避免猜测性和歪曲性报道。

（四）满足基本需要原则

景区管理人员应该及时向游客及公众交代清楚事由，即“5W1H”（Who——人物，When——时间，Where——地点，What——什么事，Why——为什么，How——怎么样）。这些都是媒体和公众最为关心的问题，要简明扼要地把这几个基本情况交代清楚。

四、旅游景区应急管理中对媒体的管理工作

（一）对媒体的日常公关

景区经营者或景区管理部门应对社会主流媒体进行日常公关，加强日常联系，增进与媒体的感情，为可能出现的突发事件做好媒体应对前期准备。

（二）对媒体的采访接待

对媒体的采访接待主要是景区突发事件发生后，由相关人员负责媒体接待工作，应掌握报道主动权，引导社会舆论。

（三）事后统计评估

景区经营者应该进行突发事件的统计评估，包括媒体对该事件的关注度，各类媒体关于该事件的发稿量，游客和社会公众对景区突发事件的关注度、评价和反应。

五、应急状态下景区与媒体合作的主要内容

（一）突发事件发生初期，对事件进行快速回应，平息游客恐慌情绪

景区管理人员应该在突发事件发生初期，通过媒体向游客及社会公众通报事件情况，说明已启动景区应急预案，承认景区突发事件的不确定性，让游客有心理准备。

（二）突发事件处理过程中，向游客及公众传递相关事实信息，维护景区的正常秩序

及时启动景区应急管理系统，采取切实可行的行动；承诺与社会公众保持沟

通，及时传递最新消息，创造有利的舆论环境。

（三）通过媒体进行公关活动，塑造景区良好形象

对景区出现突发事件的原因和处理方式进行诚恳的解释，加强景区宣传促销，弥补并塑造景区良好形象。

第四节 旅游景区应急管理的内容

随着旅游活动的普及、旅游产业的壮大、旅游经济的快速发展，以及来自旅游景区的自然环境和社会环境、游客自身和管理者各个方面的影响，旅游活动潜藏着许多危险性和不安全因素。由于景区管理的各项规章制度不够健全，措施不够完善，经验不够丰富，加上游客自身安全意识淡薄及对旅游安全问题研究滞后等问题，导致景区内各类旅游事故频繁发生，这些事故既使游客家庭遭遇不幸，又使旅游景区形象受损。因此，旅游景区应急管理已不仅仅是技术层面的问题，更是一个重要的社会管理问题，也是旅游业实现可持续发展的重要因素。按照旅游景区突发事件的类型，可将旅游景区应急管理相应地分为旅游景区自然灾然应急管理、旅游景区事故灾难应急管理和旅游景区活动事故应急管理。旅游景区应急管理主要涉及三个方面：

（1）旅游景区的综合管理，重点是安全责任管理的落实和防火检查制度的制定及其落实。

（2）旅游景区的设施设备，重点是一些应急的设施，如急救箱是否齐备，游乐设施、餐饮设施以及住宿设施是否安全。

（3）旅游景区的环境，包括有无设置安全标志，安全标志是否醒目且清晰易辨。如室内项目有无醒目的出、入口标志，引导标牌是否设置在适当的位置，“游客须知”是否有中英文对照，旅游景区是否设置了残疾人安全通道等。

图 7－2 所示为某旅游景区安全管理项目细则。

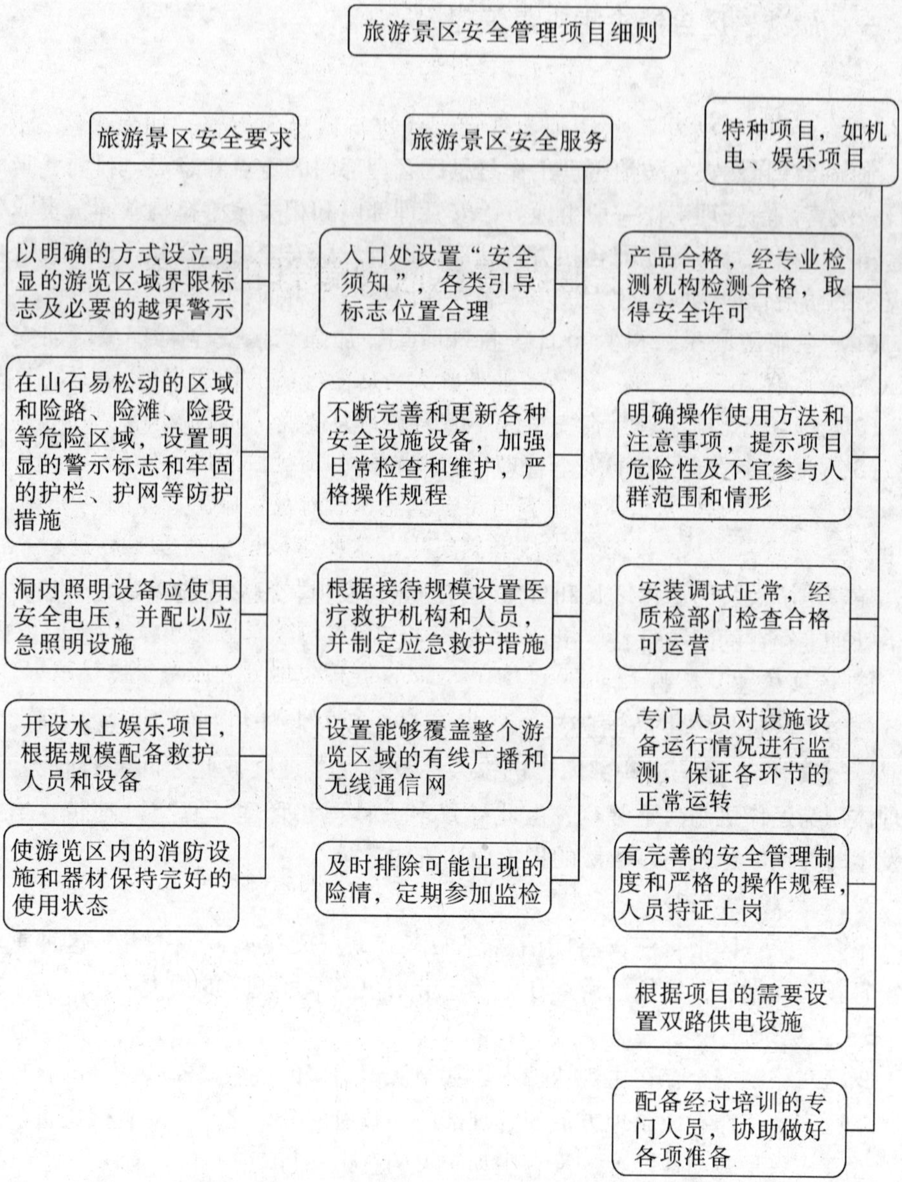

图7－2　某旅游景区安全管理项目细则

资料来源：朱红新．旅游安全及其管理体制研究［D］．南京：南京农业大学硕士学位论文，2007.

一、旅游景区自然灾害应急管理

（一）旅游景区自然灾害防治管理现状

旅游景区自然灾害防治管理工作是景区管理部门的重点和难点。目前，景区的日常灾害防治管理工作一般由地方治安管理部门和相关旅游机构共同负责或分别管辖，大多数景区都能配合相关管理部门进行景区安全的监督和管理，景区自然灾害的防治管理也取得较大进步，表现在以下三个方面：

（1）在旅游旺季、重大节日等特殊时期，加强景区安全管理，增加安全保障。

（2）对可能影响游客生命安全的环境因素尤为重视。

（3）对旅游设施设备的安全管理日趋规范。

（二）旅游景区自然灾害应急管理存在的问题

随着出游人数的迅猛增长和自然灾害的频繁发生，很多旅游景区在自然灾害防治管理上存在的问题日益突出。

1. 多头管理，体制不清

旅游景区自然灾害防治管理工作涉及多个政府职能机构（如城建、旅游、林业、公安等），但是这些部门、机构大多没有完全理顺彼此之间的行政关系，管理体制与运作机制尚不健全，由此导致多头管理和管理“真空”地带，当灾害发生时往往缺乏统一、权威的指挥协调机构。

2. 重救援，轻预防

很多旅游景区把自然灾害防治管理工作的重点放在灾害救援上，这种重救援、轻预防的做法，往往给游客和旅游业带来很多本可规避的损失。

3. 主观认识不足

景区对旅游安全存在主观认识不够甚至认识错误的现象。有些景区的管理部门把景区安全工作看成是地方治安管理部门和政府的分内之事，对自然灾害的防治管理工作只是被动地配合，没有主动防灾的意识和行动。

4. 信息系统建设滞后

各部门、地区间自然灾害信息资源共享程度低，景区管理信息化建设滞后，报警渠道不清，信息阻塞、迟缓。

5. 减灾培训和防灾宣传力度不够

有些旅游景区对减灾专业技能培训和防灾知识的宣传工作不够重视，游客、导游和相关工作人员的灾害防范意识不强，救灾知识不足。

6. 应急队伍力量不足

抢险救灾的专业队伍分散在各个部门，数量不足，实力不强。

（三）旅游景区自然灾害的预警防范

自然灾害的防范也是旅游景区灾害防治管理工作的重要一环。景区应结合自身具体情况，积极主动地从各个方面加强灾害防范，以减少自然灾害发生的可能性，降低灾害损失。

1. 应急指挥中心

旅游景区应设立应急指挥中心，由景区最高负责人领导。灾害发生后，应急指挥中心是救灾管理的最高指挥机构，统一安排救灾的各项工作。

2. 安全管理部门

（1）旅游景区应设立完善的安全管理部门，专门负责景区自然灾害的预测、防范和救援工作。

（2）旅游景区安全管理部门应遵循“统一领导、分级管理、以基层为主”的原则，贯彻“全面规划，综合治理，防治结合，以防为主”的自然灾害防治方针。

（3）旅游景区安全管理部门应建立科学全面的安全管理制度，将安全管理的责任落实到各个岗位、每个职工。

3. 自然灾害防范设施

（1）旅游景区内应设多条24小时开通的求助和报警热线，并派专人轮流值守。

（2）旅游景区的主要景点应有灾害警铃、固定求救电话、广播等示警设备和遍布整个景区游览线路的广播和警铃系统。

（3）旅游景区安全管理部门的工作人员应配备可靠的移动通信设备，如对讲机、手机等。

（4）旅游景区应根据当地的气候和天气情况，在易发生自然灾害的危险地段、场所设置规范且醒目的中英文警示标志或禁止进入标志。

（5）旅游景区应在各个公共建筑、娱乐场所和客流量较大的地段设置安全出口、应急通道和安全疏散通道，并确保这些通道畅通。

（6）旅游景区消防管理应符合《中华人民共和国消防法》和其他相关标准的规定，并对消防设施进行定期检查。

（7）旅游景区应杜绝生态破坏现象，应在景区周围修建防护林、塘坝、排洪渠等防灾基础工程，并修建与景区规模匹配的地震避难所、防洪高台和其他布局合理的灾害避难所。

(8) 旅游景区应配备一定规模的医疗室（站），其设施的配置应达到《旅游规划通则》的相关要求。

(9) 旅游景区应配备可联网的计算机，与相关自然灾害专家达成协议，能及时针对灾情进行网上咨询。

4. 救灾措施准备

(1) 旅游景区安全管理部门应针对自然灾害多发期制定周全、合理的安全措施；配合各级旅游行政部门，针对景区可能遭受的自然灾害分别制定多套科学、周密的紧急救援预案。

(2) 旅游景区安全管理部门应建立科学、有效的计算机应急决策支持系统，以及时利用地理信息系统的空间分析和模拟技术，确定景区周边地区最近的可用避灾场所。

(3) 旅游景区应根据自己的实际情况，联合公安、交警、医院、消防、客运、海事和电力等部门，对既定救灾预案进行多次实地演习，并请相关专家针对演习中的薄弱环节，完善救灾预案，加强各部门应对灾害的协调能力。

5. 相关工作人员

(1) 旅游景区安全管理部门工作人员的文化素质应符合从业资格规定。

(2) 旅游景区应设立多名熟悉地形的当地人员作备用人工联系以及传达消息，以防通信设施遭意外破坏时无法顺利沟通。

(3) 旅游景区安全管理部门应派多名工作人员专职巡逻、检查，随时向上级汇报灾害检查情况。

(4) 导游（讲解员）应持证上岗，具备基本的专业知识、较强的防灾救灾意识和责任感。旅游景区安全部门还应该对其员工进行救护培训，使他们掌握基本的急救手段（如人工呼吸等）、自我保护措施和基本救灾方法。

（四）旅游景区自然灾害的应急处置

1. 指挥协调

(1) 旅游景区获知极端气候灾害发生后，应在第一时间向景区应急指挥中心报告，应急总指挥或副总指挥据情况决定启动极端气候灾害应急预案。

(2) 旅游景区应急指挥中心的主要负责人应在灾情发生后立即赶赴事故现场，指挥紧急救援，合理安排和协调医疗、公安、武警、消防、通信、交通等部门的工作。

2. 救灾系统启动

(1) 应急指挥中心应设专门负责人在灾情发生后按指示启动安全管理系统

或其他安全控制系统，并能熟练地进行系统操作。

(2) 工程部负责人应立即赶到现场，第一时间将现场情况报告应急指挥中心，根据灾情，组织本部门专业人员，携带专用器械、工具抢险救灾。

(3) 各专业工种要听从指挥，协调一致，按照指令开展救灾工作。

(4) 排险遇到技术障碍时，向总指挥提出安排专业部门协助排险的请求，并向到达现场的专业抢险人员介绍情况、协助工作。

(5) 安保部负责人应立即组织警卫人员设置警戒区域和疏散区域，对现场加强警戒，防控不安全因素；携带必要器械和抢险工具，协助工程部进行抢险。

3. 医疗救护

(1) 应急指挥中心应统一指挥和调遣景区内参加医疗救援的单位和个人，并专门派工作人员协助医疗队救援。

(2) 在可能引起疫情的灾情发生后，医疗队应派专门的医护人员对景区进行彻底的清理、消毒等防疫工作。

二、旅游景区事故灾难应急管理

(一) 旅游景区设施设备事故应急处置

旅游景区设施设备事故，是指景区设施设备在运转时出现异常，从而给景区经营管理活动造成不利影响或威胁游客的人身财产安全的各种事件，如索道运行故障和大型游乐设施故障等。

(1) 景区索道或大型游乐设施现场工作人员发现索道或游乐设施出现紧急情况，应第一时间向现场安全管理人员和本部门负责人报告，并向景区应急指挥中心报告，总指挥或副总指挥视情况决定启动相应级别应急预案。

(2) 工程部负责人立即赶赴现场组织设备抢修、营救游客等工作。

(3) 安保部负责人应组织人员负责现场警戒、维护秩序、疏通道路和组织人员撤离等工作。

(4) 医务室负责人负责组织对营救人员和受伤游客进行现场救治或送往医院治疗。

(5) 后勤部负责人负责组织通信、服务、宣传以及后勤物资供应，与保险公司的理赔等工作；负责应急救援时对被困游客进行安抚。

(6) 售票窗口在第一时间公布故障设备检修暂停开放的信息，口头告知已购票游客真实情况，并办理退票手续。

(7) 因自身应急救援能力限制不能短时间内处置故障、恢复运营时，应急指挥中心可以请求临近景区的索道或游乐设施工程人员给予援助，或者报告当地政府请求启动当地政府应急预案，由当地政府依据有关规定调动征用有关人员、物质、设备、器材等，实施社会救援。

（8）相关部门应密切关注媒体在事件开始到事件结束后的全过程新闻报道，做好危机公关，以使媒体尽可能少作负面报道。

（二）旅游景区交通事故应急处置

（1）如景区发生交通事故，现场工作人员应立即拨打122报警，并第一时间向景区应急指挥中心报告；对有人员伤亡的，拨打120求助。报警时要说清楚事发地车辆损毁情况、有无人员伤亡等。

（2）应急指挥中心接报后，应带领相关部门人员赶赴现场，根据交通事故的性质、造成损害的程度启动应急预案。

（3）发生重大交通事故的，景区应急指挥中心应迅速组成事故处理特别小组，特别小组的主要任务是：负责事故的全面处理；做好与交通管理部门的联络协调工作；派出救援车辆，协助抢救、运送伤者；协助交通管理部门调查事故原因，认定事故性质，核定损失和确定相应责任；了解伤亡人员信息，联系有关亲属，做好接待、安抚、服务工作；及时将情况上报有关部门，执行上级领导有关指示精神；做好善后处理工作。

（4）事故处理后，按照规定写出书面报告，报送上级主管部门。

三、旅游景区活动事故应急管理

（一）漂流等水上娱乐活动事故应急处置

（1）在码头和娱乐设施上配备足够的救生设备，组织游客参加水上活动时，应要求游客穿救生衣或其他救生设备。

（2）旅游景区水上娱乐项目的工作人员必须向游客告知安全使用娱乐设施的方式，讲授安全救助方法，说明安全注意事项和发生意外事故后的应急处理办法。

（3）开展漂流活动的景区，在易发事故的危险地段必须安排专人负责安全监护，配备相应的救生船只和设备，湖面上的娱乐活动要配备专门的安全巡视人员在岸边进行巡视，根据该水域的实际运营状况在码头上放置数量适当的救生船只。

（4）在水域面积较大的湖区，应安排水上巡逻船只进行安全巡视，所有船只上要配备齐全的救生设备。当事故发生时，巡逻船只应迅速采取救援措施，视情况通知相关救援队伍，迅速展开营救。

（二）人群拥挤事故应急处置

（1）旅游景区应建立人群分布预警系统，及早发现景区人群集中数量超出负荷即产生拥挤的不良状态表征信息，以便采取相应的对策措施。

（2）旅游景区应引入管理信息系统和电子设备，对人员数量和分布实施监控，当人员达警戒数量时，进行人员疏散，防止危险的发生。

（3）如旅游景区发生人群拥挤事故，本部门负责人应在第一时间向景区救援指挥中心报告。

（4）应急指挥中心接报后，应迅速调集车辆等交通工具前往现场，将游客带往最近的紧急避难所，进行人员疏散。

（三）意外伤亡事件应急处置

意外伤亡事件，指除凶杀外的所有意外伤亡事件，包括因自杀、工伤、疾病和意外事故等造成游客或员工伤亡的事件。

（1）若发现景区内发生意外人身伤亡事件，必须第一时间报告安保部，并保护现场。接到报告后，安保部负责人要立即赶赴现场，记录时间、地点、报告人身份及大概伤亡性质，如工伤、疾病、意外事故等。

（2）安保部立即设立警戒线封锁现场，疏散围观人员。

（3）对因设备导致的工伤应通知工程部；对发生死亡的，将现场与外界隔离，遮挡尸体并注意观察和记录现场情况，向公安机关报告；对伤员应立即组织抢救，由安保部酌情向伤员了解情况，安排相关人员负责就近联系医院和急救中心；对明显属于凶杀或死亡原因不明的，应按凶杀案程序处理；确属意外死亡的，进行拍照，询问目击者和知情人，隔绝围观，遮挡尸体并保护现场。

（4）安保部负责人将事故报告公安机关并配合勘察，协助公安机关处理好善后事宜。

（四）大型活动突发事件应急处置

（1）举行各类大型活动前，安保部应对会场进行安全检查。确保疏散通道畅通，并准备好手持扬声器和其他通信设备、手电等协助疏散用品，并确保其能有效使用。

（2）在活动正式开始前，安保部应向举办方再次了解参加的人数，并在各疏散出口等重要位置安排适当数量的保安人员。

（3）对在活动进行中发生突发事件的，在现场服务的相关工作人员应立即向安保部和应急指挥中心报告，在场人员应保持冷静、不要惊慌，服从安保人员指挥，或向公安机关请求支援。发生停电等事故的，还应通知工程部启动停电处置预案。

（4）在开始播放疏散广播后，各出入口的安保或服务人员应用手持扬声器等设备提示游客携带好贵重物品，防止发生拥挤、推搡、跌倒以及踩踏事故，引导游客疏散到安全区域，并安排人员安抚游客。等现场人员全部疏散完毕后，安保部应安排人员对各出入口做好警戒，防止发生趁机哄抢和冒领遗留在现场物品的现象，并对现场遗留的物品进行逐一登记，及时做好发还工作。

第五节　旅游景区应急预案编制

一、旅游景区应急预案的概念

旅游景区应急预案是指为了有效、快速、有序地进行旅游景区的应急管理，对应急事前、事中、事后一系列行动所作的预先计划和安排，是根据可能发生的旅游安全事故对象的特点，事先制订的应急方案。制定旅游景区应急预案是为了在旅游景区发生紧急情况时，能以最快的速度发挥最大的效能，有序地实施响应和救援，尽快控制事件发展动态，降低事故造成的危害，减少事故损失、人员的伤亡和对景区资源的破坏。因此，编制完整的旅游景区应急预案意义重大，可以保证旅游景区有备无患。

二、旅游景区应急预案制定的原则

旅游景区应急预案的制定要根据不同的旅游景区应急对象的特点，综合了解环境对应急对象变异过程的影响，应遵循以下四个原则：

1. 科学性原则

旅游景区应急预案要针对不同类型旅游安全事故的特点进行编写，同时，旅游景区应急预案的编写工作是一项科学性很强的工作，制定预案必须以科学的态度，在全面调查研究的基础上进行科学分析和论证，制订出严格、统一、完整的应急管理方案，使应急预案真正具有科学性。

2. 实用性原则

旅游景区应急预案应针对应急对象的情况并结合实际应急资源储备状况来制定。旅游景区应急对象分为不同的类型，有着不同的强度，所处区域内的自然条件、社会经济条件和人文条件也不尽相同，因此应对突发事件的方法和物资需求也有所不同，应急措施也就不同。旅游景区应急预案的编制要从实际出发，实事求是地制定。

3. 可操作性原则

可操作性原则是指一旦发生突发事件能够及时启动应急预案并顺利地运行，还指平时的各项应急准备和保障措施合理、可行及便于落实。应急预案要有很强的可操作性，尤其体现在对现代化的设施设备与通信设备的选用上。从组织形态上看，旅游景区预案的可操作性要求预案充分发挥行政体系的优势，约束应急管理人员的行为，明确职责，协调应急管理中涉及的部门。

4. 权威性原则

旅游景区应急预案应明确救援工作的管理体系、救援行动的组织指挥权限和各级救援组织的职责及任务等一系列行政性管理规定，保证救援工作的统一指挥。旅游景区应急预案须经上级部门批准后才能实施，以保证应急预案具有一定的权威性和法律保障性。

三、旅游景区应急预案制定的步骤

（一）调查

调查可以明确目标，可以掌握实际状况。旅游景区应急预案制定的第一步就是调查。通过调查来明确旅游景区应急管理的目标，针对初步界定的旅游景区应急对象可能会发生的不同紧急情况，明确不同的应急管理该达到的结果，做到有的放矢。通过调查，可以为应急预案的编制打下基础。

（二）预案编制

由专门的人员根据调查的结果，对可能发生的旅游景区应急方案进行描述，形成文本，供景区突发事件发生时使用。由于旅游景区应急对象的种类繁多、情况复杂，不同的应急对象应该制定不同的应急预案。

（三）预案的检验与更新

要对应急预案进行检验，以便检验应急管理系统的有效性。检验的内容包括：①系统的科学性与完整性；②报警系统响应能力和质量；③信息的传递速度和质量；④应急指挥系统的质量，领导班子与工作队伍；⑤应急资源（人、财、物等）的准备状况和工作效能；⑥外部机构的合作；⑦实施保护及补救措施的速度；⑧应急人员、管理机构及应急指挥中心之间的通信联络；⑨其他方面问题。

（四）预案的评审与发布

为确保应急预案的科学性、合理性以及可操作性，预案编制单位或管理部门应根据我国有关应急管理的方针政策、法律法规、标准及其他有关应急预案编制的指南性文件与评审检查表，组织开展预案评审工作，并取得有关部门和应急机构的认可，预案评审通过后即时发布生效。

（五）预案的演练

应急预案演练是检验应急预案的一种重要途径。同时，经过各种方式的演习或者仿真模拟，可提高实用性和获得应急经验。最后，将这些应急案例存储在预案库中，供决策者使用。

四、旅游景区应急预案编制框架

根据旅游景区应急管理的特点，结合突发事件的应急预案的制定方法，旅游景区应急预案的编写应包含总则、组织机构与工作职责、预测与预警、应急响应、后期处置、应急保障与演练等方面，如图7－3所示。

（一）总则

包括编制目的、适用范围、工作原则和事件等级及响应等内容。

1. 编制目的

迅速、有效地处置游客在旅游过程中所遇到的各种突发事件，尽可能地为游客提供救援和帮助，保护游客的生命安全，维护旅游景区形象。

2. 适用范围

主要适用于旅游景区因自然灾难、事故灾难、活动事故等而发生的人身伤亡及财产损失的突发事件。

3. 工作原则

（1）以人为本，救援第一。在处理旅游景区突发事件时应以保障游客生命安全为根本目的，尽一切可能为游客提供救援和救助。

（2）属地救护，就近处置。在当地政府领导下，由旅游行政管理部门负责积极协助相关部门进行相关应急救援工作，运用一切力量，力争在最短时间内将危害和损失降到最低。

（3）及时报告，信息畅通。各级部门在接到有关事件的救援报告时，要在第一时间内，立即向当地政府、旅游行政管理部门和相关单位报告，或边救援边报告，并协助相关部门及时处理和做好有关的善后工作。

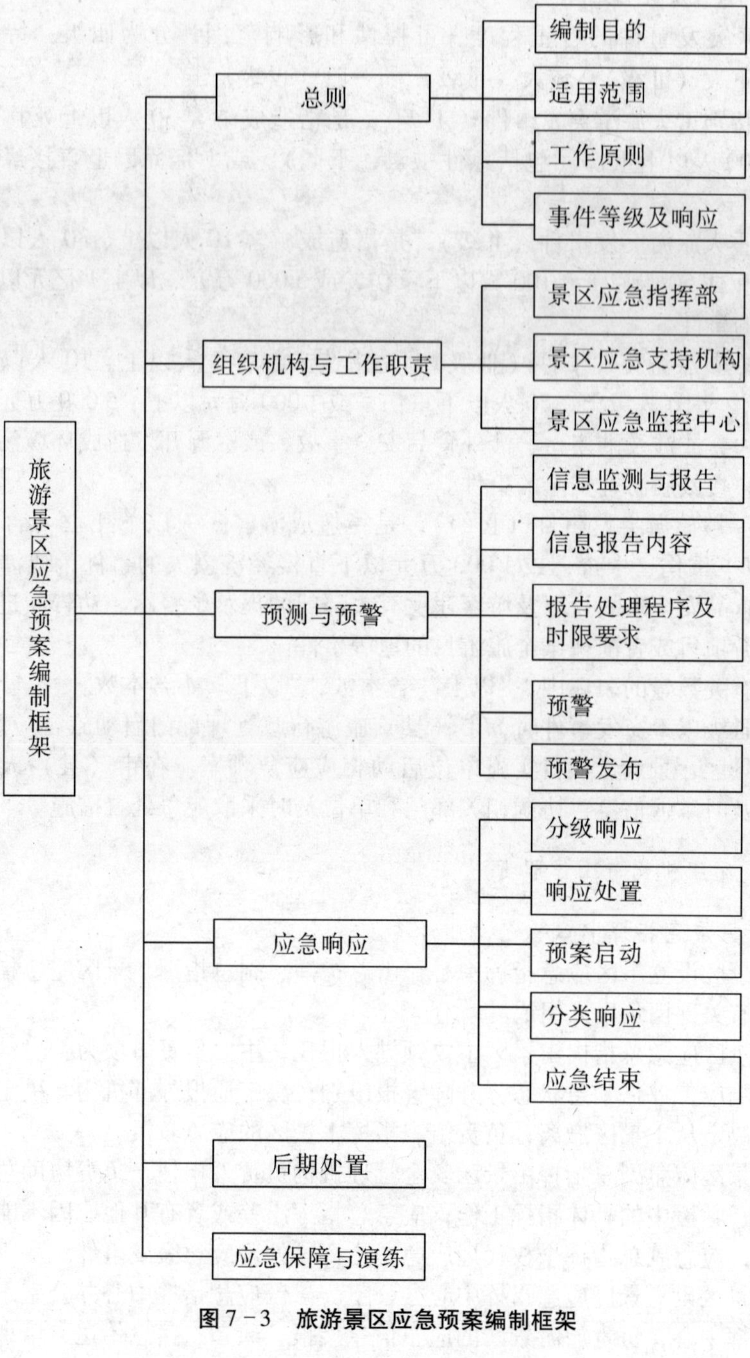

图 7－3　旅游景区应急预案编制框架

4. 事件等级及响应

按景区突发事件的严重程度、可控性和影响范围，分为四级：特别重大（Ⅰ级）、重大（Ⅱ级）、较大（Ⅲ级）和一般（Ⅳ级）。

（1）特别重大旅游突发事件（Ⅰ级），是指造成游客30人以上死亡（含失踪），或100人以上重伤（包括急性中毒，下同），或1亿元以上直接经济损失的事件。

（2）重大旅游突发事件（Ⅱ级），是指造成游客10人以上、30人以下死亡（含失踪），或50人以上、100人以下重伤，或5 000万元、以上1亿元以下直接经济损失的事件。

（3）较大旅游突发事件（Ⅲ级），是指造成游客3人以上、10人以下死亡（含失踪），或10人以上、50人以下重伤，或1 000万元以上、5 000万元以下直接经济损失，或涉及港澳台、涉外食品安全事故，或资源开发造成环境污染和生态破坏，直接威胁游客安全的事件。

（4）一般旅游突发事件（Ⅳ级），是指造成游客3人以下死亡（含失踪），或10人以下重伤、中毒，或1 000万元以下直接经济损失的事件，或涉及港澳台、涉外食品安全事故，以及游客违反有关部门的提示、警示、劝告而进行、开展某项旅游项目或者前往某个旅游目的地等事件。

上述有关数量的表述中，“以上”含本数，“以下”不含本数。

发生Ⅲ级以上突发事件时，市（县）旅游行政管理部门启动旅游应急预案。事发所在景区、景点、项目实施单位启动相应应急预案。在市（县）人民政府领导下，及时掌握信息，协调相关部门和单位及时采取应急处置措施。

（二）组织机构与工作职责

1. 景区应急指挥中心

旅游景区设立景区应急指挥中心，由总指挥、副总指挥、景区应急指挥中心办公室及有关部门负责人组成。

旅游景区应急总指挥由景区主要领导人担任，主要负责事项为：启动应急预案及应急响应；评估紧急状态，升降警报级别；决定通报外部机构；决定请求外部救援；决定从本景区撤离；负责组织指挥本景区的应急救援。

旅游景区应急副总指挥由景区安全管理机构负责人担任，负责协助总指挥在应急响应、救援中的具体指挥工作；应急总指挥出差或者有其他原因不能及时赶回现场时，应急副总指挥全权代理应急总指挥，处理应急突发事件。

旅游景区设立景区应急指挥中心办公室。景区应急指挥中心办公室隶属于景区应急指挥中心，负责旅游景区的应急信息接报、通知、信息传达、培训和应急演练等事务性工作。其办公室一般设在景区安保部。

有关部门负责人为景区经营、安保、工程、接待、财务和卫生等重要部门负责人。在事故应急处理过程中，参与应急救援的决策与协调工作，主要负责本部门应急救援工作的职责和任务。

2. 景区应急支持机构

旅游景区设立景区应急支持机构。景区应急支持机构包括景区的技术支持机构（旅游、公安、消防、安监、质监、卫生等部门与机构）和救援机构等。并根据实际需要聘请有关专家组成专家组，为应急管理工作提供决策建议，必要时参加旅游景区的应急管理工作。

3. 景区应急监控中心

旅游景区应设立景区应急监控中心。景区应急监控中心是景区处置突发事件的重要指挥中心，在景区发生事故时，保证景区应急设施的正常运行，负责启动景区的应急监控；根据不同事故的类型确定监测布点和频次；根据监测结果决定疏散目标人群；与景区外应急响应人员、部门、组织和机构进行联络。

（三）预测与预警

1. 信息监测与报告

（1）凡发生旅游突发事件，旅游景区应及时报告。

（2）设立旅游景区应急指挥中心办公室并公布受理电话和传真，应及时受理旅游突发事件报告。选择报告形式一定要以报告信息的及时、准确为前提。

2. 信息报告内容

报告的内容要简明、准确。首次报告内容包括：旅游突发事件发生的时间、地点、初步情况；旅游突发事件接待单位及与旅游突发事件有关的其他单位；报告人的姓名、单位和联系电话。过程报告内容包括：伤亡情况及伤亡人员姓名、性别、年龄、国籍、团名和护照号码；旅游突发事件处理的进展情况、原因的分析；有关方面的反映和要求；其他需要请示或报告的事项。

3. 报告处理程序及时限要求

（1）发生一般和较大旅游突发事件，旅游景区应在事发后30分钟内以电话或书面形式报告所在地旅游行政管理部门，由旅游行政管理部门报告上级旅游行政管理部门，并将情况及时通报其他相关部门。

（2）发生特别重大和重大旅游突发事件，旅游景区应在事发后30分钟内以电话或书面形式报告所在地旅游行政管理部门，也可越级向应急指挥中心报告；旅游行政管理部门在接报后，应在1小时内分别向应急指挥中心、上级旅游行政管理部门、国家旅游局口头报告，在2小时内书面报告。

（3）对个别情况特殊、难以在1小时内书面报告的特别重大和重大旅游突发事件，有关单位可在接报后2小时内将详细情况书面报告旅游行政管理部门和应急指挥中心，同时说明延时上报的原因。

4．预警

如旅游景区极有可能发生危害游客安全的事故，旅游应急管理部门应及时发出预警，提示、劝告、警示游客暂缓或者取消前往旅游目的地及停止某些旅游活动。

5．预警发布

（1）发布方式。通过新闻发言人、各类公共媒体发布，必要时景区景点要对接待的相关游客和员工逐一通知。

（2）发布内容。包括预警级别、区域或场所、时间、影响估计及应对措施等。

（四）应急响应

1．分级响应

预警信息发布后，有关单位应当进入应急阶段，采取相应的监控防范措施，监测、防止不利事件的发生、发展；有关部门的工作人员应当坚守岗位，积极履行职责。根据预警级别和实际需要采取以下措施：

（1）及时向社会宣传防止、减轻旅游突发事件危害的知识。

（2）转移、撤离或者疏散容易受到旅游突发事件危害的游客和财产，并进行妥善安置。

（3）各类应急机构和人员进入待命状态。

（4）确保通信、交通、供水、供电等公用设施的安全和正常运行。

（5）法律法规、规章制度规定的其他必要的准备措施。

2．响应处置

（1）先期处置。发生旅游突发事件后，所在街道办、有关公安、卫生等专业部门启动先行处置机制，现场人员配合自救。

（2）现场处置。

（3）信息发布。发生重、特大旅游突发事件时，由景区宣传部负责新闻发布和危机公关工作，实施舆情监测分析和舆论引导工作。未经批准，任何单位和个人不得向社会公开发布信息。

（4）人员到位。旅游景区应急指挥中心办公室以及各部门相关负责人、工作人员参加现场应急及善后处理工作。

3．预案启动

（1）如果发生轻微旅游突发事件，旅游景区应及时向旅游景区应急指挥中心办公室报告并采取如下应对措施：①组织开展现场自救；②妥善安置受影响游客；③对现场实施动态监测，采取必要的安全防护措施；④向公众发出危险或避险警告；⑤及时通报事件影响或可能影响的其他旅游应急机构；⑥其他必要的处置措施。

（2）如果发生一般旅游突发事件，旅游景区应及时向旅游景区应急指挥中心办公室报告，由旅游景区应急指挥中心办公室会同所在地街道办及有关部门采取相应的应对措施（同上）。

（3）如果发生重、特大旅游突发事件，应启动应急预案，根据旅游突发事件的性质、危害程度、影响范围和可控性，采取如下对策：①立即采取相应的应急措施；②景区应急工作协调领导小组组长、副组长，及相关部门负责人赶赴事发地进行指导和督查；③调集处置力量和抢险救援物资；④将应急决定传达到相关应急机构和单位，并督办落实情况；⑤随时将情况报告应急指挥中心。

4. 分类响应

（1）发生重、特大旅游活动突发事故，景区应急指挥中心办公室应按下列程序处置：①立即开展自救互救，协调公安、消防、卫生等相关处置单位立即实施紧急疏散和救援行动；②景区应急工作组赶赴事发地进行指导和督查，并及时向应急指挥中心通报信息，必要时，请求景区应急指挥中心给予支持，协调采取应急措施；③协调相关部门调集专业处置力量和抢险救援物资增援，对现场实施动态监测，组织协调现场治安、交通、卫生防疫、物资保障等，采取必要的安全防护措施；④迅速控制事件发展动态，妥善安置受影响游客，稳定群众；⑤及时通报事件影响或可能影响的其他区域；⑥做好善后处理工作，防止事件出现“放大效应”，尽快恢复正常旅游秩序。

（2）景区发生火灾事故时，按下列程序处理：①旅游景区立即报警，并组织疏散游客；②利用就近消防设施进行灭火；③保护现场，配合公安消防部门调查火灾原因。

（3）发生台风、暴雨等自然灾害，按以下程序处理：①及时了解台风、暴雨动态，旅游景区做好防范准备；②旅游景点通过广播等方式通知游客；③景区做好游客安置、疏散工作。

（4）发生大型游乐设施突发事件，按以下程序处理：①旅游景区立即开展自救；②安抚游客，处理善后工作；③停机检查、开展维护，进行事故分析，提出解决方案。

（5）发生其他涉及游客的旅游突发事件，按照有关职能部门、企事业单位应急预案处置。

5. 响应结束

按照预案“谁启动，谁结束”的原则，由预案启动单位决定响应结束。

（五）后期处置

旅游景区突发事件发生后，现场有关人员应立即向本景区和属地旅游行政管理部门报告。特别重大和重大旅游突发事件的应急响应程序结束后，景区要在24小时内将应急处置工作的综合材料报告旅游景区应急指挥中心办公室。旅游景区应急指挥中心办公室分别向当地应急指挥中心及旅游应急指挥中心报告。报告内容包括事件发生概况、人员伤亡或财产损失情况、事件处置情况、事件原因的初步分析、善后处理情况及拟采取的改进措施等。

（六）应急保障与演练

旅游景区要围绕旅游突发事件应急救援工作加强对工作人员的培训，做到熟悉相关应急预案和程序，了解有关应急救援力量、医疗救治、工程抢险等相关知识，保持信息畅通，保证各级响应的相互衔接与协调。要主动做好公众旅游安全知识、救助知识的宣传教育，不断地提高旅游全行业与游客预防和处置旅游突发事件的能力。

第六节　旅游景区应急管理案例

一、临安大明山景区突发游览安全事故

（一）案例简介

大明山，临安唯一的省级风景名胜区，国家AAAA级风景旅游区，距杭州116千米，是镶嵌在杭州至黄山黄金旅游线上的一颗璀璨明珠，以“一泓碧湖，十里幽谷，百丈飞瀑，千亩草甸，万米岩洞，群峰啸天，林海无边”的秀丽风光而闻名遐迩，被誉为“浙江黄山”。

2009年3月8日中午12时左右，临安大明山风景区的“伯温石阵”斜对面，一家三口游客翻过游步道边的石墙，进入非游览区，接着进入一个废弃钨矿洞——父子俩在前，妻子（母亲）在后面跟着，因洞内漆黑，父子俩坠入30多米深的竖井，经抢救无效死亡，其时父亲38岁，儿子3岁。

（二）案例分析

1. 景区管理漏洞

各种安全问题诱因不同，应对措施自然有别，但景区管理者应首先通过各种手段来提高游客的安全意识，如在危险地段设立警示牌、工作人员当面提醒游客、劝阻可能带来安全问题的行为等。大明山风景区一共有100多块安全警示

牌，门口售票处显要位置有6条“游客须知”，但事故发生地点的石墙上并没有禁止攀爬的警示标语，也没有标明墙外是“非游览区”的字样。

2. 游客安全意识差

随着大众旅游的兴起，旅游逐渐平民化，旅游发展的形式丰富多样，逐渐由单一的欣赏景观向拓展、猎奇探险和体验旅游方向发展。这就对游客的安全意识提出了更高的要求，游客应牢固树立“探险不是冒险”的意识，提高警觉性和自救意识。这次事故发生的地点是在洞内，没有照明的条件，并且还带着一个3岁的孩子一起，如果父母能有安全意识，考虑到上述因素就应该打消入洞游玩的念头。

（三）案例应急处理过程及小结

发现游客坠井后，大明山景区营救队马上将两位受伤游客送往临安昌化人民医院，但抢救无效，于当天13时左右死亡。经公安和安监等部门调查，认定这是一起意外事故。

在该案例中，大明山景区在处理突发游览安全事故时体现了良好的应急处理能力。整个处理过程可以分为接到报案，赶赴现场，抢救伤员、保护现场，善后处理四个阶段，如图7－4所示。

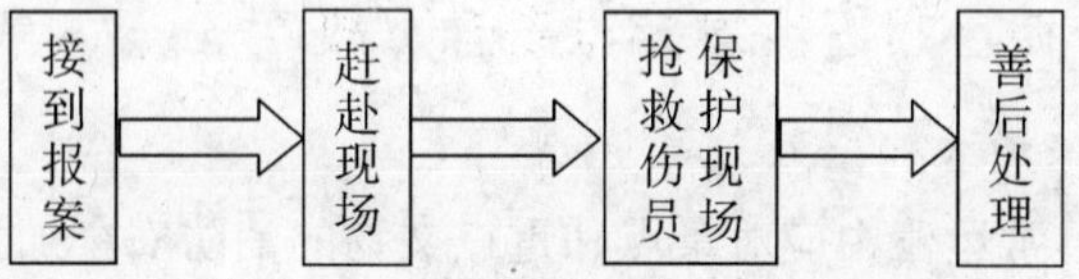

图7－4　大明山景区游览安全事故处理过程

具体来说，大明山景区采取了如下应急措施：

（1）接到报案，立即将受伤游客送往医院。

（2）及时在事故发生地点石墙外面的山体石壁上新刷上了“危险，行人止步”字样。

（3）大明山景区总经理助理邵先生表示以“绝对坦诚”的态度回答游客和网友对事故质疑的一系列问题。

（4）大明山景区停业整顿，派出多名熟悉地形的工作人员，进入非游览区排查废矿，对废矿进行警示标志或封住洞口。

（5）及时处理善后及赔偿事宜。

（6）临安市委、市政府高度重视，明确要求做好善后处置工作，查明原因，采取措施，防止类似情况发生，并迅速成立了以公安、安监、旅游等部门和杭州大明山风景旅游有限公司参与的事故原因调查小组和事故善后处理小组。具体采取了以下措施：①组织人员现场勘察，进一步核查事故发生的经过与原因；②与死者家属和所在单位联系，做好善后处理工作；③全市各大景区迅速排查安全隐患，举一反三，做好安全防范工作；④景区管理者加强日常工作中的巡逻检查，特别要注意那些容易发生问题的场所和部位的安全情况；⑤要对景区各场所、各部位是否存在安全隐患进行排查，发现问题，及时汇报并处理。

二、剑门关关楼火灾事故

（一）案例简介

剑门关是我国最著名的天然关隘之一，享有“剑门天下险”“天下第一关”“蜀之门户”之美誉。唐代诗人李白《蜀道难》中“剑阁峥嵘而崔嵬，一夫当关，万夫莫开”的赞誉让剑门关名扬海内外。剑门关于1982年被国务院列为首批国家重点风景名胜区，2010年9月被列为国家AAAA级风景区。

2006年2月12日晚8时许，剑门关的标志性建筑——剑门关关楼二楼突起大火，烧了将近两个小时，关楼中的木质结构大部分化为灰烬，损失惨重，幸运的是没有人员伤亡。

（二）案例分析

1. 景区消防管理不到位

旅游景区在日常运营中应对景点和重点文物的消防安全加强管理，对景区的消防设施和消防制度落实情况进行检查，对检查出存在消防安全隐患的，要采取措施及时落实整改，切实消除火灾隐患。而事故的相关责任人疏于消防管理，没有发现残留的木炭火，致使木炭火引燃附近的可燃物从而引发火灾，导致剑门关关楼被局部烧损。

2. 工作人员火灾安全意识差

作为景区工作人员，应牢固树立火灾安全意识，严格遵守消防安全管理规定。剑门关失火的具体原因是正式工作人员火灾安全意识差，违反消防安全管理规定，在关楼生炭火取暖，下班后对残留的木炭火处理不当，致使木炭火引燃附近的可燃物从而引发火灾，造成关楼二楼、三楼过火面积达100余平方米。

（三）案例应急处理过程及小结

火灾事故发生后，其处理步骤如下：

（1）接到报警，迅速组织灭火。剑门关关楼失火的消息迅速传到广元市110指挥中心，并及时反馈到广元市委、市政府及剑阁县委、县政府。广元市委、市政府有关领导带领相关部门和县级相关部门紧急赶往现场指挥抢险。

(2) 成立火灾事故调查组。火灾发生后，剑阁县公安局立即成立由副局长任组长，消防大队副大队长任副组长，消防大队、刑警队、治安科、法制科和剑门派出所相关人员为成员的火灾事故调查组。

(3) 调查原因。剑阁县人民政府递交有关部门的通报：初步调查，火灾原因是二楼香火引起，具体原因正在进一步调查之中。

(4) 善后处理。① 2 月 13 日，景区管理部门组织专业施工队伍对烧损的关楼进行紧急修复；② 2 月 14 日，调查清楚事故的具体原因，给予相关人员处罚。

(5) 宣传教育。对景区的全体工作人员进行消防安全宣传，提高工作人员的消防安全和火灾安全意识；在日常景区的运营过程中，注重对景区的消防管理，进行消防安全巡查，排查火灾隐患，避免火灾的发生。

三、深圳东部华侨城大侠谷“6·29”事故

(一) 案例简介

深圳东部华侨城是由华侨城集团斥资 35 亿元精心打造的世界级旅游度假区，是由国家环境保护部和国家旅游局联合授予的首个“国家生态旅游示范区”。大侠谷生态乐园主要包括水公园、峡湾森林、海菲德小镇、探险峡谷和云海高地等五大主题区。

2010 年 6 月 29 日 16 时 45 分，深圳东部华侨城大侠谷太空迷航项目发生安全事故，事发时共有 44 名游客在太空舱内，游乐设施发生故障，40 多人被甩飞，造成 6 人死亡，10 人受伤，其中 5 人重伤。据幸存游客介绍，事故发生时，首先整个设备似乎停电了，突然停止运行，还传出爆炸声，随后听到有人喊叫，部分船舱好像掉了下来，当时现场一片漆黑，完全看不清发生了什么。

(二) 案例分析

1. 景区设施管理不到位

(1) 景区设施设备前期管理不到位。景区设备的安装调试是影响设备运行效果的一个环节。无论是旅游景区自行安装，还是由供应商、厂家专业安装单位安装，都应该派工程技术人员监督其质量和进度，做好安装数据记录。验收时双方均应该在现场，并办理书面交接手续。验收过程中发现问题，由设备主管部门落实解决。“太空迷航”在设计上存在很大问题，景区方却未发现，其在质量监督方面存在很大的漏洞，同时在安装调试时，已发现螺栓容易松动，虽采取了一定的补救措施，但未从技术上根本消除隐患。

（2）景区设施服务期管理不到位。旅游景区从开始接待游客起，其设备也就投入了服务。在此期间，对设施的维护和保养就显得至关重要。除了设施设备的经营管理，还有设施设备的技术管理，即旅游景区设施设备的服务期必须保持良好的服务状态。这就要求对设施设备进行规范化的维护保养工作，以预防故障、事故发生，而东部华侨城大侠谷的“太空迷航”项目在服务期内维护保养不到位，由此造成了这次严重的安全事故，不但对游客的人身安全造成了严重的威胁，而且严重影响旅游景区的声誉。

2. 景区管理者风险意识差

“太空迷航”属于模仿太空飞行的游乐设施，科技含量高，国内只生产了这一台。这说明技术还不够成熟，存在的风险系数比较大。从风险的角度来看，第一，管理者对风险评估不到位，不知道会发生什么风险；第二，管理者明知“太空迷航”在调试时已经发现隐患，但在经济利益的驱使下抱有侥幸心理，任凭风险存在，并未做任何预防措施。

（三）案例应急处理过程及小结

（1）立即组织救援。事故发生后，东部华侨城立即组织救援和疏散工作，在最短的时间内将受伤游客送往医院抢救。华侨城主要领导人第一时间赶赴现场，组织善后工作，并成立工作小组，分别开展现场救援、安全疏散、安抚善后、后勤保障和媒体接待工作。

（2）设备检查。6 月 30 日，大侠谷和茶溪谷景区闭园一天，东部华侨城对所有设备进行彻底安全检查。

（3）新闻发布会。6 月 30 日下午，深圳东部华侨城事故新闻发布会在盐田雅兰酒店举行。深圳市政府公布了“太空迷航”事故中 6 名死者和 10 名伤者的身份。东部华侨城再次向公众致歉，同时表示，将参照深圳市同类事故的上限来考虑赔付。

（4）调查原因。7 月 7 日，深圳政府在线发布信息称，由多名专家组成的调查组经反复解读运行记录的“黑匣子”，以及现场遗留的痕迹分析论证，初步查明事故发生的基本过程。

（5）事件总结。注重设施设备的调试和安装，当调试发生问题时应落实解决，如果解决不了，应取消设施设备的安装；在日常工作中应对设施设备进行规范化的维护保养工作，以预防事故发生。

本章小结

本章阐述了旅游景区应急管理的概念与特点，介绍了旅游景区应急管理的内容，概述了旅游景区应急预案编写框架，并在此基础上，整理了旅游景区应急管理的案例，从中总结经验教训，以有助于旅游行政管理部门、旅游景区和游客等相关主体采取相应的应急措施。

旅游景区应急管理的概念：旅游景区应急管理主要是从景区的特点出发，对景区较易发生的安全问题与突发事件进行分析，并对其进行分级、分类，以便进行后续处置预案的选择与调整，最后形成应急方案以及展开应对工作和事后处理的全过程。

旅游景区应急管理类型多种多样，根据旅游突发事件的性质和产生的原因，对于旅游景区来说，旅游突发事件可分为三大类：旅游景区自然灾难、旅游景区事故灾难、旅游景区活动事故。

旅游景区应急管理特点：发生的突然性、处置的紧迫性、破坏的严重性、事件的变异性、影响的社会性、高度不确定性、决策的非程序性。

旅游景区突发事件应急管理应注重与媒体合作：①突发事件发生初期，对事件进行快速回应，平息游客恐慌情绪。②突发事件处理过程中，向游客及公众传递相关事实信息，维护景区的正常秩序。③通过媒体进行公关活动，塑造景区良好形象。

旅游景区的应急预案包括六个部分。第一部分为总则，第二部分为组织机构与工作职责，第三部分为预测与预警，第四部分为应急响应，第五部分为后期处置，第六部分为应急保障与演练。

思考与练习

1. 简述旅游景区应急管理的概念与特点。
2. 简述旅游景区应急管理的内容。
3. 谈谈旅游景区游乐设施应怎样进行安全管理。
4. 谈谈对旅游景区应急预案编制框架的理解。
5. 如何处理旅游景区的火灾事故？

拓展阅读

[1] 佟瑞鹏，孙超．旅游景区事故应急工作手册［M］．北京：中国劳动社会保障出版社，2008.

[2] 国家旅游局网站：http：//www. cnta. com.

第八章　酒店应急管理

【学习目的】

通过对本章的学习，掌握酒店应急管理的概念、特点和内容；熟悉酒店应急预案的编写框架；了解酒店应急管理案例以及不同类型酒店的应急管理。

【学习要点】

1. 酒店应急管理的概念、特点和具体内容。
2. 酒店应急管理的应急预案编写框架。
3. 酒店应急管理案例。
4. 不同类型酒店应急管理。

【关键词】

酒店应急管理　应急预案　安全

现代酒店是开放式的经营企业，是为住店客人和社会公众提供住宿、餐饮、社交、娱乐和健身等活动的公共场所。由于人流量大、人员集中，酒店中存在许多不安全的因素，各种安全问题也较为突出。其中一些突发事件也直接影响到酒店的正常经营秩序、声誉、经济效益以及国家的声誉。酒店应急管理主要针对酒店的突发事件进行预防和处理，使酒店在面临突发事件时能采取紧急应对的措施，将损失降到最低。

第一节　酒店应急管理的概念与特点

酒店的特殊经营环境决定了它所面临的突发事件要远远高于其他企业。因此，酒店有必要完善对突发事件的管理，以降低其对酒店造成的不利影响和损失。

一、酒店应急管理的概念

对酒店应急管理的研究，主要是在酒店安全管理、危机管理的基础上阐述。

因此，在讨论酒店应急管理之前，有必要先了解酒店的安全管理和危机管理。

（一）酒店安全管理

酒店安全管理的目的就是维护酒店内所有人员人身、财产的安全，使酒店没有安全威胁、没有事故发生，保障酒店经营管理工作的顺利进行。

1. 酒店安全管理的概念

酒店安全管理是指酒店为了保障客人、员工的人身和财产安全以及酒店自身的安全，保证酒店正常运营而进行的一系列计划、组织、指挥、协调、控制与管理活动的总称。这些活动既包括酒店安全的宣传与教育，安全管理方针、政策、法规、条例的制定与实施，也包括安全防控、管理措施的制定与安全保障体系的构建与运作。酒店安全管理的目的在于防止犯罪活动、火灾及其他不安全事故的发生，保障客人、员工的人身财产安全及酒店自身的财产安全，保证酒店的正常运营。

2. 酒店安全管理的内容

酒店安全管理主要涉及三个方面：

（1）宏观行业安全管理。它是指全国性、地区性的宏观行业安全管理，由国家或地区制定相应的法规，设置专门的机构和人员，对全国酒店接待设施加以规范、管理，落实酒店接待设施的安全状况、安全管理工作，从宏观上把握酒店业的行业安全。

（2）微观酒店企业安全管理。它是指酒店企业根据国家的相应政策法规开展企业内部安全管理。酒店企业内部的安全环节千头万绪，安全管理工作复杂琐碎，管理难度大。归纳起来，微观酒店企业安全管理主要涉及安全管理规章制度、安全管理机构、安全设备设施、部门安全管理、防火、防盗等方面内容。

（3）客人安全管理。它主要包括两个方面的内容：①对客人的安全管理和引导。一方面要对客人进行管理，防止犯罪分子借助客人身份的掩护进行犯罪活动；另一方面要正确引导客人遵守相应的安全规章制度，安全操作，避免安全事故的发生。据统计，约有40%的酒店火灾是由于客人吸烟引起的，因此引导客人不要卧床吸烟、随地乱扔烟头，加强对客人的安全管理显得尤为重要。②客人的自我安全管理。相当多的酒店安全问题是由于客人自身原因造成的。例如，客人的疏忽使物品丢失或被盗、对设施设备的错误操作导致身心受损、自身过激行为导致人身伤害等。因此，客人一方面要提高警惕，充分认识到酒店潜在的安全隐患；另一方面应尽量注意自己的行为，避免使自己成为酒店安全问题的肇事者，无论是有意还是无意的。

（二）酒店危机管理

酒店危机事件是指突然爆发、具有不可预期性、扰乱酒店正常经营、影响酒店信誉和行业形象的意外事件。它的特征在于危害性、意外性和紧急性。

按照成因，我们将酒店的危机事件分为以下两种类型：①外部因素造成的危机，即由于酒店外部因素的改变而引起的酒店经济性危机。例如，国内或国际经济秩序的动荡、经济形势的恶化、流行病、灾害、恐怖袭击等。②内部因素造成的危机，即酒店在大环境条件不变的情况下，由于自身因素而导致的困境。具体来说，这样的危机事件包括火灾事件、治安性突发事件、食物中毒事件、服务过失事件、安全隐患事件、媒体炒作事件等。因此，酒店要根据事件的种类，建立相应的应急预案。

1. 酒店危机管理的概念

酒店危机管理就是为了减轻或避免酒店危机可能带来的严重威胁，通过危机研究、危机预警和危机救治等手段达到恢复酒店经营秩序、恢复酒店信誉的目的而进行的非程序化的决策过程。它包括政府（主要指政府主管部门）、酒店、酒店从业人员、公众（消费者）等行为主体，以及沟通、宣传、安全保障和市场研究等实施途径。

2. 酒店危机管理系统

酒店危机管理系统是指为了实现既定的酒店危机管理目标而将管理对象内部相互作用、相互依存的管理要素组织起来形成的一个社会系统。这个系统可以分解为酒店危机管理主体、酒店危机管理过程和酒店危机管理保障三个子系统，每一个子系统又可以分解为多个要素，如图8-1所示。

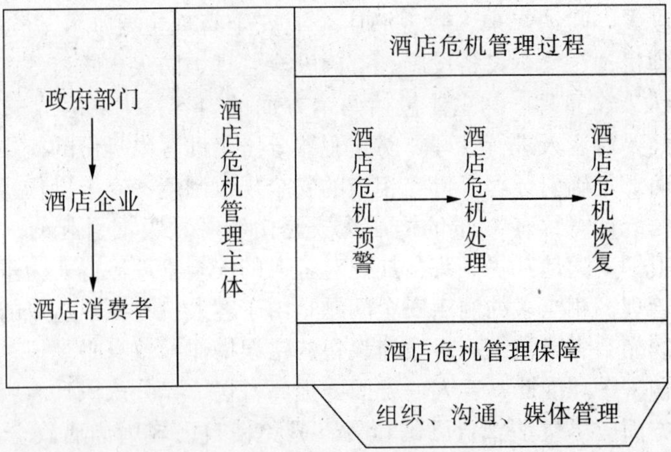

图8-1 酒店危机管理系统

资料来源：马勇. 饭店管理概论 [M]. 北京：清华大学出版社，2006.（略有改动）

（三）酒店应急管理

1. 酒店突发事件的概念

由于酒店突发事件与危机事件、安全事件在内容和范畴上存在着一定的交叉，严格区分开来比较困难。但可以明确的是，酒店突发事件与危机事件、安全事件具有一定的联系和区别，突发事件既可以指已经发生的危机事件、安全事件，也可以指具有潜在发生性而没有发生的危机事件和安全事件。其突出的特点是具有突发性、不确定性、危害性和可预防性，同时这种突发事件已经引起酒店的重视或者客人的关注。

因此，可以对酒店突发事件下以下定义：在酒店经营过程中所遭遇的突然发生的，造成或可能造成客人、员工的人身伤害、财产损失及影响酒店的正常经营活动，需要酒店立即采取措施加以处理的紧急事件。

2. 酒店应急管理的概念

酒店应急管理是指酒店在应对突发事件的过程中，为了降低突发事件的危害，达到优化决策的目的，对突发事件的原因、过程及后果进行分析，有效集成社会各方面的相关资源，对突发事件进行有效预警、控制和处理的过程。

酒店应急管理是一种特殊、非常态的状态和形式，这集中体现在以下三个方面：

（1）酒店应急管理的主体是处理突发事件的酒店工作人员、政府组织和机构，客体指的是处理对象，即各类酒店突发事件。

（2）酒店应急管理的功能是防范和化解危机，它不仅要管理已经发生的突发事件，采取有效措施，减少由于突发事件而给酒店造成的损失，同时还要在日常工作中做好防范工作，把可能发生的突发事件消灭在萌芽状态。

（3）酒店应急管理的目的是恢复酒店的秩序，保障酒店正常营业，维持社会的稳定，促进社会的和谐发展。

3. 酒店应急管理的应急机制

一个完整的酒店应急管理过程要针对酒店突发事件的不同阶段，分别采取应对措施，通过不同的作用机制达到控制和管理的目的。具体而言，按照酒店应急管理的不同阶段可以分成以下三种作用机制：

（1）酒店应急管理的预警机制。酒店应急预警机制是在对各类酒店安全评估的基础上，根据一些突发事件的特征，不断地收集、整理和分析可能引发突发事件的因素及其征兆的信息，并根据分析结果进行规划，以便能够及时地向组织发出警报。预警机制的目的就是对可能发生的事件早发现、早处理，从而避免一些事件的发生或最大限度地降低突发事件带来的伤害和损失。它是一种将酒店突发事件扼杀于潜伏期的作用机制，是当前我国酒店应急管理系统中迫切需要建立的重要机制。

(2) 酒店应急管理的反应机制。此阶段就是针对酒店的突发事件进行处理，这一时期酒店应急管理的作用机制要求对酒店的突发事件进行快速反应，以期在最短的时间内控制危害的蔓延，消除或弱化事件对酒店的危害。如果反应机制不能快速有效地产生作用，酒店所遭受的危害将发展到最大，将对酒店造成不可估量的损害。

(3) 酒店应急管理的恢复机制。当突发事件得到解决之后，酒店就要开始进行事后的处理，这时酒店应急管理就进入新的作用阶段——恢复管理阶段。这一阶段的作用机制是要让在酒店突发事件中受损失的部分恢复到事件前的状态。

二、酒店应急管理的特点

(一) 复杂性

酒店是为社会大众提供住宿、餐饮等服务的公共场所。因此，每天有大量的人员进出，客流量大，人员复杂，犯罪分子可能混入其中伺机作案，甚至隐藏在酒店住宿。酒店既要热情地欢迎每一位进店的客人，又要防止不法分子进店作案。这就使得酒店的应急管理具有复杂性，酒店在应急管理上除传统的防火、防食物中毒之外，还需防盗、防抢劫、防爆炸、防诈骗、防赌及防毒等。

(二) 持续性

酒店应急管理的持续性主要体现在两个方面：第一，就酒店的整个经营过程而言，突发事件随时都可能发生，要想完全避免几乎是不可能的。不论白天黑夜、春夏秋冬，酒店都要坚持不懈地排查隐患；第二，就单个突发事件而言，突发事件一旦爆发总会持续一段时间，酒店突发事件也不例外，一般表现为潜伏期、爆发期、高潮期、缓解期、消退期五个阶段，这就决定了酒店应急管理需要一个持续的过程。

(三) 广泛性

酒店应急管理工作涉及范畴广，既包括酒店本身，又涉及酒店以外的区域范围。如火灾事故的发生，不仅危害酒店设施和人员，还波及酒店周围的其他建筑和居民的正常生活。另外，酒店应急管理涉及各个部门、各个工作岗位和每位员工和客人。酒店应急管理的广泛性要求各部门、各岗位通力合作，将应急管理工作与各部门、各岗位的职责和任务联系起来，依靠全体员工和客人的努力与配合，在酒店中形成周密的应急管理工作网络体系。

（四）政策性

酒店应急管理工作的政策性是由酒店应急管理的性质和内容决定的。酒店应急管理既要维护客人和员工的合法权益，又要对一些触犯法规的人员进行适当的处理。在处理问题时，要根据不同的对象、性质和问题，采取不同的法规或政策。

第二节　不同类型酒店的应急管理

根据传统的分类标准，可以将酒店分为商务型酒店、度假型酒店和会议型酒店，不同类型的酒店其应急管理也有所不同，具体表现如下：

一、商务型酒店的应急管理

商务型酒店就是为那些从事企业活动的商务客人提供住宿、膳食和商业活动及有关设施的酒店。一般来讲，这类酒店都位于城区，靠近商业中心，以接待商务客人为主。商务客人居住的时间大都为周一到周五，这是他们从事商业贸易和洽谈等活动的办公时间。酒店是商务客人暂时的办公地点和休息场所，对于日理万机的商务客人来说，酒店还要有宴会厅、会议室和商务中心。商务型的酒店适应性广，在酒店业中所占比例较大。酒店的环境大都讲究舒适豪华，服务水平较高，设备设施先进完善，特别是商务活动所需的设备设施一应俱全。商务型酒店的最大特点是回头客较多。因此，酒店的服务项目、服务质量和服务水准要高，设施设备要舒适、方便、安全，各项管理体制要健全。为了保障住店客人的安全，酒店安全管理以及应急管理尤为重要。

（1）关于物体打击事故、机械伤害事故的应急响应。事故发生后由部门经理负责现场总指挥，发现事故发生人员首先要高声呼喊，通知现场安全员，由安全员打急救电话，向上级有关部门或医院打电话抢救，同时通知生产负责人组织紧急应变小组进行可行的应急抢救，如现场包扎、止血等措施。防止受伤人员流血过多死亡。预先成立的应急小组人员分工，各尽其责，有序地处理事故，最大限度地减少人员和财务损失。如事故严重，应立即报告酒店安全科，并请求启动更高一级应急救援预案。

（2）关于高空坠落事故的应急响应。一旦发生高空坠落事故，应有安全员组织抢救伤员，部门经理给急救中心打电话，班组长保护好现场防止事态扩大，其他小组成员协助安全员做好现场救护工作，水、电工协助外部救护工作，如有轻伤或休克人员，由安全员组织临时抢救，如包扎止血、人工呼吸、胸外心脏按压等，尽最大努力抢救伤员。如事故严重，应立即报告酒店工程管理部门，并请求启动公司级应急救援预案。

二、度假型酒店的应急管理

度假型酒店一般位于海滨、山区、温泉、海岛等自然环境优美、气候宜人，并且交通便利的地区。度假型酒店除了提供一般性的酒店所应有的一切服务项目以外，最突出、最重要的项目是它的康乐中心，因为它主要是为度假游客提供娱乐和度假场所。度假游客喜欢在气候舒适和风景优美的环境里参加各种休闲、娱乐与健身活动，如滑雪、划船、高尔夫球等。因此，拥有怡人的气候、秀丽的景色、各种休闲娱乐与健身设施是度假型酒店成功的关键。

现代度假型酒店是为住店客人及社会公众提供各种休闲、度假活动的服务场所，与社会其他类型酒店相比，除具有酒店的共性功能外，也有其自身的特点。比如，占地面积大，体育娱乐设施齐全，各类户外露天设施较多、危险大，房屋和设施依山傍水而建，安全管理难度大。为保障酒店客人的安全，有必要建立一套完整科学的应急管理体系。

1. 建立健全应急管理组织与机构

度假型酒店应成立以总经理为首的安全生产管理委员会，由行政部负责具体监督、落实整个公司的安全管理制度，各部门经理为各部门人员、设备运行的安全管理第一责任人，领班和员工为安全管理制度的执行者。

2. 建立完备的安全设备体系

（1）加大技术防范措施建设。酒店应在创建应急管理体系工作中逐年投入一定的资金，建立完备的酒店设备应急管理体系。

（2）将园林景观绿化作为安全防范的辅助手段。在保证安全的前提下，合理规划园林景观，加大园林绿化、美化工作的力度，开展酒店园林绿化总体改造，将绿化管理作为度假型酒店安全管理的辅助手段。酒店每年需投入大量的资金进行园林绿化改造与养护，种植遮阴树，移植良种树木，并在景区小道两旁种植树木，改变植物布局，使景区园林景观改造规划更科学，建成安全绿篱隔离带和防火安全地带，既保证安全，又保持酒店有良好的景观。

3. 建立完善的应急管理体系

（1）建立应急管理网络。加强消防工作，落实防火责任人，防止火灾事故的发生。酒店应全面落实“谁主管，谁使用，谁负责”的安全防火层级网络管理责任制，确定安全分级防火责任人。

（2）加强治安防范。根据有关法规要求，全面落实安全防范工作的“以人防为主，物防、技防相结合”的原则，加强安全检查，在酒店的重点部位，设立多个巡逻打卡点，实行24小时巡逻检查。

(3) 加强考核。在保安人员巡防的基础上，建立值班制度，各单位特别是夜间岗位和有客人消费的岗位应有兼职安全员值班，对日常工作中出现的安全事故、安全隐患实行日报制度，根据安全危害大小，在考核中对有关人员扣分，甚至直接处罚。

4. 建立完备的安全制度体系

(1) 建立健全规章制度。酒店创建安全制度体系工作是关系到酒店内外全体人员切身利益的基础性工作，能够为酒店提供良好的治安环境与生活居住环境，有利于酒店接待工作的顺利开展。健全的规章制度，为酒店创建安全体系工作创造了有利条件，使酒店创建安全体系工作步入制度化、规范化的轨道。

(2) 加大培训力度，把各项安全规章制度落到实处。

(3) 加强酒店内的人员管理。对来店的客人和协作单位人员，在酒店工作人员和居住在酒店内的员工家属的基本情况进行登记管理。对出入酒店的内外单位的车辆进行登记管理。同时，还要对酒店内穿梭的电瓶车进行安全管理。

(4) 实行安全工作问责制。将管理者、员工等都纳入安全责任体系之中，真正做到安全工作人人有责，筑起一道完整、稳固的安全“防火墙”。

三、会议型酒店的应急管理

会议型酒店是专门为各种从事商业、贸易博览会、科学讲座的商客提供住宿、膳食和展览厅、会议厅的一种特殊酒店。它通常设在大都市和政治、经济中心，或交通方便的旅游胜地。会议型酒店的主要接待对象是各种会议团体，所以要求酒店设置不同类型和规格的会议厅、展览厅、贸易洽谈室等和相应的会议设备，如投影仪、录像设备、扩音设备和先进的通信、视听设备，接待国际会议的酒店还需要具备同声传译设备，并且在会议室、谈判间里都要有良好的隔板装置和隔音设备。为了有效地帮助会议组织者协调和组织会议各项事物，要求酒店提供专业的维修服务和高效的接待服务。

基于会议型酒店的综合性功能，通常需要在酒店进行大型会展活动，与会者的群体性、会展活动流程的繁杂性、活动项目的多样性、某些会展活动的信息保密性等，都使得会议型酒店成为各类安全事故的高发地。因此，会议型酒店应该把应急管理置于酒店管理的首位，要求各部门、各岗位通力合作和支持，形成一个广泛的应急管理工作网络体系。会议型酒店经营中会展活动包括会前、会中和会后三个不同阶段，需针对每一阶段特殊的安全问题进行监管和防控。

1. 会议型酒店会前的应急管理

会前的主体应急管理主要是人流的安全控制，酒店应采取以下安全措施：①根据会展活动的性质与规模大小，规划重点守卫任务。对于重大政治会议应积极配合警方的安全部署，必要时封闭酒店保障会展安全。②会前与车站、机场、码头等机构或保卫部门联系，做好与会者的接送工作。③对于展销会、产品发布会等容易被犯罪分子混入的会展，要通过大厅电梯口及会场走道摄像头组成的闭路电视监控网进行监视。④在保安人员进行重点守卫、巡逻的同时，要安排资深引梯员和迎宾员。

关于会议型酒店的会展场馆应急管理措施包括：①根据会议型酒店自身星级承接不同档次的会议活动，高星级酒店不要承接低档会议，否则设施损耗大；②根据会展活动的规模和规格安排不同的会议室，防止会议室超载；③会议旺季时要对主要设施进行维护，防止盲目接待，以免造成设施的过度磨损和超常损耗；④尽量选用安全材质布置会场，安排多个标志明显的进出口，以便人流疏散；⑤活动开始前对全场的电路、通信、消防设备等进行全面检查，消除隐患。

2. 会议型酒店会中的应急管理

会中应急管理是酒店会展应急管理的中心环节，它所涉及的安全管理对象、内容都比会前和会后更为集中。

对于密级较高的会议，会议型酒店应采取严格的保密措施，在会场周围设置必要的安全警卫，限制无关人员接近会场。会中，必须强调只有会议成员与相关新闻媒体才能进入会场，保安人员可通过会议徽章、证件的检查来限制进入会场的人员。对于与会人数明确的会议，可安排迎宾员在会场的入口处迎宾兼盘点人数。除此之外，会议型酒店可以使用的保密技术或设施有：①移动电话保密。与主办方协商，考虑是否要使用通信屏障或信号干扰以控制会中移动电话的使用。②有线电路保密。会议使用经过改造、没有泄密可能的扩音设备进行有线广播。③电脑保密。加强对电脑操作人员的安全管控，防止电脑中毒、黑客入侵和数据被盗等不安全事件的发生。

3. 会议型酒店会后的应急管理

会后应急管理不仅指会议结束后的应急管理，它还包括会展单位在酒店全部活动结束后的后续安全管理工作。酒店应对每次承接的会展活动作详细的安全分析，并收集反馈意见，以促进酒店应急安全管理水平的改进与提高。

会议结束后酒店要协同主办方清理会场，限制无关人员入内，以防破坏和盗窃。会议散场时，人流比进场时更集中，酒店引梯员和迎宾员应该各就各位，引领客人走不同的通道，以便尽快疏散人流。引梯员应注意控制电梯搭乘秩序和人数。除此之外，会后酒店要加强对设施的维护和保养，保证设施的持续安全使用。大型会议型酒店经常同时承接多种会议，甚至一天要多次使用同一会议设施。此时员工就面临繁重的换台任务，因而更要注意工作安全。主管部门应该配备足够的人力，并关注夜班员工的出行安全。

第三节 酒店应急管理的内容

酒店的突发事件种类繁多，由于发生的规模、危害性质、事前准备不同，会产生不同的影响和后果，这些事件的发生具有随机性和不确定性，如果应对不当，可能产生更大规模的事故，会对酒店人员的生命、财产造成伤害。所有对酒店突发事件的处理都可以看成是酒店应急管理的内容。

一、酒店安全事故应急管理

酒店是社会交际的结合点，来往人员复杂，流动性大，因此酒店安全非常重要。由于影响酒店安全的因素很多，更有不可预知的情况，安全工作不易控制，因此安全事故在所难免，包括火灾、食物中毒、易燃易爆品进店进房、客人行李物品被盗以及抢劫、吸毒、诈骗等恶性刑事案件。事故的性质、内容、原因、大小等不同，具体处理方法也不同，为了减少或避免安全事故的发生，降低事故造成的损失，酒店必须做好安全事故的应急管理，以维护客人、员工和酒店的利益。

（一）火灾事故的应急管理

火灾是酒店最常发生的安全事故，它直接威胁到客人、员工的生命和财产安全及酒店的财产安全。一旦发生火灾，酒店将在经济和声誉上付出沉重的代价。因此，酒店必须对员工进行常规的防火安全教育，使其掌握火灾的应急处理方法。

1. 火灾的成因

（1）吸烟所致。在酒店火灾中，客房火灾占相当高的比例。《世界饭店》杂志对近年来酒店火灾空间位置及原因进行统计分析的结果表明，酒店火灾多发生在客房区域，占酒店火灾的68.8%。在客房火灾中，因吸烟不慎而引起的火灾比例高达40%以上。常见的情形有：乱扔烟头、火柴梗，引起床单、地毯、沙发、衣服等可燃物起火；躺在沙发上、床上吸烟，火星散落引起火灾；将未熄灭的烟头随意扔入垃圾箱引起垃圾起火；在有可燃气体或有蒸汽的场所违章吸烟，发生爆炸起火，等等。

（2）电器、电线故障。酒店内电器种类繁多，除了客房、餐厅、厨房配有各种电器，还有锅炉房、电脑房、配电房等，因电器、电线故障而引起的酒店火灾所占比例非常高，主要表现在：电炉、电熨斗等设备由于质量差、故障或使用不当引起火灾；各类照明灯具使用不当，点燃可燃物引起火灾；线路由于超载运行、短路等，产生电火花、局部过热，导致电线、电缆和周围的可燃物起火。2007 年 12 月 12 日，广东东莞名典咖啡厅发生的重大火灾就是因为空调电线短路所致，这场大火共造成 10 名中外宾客死亡。

（3）厨房用火不慎所致。厨房是酒店同火打交道最多的场所，厨房用火不慎引发的火灾也是酒店火灾的重要原因之一。主要表现在：厨房燃料泄漏，遇明火引发火灾；排烟罩及排烟管道油垢堆积，遇明火引发火灾；厨房员工操作不当，油锅持续高温发生燃烧；因各种厨房用具使用不当或开关失灵而发生火灾。

（4）大量易燃材料的使用。酒店有大量的木制家具、棉织品、地毯、窗帘等易燃材料。此外，还有各种装饰材料，这些装饰材料恰恰是火灾的隐患。一旦发生火灾，这些易燃材料会加速火势的蔓延。

（5）火情发现不及时。与公安部统计的全国火灾情况一样，大多数酒店的火灾也是在夜间。因为此时客人已休息，酒店工作人员很少，火灾苗头往往不易被发现，当人们发现火情时，火灾已具有一定的规模，给扑救工作造成很大困难。

（6）消防设施、设备配备不足。很多酒店火灾的发生与蔓延，是由于没有配备足够的消防器材所致。按照消防法规规定，一类建筑通道每 15 米必须安放手提式灭火器一部，二类建筑每 20 米必须安放手提式灭火器一部。

（7）未及时通知消防部门。很多酒店的消防工作程序规定，发生火灾时要首先向酒店消防中心报警，由酒店义务消防队扑灭初起火灾。只有当火势发展到一定程度，义务消防队很难把火扑灭时，才由酒店的消防委员会或者领导作出决定，通知当地消防部门。如果酒店消防委员会或者领导判断有误，未及时通知消防部门，等消防部门得知火灾情况，很可能火势已蔓延，错过了灭火的最佳时间。

（8）违反了消防法规或消防管理不善。近年来我国消防法律法规和规范不断完善，如《中华人民共和国消防法》《高层建筑消防管理规则》《中华人民共和国国家标准高层民用建筑设计防火规范》《机关、团体、企业、事业单位消防安全管理规定》《关于加强宾馆、饭店等旅游设施消防安全工作的通知》等。很多酒店的火灾，究其原因都是不同程度地违反了国家的有关消防法规。以 1994 年 12 月 8 日发生于新疆克拉玛依市友谊馆的特大火灾为例，该馆严重违反国家的消防安全规定，在过道内堆放杂物，安装、使用各类设备不符合防火规定，对当地消防部门下发的“防火检查登记表”置之不理。在当天举行活动时，安全疏散门一直上锁关闭，致使在火灾后发生拥挤堵塞，造成325人死亡的惨痛事故。

2. 火灾事故的应急处理

酒店发生火灾事故的处理程序一般为：

（1）及时发现火源。酒店员工要有高度的责任心和安全防范意识，当听到自动报警系统发出火警信号或发现有异常的燃烧味、烟雾或火焰等迹象时，应迅速查明情况，找出火源，第一时间报告酒店消防中心。

（2）及时报警。一旦发现火情应立即报警，用电话通知总机，清楚上报着火地点和燃烧物质。有关人员在接到火灾报警后，应立即抵达现场，组织扑救，并视火情决定是否通知公安消防部门。酒店报警分为两级：一级报警是在酒店发生火灾时，只向酒店消防中心报警，其他场所听不到铃声，这样不会在整个酒店造成紧张气氛；二级报警是在酒店消防委员会或领导确认酒店内已发生火灾的情况下，向全酒店报警。

（3）及时扑救。如果火势不大，可组织员工或客人用水桶、灭火器材、消火栓等及时进行扑救，这时要关闭所有电器开关及通风、排风设备，由酒店消防委员会或领导决定是否通知消防部门。店内所有员工应坚守岗位、保持冷静，切不可乱蹿。同时，要保持电话线畅通，便于管理层的命令能有效传达。

（4）疏导人员。酒店发生火灾时，有组织、有计划、有步骤地疏散人员，对减少客人和员工伤亡极为重要。在疏散步骤上，首先应疏散受烟火直接危害的人员，接着疏散受烟火威胁最大的人员，疏散起火层下一层或向下两层的人员，为火场施救腾出必要的活动区域。要迅速、合理地确定疏散路线和人流分配，以免大量人员涌向一个出口而发生堵塞和踩踏事故。酒店要迅速打开安全门、安全梯，组织和疏导客人及员工撤离。各层楼梯口、路口、大门口都要有人指挥把守，为客人及员工引路，使其迅速脱离险境。同时指定专门人员逐一检查客房，确定无人后在门上做好记号，把门关好，以阻止火势蔓延。

（5）组织救助。应对火灾，重在忙而不乱，酒店应迅速准备好急救药品，必要时通过相关医疗机构，组织抢救受伤的客人、员工和扑救人员。在平时这一环节就应作为责任制度明确下来，指定专人或专门机构负责，以保证火灾发生时救助工作的及时性和组织性。

（二）重大治安事件应急管理

重大治安事件主要是指违反法律法规、影响社会安定和秩序的事件，具体包括：拨打恐吓电话及放置可疑爆炸物事件；抢劫、凶杀、绑架等暴力事件；非法展览或非法集会事件；诈骗犯罪事件；散发非法宣传品事件；大型活动或会议突发事件，等等。

重大治安事件极大地影响了酒店正常的经营管理工作，一旦发生将给酒店带来巨大的损失，因此对重大治安事件的管理是酒店应急管理的重要内容。重大治安事件的一般处理程序如下：

1. 立即报告

酒店员工在遇到重大治安事件时要做到沉着冷静。现场第一发现人要记清犯罪嫌疑人的体貌特征、凶器及踪迹，并及时向酒店管理部门报告。保安部经理和总经理得到通知后应立即赶赴现场，全力组织抢救工作，保护事故现场，同时报告当地公安部门。

2. 执行指令

在应急处置过程中，酒店应急处置指挥机构应及时、全面了解情况，决定是否下达排查隐患、疏散人员等指令。各部门接到相关指令后，应立即对本部门各辖区开展排查工作。若接到疏散指令，应及时通知和引导所辖区域的客人疏散到安全区域，客房部、餐饮部、前厅部等应做好对来电咨询的客人或本酒店客人的安抚工作。

3. 组织救助

若在事故中有人员伤亡，酒店要立即组织医务人员对伤者进行抢救，或立即送往医院。伤亡人员中若有外籍客人，责任方和酒店在对伤亡人员核查清楚后，应及时报告当地外办，同时以电话、传真或其他有效方式直接向中国旅游紧急求援协调机构报告。

4. 赔偿损失

对事故现场的行李和物品，要认真清理和保护，并逐项登记。酒店应协助责任方按照国家有关规定办理对伤亡人员及其家属的人身和财产损失的赔偿，协助保险公司办理入境旅游保险者的保险赔偿。

5. 善后处理

事故结束后，酒店要和责任方及其他有关方面一起，认真总结经验教训，进一步改进和加强安全管理措施，防止类似事故的再次发生。此外，酒店还需要将事故过程和处理经过整理成文字材料，上报有关部门并存档。

二、餐厅事故应急管理

一般来说，餐饮和客房是酒店的两大支柱，餐饮业务一直是酒店收入的重要来源。统计数据显示，我国四星级和五星级酒店收入构成为：客房48%、餐饮36%、租金及其他7%、小型营业部门5%、水疗及健身3%、通信1%。酒店餐厅经营活动环节复杂，安全涉及的方面很多，同时也是频繁发生事故的一个部门，其中最突出的是火灾和食物中毒。加强对餐厅事故的应急管理对整个酒店的正常运营起到非常重要的作用。

（一）火灾的应急管理

1. 餐厅火灾的原因

（1）大量可燃物。餐厅是酒店人员最集中的场所，它包括大小宴会厅、中西餐厅、咖啡厅、酒吧等。这些场所内部可燃装修物多，可燃物数量大，并连通失火率较高的厨房，形成了火灾隐患。在餐厅内吃火锅、点蜡烛、菜肴加热使用明炉、吸烟等，都有可能使餐厅装饰物着火而引发火灾。

（2）厨房失火。厨房的失火率较高，因为厨房内设有冷冻机、烤箱等，由于雾气、水汽较大，油烟积存较多，电器容易受潮，造成漏电或短路起火。除此之外，油锅起火是十分常见的。厨房员工操作失当，容易导致油锅持续高温而起火，实验证明，油锅起火大约 20 秒后，火势便发展到猛烈阶段。若不及时有效地处理，大火会迅速引燃厨房内其他可燃物，并且通过风机、风管蔓延，从而引发更大的火灾。一般餐厅连通着厨房，一旦厨房发生火灾，餐厅也不可避免地遭受损失，甚至危及整个酒店的安全。

2. 餐厅火灾的预防措施

为了预防酒店餐厅火灾，餐厅和厨房应采取的消防安全措施主要是：

（1）留出足够的安全通道，保证人员安全疏散。餐厅应根据用餐的人数设计餐桌摆放格局，留出足够的通道。通道及出入口必须保持畅通，不得堵塞。

（2）加强用火、用电、用气管理。①建立健全用火、用电、用气管理制度和操作规程，落实到每个员工的工作岗位。如餐厅内需要点蜡烛增加气氛时，必须把蜡烛固定在不燃材料制作的基座上，不得靠近可燃物；供应火锅、烧烤风味时，餐厅必须加强对炉火的看管，使用酒精炉时，严禁在火焰未熄灭前添加酒精，酒精炉应使用固体酒精燃料；餐厅内应在多处放置烟灰缸、痰盂，以方便宾客丢放烟头和火柴梗。②对厨房内燃气燃油管道、仪表、阀门等必须定期检查，防止燃气等泄漏；发现燃气燃油泄漏，首先要关闭阀门，及时通风，并严禁使用任何明火和启动电源开关；燃气库房不得存放或堆放餐具等其他物品。楼层厨房不应使用瓶装液化石油气，煤气、天然气管道应从室外单独引入，不得穿过客房或其他公共区域。③厨房内使用厨房机械设备，不得超负荷用电，并防止电器及其线路受潮。油炸食品时，要采取措施，防止油溢出着火。工作结束后，操作人员应及时关闭厨房的所有燃气燃油阀门，切断气源、火源和电源后方能离开。厨房内抽烟罩应及时擦洗，烟道每半年应清洗一次。除配置常用的灭火器外，还应配置石棉毯，以防油锅起火引发火灾。

3. 餐厅火灾的应急处理

餐厅员工要有高度的防火意识，坚持对餐厅内部进行常规安全检查，及时发现和消除火险隐患和一切违章现象，对暂时难以消除的火险隐患必须采取应急措施，确保消防安全。

应急处理的程序一般如下：

（1）及时发现火源。发现火情时，按照灭火预案，当班服务人员应立即通知安全负责人，尽快增加援助人手，组织现场人员用灭火器具进行扑救，力争能够有效控制火情，尽量把火灾消灭在萌芽状态。

（2）立即报警。如果火势蔓延无法扑灭，应立即向 119 报警，告知火灾发生的准确位置、扩散情况及其威胁的严重程度。同时通知餐厅员工和所有的就餐客人准备离开。

（3）疏散客人，撤离贵重物品。餐厅当班服务人员要正确地引导客人向疏散通道疏散，并授之以正确的逃离姿势。其他服务人员应协助清理各种障碍，疏通各种通道，为消防部门的人员、设备进入现场扑救创造条件，同时要即时抢救伤员。还应尽快把餐厅现金、贵重物品及文件资料撤离到安全地方，这是一项很重要的工作，如果组织不当会造成更大的财产损失。

（4）应急善后。抢救完毕后，餐厅管理人员应配合消防部门调查火灾原因，改善防火措施。同时对顾客做好安抚工作，对物品、设备进行清点及抢修，恢复餐厅正常运营。

（二）食物中毒的应急管理

食品安全一直以来就是人们关注的焦点问题，食物中毒也是餐厅频发的事故之一。它不仅危及客人的生命安全，而且会极大地影响酒店的声誉，因此做好食物中毒的应急管理是酒店经营管理的重要环节。

1. 食物中毒的原因

（1）食物原料不安全。餐饮产品的加工是从食物原料开始的，食物原料造成食物中毒主要表现在：餐厅在采购时没有经过正当渠道，购买了假冒伪劣产品；厨师所用的烹调用油不符合标准；厨房在清洗食物原料时不认真；烹调使用的半成品原材料已过保质期；过量使用食品添加剂，等等。

（2）就餐环境不卫生。餐厅是客人就餐的场所，就餐环境的好坏直接影响客人的心情和满意度。不洁的就餐环境也会造成客人食物中毒，主要体现在：餐厅装饰、设施设备的不清洁；空气质量太差；苍蝇、虫子容易传播疾病，等等。

（3）服务中使用的各类用品及工具不卫生。餐厅人员在服务过程中提供的各类用品及餐具不清洁也会造成客人食物中毒，如餐具以及客人使用的热毛巾没有经过严格的清洁、消毒等。

(4) 从业人员自身的卫生问题。服务员直接和客人接触，厨师直接烹调客人的食物，因此他们的不良卫生习惯会给餐饮服务带来一定的风险，可能导致客人食物中毒。例如，服务员、厨师在上厕所后不洗手；服务员在收拾脏的餐具、接触钞票后不洗手；厨师直接用手拿取食物；服务员或厨师对着食物咳嗽、打喷嚏，等等。

2. 食物中毒的应急处理

食物中毒以恶心、呕吐、腹痛、腹泻、昏迷等为主要症状。餐厅一旦发现客人出现食物中毒或疑似症状，要立即采取措施进行处理。一般程序如下：

(1) 立即报告。当发现客人出现食物中毒时，发现人应首先了解中毒者国籍、人数、症状程度等基本情况。报告主管人员送交酒店医护人员或有医学常识的工作人员及时诊断，并立即向酒店总机或其应急指挥中心报警，总机或其应急指挥中心应立即向酒店总经理等高层领导报告，按指示启动应急联络程序，同时向急救中心求援。

(2) 实施救助。当确定客人是食物中毒时，酒店应及时安排医务室医生携带急救药品和器材赶往现场，实施必要的紧急抢救，并根据具体情况决定是否将中毒者送往医院，或等待急救中心专业人员处理。酒店工作人员应妥善安置中毒者，保护好现场。

(3) 取样备检。酒店应安排食品化验员了解详细情况，找出可疑食品及食品盛放工具，对病人呕吐物等加以封存，对食物取样化验，并通知卫生防疫部门确定中毒原因。

(4) 保护现场。酒店保安部应派专人做好现场保护工作，协助医务人员抢救中毒者，验明中毒者身份，做好询问记录。如涉及外籍人员，应视需要向外事主管部门报告。如怀疑人为投毒，保安部负责人须请示酒店总经理决定是否向公安机关报案，并视情况决定是否划定警戒区以及对厨房、餐具、食品进行封存。

(5) 善后工作。酒店及时通知客人的单位和家属，做好客人治疗、康复期间的善后工作。如果经查证中毒责任在酒店一方，酒店应给予客人相应的经济及精神补偿。

三、休闲娱乐场所事故应急管理

酒店休闲娱乐场所，如夜总会、歌厅、水疗馆等，是酒店的附属设施，这些场所能给顾客带来休闲放松、身心愉悦的感受，但在经营过程中也存在一些安全隐患，如火灾、突发公共卫生事件等。酒店应加强对这些事件的预防与处理，以免影响到整个酒店的运营。

（一）休闲娱乐场所火灾

酒店休闲娱乐场所人员集中、易燃可燃物质多、电器设备多，发生火灾可能性比较大。因此，切实加强酒店休闲娱乐场所的消防安全管理工作是当务之急。

1. 火灾的原因

（1）大量可燃物。一般酒店的夜总会、歌厅、水疗馆等娱乐场所为了提高档次，不惜投入重金进行豪华装修，大量采用木质材料、纤维织品、塑料等烟量大、毒性大的可燃材料，这就增加了这类场所的火灾荷载，降低了建筑物的耐火等级。一旦发生火灾势必造成猛烈燃烧，且迅速蔓延，形成大面积火灾。

（2）用电设备多，线路故障。酒店娱乐场所一般采用多种照明和各类音响设备，且数量多、功率大。有些灯具表面温度很高，如碘钨灯的石英玻璃管表面温度可达500℃～700℃，若与幕布、布景等可燃物品靠近极易引起火灾。由于用电设备多，连接的电器线路也多，倘若安装、使用不当，很容易引发火灾。

（3）消防设施不完善。酒店休闲娱乐场所常出现以下现象：装修时为讲究整体效果而将消火栓等消防设施封堵起来；营业时将安全出口上锁，占用走道和楼梯间；损坏和擅自挪用、拆除、停用消防设施、器材；常闭式防火门常处于开启状态，等等。有些酒店没有按消防技术要求设置火灾自动报警系统和自动喷水灭火系统、防排烟系统；有的虽然配置了这些系统，但由于维护管理不善，自动消防系统不能正常运行，一旦发生火灾，不能实施灭火自救。

（4）消防安全意识淡薄。酒店休闲娱乐场所的经营负责人往往只注重经济效益，而忽视消防安全。在休闲娱乐场所投入使用前没有按规范要求配置消防设施，而营业后又没有定期组织员工开展基本的消防安全宣传教育，员工缺乏消防安全常识。而且这些场所营业高峰时间段大多在深夜，是火灾发生的高峰期，场所管理人员疲于应付经营，对消防安全管理疏于防范，一旦发生火灾势必造成火灾蔓延、扩大。

2. 火灾的预防措施

（1）布局和位置设置。休闲娱乐场所最好能设置在酒店的首层、二层或三层，必须设置在其他楼层时，应满足下列规定：①应设置火灾自动报警系统和自动喷水灭火系统；②应设置防烟、排烟设施；③不应设置在地下二层及以下楼层。

（2）室内装修的防火设计。装修时应尽量避免采用在燃烧时产生大量浓烟或有毒气体的材料，根据2008年发布的《中华人民共和国消防法》第26条规定，人员密集场所室内装修、装饰，应当按照消防技术标准的要求，使用不燃、难燃材料。建设单位和施工单位应严格按照消防设计要求进行施工装修，不应减少安全出口、疏散走道的数量和宽度。

（3）消防设施的设置。关于消防设施的设置应做到以下五点：①场所的配电线路明敷时应采用低烟无卤型电线电缆，并穿金属管或金属线槽进行敷设，暗敷设施可使用普通电线电缆，但也要穿金属管和阻燃硬质塑料管敷设在不燃烧体内；②场所在安全出口和地下层的疏散走道应使用电光源型疏散指示标志；③歌厅和包房内电脑应设置报警界面，当火灾发生时能控制切换到火灾报警画面；④灭火器配置应按《建筑灭火器配置设计规范》进行配置，并将灭火器设在明显和便于取用的地点，且不得影响安全疏散；⑤地下、半地下或酒店的地上四层及四层以上的娱乐场所都应设置自动报警系统和自动灭火系统。

（4）安全疏散的设置。酒店娱乐场所应符合《中华人民共和国国家标准高层民用建筑设计防火规范》或《公共娱乐场所消防安全管理规定》等有关规定，必须做到：①建筑面积50平方米以上的场所安全疏散出口不应少于两个，相邻两个安全出口或疏散出口最近边缘之间的水平距离不应小于5米，地下一层的娱乐场所的安全出口应直通室外，疏散走道和安全出口的净宽度不应小于1.4米；②场所的疏散门应向疏散方向开启，且不应设置卷帘门、转门、侧向推拉门等不利于安全疏散的门；③场所的大厅、包厢应在显眼地方张贴安全疏散指示图；④应按标准设置疏散指示标志和应急照明灯，利于疏散。

（5）严格控制用火、用电和易燃、易爆物品。严禁在酒店娱乐场所营业时进行设备检修、油漆粉刷等维修作业；公共场所内不得使用火炉灶具；在娱乐场所内应设置禁烟区，指定吸烟室，吸烟室内应设置烟灰缸，禁止烟蒂随地乱扔；严禁带入和存放易燃易爆物品；楼梯口、安全出口处、疏散通道上严禁堆放易燃物品。

（6）加强宣传教育以及消防监督。若要有效控制火灾，宣传教育工作尤为重要，可通过利用媒体宣传、举办技能培训班等方式，使相关人员意识到火灾的危险性，提高公共娱乐场所设施、设备的技术管理水平。各级公安消防部门对酒店娱乐场所存在的火灾隐患，要做到及时发现、及时督促整改；对存在的重大火灾隐患依照有关规定及时建档立案，召开专家论证会并分析原因，拟订整改方案，依法限期要求酒店将隐患清除。

（二）休闲娱乐场所卫生

突发公共卫生事件，指突发的重大传染性疾病疫情、群体性不明原因疾病、重大食物中毒以及其他严重影响公众健康的事件。

酒店夜总会、歌厅等休闲娱乐场所人流量大、人员集中、空气质量差，水疗馆、泳池等康乐场所卫生标准也难以控制，这些场所极易出现突发公共卫生事件，从而影响酒店的正常营业，因此，加强酒店休闲娱乐场所卫生管理，提高卫生质量，保障消费者健康是酒店应急管理的重要内容之一。

1. 造成卫生事件的原因

一般来说，酒店休闲娱乐场所存在的卫生安全隐患主要包括以下四点：

（1）空气质量差。一些酒店把夜总会、歌厅等娱乐场所建在地下，地下环境常常存在许多不足，室内的微生物在空气湿度大、通风不良、阳光不足的情况下，可保持较长的生存时间，且具有较强的致病性。尤其是在流行病期间，在这类人员高度密集的场所，人群之间的感染机会最多，直接危害人们健康。除此之外，这类场所吸烟者多，人员拥挤、通风不良使空气中一氧化碳含量超标，当室内空气中一氧化碳超过 0.1% 时人就会感到头痛、头昏，甚至出现中毒症状；浓度达 0.32% 时，在室内停留两个小时就可致人死亡。

（2）用品用具没消毒。酒店夜总会、歌厅和洗浴场所的饮具卫生合格率均较低，主要原因有如下三点：①管理人员、服务人员的卫生意识淡薄，没有正确掌握消毒器具、药物的使用方法；②酒店洗涤、消毒、保洁设施不健全，难以保证器具的消毒效果；③饮具消毒不按消毒规程执行或根本不消毒。这类场所人多杂乱，用品用具不消毒或消毒不彻底很可能成为疾病流行的源头。

（3）水质、沐浴用品不清洁。酒店水疗馆、游泳池等康乐休闲场所的卫生状况总体上要比夜总会、歌厅的卫生好，但也存在一些卫生不合格的问题，主要表现为以下两点：①水疗馆、游泳池中的水不清洁，水中的细菌总数、大肠菌群、pH 值等没有达到合格标准。②客人使用的一次性洗浴用品，如毛巾、浴衣、拖鞋等没有经过严格的洗涤、消毒，尤其是拖鞋的真菌污染是最容易发生的。

（4）人员卫生问题。酒店人员主要是服务人员和客人，他们自身的卫生也是影响酒店休闲娱乐场所卫生的重要因素。一方面，一些酒店在招募服务员时只关注其仪容仪表，而没有对其健康状况进行仔细检查，或者酒店没有组织定期检查；另一方面，现在酒店对客人的卫生管理比较宽松，出于对客人的尊重及人性化的考虑，不会要求客人出具健康证明。如果服务人员或客人存在卫生问题，在这类场所中极易发生交叉感染。

2. 突发公共卫生事件的预防

酒店休闲娱乐场所一旦发生突发公共卫生事件，要有预防措施和应急处理的方案。对于酒店休闲娱乐场所的卫生管理，酒店首先应加强预防，尽量减少卫生事件的发生。预防措施主要包括以下四点：

（1）保证空气质量。夜总会、歌厅等娱乐场所，在呼吸道传染病流行季节，应加强自然通风，保持机械通风设备的正常运转，通风设备按卫生要求定期清洗过滤，保证室内有足够的新风量，还应经常喷洒空气清新消毒剂，保持室内空气清新。除此之外，这些娱乐场所内要禁止吸烟，设置明显禁止吸烟标志和专门吸烟室。吸烟室安装独立通风排风装置，并保持通风良好、空气清洁。对顾客吸烟要及时进行劝阻，吸烟室外不设置烟灰缸。

（2）对公共用具消毒。要对场所内公用设施，如公用茶杯、果碟、麦克风、电话机等进行经常性消毒。供顾客使用的茶具必须做到每位客人用后清洗消毒，使茶具表面光洁，无油渍、无水渍、无异味。场所内必须设有公共用具消毒设施或消毒间。药物消毒须建有洗涤池、清水池、消毒池（桶），消毒池应加盖防止药液挥发。电子消毒柜消毒应运转正常，并设有保洁柜，已消毒的杯具及时放置在密闭保洁柜内，防止二次污染。

（3）对水质、公共用品的清洁。水疗馆、游泳池等场所卫生设施应包括设有符合卫生要求的更衣室、卫生间、卫生设施、垃圾箱等。卫生间要有良好的上下水系统，并单独设置通风排气设施，以免污染水质。凡有提供公用茶具、面巾服务的，必须设置专用消毒间对物品进行消毒。酒店要对这类场所开展主动监测，包括疫情监测和水质卫生监测，并且制定严格的水质净化处理规范，规定水质净化、消毒的指标以及工作程序。

（4）加强人员卫生管理。酒店从业人员上岗前须经卫生知识培训，定期接受复训，并且要取得预防性健康体检合格证后方可上岗。酒店应每年对员工进行一次健康检查，做到“早发现、早报告、早隔离、早医治”。若员工被确诊已患病毒性肝炎、活动性肺结核等传染病，应立即向酒店汇报，酒店应视情况及医生建议，决定是否对与之接触过的员工或客人进行相关检查，相关人员应做好保密工作。患有传染病或疑似传染病的酒店员工，应待医院及酒店医务室确认无恙后方可上岗。酒店从业人员应保持良好的个人卫生，做到勤洗澡、勤理发、勤洗手、勤剪指甲，杜绝在工作岗位上吸烟、吃零食等有碍卫生的行为。

3. 突发公共卫生事件的应急处理

酒店休闲娱乐场所一旦发生突发公共卫生事件，要及时处理，以免疫情蔓延，给酒店造成更大的损失。一般而言，应急处理的程序应包括以下三点：

（1）发现后立即汇报。当发生突发公共卫生事件时，酒店突发事件应急处置指挥机构应立即召集相关人员听取情况汇报，视情况决定是否向相关疾控中心、公安机关及上级部门报告。酒店医务室在接到报告后，应立即了解相关人员病情，经总经理授权后，立即报告疾控中心，配合防疫部门及时做好消毒、监测、隔离工作，将疫情控制在最小范围内。

（2）救治人员。若有人员发病，酒店医务人员应先采取必要的救治措施，同时等待疾控中心专业人员到达并配合行动，同时与之接触的人员应做好自我保护工作；若病人病情紧急，应立即将其送往医院。如传染病人员不配合工作，可通知保安部协助或由保安部上报有关部门。

（3）清洁消毒处理。病人被送往医院后，酒店应视情况决定是否采取保护或消毒措施，如客人被确诊患有传染病，酒店应及时对其使用过的器皿、毛巾等用品进行严格消毒，清查与之接触过的客人和员工群体，确认易感人员名单，按要求进行隔离观察，确保其他员工和客人的安全。如有人员被确诊为重大传染病病例，酒店应根据传染病传播程度或防疫部门的要求，对休闲娱乐场所甚至整个酒店进行封闭，并根据封闭范围和在岗人员情况，成立由总经理领导的指挥部，组成对客服务组、生活保障组、后勤供应组、安全警卫组、义务救护组，负责酒店封闭期间的正常运转。

第四节 酒店应急预案编制

一、应急预案编写原则

正确编写酒店应急预案，能够保证迅速、有序、有效地开展应急与救援行动，降低安全事故或危机对酒店造成的损失。一份有效的应急预案，应该对酒店内各应急机构的职责、人员、技术、装备、设施、物资应急过程中的指挥与协调等方面都预先作出具体安排。简单地说，酒店应急预案需要明确在突发事件发生之前、发生过程中及刚刚结束之后，谁负责做什么、何时做以及相应的策略和资源准备等。

鉴于应急预案对酒店的重要作用和意义，在编写过程中要遵循以下原则：

1. 科学

一些应急预案仅对酒店内应急救援的部门与职责作了一些规定，将应急预案和应急条例混淆，并未反映应急预案中其他应该包括的核心内容。预案的科学性要求具有针对性，根据时间情况，按事故的性质、类型、影响范围和后果严重程度分级地制定应急预案。

2. 可操作

目前酒店应急管理普遍存在的问题是，应急预案的编制未能充分明确和考虑自身可能存在的重大危险和后果，没有结合自身应急管理能力的实际，对一些关键信息，如指挥和协调机制，缺乏详细而系统的描述，导致应急预案的可操作性不强。

3. 动态可调整

突发事件往往复杂多变，再完善的预案也难以全部概括各种可能的情况：一方面，突发事件发生过程中，情景是动态变化的；另一方面，各种突发事件，甚至是预案中没有提及的突发事件随时发生。因此，应急预案需要具有动态可调整性。只有这样，当情况变化时才能使各级预案的应急管理人员既有案可依，又能随机应变。

二、酒店应急预案的基本结构

不同的预案由于所处的层次和适用范围不同，因而在内容上有详略之分。但是，预案可以采用相似的基本结构。一个完备的应急预案包括五部分：一个基本预案，加上应急功能设置、分类事故预案、应急标准化操作程序和保障支持系统。

1. 基本预案

基本预案一般是酒店对公众发布的文件，其主要内容包括最高行政领导的承诺、发布令、基本方针政策、主要部门的分工和职责、任务与目标、基本的应急程序。

2. 应急功能设置

应急功能是针对在各类突发事件中通常要采取的一系列基本的应急行动和任务而编写的计划，一般包括接警与通知、指挥与控制、警报与紧急公告、通告、事态监测与评估、警戒与管制、人群疏散、人群安置、医疗与卫生、公共关系、应急人员安全、消防与抢险、泄漏物控制、现场恢复等。它着眼于突发事件响应时所要实施的紧急任务。由于应急功能是围绕突发事件行动的，因此它的主要对象是任务的执行机构。针对每一种应急功能应明确其针对的形势、目标、负责机构和支持机构、任务要求、应急准备及操作程序等。应急预案中包含的功能设置的数量和类型要取决于突发事件的类型。

3. 分类事故预案

对于酒店而言，需要考虑可能遇到的所有各类突发事件，并根据事件的风险特点，分别划分相关部门的主要负责、协助支持和有限介入三类具体的职责。

4. 应急标准化操作程序

由于基本应急功能设置并不说明各项应急功能的实施细节，各应急功能的主要负责部门必须组织制定相应的标准操作程序，为负责部门或个人提供完成应急预案中规定的任务和职责的详细指导。在该部分，应该明确具体负责的部门与负责人、部门的功能和职责、应急活动的具体活动内容、具体操作步骤。应急标准化操作流程要求要细致化，要按照不同的应急活动过程来描述，但一般可以围绕应急准备、初级响应、扩大应急和应急恢复四个阶段来展开，明确规定各部门在不同阶段的职责。另外，要注意标准操作程序应保证与应急预案的协调和一致。

5. 保障支持系统

这部分内容包括危险分析附件（酒店火灾事故的影响范围预测）、通信联络附件（应急机构、设施、关键应急人员和专家的通信联络方式）、法律法规附件、应急资源附件等。

三、应急预案的类别及内容

酒店通常会存在多种潜在的事故类型，较常见的有火灾、食物中毒、打架斗殴等治安事件，还有一些难以预见的紧急事件。因此，在酒店编制应急预案时应做到重点突出、合理组织，避免预案之间相互矛盾，并且明确事前、事中、事后相关部门、人员的职责。酒店应急预案可以按使用对象范围划分为综合应急预案、专项应急预案、现场应急预案三个层次，如图 8-2 所示。在一些规模较小或危险因素较少的酒店，综合应急预案和专项应急预案可以合并编写。

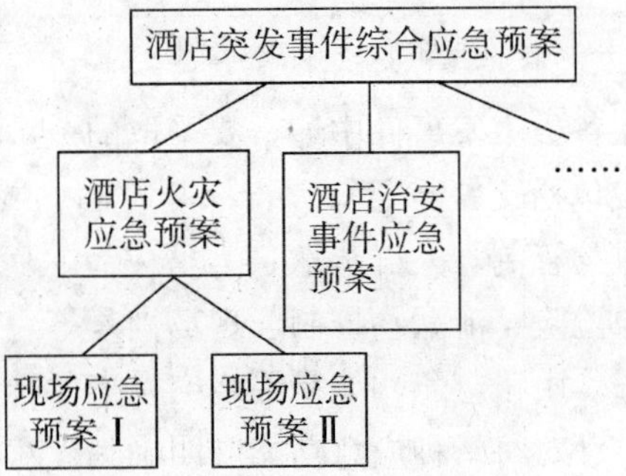

图 8-2 ××酒店应急预案体系

一般的酒店应急预案体系如图 8-2 所示，具体来说包括如下内容：

●酒店突发事件综合应急预案。

●酒店火灾专项应急预案。

●酒店突发公共卫生事故专项应急预案。

●酒店治安事件应急预案。

●酒店突发触电、物体打击、高处坠落现场处置方案。

●酒店举办大型会议和文化体育等重大活动现场应急预案。

……

（一）综合应急预案

综合应急预案是指从总体上阐述酒店的应急方针、政策、应急组织机构及相应的职责、应急行动的总体思路等。它是酒店应急工作的基础和“底线”，即使对那些没有预料的情况也能起到一般的应急指导作用。

一个完整的综合应急预案的构成及项目编制的内容和要求如下，详见下表。

综合应急预案构成及编制内容和要求

序号	构成项目		内容要求
1	总则	编制目的	简述应急预案编制的目的、作用等
		编制依据	简述应急预案编制所依据的法律法规、规章，以及相关行业管理规定、技术规范和标准
		使用范围	说明应急预案使用的区域范围以及事故的类型、级别
		应急预案体系	说明本单位应急预案体系的构成情况
		应急工作原则	简明扼要地说明本单位应急工作的原则
2	经营单位危险性分析	经营单位概况	主要包括单位地址、从业人数、隶属关系、主要原材料、主要产品、产量等内容，以及周边重大危险源、重要设施、目标、场所和周边布局情况。必要时，可附平面图进行说明
		危险源与风险分析	主要阐述本单位存在的文献预案及风险分析结果
3	组织机构及职责	应急组织体系	明确应急组织形式、构成单位及人员，用结构图表示出来
		指挥机构及职责	明确应急救援指挥机构总指挥、副总指挥、各成员单位及其相应职责。应急救援指挥机构根据事故类型和应急工作需要，可以设置相应的应急救援工作小组，并明确各小组的工作任务及职责
4	预防与预警	危险源监控	明确本单位对危险源监测监控的方式、方法以及采取的预防措施
		预警行动	明确事故预警的条件、方式、方法和信息的发布程序
		信息报告与处置	按照有关规定，明确事故信息报告与处置方法。①信息报告与通知：明确24小时应急值守电话、事故信息接收和通报程序。②信息上报：明确事故发生后向上级主管部门和地方政府报告事故信息的流程和内容。③信息传递：明确事故发生后向有关部门或单位通报事故信息的方法和程序

（续上表）

序 号	构成项目		内容要求
5	应急响应	响应分级	针对事故危险程度、影响范围等，将事故分为不同级别。按照分级负责的原则，明确应急管理相应级别
		响应程序	根据事故的大小和发展动态，明确应急指挥、应急行动、资源调配、应急避险、扩大应急等相应程序
		应急结束	明确应急工作结束的条件。事故现场得以控制，环境符合有关标准，次生、衍生事故隐患消除后，经事故现场应急指挥机构批准，现场应急工作结束。应急工作结束后，应明确：事故情况上报事项；须向事故调查处理小组移交的相关事项及事故应急救援工作总结报告
6	信息发布		明确事故信息发布部门、发布原则。事故信息应有事故现场指挥部及时准确向新闻媒体通报事故信息
7	后期处置		主要包括污染物处理、事故后果影响消除、秩序恢复、善后赔偿、应急过程和应急能力评估及应急预案修订等内容
8	保障措施	通信与信息保障	明确与应急工作相关联的单位或人员通信联系方式和方法，并提供备用方案。建立信息通信系统及维护方案，确保应急期间信息通畅
		应急队伍保障	明确各类应急响应的人力资源，包括专业应急队伍、兼职应急队伍的组织与保障方案
		应急物资装备保障	明确应急救援需要使用的应急物资和装备的类型、数量、性能、存放位置、管理责任人及其联系方式等内容
		经费保障	明确应急专项经费来源、使用范围、数量和监督管理措施，保障应急状态时单位应急经费的及时到位
		其他保障	根据本单位应急工作需求而确定的其他相关保障措施（如医疗保障等）
9	培训与演练	培训	明确对本单位人员开展的应急培训计划、方式和要求
		演练	明确应急演练的规模、方式、频次、范围、内容、组织、评估、总结等内容
10	奖惩		明确事故应急救援工作中奖励和处罚的条件与内容
11	附则	术语和定义	对应急预案设计的一些术语进行定义
		应急预案管理	①应急预案备案：明确本应急预案应报备的有关部门；②维护和更新：明确应急预案维护和更新的基本要求，定期进行评审；③制定与解释：明确应急预案负责制定与解释的部门；④应急预案实施：明确应急预案实施的具体时间

资料来源：《应急救援系列丛书》编委会．企业、政府应急预案编制实务［M］．北京：中国石化出版社，2008.

（二）专项预案

专项预案是指针对具体的、特定类型的紧急情况，如酒店火灾或一些自然灾害的应急预案。它是在综合应急预案的基础上编制的，是在充分考虑某些特定情况的特点，对应急管理的功能设置、人员与资源安排、应急活动等进行的更具体、更具有针对性的阐述。

专项应急预案的内容包括：事故类型和危害程度分析、应急处置基本原则、组织机构及职责、预防与预警、信息报告程序、应急处置。这些内容的编制要求基本与综合应急预案一致，只是在编制过程中，针对具体事故类型，编制更具针对性的内容。

（三）现场预案

现场应急预案，或称为现场处置方案，是在专项应急预案的基础上根据具体性需要而编制的。它是以现场为目标的，通常是该类事件的风险较大的重要防护区域，如酒店发生火灾时，酒店厨房、酒店机房的应急预案。由于现场应急预案更加周密、细致和具有针对性，因而具有对现场具体应急活动的指导性。其主要内容包括：事故特征、应急组织与职责、应急处理措施。

四、酒店应急预案的编制

无论是综合应急预案、专项应急预案还是现场应急预案，应急组织机构和职责、应急流程是应急预案中最核心的内容。因此，在编制预案时，一定要根据酒店的实际情况，对这两部分作出合理的安排。

（一）应急组织机构及职责

应急组织是落实应急预案的关键，因此，在编制预案过程中要健全应急组织机构，明确应急管理各机构的相关职责。

1. 应急组织机构

一般企业的应急设置是以企业应急指挥中心为核心，由企业各部门的人员组成。酒店的应急组织可参照一般企业的设置，设立应急指挥中心，由酒店的各部门（如保安、前厅、客房、工程等）人员组成不同的应急小组，应急小组主要包括医疗救护组、物资供应组、应急救援、善后处理组等，但根据各酒店的实际情况及应急实际需要而设置不同，阅读材料 8. 1 所述为酒店火灾应急组织机构。

2. 应急组织职责

应急组织的职责既包括各个应急小组的职责，也包括酒店各部门在应急活动中的职责。

应急小组的职责是指根据应急管理实际需要，对功能组设置工作的职责。由于应急小组需要由酒店内各部门成员组成，因此在确定酒店各部门在应急工作中承担的职责时，要做到所有部门和人员的职责覆盖所有的应急功能。酒店各部门在不同的应急事件中承担不同的职责，因此，在编制预案时，可根据各部门的日常职能，安排该部门在应急工作中的职责。在一些情况中，可将参与应急活动的部门分为负责部门及支持部门。支持部门是指根据应急活动的级别和阶段而参与到应急活动中，发挥支援功能的部门。由于应急级别的不同，涉及的部门也不同，因此要明确每个部门进入和解除应急状态的情况、条件以及在应急活动中需要和不需要承担的职责。

阅读材料 8.1

酒店火灾应急救援机构及职责

酒店火灾应急救援机构组成及成员如下图所示。

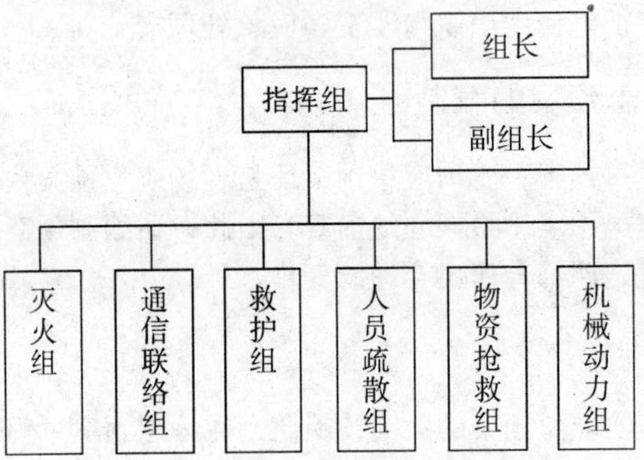

酒店火灾应急救援机构组成及成员

(1) 指挥组。

组长：总经理。

副组长：保安部经理、工程部经理、当日值班经理。

(2) 灭火组。

组长：保安部经理、工程部经理。

组员：义务消防队。

(3) 通信联络组。

组长：前厅部经理。

组员：总机班组。

(4) 救护组。

组长：人力资源部经理、前厅副经理。

组员：医务室、前厅部员工。

(5) 人员疏散组。

组长：客房部经理、餐饮部经理。

组员：客房部员工、餐饮部员工。

(6) 物资抢救组。

组长：财务部经理、餐饮部副经理。

组员：各库房报关员、餐饮部员工。

(7) 机械动力组。

组长：工程部副经理。

组员：工程部员工。

工作职责：

(1) 总指挥职责：①总指挥立即进行实地察看；②根据火场情况和本单位的灭火能力，确定应急级别，启动相应级别的应急预案。

(2) 各应急小组职责：灭火组由保安部经理、工程部经理带领义务消防队负责扑灭火源，必要时协助公安消防部门灭火工作；通信联络组、救护组、人员疏散组、物资抢救组、机械动力组等各司其职，分别开展行动。

其他部门在未接到指令或疏散命令前，各岗位人员坚守岗位待命；保持镇定，不得奔跑，不许有惊扰客人的举动。

（二）应急流程及处理措施

1. 响应分级

编制预案时，应针对紧急情况严重程度确定不同的应急行动级别。一般而言，根据动用的人力、资源的不同，可以将紧急情况严重程度划分为三级：

(1) 一级紧急情况：运用酒店内部一个部门（如保安部）正常可利用的资源即可处理的情况。所谓的正常可利用的资源是指该部门权力范围内通常可以利用的应急资源，包括人力和物资。必要时，该部门可以建立一个现场指挥部，所需的后勤支持、人员或其他资源的增援由该部门负责解决。

(2) 二级紧急情况：需要酒店内部两个或更多部门参与，在过程中相互协作的情况。该级响应成立现场指挥部来统一指挥现场的应急行动。

(3) 三级紧急情况：需要酒店所有相关部门，甚至酒店外部机构（如公安部门）及酒店一切应急人员参与的情况。

合理的响应级别，有助于酒店根据自身的具体情况，相应地明确事故的通知范围、应急力量的出动和设备、物资的调剂规模、疏散的范围等，避免资源、人员的浪费，影响酒店的正常运营。然而，不同的行业、不同的企业，相应的级别也不同，目前还没有统一的标准。因此，在设定响应级别时，酒店应做到：①量化不同的级别。量化的好处在于直观、操作性强。当酒店发生火灾时，火灾涉及的区域就应用量化的指标来表示，以区别不同的级别，如涉火区域达到10间客房是一级火警。②按照自身的情况设定。酒店应该根据自身的规模、应对能力合理区分不同级别。既不能太高，也不能太低，太高容易造成人力物力浪费，太低容易造成应急力度不足，引起更大的潜在危险。例如，当火势蔓延10间客房时，对于一间只有20间客房的酒店而言，火警的级别要远远高于一间拥有100间客房的酒店。

阅读材材料8.2

××酒店事故级别的确定

突发事件的预警级别为四级，依次用蓝色、黄色、橙色、红色表示Ⅳ级、Ⅲ级、Ⅱ级、Ⅰ级、适用于酒店范围内发生紧急突发事件。

(1) 发生可能造成秩序混乱的抢劫、破坏案件——Ⅲ级（较重），橙色。

(2) 发生打、砸、抢、聚众闹事等案件——Ⅱ级（严重），黄色。

(3) 发生可能危及人员生命安全的纵火、爆炸案件——Ⅰ级（特别严重），红色。

(4) 发生造成重大影响抢劫及劫持人质、车辆案件——Ⅰ级（特别严重），红色。

(5) 发生投毒案件——Ⅰ级（特别严重），红色。

(6) 发生故意爆炸，危害酒店公共安全的案件——Ⅰ级（特别严重），红色。

(7) 发生死亡1人以上命案——Ⅰ级（特别严重），红色。

(8) 其他严重事故——Ⅰ级（特别严重），红色。

(9) 其他车辆蹭伤、物品丢失、打架事故——Ⅳ级（一般），蓝色。

2. 应急响应程序

标准的应急响应程序可分为接警、警情判断、应急启动、救援行动、事态控制、应急恢复、应急结束等过程，具体见图8-3。

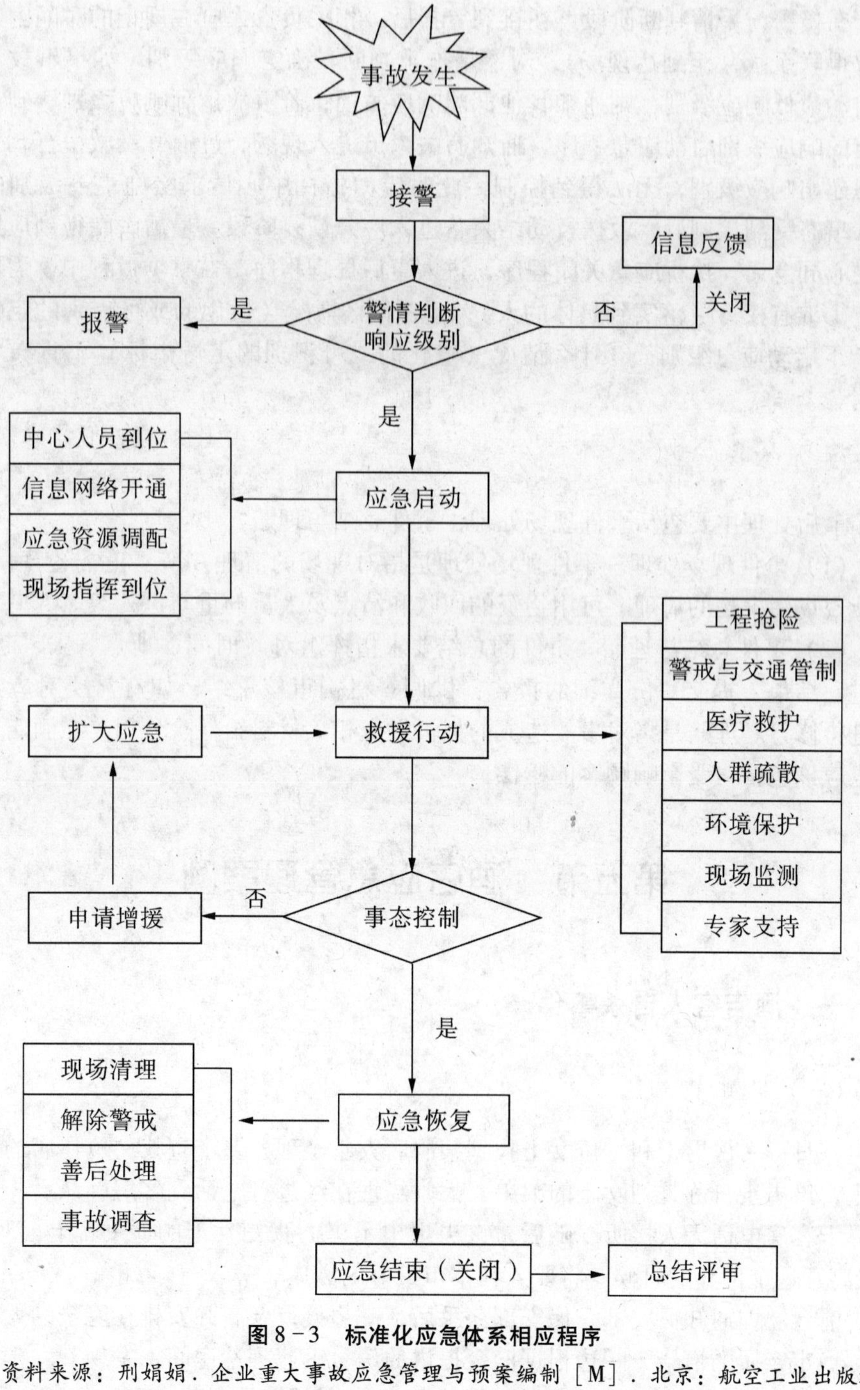

图 8－3　标准化应急体系相应程序

资料来源：刑娟娟．企业重大事故应急管理与预案编制［M］．北京：航空工业出版社，2005.

在接警与警情判断阶段，在接到警报后，相关负责人应在规定的时间内与现场取得联系（甚至到达现场），对警情作出判断，确定响应级别。如果事故不足以启动最低响应级别，则通知其他部门响应关闭；若事故达到响应级别，则按所确定的响应级别启动应急程序，通知有关人员进入现场，迅速开展救援行动。当事态超出响应级别，无法得到控制，此时应向指挥中心请求实施更高级别的响应。事态受到控制后，救援行动结束，进入应急恢复阶段。最后，在得到应急指挥中心同意后，执行应急关闭程序，进入事后处理程序。在整个过程中，需要明确：①谁有权力（落实到具体的人）；②在什么情况（量化的或可识别的定性指标）下启动应急级别；③什么情况（量化的或可识别的定性指标）下宣布应急关闭。

（三）事后处理

事后处理主要包括事件现场处理、事件总结与理赔。

（1）事件现场处理。事件现场处理是指对现场的清理并恢复正常经营秩序，包括现场污染物的清理、可用物资的回收和清点及人员的重新进入等。

（2）事件总结与理赔。事件的总结要求指挥组对“时间、地点、人、起因、经过、结果”提交一份详细的报告，供调查机构审核总结，如有需要对应急预案进行修订。理赔是指对事故造成的损失提交相关材料给保险公司，在酒店，理赔也应该包括对受影响顾客的赔偿。

第五节　酒店应急管理案例

一、酒店客人自杀事件

（一）案例简介

一日，一位男士和一位女士找到某酒店大堂经理，要求查找一位住店的刘姓女士，该男士自称是刘女士的弟弟。大堂经理在经过打电话到客房确认后，告知该男士客房电话无人接听。随后，该男士出示了一张刘女士的遗书，上面写着：“在离开这个世界的时候，将要入住本市最好的酒店……”

前台立即通知保安部。保安部获悉后，一边接待亲属并安排在隐蔽的大堂酒吧，稳定亲属的情绪，一边根据前台提供的房号迅速到达房间，发现刘女士已经处于半昏迷状态。保安人员立即通知其在大堂等候的亲属赶赴现场，通知酒店的值班汽车在底下停车场待命。当亲属赶到现场时，会同保安人员将刘女士通过员工电梯运送到地下停车场，迅速送往医院抢救。客房部人员赶到现场，同保安人员和其亲属对现场物品进行清理，并做好详细的认证等级。最终，刘女士经抢救脱险。大堂经理到医院送上鲜花；财务部清理宾客账单，将余额返还其亲属。

（二）案例分析

由于酒店要保障宾客的自由和隐私，不可能知道客人在客房的活动，宾客在客房自杀的这类事件很难预防。因此，对于这类事件，酒店的应急处理显得尤为重要。快速有效的处理有可能挽救生命，同时也避免了对酒店经营的严重影响。案例中的酒店，平日重视对员工关于应急事件处理的培训。当事件发生时，员工能够沉着地应对，快速地作出反应，各部门有条不紊地先后加入并启动应急处理程序，最终挽救了刘女士的性命，也避免了该类事件对酒店形象的影响。

（三）案例应急处理过程及小结

该案例中，酒店在遇到客人自杀事件的应急过程中体现了良好的应急处理能力。整个处理过程可以分为以下五个阶段（见图8-4）：

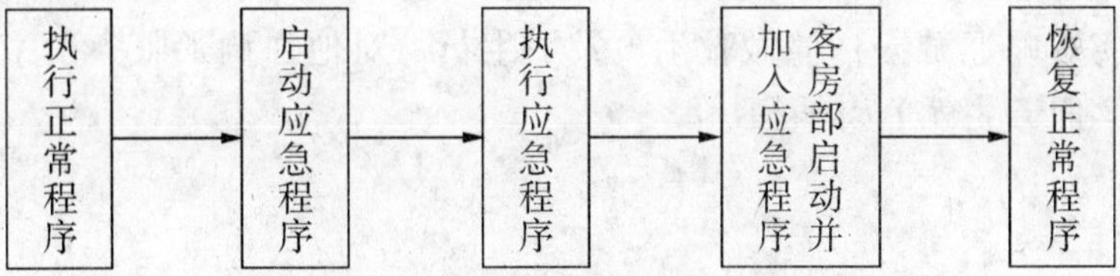

图8-4 酒店客人自杀事件应急处理过程

从接待刘女士亲属到致电客房，告知亲属客房电话无人接听，这里酒店是在执行正常的酒店客人探访程序。当从亲属处获悉刘女士很可能在房间自杀，前台接待处立即通知应急相关部门——保安部，正式启动应急程序。保安部获消息后立即进入应急程序执行阶段，首先到达客房，在确认刘女士出事后，一方面立即通知其亲属，另一方面通知车辆就位，送客人到医院抢救。此时，客房部启动并加入应急程序，在保安人员、亲属的见证下开展工作，清理现场。刘女士脱险后，酒店送上慰问并将账单余额返还亲属，事件全部处理完毕，酒店恢复正常程序。由于该酒店有应急程序，从刘女士的亲属进入酒店到离店送往医院抢救，从正常程序转为应急程序，整个过程经酒店监控系统记录只用了23分钟，赢得了宝贵的时间，避免了严重的后果。

此外，该酒店在事件处理过程中，也体现了其服务的专业性。从亲属到前台询问，酒店根据酒店为客人保密的管理进行处理，先打电话到客房。此举一是确认客人是否在房间，二是确认客人是否认识来访者，前台可否放心地告知来访者客人房号。在保安确认客人是否出事前，安排亲属在隐蔽的大堂酒吧等待，安抚亲属情绪。此举一方面防止亲属着急闹事，另一方面也是在照顾其他客人，避免引起骚乱，从而维持酒店的正常运营。两个细节完全体现了酒店在处理事件时，不但执行了正常的应急程序，而且还表现出酒店服务应有的专业性。

二、酒店客人泳池溺水事件

（一）案例简介

炎炎夏日，某酒店的室内游泳池边突然传来一声“有人淹水了”，顿时，大家乱作一团。最终，溺水男孩被捞了上来，但已经无法动弹。在水池边，救生员竟不具备对这个男孩适时抢救的技能。急救医生赶到后，该男孩已经死亡。据调查，该酒店的康乐部经理为了节省人力，未按安全规定在游泳池配置两个主要岗位——泳池服务员与泳池救生员。他认为，游泳池属季节性较强的营业项目，没必要长年专设这两个人员。加上酒店又在强调开源节流，区区200平方米的游泳池，最深处不过2米，不会出现危险。于是，他从康乐部的舞厅调来一名男服务生（该服务生略通游泳）兼做救生员及卫生员，对他强调了服务程序及操作标准之后，该服务生就上岗了。

（二）案例分析

酒店安全是酒店开展各项经营活动的基础，安全防范工作是酒店的一项重要工作。酒店游泳池是一个为客人提供舒适与健身的场所，但同时也是存在着极大安全隐患的场所。特别是对于一些不会游泳、酒后游泳的人及未成年人来说，更容易产生安全隐患。案例中，由于管理者忽视日常的防范工作，对于本应设置专业救生员的游泳池只安排了一位不具备救生能力的员工，最终导致惨剧的发生。

（三）应急小结及启示

按照相关规定，水面面积在250平方米以下的游泳池，至少配备固定救生员2人；水面面积在250平方米以上的，按面积每增加250平方米及以内，增加1人。酒店应该根据自身情况，严格遵照此规定，配备受过专业培训、掌握系统急救知识、具有良好心理素质和突发事件处理能力的救生员。在救生员值班时，要坚守岗位，密切注意水中客人的情况，视线有规律地巡视泳池，观察有无不安全要素，如初学者、儿童、戏水者、潜水者等，定时围绕泳池巡视，对带小孩的客人要多加提醒注意。此外，酒店也要做好教育与提醒的工作，如在“客人须知”中明确注明“饮酒过量者谢绝入内”；游泳池边界应备有救生圈、长绳和长竿之类的救生用具；在醒目处标明深浅水区域的明显水深标志等。

本章小结

本章阐述了酒店应急管理的概念、特点以及应急管理的具体内容，介绍了酒店应急预案的编写框架，分析了酒店应急管理案例，最后介绍了不同类型酒店的应急管理。

酒店应急管理是指酒店在应对突发事件的过程中，为了降低突发事件的危害，达到优化决策的目的，对突发事件的原因、过程及后果进行分析，有效集成社会各方面的相关资源，对突发事件进行有效预警、控制和处理的过程。

酒店应急管理具有复杂性、持续性、广泛性、政策性的特点，其具体内容包括酒店安全事故应急管理、餐厅事故应急管理、休闲娱乐场所事故应急管理，根据这些内容进行酒店应急预案的编制以及对不同类型的酒店进行应急管理是本章的核心。

思考与练习

1. 酒店遇到诸如自然灾害、停电、停水等突发事件时该如何处理？

2. 简述酒店应急管理的内容有哪些。

3. 酒店应急预案编制需要注意哪些问题？

4. 如有条件，可组织学生去某一酒店观摩或亲身体验酒店是如何处理突发事件的，比如参观或体验酒店火灾、食物中毒的应急处理过程。

拓展阅读

[1] 马勇．饭店管理概论［M］．北京：清华大学出版社，2006.

[2] 刘筏筏．现代饭店安全管理要点及案例分析［M］．北京：化学工业出版社，2008.

[3] 中国旅游饭店业协会．中国饭店行业突发事件应急规范［M］．北京：旅游教育出版社，2008.

第九章 旅行社应急管理

【学习目的】

通过对本章的学习，掌握旅行社应急管理的概念、类型、特点及具体内容；熟悉旅行社应急预案编制；了解旅行社应急管理案例以及旅行社对不同突发事件的应急管理。

【学习要点】

1. 旅行社应急管理的概念、类型、特点和具体内容。
2. 旅行社应急预案编制。
3. 旅行社应急管理案例分析。
4. 旅行社对不同突发事件的应急管理。

【关键词】

旅行社应急管理　应急预案　旅游团

旅行社作为旅游中间商，是联系旅游供应商与游客的中介。由于直接服务涉及众多空间位移的游客，旅行社在经营管理过程中经常遇到危害游客与员工生命健康和财产安全的突发事件，各种安全问题比较突出。其中一些突发事件还直接影响到旅行社的正常运营、形象声誉、经济效益，乃至一个区域或国家的形象声誉。因此，加强旅行社的安全管理、危机管理、应急管理是旅行社有效经营管理的基本前提。

第一节 旅行社应急管理的概念、类型与特点

一、旅行社的概念

旅行社是为游客提供专业化旅游服务的营利性企业组织，作为工业革命后大众化旅游的产物，其使团体旅游成为主要的旅游方式。根据我国《旅行社条例》

规定："本条例所称旅行社，是指从事招徕、组织、接待旅游者等活动，为游客提供相关旅游服务，开展国内旅游业务、入境旅游业务或出境旅游业务的企业法人。"可见，旅行社作为旅游中间商，是旅游行业的重点企业之一。

在欧美国家的长期市场经济体制下，逐渐形成旅行社行业的垂直分工体系。研究表明：西方国家的旅行社根据其业务特点，可分为旅游批发商、旅游经营商和旅游零售商三类；或分为批发旅游经营商与旅游零售商两类。其差别在于：旅游批发商通常不从事零售业务；旅游经营商有些在主要提供综合业务的同时，也提供零售业务；旅游零售商数量众多，只销售产品。西方国家的旅游零售商，特别是旅行代理商分布极为广泛，成为世界上强大的旅游销售大军，对游客的旅游决策具有很大影响，甚至在一定程度上左右着世界旅游市场份额的划分。

在改革开放以前，我国旅行社并非企业，而是事业单位，以政治接待任务为主。改革开放后，国务院发布了《旅行社管理暂行条例》，将旅行社性质界定为以营利为目的、自负盈亏、提供旅游服务的企业，并将旅行社划分为一、二、三类，沿袭计划经济体制下政府主导的行业管理体制，属于水平分工体系。1996年，修订的《旅行社管理条例》将旅行社划分为国际旅行社与国内旅行社两类，并无实质意义上的改变。2009年5月1日开始实施《旅行社条例》，其中规定："所有旅行社自成立之日起，可以经营国内、入境旅游业务，经营满两年而没受过罚款以上处罚的，可以申请出境旅游业务资格。"此规定表明，我国正逐步取消"国际"、"国内"旅行社类别的硬性划分，改变水平分工体系的制度性缺陷。

另外，根据旅行社的主要业务，还可将旅行社分为组团业务为主的旅行社（通常在客源大量产生地）与接团业务为主的旅行社（通常在旅游资源丰富的目的地），以及组团、接团业务兼具的旅行社（通常在经济发达的沿海城市与交通枢纽地）。

二、旅行社应急管理的概念

与应急管理相关的概念，包括安全管理、危机管理等，三者所侧重的管理对象有所不同，对此旅行社应该有清晰的界定，避免工作中的失误。通常认为，应急管理的对象是各类突发事件。为应对突发事件，国家建立"统一领导、综合协调、分类管理、分级负责、属地管理为主的应急管理机制"。

由此可见，旅行社应急管理的对象，就是在旅游活动过程中突然发生，造成或可能造成严重危害游客人身和财产安全，需要采取应急处置措施予以应对的自然灾害（如地震、海啸、泥石流、山体滑坡、气象灾害等）、事故灾难（如交通意外、火灾等）、公共卫生事件（如重大传染性疾病、食物中毒等）和社会安全事件（如欺诈、抢劫、绑架、恐怖活动等）。旅行社应急管理，就是针对旅行社组织的旅游活动过程中可能遭遇到的上述突发事件，采取事前预防（如制定应急预案、设立应急处置机构、培训员工、演练、宣传安全防范意识等），事发时按照预案及时处置以避免或减少游客人身伤亡与财产损失，事后努力安抚游客情绪，妥善处理后续事宜，尽快恢复正常旅游活动，总结经验教训以完善应急预案的一系列工作。广义的旅行社应急管理，还包括针对可能危及旅行社自身正常经营活动的各类旅游业务事故（旅行社工作人员在工作中出现的疏忽和失误所造成的事故）的预防、处置、恢复工作，如漏接、错接、误机（车、船）、游客走失、游客证件丢失、游客财物丢失等。

三、旅行社应急管理与安全管理、危机管理的联系和区别

安全管理的内涵与应急管理有所重叠，旅行社安全管理的对象，与应急管理基本相同，前者侧重于安全事故，后者侧重于突发性重大事件。旅行社安全管理的侧重点，主要在于预防与杜绝经营活动中因自身运作不当可能导致的游客人身、财产损失的各类隐患环节。旅游安全事故可分为一般事故、较大事故、重大事故以及特别重大事故。

法瑞兹曼德（Farazmand，2001）同时讨论了危机管理和应急管理，称两者是孪生领域，存在许多相似之处，但区别也很明显。危机管理的重点在于危机的特性——紧急性和巨大的威胁——及其所对应的非常规决策与行动，以及战略性思维等管理特征；而应急管理对应更加宽泛的事件，危机必然导致应急状态，但并非所有的应急状态都由危机导致，实际上大部分应急状态完全与危机无关，同时应急管理更多地属于公共管理范畴，是一个发展与执行公共政策和政府活动的过程。

旅行社安全管理、危机管理、应急管理是既相互联系又各不相同的概念。在企业实际操作中，可以认为应急管理的概念涵盖了安全管理和危机管理，但是工作侧重点有所不同，在组织机构设置、人员安排、预案制定、培训演练、财力与设备保障等方面既互相呼应，又各具职责。

四、旅行社应急管理的类型

狭义地看，旅行社应急管理实际上就是对突发事件的管理；广义地看，旅行社应急管理，还涉及针对可能危及旅行社自身正常经营活动的各类旅游业务事故的管理。根据2006年国务院正式发布的全国应急管理体系的总纲领——《国家突发公共事件总体应急预案》，以及2007年11月1日开始实施的《中华人民共和国突发事件应对法》，针对旅行社可能遭遇的各种突发事件和可能发生的各种业务事故，可以将旅行社应急管理的对象作如下分类，见下表。

旅行社应急管理对象分类

事件类型	事件具体分类表现
自然灾害	如地震、海啸、台风、暴雨等突发自然灾害
事故灾难	如火灾事故、交通事故等突发事件
公共卫生事件	如食物中毒
社会安全事件	如治安事故
业务事故	如漏接、错接、误机（车、船）、游客走失、游客证件丢失、游客财物丢失

按照旅行社所遭遇的各类突发事件，以及所发生的各种业务事故的类型，可以将旅行社应急管理分为以下五种类型：

（一）旅行社自然灾害应急管理

自然灾害应急管理是指旅行社应对自然灾害而进行的应急管理。自然灾害的应急管理按照发生的时间顺序也可分为事前、事中和事后的应急管理。事前应急管理是指旅行社在平时做好应对自然灾害的准备工作，包括旅行社在人员、物资、资金方面的储备工作；一旦自然灾害发生，则要采取相应的措施，按照应急预案并结合实际情况展开救援工作，降低自然灾害带来的人员伤亡与财产损失；当自然灾害结束之后，旅行社应做好灾后重建工作，尽快恢复正常的经营活动。

（二）旅行社事故灾难应急管理

事故灾难应急管理是指旅行社为应对事故灾难而进行的应急管理，以交通事故的应急管理最为典型。事故灾难往往是由一件事引发的一连串事件，其中以交通事故、火灾事故最为典型，通常是由最初不起眼的疏忽而引起重大灾难。而且，这类事件危害很大，一旦发生会给旅行社带来人员和财产的巨大损失。因此，旅行社应时刻提高警惕，着重做好应急管理中的预防工作特别是交通事故的预防工作，尽量避免此类事件的发生。

（三）旅行社公共卫生事件应急管理

公共卫生事件应急管理是指旅行社为应对公共卫生事件而进行的应急管理，以食物中毒的应急管理最为普遍。公共卫生事件的发生可能会危及旅行社导游和游客的生命安全，甚至威胁社会稳定，因此旅行社要与其合作单位——酒店、餐饮企业一起强化卫生安全意识，积极预防，特别是要防止旅途中的食物中毒事故。

（四）旅行社社会安全事件应急管理

社会安全事件应急管理是指旅行社为应对社会治安事件而进行的应急管理，以社会治安事故的应急管理最为典型。在发生这类事件时，旅行社导游首先要沉着冷静，及时报警并汇报有关部门采取应急措施，配合公安机关做好疏散人群、调查等工作，同时配合医院做好伤、病员的抢救工作。

（五）旅行社业务事故应急管理

业务事故应急管理是指旅行社应对业务事故事件而进行的应急管理。在旅游接待服务过程中，常常因为旅行社工作人员特别是导游的疏忽而发生业务事故，如漏接、错接、误机（车、船）、游客走失、游客证件丢失、游客财物丢失等，这就要求旅行社工作人员特别是导游不仅要在事故发生后随机应变，妥善处理，而且要在事前树立职业意识，增强责任感，积极预防事故发生。

五、旅行社应急管理的特点

与其他类型的旅游企业，如旅游交通、旅游景区、旅游酒店、旅游餐饮、旅游购物场所、旅游游乐场所等相比，旅行社业务的独特性决定了旅行社应急管理既具有一般旅游企业应急管理的共性，同时又具有自身的特点。

（一）对象的复杂性

带领游客在户外从事各类旅游活动，是旅行社最基本的业务之一。这些活动类型多样，既有普通的针对自然风光、人文景观开展的大众化观光旅游，也有城市购物、美食、温泉疗养等专题旅游，更有登山、漂流、自驾车、定向越野等探险性旅游，而所有这些旅游活动的开展，都是在广大的户外空间进行。一些区域由于自身社会治安环境复杂、自然条件恶劣，容易诱发各类突发事件，成为旅行社应急管理的重要对象，诸如自然灾害（如地震、海啸、泥石流、山体滑坡、气象灾害等）、事故灾难（如交通意外、火灾等）、公共卫生事件（如重大传染性疾病、食物中毒等）和社会安全事件（如欺诈、抢劫、绑架、恐怖活动等），从而导致游客人身伤亡与财产损失。此外，旅行社自身运营过程中的业务事故也成为旅行社应急管理的对象之一，这就使旅行社应急管理工作面临极大的挑战。

（二）环境的艰险性

由于旅行社遭遇突发事件时，经常在远离城市的山区、海滨、深林、水域、公路等地，此时旅游团中，仅有导游和司机作为旅行社应急管理人员参与对旅游团成员的救助。对于各类突发事件，导游与司机都要实施正确的应急预案，否则将会导致游客人身伤亡与财产损失的进一步扩大。由此可见，旅行社应急管理环境之艰险，处置难度之大，导游承担的责任之重，远超过酒店、餐饮、度假村、娱乐场所这类旅游企业。

（三）过程的协同性

旅游活动涉及游客食、住、行、游、购、娱各个环节，所有这些环节都有可能发生突发事件，导致游客人身与财产安全的隐患。显然，仅凭旅行社一家之力是难以很好地应对各类突发事件的。旅行社应急管理必须要得到相关单位的协作，这既包括各类旅游企业之间的相互协作，也包括政府、公安、消防、医疗救助机构等的大力支持。首先，需要在事发前的预防工作中共同配合，使各自的应急预案能相互契合；其次，需要在事发时的应急处置措施上协调一致，共同努力，最大限度地减小游客人身伤亡与财产损失；最后，在善后事宜的处置上也需要各方配合，努力恢复正常经营，尽快消除负面影响。

（四）机制的系统性

旅行社应急管理是一项系统工程，旅行社应急管理具有系统工程的一般性特征，即整体性、关联性、等级结构性、动态平衡性、时序性、复杂性、协同性、层次性、创新性等。因此，实施旅行社应急管理工作，应该具有系统的思想。横向上，需要与各旅游相关企业，以及政府有关部门共同配合，制定切实可行、机动灵活的协作机制；纵向上，在当地政府应急管理机构的领导下，由旅行社内部总经理、部门经理、主管人员等各级管理人员以及一线员工组建企业内部应急管理机构，统一指挥，责任到人。应急事件处置中既要遵守原则，又要不失灵活性，特别是要充分发挥一线员工的应急能力。

（五）活动的基层性

分析许多已发的旅游突发事件可以得知，在事件发生前后的一小段时间内，旅行社一线员工（导游与司机）能否采取正确的救助措施，直接关系到事件后果的严重程度。正确的应对措施，可以极大减少甚至避免游客遭受人身伤亡与财产损失，而错误的应对措施只能加剧事件的严重程度，甚至带来毁灭性的灾难。

因此，旅行社应该高度重视一线员工业务素质的提高，即在招聘、选拔、培训、考核各个环节严格把关，提高一线员工安全意识，掌握过硬的应急事件处置技能，并要努力提高职业道德、情操修养、责任意识，真正树立游客利益第一的观念。

第二节　旅行社应急管理的具体内容

旅行社应急管理的主要对象是旅行社组织旅游活动中可能遇到的危及游客人身和财产安全的突发事件，具体包括旅游活动中的食物中毒事故、交通事故、火灾事故、重大治安事故等，以及旅游户外活动中的自然灾害，如地震、泥石流、山体滑坡、海啸、台风等，这些都是安全事故应急管理的重点。此外，还涉及业务事故的应急管理，如漏接、错接、误机（车、船）、游客走失、游客证件丢失、游客财物丢失等。为了减少或避免损失，旅行社需要进行事前预防准备和预案制定、事发时正确处置、事发后恢复等一系列工作。各类具体突发事件的应急处置方法如下：

一、旅游团食物中毒事故的应急处置

游客食用变质或不干净的食物就有可能发生食物中毒事件。食物中毒的特点是：潜伏期短，发病快，并且时常多人同时集体发作。食物中毒如果抢救不及时可能会危及游客生命，必须予以高度重视。

为防止旅游团食物中毒事件的发生，应该做到：首先，旅行社应该通过合同或协议方式，务必使餐厅保证游客用餐安全；其次，导游必须遵守相关规定，做到定点用餐，团队就餐时如果发现食物、饮料不卫生或者有异味变质的情况，导游应立即要求更换，并要求餐厅负责人出面道歉，必要时向旅行社领导汇报；最后，导游还要提醒游客不要随意购买食用小摊贩的食物，以免发生食物中毒事件。

（1）旅行社要设立突发事件指挥部和监督小组，制定旅游团食物中毒应急处置预案并监督预案的实施工作。

（2）旅行社要对导游进行食物中毒应急处置预案培训，使导游具备旅游团食物中毒预防和急救的基本知识。条件具备的话，旅游团外出时要配备基本的急救药品和急救器械。

（3）一旦发生旅游团成员食物中毒（不停呕吐、腹泻或抽搐、昏迷等中毒症状）事件，导游应该第一时间拨打 120 急救电话，以最快的速度将中毒人员

送往就近的正规医院进行救治。在救护车到来之前，导游要对中毒人员进行简单的急救，设法催吐并让中毒人员多喝水以加速排泄，缓解毒性。在情况紧急而救护车一时到不了时，在获得医院方面指示后，可直接用旅游大巴送中毒人员去医院。

（4）导游要立即打电话向旅行社报告，请公司指示后，应同未中毒游客共同维持秩序，抢救中毒人员，安抚游客情绪，防止进一步事故发生。

（5）在送中毒者前往医院救治的同时，如果情况严重，导游应尽快完成下列事项：①拨打旅游景区应急指挥中心的电话，报告事件经过，请求指示和争取救治资金尽快到位；②拨打旅行社主管电话，报告事件经过，请求指示；③拨打市卫生监督所和市疾病预防控制中心电话，简要报告事故经过，请求支援；④拨打财产保险公司和理赔人员的电话，要求派人前来负责理赔并紧急预付部分医疗费用。

（6）旅游景区突发事件应急指挥中心要积极进行食物中毒等突发事件的快速和妥善处理，并按照应急预案规定的程序分别上报。导游要注意保护现场和搜集证据，查明原因。

（7）事故处理结束后，旅行社要对游客公布事实和理赔，消除不良影响。

（8）追究供餐单位的责任。

二、旅游团交通事故的应急处置

旅游团交通事故是指在旅行、游览过程中，旅游团所搭载交通工具在运行过程中由于自身原因或外在因素导致意外情况，造成游客人身伤亡或运载工具毁损的事故。与其他旅游安全事故相比，旅游交通事故具有发生频率高、伤亡惨重、影响恶劣的特点。对此，旅行社应该予以高度重视，采取必要措施，防止旅游交通事故的发生。

（一）旅游团交通事故的类型

（1）普通道路旅游交通事故。不少旅游风景区位于交通道路条件复杂、路况较差的地方，许多山岳型风景名胜区或较偏僻的地方，由于环境或道路条件所限，旅游交通存在巨大的安全隐患。旅行车车况差、司机麻痹大意或对道路情况不熟，以及道路安全设施不足、天气状况和气候条件不良等都是诱发旅游交通隐患的因素。

（2）高速公路旅游交通事故。一些旅游大巴司机缺乏安全驾驶意识，超速驾驶、疲劳驾驶，加上天气原因、车辆故障、行驶中事故连带等原因，造成旅游大巴在高速公路上车毁人亡的重、特大旅游交通事故时有发生。

（3）水上交通事故。水上交通事故包括海上、内河（湖泊）水上交通事故，游船、游艇、竹排、漂流等游览、旅游活动中所发生的事故。

（4）缆车、索道等景区内交通事故。近年来，旅游景区由于维修保养不力，使得缆车、索道发生机械故障，或者由于意外停电、天气因素等，造成缆车脱落、意外运行中断等，从而导致游客伤亡的事故近年在一些景区时有发生。

（二）旅游团遭遇交通事故的处置预案

1. 旅游团发生交通事故

（1）在事故车辆尚能自控情况下，司机应立即靠路边停车，关闭发动机，开启危险报警闪光灯。

（2）领队、导游应迅速组织游客抢救伤员，请求过往车辆协助运送伤员到距出事地点最近的医院救治；组织安排其他游客疏散到安全的位置。

（3）如果旅游车起火，领队、导游应首先组织抢救伤员、疏散游客，司机迅速组织灭火。

（4）司机或导游立即拨打120、122急召救护车和进行交通事故报警。

（5）司机（或有关人员）要迅速保护好事故现场，立即在来车方向（高速公路在故障车来车方向150米以上位置）设置危险警告标志牌，用障碍物封堵现场两旁，防止车辆和行人在现场通行。

（6）危重、恶性事故发生地若靠近居民区、村庄，应迅速请求过往车辆、附近政府、村民给予抢险救助。

（7）司机、领队或导游要立即报告各自单位领导，各相关单位应急预案有关人员要第一时间赶赴事故现场，协助交警部门处理事故现场工作。附近若有协作单位的，要迅速联络并请求协助。

（8）调派车辆接驳游客，确保游客安全到达目的地。

（9）整个事故处理过程，旅行社预案组人员必须到位，尽职尽责协助有关部门采取有效措施进行全方位的救援及处理各方面工作，并防止事故扩大。

（10）做好事故善后工作，坚决按照事故处理“四不放过”的原则进行整改。

2. 旅行社组织的自驾车旅游团队发生交通事故

（1）自驾车旅游团队应在出行前对有关驾驶员进行安全教育，对出行道路情况进行说明。对团队车辆进行编队、分组，设置前导车（车队首端，兼指挥车）、救援车（车队末尾），部署有关安全预案以及紧急情况处置措施。

（2）在事故车辆尚能自控的情况下，驾驶员立即停车，关闭发动机，开启危险报警闪光灯。

(3) 前导车应有序指挥其他车辆安全有序停泊在道路安全区域，救援车按照预案停泊在事故车附近安全位置，组织指挥事故抢救工作；车队和救援车停泊后必须迅速在来车方向（高速公路在故障车来车方向150米以上位置）设置危险警告标志牌。

(4) 领队、导游应迅速组织游客抢救伤员，并应视伤员伤势情况决定就近送医还是拨打120急救，危重、恶性事故必须首先拨打120请求救助。

(5) 驾驶员或有关人员立即拨打122交通事故报警；驾驶员（或有关人员）要迅速保护好事故现场，立即在来车方向（高速公路在故障车来车方向150米以上位置）设置危险警告标志牌，用障碍物封堵现场两旁，防止车辆和行人通行现场。

(6) 危重、恶性事故，若邻近居民区、村庄，应迅速请求附近政府、村民给予抢险救助。

(7) 领队或导游要立即报告所属旅行社，旅行社应急管理指挥人员要第一时间赶赴事故现场，协助交警部门处理事故现场工作。

(8) 调度、调整有关行程安排，保证其他车辆安全到达目的地和继续行程。

(9) 在整个事故处理过程中，预案组人员必须到位，尽职尽责协助有关部门采取有效措施进行全方位的救援和处理各方面工作，并防止事故扩大。

(10) 做好事故善后工作，坚决按照事故处理“四不放过”的原则进行整改。

旅游团交通事故发生后，应根据事故性质、事故等级，按照国家旅游安全管理相关法规启动相应的处置程序。

三、旅游团火灾事故的应急处置

(一) 酒店火灾事故处置预案

对于酒店安全管理来说，最可怕的就是火灾事故。酒店火灾事故的预防与事发时的处置，一方面依靠酒店自身建立的应急处理机制，而另一方面旅行社也必须建立相应的快速应急处置预案。

(1) 旅游团入住酒店、宾馆后，导游要尽快掌握安全通道的位置以及安全设施等情况，熟悉高层建筑里的消防安全出口、安全标志和应急灯，会使用消防设备。

(2) 当酒店发生火灾报警后，导游要迅速打电话或敲门告诉游客，组织游客走消防通道迅速撤离酒店。提醒游客不要乘坐电梯，以防因酒店断电而困在电梯内。

(3) 撤离酒店的过程中，如遇浓烟，应提醒游客弯腰或匍匐通过，以防毒烟窒息，可能的话最好使用客房的防毒面具或者用湿毛巾捂住口鼻。

(4) 如遇大火封门，无法冲出，应组织游客用打湿的毛巾或者被套堵住门缝，以防浓烟进入客房，也可泼水给房门降温。打破客房窗玻璃，挥舞色彩醒目的衣物等向外示意等待救援，切忌攀爬出窗外或随意跳窗。必要时用客房防毒面具或湿毛巾捂住口鼻，防止毒烟的伤害。

(5) 撤离出酒店后，导游要立即打电话向旅行社领导报告事故经过及游客损伤情况，请求指示。旅行社应急事件领导小组应立即赶赴事发酒店，注意安抚游客情绪，协助相关救援部门做好火灾后的善后事宜。

(6) 导游要写出火灾事发起因、救援经过、游客损伤情况以及处置措施报告。

(二) 旅游巴士火灾事故处置预案

旅游巴士发生火灾时，火势会迅速蔓延，在旅游巴士狭小的空间里，游客往往因为慌乱拥挤而难以迅速逃离，从而在极短时间内造成重大伤亡。旅游企业应高度重视旅游巴士可能发生的火灾事故，建立相应的应急预案。

(1) 如遇旅游巴士起火，司机应迅速靠路边停车，打开车门。

(2) 司机与导游要沉着冷静，组织游客迅速有序撤离。必要时用救生锤击破车窗玻璃，跳车逃生，同时提醒游客注意过往车辆，避免发生交通意外。

(3) 立即拨打 119、120 等紧急电话，报告火灾发生地点以及简要情况，请求救援。同时打电话向所属旅行社报告，请求指示。

(4) 本着“先救人，后救物”的原则，在条件许可并且安全的前提下，司机与导游可带领部分游客利用车上的灭火设施设备对遇险游客及其财物进行扑救，阻止火势的蔓延。

(5) 在情况严重、火势难以阻止的情况下，司机与导游应及时引导周围的人群和逃生的游客远离火场，防止因油箱漏油爆炸造成更大伤亡。

(6) 等待救援人员到来，注意保护现场。

(7) 司机与导游要协助有关部门做好事后的游客安抚、损失理赔、事故调查工作，并写出书面报告。

(三) 游船火灾事故处置预案

相对于旅游巴士火灾事故，游船发生火灾事故时，如果组织救助措施得当，游客逃生的机会要高得多。但如果处置不当，依然可能导致游客伤亡。

(1) 在火势较小、能够控制的情况下，无须组织人员撤离，但导游及游船工作人员要及时安抚游客的情绪，避免游客在惊慌情绪下发生拥挤踩踏事故。同时，工作人员应迅速利用船上灭火设施控制火势。

（2）必要时，拨打紧急救援电话，向公安、消防、水警部门求救。

（3）火势蔓延无法控制需要撤离时，导游及工作人员应该带领游客沿脱险通道迅速有序地撤离到甲板上，乘救生艇逃离游船；游客应尽可能穿上救生衣，必要时带上保温衣物、毛毯，尽量不拿行李，免得增加撤离困难。

（4）在发生意外而救生艇无法使用的情况下，导游及工作人员应该组织游客撤离到船上安全部位，等待救援。

（5）除非情况危急而救援人员又不能及时赶到，导游及工作人员要阻止游客随意跳船逃生，以防溺水。

（6）游客获救之后，导游及工作人员要协助有关部门做好游客安抚、损失理赔、事故调查工作，并写出书面报告。

火灾事故之后，旅行社要总结应急处置工作，分析经验教训，提出防范、改进措施和修订预案的建议。属于责任事件的，应当对负有责任的单位和个人提出处理意见；涉嫌犯罪的，由司法机关依法追究刑事责任。

旅行社应提高旅游巴士司机及游船工作人员的安全意识、防范能力以及在紧急情况下的应变和组织能力，定期进行有关火灾事故应急常识的宣传教育。

旅行社应定期对员工进行火灾事故处置的常规性培训工作，并将此工作纳入管理层和普通员工的上岗培训及日常培训内容。

定期组织火灾事故处置演习工作，演习结束后，要对演习过程进行评估、总结，不断总结和积累经验。演习可采取多种形式，从实战出发，普及预防和处置火灾事故的知识与技能，切实提高应急处置能力。

四、旅游团遇到重大治安事故的应急处置

旅游团重大治安事故是指旅游团在旅游活动中，因为犯罪分子盗窃、欺诈、暴力等手段或恐怖袭击造成游客重大人身伤亡或财产损失的治安事件。盗窃、欺诈一般造成游客的财产损失，暴力犯罪在危害游客人身安全的同时，还会对游客的财产进行侵犯，往往表现为抢劫、强奸、绑架等形式，旅游团应制定重大治安事故应急预案。

（一）旅游团重大治安事故的预防

（1）旅行社应该对领队、导游等一线员工进行经常性的安全教育和案例培训，使其具备处理治安事件的经验和知识，具备对工作高度负责的意识和时刻牢记游客安危的责任心。

（2）旅游团出行前要对游客说明必要的出行安全注意事项，提高游客的自律意识和自我保护意识，尤其要强调遵守集体活动纪律的重要性，要对旅游目的地治安情况、风俗民情、社会环境进行重点说明。

（3）建立领队、导游带团规范性工作流程和安全制度。

（4）由于游客相互间不熟悉，带团过程中一定要强调、提醒游客保管好随身携带的贵重物品，注意在人多地段不露财。同时告诫游客提高警惕，相互照应，防止陌生人混入团队进行偷窃。

（5）在治安情况不好的地方，要提醒游客不要擅自离开旅游团独自活动。导游要经常清点人数，防止游客走失。一旦发现有游客走失，要及时联系上，等待游客赶上队伍。如果联系不上，必要时要亲自或者派人寻找走失的游客，不可掉以轻心。

（二）旅游团重大治安事故的处置

（1）旅游团发生治安事故时，导游、领队要勇于保护游客安全，及时报警，团结游客，及时阻止犯罪分子的进一步侵害行为。

（2）导游、领队要协助警方展开调查。同时对有关事件进行书面记录，并经当事人、其他游客签名确认，作为善后处理的依据。

（3）对当事人及其他游客予以安抚，并及时向旅行社负责人汇报有关情况，在取得领导同意和其他游客配合的情况下，对后期行程进行适当调整，尽可能按照预定行程、路线完成旅游活动。

（4）如果游客受到伤害，要及时拨打120送医院急救，抢救游客生命，对当事人住院医疗事宜，按照相关规定妥善安排。

（5）若发生游客遇害事件，导游与领队要根据旅行社领导指示及时通知家属，安排好家属的食、宿、行，协助有关部门妥善处理好善后工作。

（6）重大治安事件若发生在境外，要第一时间与我国驻当地使领馆联系，请求使领馆出面协调案件的处理。按照《中国公民出境旅游突发事件应急预案》有关程序处置。

（7）安抚好其他游客的情绪，征得游客同意后，调整、安排好后续旅程。

（8）写出事故经过的报告，供旅行社分析、研究、改进与备案。

五、旅游团遇到自然灾害事件的应急处置

旅游团活动的地区，既有基础设施齐全、条件完善的现代化大都市，也有以自然风光为主的山川、河流区域。所谓“无限风光在险峰”，最令游客心驰神往、风景优美的奇山秀水，往往也是地势陡峭、道路崎岖、天气多变、自然灾害

频繁发生的地方。可能危及游客安全的自然灾害主要有地震、海啸、雷击，以及暴雨引发的山洪、泥石流、山体滑坡等。自然灾害还会引发其他次生灾害，对游客的安全造成现实与潜在的威胁。因此，旅行社应该制定相应的自然灾害事件紧急处置预案，力争预防与降低自然灾害对旅游团造成的人身伤亡与财产损失。

（一）旅游团遭遇自然灾害的一般应急处置

（1）旅游团户外活动中遇到台风、暴雨、洪水、雷击、泥石流等自然灾害时，导游及领队要迅速中断行程和相关的旅游活动，立即实施旅游团自救。及时向旅行社报告旅游团遇自然灾害的有关情况以及目前所处境况。同时，向所在旅游景区（点）、当地旅游行政管理部门及其他相关部门报告情况，争取多方援助。

（2）情况严重时，旅行社负责人要迅速报告旅游行政管理部门，并与导游和领队保持密切联系，在1小时之内将行程表、游客名单等相关材料以书面形式上报旅游行政管理部门，并向所属旅行社详细通报有关受灾情况，旅行社可在接到通报后迅速指示导游及领队实施相应的应急处置预案。对旅游者的家属等相关人员做好安抚工作。

（3）导游、领队及司机应全力保护游客，同时注意自身安全。

（4）脱险后，导游与领队要做好游客安抚工作。

（5）如有游客受伤，导游与领队要协助有关部门做好游客的救治工作。必要时通知家属，安排好家属的食、宿、行，做好善后工作。

（6）在征得游客同意的前提下，调整、修改后续行程，完成余下的旅游活动。

（7）写出事发经过与救助措施，分析、总结经验教训。

（二）旅游团遭遇各种自然灾害的应急处置

1. 旅游团遭遇台风、龙卷风的应急处置

（1）旅游团在旅行途中遭遇台风，导游及领队应立即要求司机尽快将旅游巴士驶向安全的地方。如果无法撤离，导游应马上向公安、交通等有关部门报案，请求紧急救援，同时向旅行社及当地旅游行政管理部门报告，注意并做好游客情绪稳定工作。

（2）若旅游团在景区游览过程中遇到台风，应立即停止旅游活动，在导游带领下向安全区域撤退。无法安全撤离的，应立即向景区报案，请求紧急援助，同时向旅行社及当地旅游行政管理部门报告，并做好游客情绪稳定工作。

（3）导游与领队可按照以下方法带领游客开展自救：①召集游客向安全地带转移。②带领游客远离海岸、河岸、悬崖边、码头、楼顶、山脊、桥上等容易受台风影响而发生危险的地方。③旅游团在山上等高处无法及时撤离时，导游要想办法让游客抓住稳固的固定物，待确定风力下降后，马上撤离。④在野外利用山洞、背风的岩石、树洞、有凹陷的石壁等躲避强风。⑤遭遇龙卷风时，导游要带领游客避开龙卷风的行进方向，无法避开时马上躺下，并迅速滚动到附近的沟、渠等低洼处，或抓住坚固的物体。⑥安全避风后，若有受伤人员，立即尽可能进行现场救护，并向旅行社报告人员的伤亡情况、面临的困难等，同时与旅游景区及当地旅游行政管理部门取得联系，争取多方的援助。⑦注意收听或者咨询电话了解自然灾害的最新情况，当灾害信号解除以后，带领游客安全返回。脱险后，导游与领队要做好游客安抚工作。⑧如有游客受伤，导游与领队要协助有关部门做好游客的救治工作。必要时通知家属，安排好家属的食、宿、行，做好善后工作。⑨导游要做好对游客的安抚工作，在征得游客同意的前提下，调整、修改后续行程，完成余下的旅游活动。⑩写出事发经过与救助措施，分析、总结经验教训。

2. 旅游团遭遇特大暴雨、雷击的应急处置

（1）若旅游团在旅途中遇到特大暴雨，导游应提醒司机放慢行驶速度，小心驾驶，保证游客的安全，如果行驶中出现故障，应及时向公安、交通等部门请求援助，同时向旅行社及当地旅游行政管理部门报告，并做好游客情绪稳定工作。

（2）若旅游团在景区游览过程中遇到特大暴雨，应立即停止旅游活动，并向安全区域撤退。受暴雨阻挡而无法进行安全撤离的，应立即向景区报案，请求紧急援助，同时向旅行社及当地旅游行政管理部门报告，并做好游客情绪稳定工作。

（3）夏季暴雨时经常发生雷击现象，暴雨也会引发山洪、泥石流、山体滑坡等次生灾害，因此，导游及领队带领旅游团紧急躲避暴雨灾害时，也要注意躲避雷击、泥石流、山体滑坡等次生灾害。旅游团在山区活动时，要立即寻找较高处躲避；尽量避免在山谷低洼处行走，以防发生山洪、泥石流、山体滑坡等次生灾害。

（4）遇闪电、雷击时，导游要及时提醒游客不要在巨石、悬崖下和山洞口躲避暴雨，避免雷击伤害。如有山洞，尽量躲在里面；离开高地，不要站在旷野中的孤立大树下、塔下、电线杆边、孤立小屋内以及无避雷设备的高大物体附近，远离金属物体；如果是在水中或者小船上，应告知游客立即上岸，即使在大船上，也应让游客躲到甲板之下；车内是躲避雷击的理想地方；导游还要提醒游客不要在打雷时使用手机；雷击发生时，要避免多人聚集在一起，立即在近处寻找低洼处蹲下，双脚并拢，双手放在腿上，头埋于两腿之间。如头、颈、手处有蚂蚁爬走感，头发直立，说明将发生雷击，应赶紧卧倒，并除去身上佩戴的金属饰品和发卡等。

(5) 如果发生游客因雷击受伤事件，导游要立即拨打急救电话，请求救助。如果游客呼吸和心跳停止，必须立即实施人工呼吸和心脏按压急救，如果游客中没有医生，导游要根据自己掌握的急救知识尽力施救。

(6) 寻找到躲避暴雨的安全场所后，导游要及时向景区、旅行社以及当地旅游行政管理部门报告旅游团所在的位置、人员受伤情况、安全撤回面临的困难等信息，争取多方的援助；同时，注意有关媒体的报道或通过气象咨询电话，了解自然灾害的最新情况，当灾害信号解除以后，带领游客安全返回。

(7) 脱险后，如有游客受伤，导游与领队要协助有关部门做好游客的救治工作。必要时通知家属，安排好家属的食、宿、行，做好善后工作。

(8) 导游与领队要做好游客安抚工作。在征得游客同意的前提下，调整、修改后续行程，完成余下的旅游活动。

(9) 写出事发经过与救助措施，分析、总结经验教训。

3. 旅游团遭遇洪水的应急处置

(1) 旅游团遇洪水时，司机要迅速将旅游车往高处行驶。游览过程中遇到洪水时，导游要带领游客离开灾害地，让游客努力往高处撤退，同时提醒游客带上救生必需品，如漂浮物、食物和衣服等。

(2) 如果游客在坚固的建筑物内，导游可以让游客爬到建筑物的上面，并带上求生必需品；若游客不会游泳，导游要让其用棉花或者软布等堵上鼻孔以避免呛水，并利用一切可以漂浮的东西；对处于急流中的游客，导游应立即提醒游客设法抓住岸边的树、石块、桩、建筑物等，避免被急流冲走；若被急流冲到宽阔的水域，导游应想办法让游客上岸，应提醒游客顺着水流方向，斜着向岸边游去。

(3) 处于相对安全的环境时，应立即向旅行社报告人员的伤亡情况、面临的困难等，并与旅游景区及当地旅游行政管理部门取得联系，争取多方的援助；同时，根据媒体报道或通过气象咨询电话了解灾害的最新情况；当灾害信号解除以后，带领旅游团安全返回。

(4) 脱险后，如有游客受伤，导游与领队要协助有关部门做好游客的救治工作。必要时通知家属，安排好家属的食、宿、行，做好善后工作。

(5) 导游与领队要做好游客安抚工作。在征得游客同意的前提下，调整、修改后续行程，完成余下的旅游活动。

(6) 写出事发经过与救助措施，分析、总结经验教训。

4. 旅游团遭遇泥石流的应急处置

(1) 旅游团在交通工具运行过程中，遇到泥石流阻挡行程时，司机应立即返回或往泥石流的两侧行驶，立即将旅游车行驶到安全地方。

（2）旅游团在游览过程中遭遇泥石流时，导游应及时带领游客进行自救：带领旅游团向泥石流两侧山坡上跑，离开沟道、河谷地带，如果来不及撤离，导游必须提醒游客注意躲避，提醒游客寻找比较大的物体，如树木或岩石，躲在其后面，以防石块撞击，并尽量帮助游客避免头部受伤以及泥水呛入口中；应注意不要在土质松软、土体不稳定的斜坡停留，以免斜坡失稳下滑，应选择在基底稳固又较为平缓开阔的地方停留。

（3）如有游客陷入泥石流中，导游应立即采取救援措施：在泥石流运动过程中，应从垂直泥石流的方向直接或间接拉出遇险者，而不要顺着或逆着泥石流方向救援，以免越陷越深。

（4）游客中如有人发生休克、昏迷，应及时检查是否发生骨折或脑损伤，对其实施抢救，并立即与旅游景区及医疗机构取得联系，请求援助。

（5）向旅游景区及气象部门了解灾害的有关情况及动向，灾害警报解除后，导游应迅速带领旅游团离开危险地带，并立即将受伤人员送往医院进行救护。必要时通知家属，安排好家属的食、宿、行，做好善后工作。

（6）导游与领队要做好游客安抚工作，在征得游客同意的前提下，调整、修改后续行程，完成余下的旅游活动。

（7）写出事发经过与救助措施，分析、总结经验教训。

5. 旅游团遭遇地震时的应急处置

当地震灾害发生时，导游要带领全团游客，开展自救行动。

（1）立即通知领队及全团游客，约定失散时的集合地点和联系、通信方式。

（2）听从当地抢险救灾指挥人员的指挥。

（3）为防止次生灾害，首先要切断电源、气源，防止火灾。

（4）如当时正在楼房内，首先要提醒游客保持清醒、冷静的头脑，及时判别地震严重程度，千万不可在慌乱中跳楼；其次，可躲避在坚实的家具下或墙角处，亦可转移到承重墙较多、开间小的厨房和厕所暂避一时（这些地方具有较好的支撑力，抗震系数较大）；也可根据建筑物布局和室内状况，审时度势，寻找安全空间和通道进行躲避，减少人员伤亡。

（5）如地震发生时旅游团正在影剧院、体育馆等公共场所，应听从现场工作人员的指挥，不要慌乱，不要拥向出口，要避开人流，避免被挤到墙壁或栅栏处。等地震过去后，听从工作人员指挥，有组织地撤离。

（6）如地震时，团队正在室外，应就地选择开阔地避震，避开高大建筑物或构筑物，特别要避开有玻璃幕墙的建筑；姿势上选择蹲下或趴下（双手保护头部）；不要乱跑，避开人多的地方，不要随便返回室内。此外，避开高耸或悬挂物，如变压器、电线杆、路灯等，避开广告牌、吊车等。避开其他危险场所，如狭窄的街道、危旧房屋、危墙及砖瓦、木料等物的堆放处。

(7) 如地震时旅游团在野外，应避开山脚、陡崖，以防山崩、地裂、山体滑坡、泥石流等。在躲避山崩、山体滑坡、泥石流时，要向垂直与滚石前进方向跑，切不可顺着滚石方向往山下跑；也可躲在结实的障碍物下，或蹲在地沟、坎下；特别要保护好头部。

(8) 如在汽车（火车、地铁）行驶过程中发生地震，应告知游客用手牢牢抓住拉手、柱子或坐椅等，并注意防止行李从架上掉下伤人，面朝行车方向的人，要将胳膊靠在前坐席的椅垫上，护住面部，身体倾向通道，两手护住头部；背朝行车方向的人，要两手护住后脑部，并抬膝护腹，紧缩身体，做好防御姿势。

(9) 地震过后，如有游客受伤，导游与领队要协助有关部门做好游客的救治工作。必要时通知家属，安排好家属的食、宿、行，做好善后工作。

(10) 导游与领队要做好游客安抚工作，在征得游客同意的前提下，调整、修改后续行程，完成余下的旅游活动。

(11) 写出事发经过与救助措施，分析、总结经验教训。

第三节　旅行社应急预案编制

旅行社应急预案包括综合应急预案与专项应急预案两大类，其中专项应急预案主要涉及旅行社经营过程中经常遇到的典型突发事件的处置预案，如户外活动中自然灾害事件的处置预案，以及旅游途中交通事故、火灾事故、中毒事故、治安事故的处置预案，专项应急预案也可以包括在综合应急预案中。

一、旅行社综合应急预案编写

综合应急预案是指从总体上阐述旅行社的应急方针政策、指导思想，应急组织机构及相应的职责，应急行动的总体思路等。它是旅行社应急工作的基本前提，即使对一些没有预料到的情况也能起到一般的应急指导作用。

由于旅行社组织机构相对简单，旅行社综合应急预案结构并不复杂。旅行社综合应急预案的主要内容如下：

（一）总则

1. 编制目的

建立健全国家各级政府、旅行社处置中国公民出境旅游、国内旅游，外国公民入境旅游遇到突发事件的应急机制，规范出境旅游、国内旅游、入境旅游突发事件的应急工作，维护国家利益、企业利益，保障中国游客、外国游客的生命健康与财产安全及其合法权益。

2. 编制依据

《中国公民出国旅游管理办法》等国家有关法律法规；《国家突发公共事件总体应急预案》《国家涉外突发事件应急预案》和《旅游突发公共事件应急预案》等有关部门应急预案。

3. 适用范围

预案适用于游客旅游过程中生命健康与财产安全受到损害或严重威胁的重大和较大突发事件的应急处置工作。

4. 工作原则

预案遵循《国家突发公共事件总体应急预案》和《国家涉外突发事件应急预案》规定的基本原则。同时，结合旅行社旅游应急救助工作实际，坚持如下原则：①以人为本，救助第一。以保障出境旅游、国内旅游的中国公民，入境旅游外国公民的生命健康与财产安全为准则，履行旅行社服务职能，尽力提供事前、事中和事后的必要应急救助。②迅速反应，减少损失。事件发生后做到在第一时间、第一现场实施救助和报告。根据需要，迅速动员和协调旅行社企业以及国内外各种应急救援力量，力争在最短的时间内将危害和损失降到最低程度。③依法规范，协调配合。遵守国家法律法规和国际条约，参照事发国（地区）法律法规的相关规定。企业与政府各部门要认真履行职责，主动配合协调，保证信息畅通，确保应急措施到位。④顾全大局，服从指挥。旅行社、政府各相关部门和涉事单位要认真贯彻党中央、国务院有关处理突发事件的要求，认真履行职责，树立大局意识，服从应急指挥机构的统一领导，保证完成各项处置工作。

（二）组织指挥体系和职责

旅行社构建的突发事件应急管理机构应该是一个权责分明、协调得当、反应迅速、积极主动的组织系统。突发事件发生后，根据需要启动不同级别的应急响应机制。旅行社应该根据自身业务特点和业务规模，构建由旅行社高层领导统一指挥，各部门灵活协调的应急管理指挥体系，并明确各部门、各个管理层次的相应权责，具体落实到个人。

1. 应急领导小组成员及其职责

（1）总经理、副总经理：指挥协调。

（2）部门经理：指挥协调。

（3）应急办公室：负责日常安全工作和突发事故的协调工作；组织协调事

故救援工作；传达领导小组的各项指示；汇总报告情况。

2. 各部门职责

（1）计调：指挥协调。

（2）导游、领队：具体应急处置。

（3）司机：协助导游应急处置。

（三）预警与预防机制

预警与预防机制包括信息监测与报告、预警预防行动、预警支持系统、预警级别及发布（建议分为四级预警）。

（1）预警机制建立：建立和完善旅游安全预警信息收集、评估制度。

（2）预警信息收集：根据国家有关部门相关信息的收集和分析，及时掌握和通报有关情况，据此做好旅游安全的事前预防工作。

（3）预警信息评估：对预警建议进行评估，防范风险。

（四）应急响应机制

包括分级响应程序（原则上按一般、较大、重大、特别重大四级启动相应预案），信息共享和处理，通信，指挥和协调，紧急处置，应急人员的安全防护，群众的安全防护，社会力量动员与参与，事故调查分析、检测与后果评估，新闻报道，应急结束12个要素。

（五）后期处置机制

包括善后处置、社会救助、保险、事故调查报告和经验教训总结及改进建议。

（六）各类突发事件的应急处置预案

根据国家旅游安全管理相关法规以及旅行社应急事件处置原则，编制各类旅游团突发事件的处置预案，诸如自然灾害、食物中毒、交通事故、火灾事故、社会治安的应急预案。各类预案应该包括事前预防、事中处置、事后安抚三个阶段的具体措施。预案应该具备一定的灵活性，根据突发事件的规模大小、严重程度、影响范围合理处置。

（七）应急保障和培训演练

（1）应急保障。旅行社应急管理领导小组及各部门按照职责分工和突发事件处置需要，及时做好应对突发事件的各种保障工作。

（2）培训演练。组织针对游客的安全保护和保险意识的教育，开展对旅行社各部门员工尤其是导游与司机的应急业务培训和演练。

（八）附则

包括有关术语、定义，预案管理与更新，国际沟通与协作，奖励与责任，制定与解释部门，预案实施或生效时间等。

（九）附录

包括相关的应急预案、预案总体目录、分预案目录、各种规范化格式文本，相关机构和人员通信录等。

二、旅行社专项应急预案编写

旅行社专项应急预案是指针对具体的、特定的突发事件，主要是旅行社经营管理过程中经常遭遇的突发事件，诸如旅游活动中的游客食物中毒事故、交通事故、火灾事故、社会治安事故以及户外活动中的自然灾害事件而编制的应急预案。它是在综合应急预案的基础上编制的，是充分考虑某些具体、特定事件的特点，对应急功能的设置、人员与资源的安排、应急活动的开展等进行的更为具体的、富有针对性的阐述。

专项应急预案的内容包括：事故类型和危害程度分析、应急处置基本原则、组织机构及职责、预防与预警、信息报告程序、应急处置、善后事宜。这些内容的编制要求与综合应急预案基本一致，只是在编制过程中，针对具体事故类型，编制更具针对性的内容。

三、旅行社现场应急预案编写

现场应急预案又称为现场处置方案，是在专项应急预案的基础上根据具体需要而编制的。它以现场为目标，通常是某类事件风险较大的重要防护区域，如旅行社发生交通事故、火灾事故时，事故现场的应急预案。由于现场应急预案包含周密而细致的安排，因而更加具有对现场具体应急活动的指导性。其主要内容包括：事故特征、现场特征、应急组织与职责及应急处理措施。

总之，旅行社应急管理预案按层次分类，可以分为综合应急预案、专项应急预案和现场应急预案。其中，后者都可以包括在前者之中，成为前者的一部分。当然，不同旅行社组织结构不同，所遇到的突发事件各异，应急预案的侧重点也各不相同，不能千篇一律。

阅读材料

××市旅行社应急预案

1. 指导思想

旅行社安全应急工作要坚持以人为本和安全发展理念，强化企业主体责任，加强监管，始终贯彻“安全第一，预防为主”的方针，认真落实以防火、防盗、防地质灾害、防交通事故、防食物中毒、防突发公共卫生事件为主要内容的安全岗位责任制。积极主动地配合公安、消防、交通、卫生、防疫等部门对旅行社的安全工作进行指导、监督、管理和检查，堵塞漏洞，消除隐患，杜绝旅游安全事故发生。

2. 组织领导

为加强旅行社旅游安全事故应急救援工作的组织领导，各旅行社要成立安全事故应急管理领导小组，由董事长（总经理）任组长，分管安全工作的经理任副组长，成员由导游、领队、计调等人员组成，明确各部门职责及团队运作每个环节上的具体责任。应急管理办公室设在总经理办公室，主要职责为：负责日常安全工作和突发事件的协调工作；组织协调事故救援工作；传达领导小组的各项指示；汇总报告情况。

3. 旅行社安全要点

(1) 旅行社必须按时足额投保旅行社责任保险，切实保障旅行社和游客的合法权益，在与游客签订旅游合同时，应当推荐游客购买相关个人保险。

(2) 制定和实施旅游活动中的旅游安全防范措施和安全告知义务，游客的贵重行李交接手续制度。

(3) 周密安排旅游团队的行程计划和线路，认真考虑可能影响旅游安全的诸多项目因素，制定并执行游客住宿就餐的规章制度。

(4) 导游要切实负起责任，出团前要对游客进行必要的安全知识和防范措施的提示，提醒游客注意自身安全和自我防护。在容易发生安全事故的场所，及时提示游客注意，并要求不得擅自离团。

(5) 选择具备经营资格且信誉好的汽车公司（车队），技术性能合格、证照齐全、有旅游客运资质的车辆，责任心强、技术过硬，并且有旅游车辆驾驶员上岗证的司机，严禁租用证照不全、存在安全隐患，特别是社会闲散车辆和农用车辆运营旅游团队。

(6) 组织登山、探险、漂流、拓展、航空等特殊旅游项目和组织学生、老年旅游及大型群体旅游活动时，必须事先制定周密的旅游安全保护和急救措施，对道路、项目和运载工具的安全情况进行细致考察。

(7) 加强对员工的旅游安全知识的教育和培训。普及安全常识，提高安全技能，对新招聘的员工，必须经过安全培训，合格后才能上岗。

(8) 导游必须掌握一定的旅游安全常识，一旦发生旅游安全事故，应立即采取紧急措施，拨打紧急救援电话。

(9) 旅行社经营场所的消防疏散通道保持通畅，设施设备确保完好、有效，符合有关规定。坚持定期安全工作检查，及时消除安全隐患。

4. 旅行社安全事故应急救援

(1) 旅行社安全事故等级划分：①一般事故；②较大事故；③重大事故；④特别重大事故。

(2) 旅行社安全事故应急救援响应。一旦发生安全事故，现场有关人员应立即向旅行社和当地旅游行政管理部门报告。旅行社应坚持救援第一的原则，立即派人赶赴现场，组织抢救工作，保护事故现场，将游客的生命财产损失降到最低；市旅游行政管理部门在接到较大、重大、特别重大安全事故报告后，应尽快向市人民政府报告，并在接到报告两小时内报省旅游行政管理部门。

(3) 旅行社重、特大安全事故的报告制度及主要内容。重、特大旅游安全事故发生后，旅行社要在24小时内写出书面报告，以电传或其他快捷方式报送有关部门，事故报告应包括以下内容：①事故发生的时间、地点及与事故有关的单位；②事故发生的主要经过、伤亡人数和直接经济损失的初步估算；③事故发生原因的初步判断；④事故发生后采取的措施及事故控制情况；⑤事故报告单位及值班联系人员、电话、传真。

5. 旅行社常见安全事故应急预案

(1) 交通事故应急处置预案。

(2) 治安事故应急处置预案。

(3) 火灾事故应急处置预案。

(4) 食物中毒事故应急处置预案。

(5) 地震应急处置预案。

(6) 水灾避险预案。

6. 旅行社旅游安全应急工作的监督管理

(1) 各县（市、区）旅游行政管理部门要成立相应的重、特大旅游安全事故应急处理领导小组，依照旅游安全监督管理职责，协助省、市旅游行政管理部门对旅行社的旅游安全工作实施监督管理和严格检查，发现事故隐患，要及时处理。对各级旅游行政管理部门依法实施的旅游安全监督检查，旅行社应予以积极配合，不得以任何借口拒绝、阻挠监督检查工作。

(2) 各旅行社要建立健全安全管理规章制度，要责任清晰，分工明确，奖罚分明。有计划、有目的、有针对性地开展旅游安全事故及有关知识和预防常识的宣传、培训及演习，做到熟悉相关应急预案和程序，了解应急救援抢救相关知识，增加事故的防范意识，提高事故防范和应急反应能力。

(3) 各县（市、区）旅游行政管理部门会同有关部门，在旅游旺季及春节、"五一"、"十一"等旅游黄金期开始前，对各旅行社的经营场所、责任保险、租车合同、应急措施及应急准备等安全工作进行严格的督促检查，排查安全隐患，坚决防止旅游安全事故的发生。

第四节 旅行社应急管理案例

一、旅游大巴坠河造成游客伤亡

（一）案例简介

2008年7月12日，湖北荆州某旅行社组织的长江大学江汉石油学院学生旅游团在宜昌市发生重大交通事故。当天13时37分，旅游团乘坐的旅游巴士途经宜昌黄柏河大桥时，一名中年男子突然在桥头强行拦车，驾驶员为避让拦车人，将客车左转，撞毁大桥栏杆后冲入黄柏河。事故共造成9人死亡、11人受伤。

（二）案例分析

经宜昌市交警部门认定，此次事故为单方交通事故，车主负全责。显然，此次重大旅游安全事故是人为因素造成的，司机遇强行拦车时本能避让，却忽略了旅游大巴上几十名游客的人身、财产安全，造成重大伤亡。旅行社应该加强旅游大巴司机在此类事件发生时的应对训练。

（三）案例处理过程

事故发生后，宜昌市政府立即启动紧急预案，主管副市长赶到现场指挥抢救，荆州市政府领导和安监、交通、交警、旅游等部门以及旅行社、旅游巴士公司负责人随后也赶到现场，协助做好搜救及善后工作。湖北省旅游局主管领导连夜赶赴事故现场，与宜昌和荆州市事故处理领导小组交换意见，并看望、安抚受伤游客。荆州市政府筹资近500万元协助宜昌市政府做好救治及善后处理有关工作。由于旅行社出团前为每一位游客购买了神州游人身意外伤害险，保险公司拿出130万元对游客进行了人身意外伤害险理赔。此外，旅行社和承保旅行社责任险的荆州天安保险公司各拿出10万元，用于事故善后处置工作。事故善后处理比较顺利，遇难者家属及伤者家属均未提出异议。

二、强行超车导致重大旅游安全事故

（一）案例简介

2007年7月13日中午，在西藏318国道曲水段桃花村境内发生了一起重大旅游交通事故。一辆金龙牌37座旅游大巴（游客28人、司机1人、导游1人）在前往日喀则的途中，行驶至拉萨市曲水县境内，因司机强行超车，导致车辆坠入离路面80米的雅鲁藏布江，造成15人死亡（包括司机、导游在内）、2人失踪、13人受伤的重大旅游安全事故。

（二）案例分析

这是典型的由人为因素造成的重大旅游安全事故，很可能是旅行社为降低成本，未雇用合格驾驶员，驾驶员缺乏起码的安全意识所致。

（三）案件处理过程

事故发生后，西藏自治区旅游局迅速启动应急预案，成立了“7·13”事故善后处理领导小组，积极协调相关部门，妥善处理遇难者家属的接待、重伤员的就地治疗和后期转院、轻伤员治疗后返回居住地、遇难者保险金的赔偿和支付等善后事宜。经过多次协商，涉及事故的旅行社与遇难者家属达成赔付协议，每位遇难者家属获赔25万元。轻伤员在拉萨治疗期间的费用和重伤员转往居住地治疗的交通费、医疗费及遇难者赔偿金由西藏人民财产保险股份有限公司支付。2007年8月20日，伤员陆续出院、转院回居住地，遇难者家属领取赔偿金后未再提出异议，事故善后处理圆满结束。

三、安全意识淡漠导致游客溺水死亡

（一）案例简介

2008年“十一”黄金周前夕，广东省某国际旅行社（以下简称旅行社）接受郑州某科技发展有限公司广州办事处（以下简称公司）委托，组织该公司101名员工前往肇庆西江边的砚州岛开展为期两天的拓展旅游活动。双方签订的旅游合同特别约定，公司游客不得擅自到西江游泳。开展活动前，旅行社团体部经理与公司负责人勘察了拓展旅游地，该区域有禁止游泳的警示牌。双方在签订旅游合同的基础上，又增加了旅游行程、活动安排、注意事项、有关要求等合同附件。拓展旅游活动按照合同的约定顺利进展。

10月4日上午，在游览鼎湖区砚州岛用完午餐后，公司负责人与随团导游协商，给予游客1小时时间整理行李、稍事休息，下午4时集中乘车返回广州。导游随即宣布自由活动，在告知集合时间的同时，提醒大家不要下西江玩水、游泳。当日下午约14时30分，七八名游客擅自到沙滩戏水。约14时30分时，3名游客走到水深处突然溺水，大呼“救命”，随后1名游客获救，两名游客失踪。现场游客随即拨打110报案。公安部门接报后，及时赶赴现场，会同海事部门、当地村镇人员搜救。10月6日上午8时许，在当地公安、海事、旅游及所在镇政府、村委会等有关单位努力下，于事发现场下游2千米处找到两名失踪者遗体。经法医鉴定和公司领导现场确认，死者为该公司委托旅行社组织的赴肇庆旅游的团队成员。

（二）案例分析

造成此次旅游突发事件的原因可以从两方面分析：一方面，在前往目的地进行拓展旅游活动之前，双方已经签订旅游合同，特别约定公司游客不得擅自到西江游泳，同时导游也提醒不要去西江玩水、游泳，并且西江游泳区域有禁止游泳的警示牌，但游客自身对此未给予足够的重视，擅自到西江游泳，造成溺水事件的严重后果。另一方面，虽然有禁止游泳的警示牌的提醒，但导游对游客擅自下水游泳并未给予足够重视，应该反复强调，告知游客可能发生的后果及严重性。在游客自由活动期间，导游应该注意游客的动向，与游客保持联系。

（三）案件处理过程

事故发生后，肇庆市委、市政府和广东省旅游局高度重视事件的处理。肇庆市旅游局及时启动旅游突发事件应急预案，主要领导等有关人员赶赴事发地点，协调相关部门。事发地鼎湖区政府组成了由公安、海事、旅游以及当地镇政府、村委会等单位参加的工作小组，研究部署事故的善后处理工作。在当地政府以及旅游、公安、海事等有关部门和组团社、组团单位的共同努力下，经过与死者家属友好协商，由组团单位代表旅行社、砚州村委会与死者家属签订协议，每位死者获得经济补偿10万元，并获得旅行社为旅游团购买的旅游意外保险8万元。死者家属随后返回原籍，事故善后处理结束。

四、菲律宾人质事件案例

（一）案例简介

2010年8月23日，当装载25人（其中有22名香港乘客）的康泰旅行社的旅游车离开马尼拉市内景点西班牙王城时，身着警察制服、携带一支M16步枪的55岁菲律宾前警察罗兰多·门多萨以搭便车为由上了这辆旅游车。旅游车行驶至马尼拉湾边的荷赛·黎刹公园时，门多萨宣布将这辆旅游车劫持，并让司机把车开到基里诺大看台。随车导游躲在后排座位给旅行社打电话，通报了劫持事件。

门多萨劫持旅游车后提出条件，要求警方恢复他的职位，并赔偿损失。门多萨曾多次把自己的要求写在纸上，并粘在被劫持旅游车的窗户玻璃和挡风玻璃上。

劫持事件发生后，菲律宾警方立即派出曾在美国受过专业训练的谈判专家与劫持者交涉。马尼拉成立了由该市副市长领导的危机管理委员会。

谈判期间，警方为人质提供了食物，并为旅游车提供汽油，以确保旅游车的空调能继续运转。此间，一名反腐败部门的官员与门多萨通了电话，并承诺重新考虑他的案子。但下午晚些时候，反腐败部门拒绝了门多萨的复职要求。菲律宾媒体报道称，反腐败部门将这一决定以书面形式密封在一个信封中，并由谈判人员交到了门多萨手中。

18时，门多萨接到了反腐败部门拒绝他复职要求的信件，他随即在车内鸣枪一声表示不满。此后，形势急转直下。

19时40分，警方开始采取行动，警方突袭人员包围了被劫持的旅游车。媒体报道称，门多萨当时情绪变得紧张起来，他威胁说，如果警方人员继续靠近，他就将采取“更激烈的行动”。突击队员曾打破旅游车的窗户玻璃和挡风玻璃，试图从前部进入旅游车，但是车内传来枪声。警方随即后撤并暂时停止了行动。门多萨与警方通话说：“我打死了两名游客，如果你们不停下来，我就把他们全部打死。”他还说：“我看到许多特种兵靠近，我知道他们会杀死我，他们必须离开，不然我随时会杀死人质。”

大约10分钟后，之前一直被铐在方向盘上的旅游车司机突然从车窗跳出逃脱，他当时大叫着：“所有人都死了！”此时，为了防止门多萨开走旅游车，警方还开枪打爆了旅游车的轮胎。

1小时后，警方突击队员试图从后门进入旅游车，但是车内再度传出枪声。警方在短暂地停止后再度强攻，门多萨被逼到了旅游车的前部，狙击手遂将其击毙。菲律宾警方高级官员亚布特说，门多萨先被狙击手开枪打伤，接着狙击手一枪击中他的头部将其击毙。不久后，6名游客从车里被救出。

（二）案例分析

从游客安全利益角度分析，菲律宾警方对此次事件的处理显然极为不妥。此类事件一旦发生，首先考虑的应该是游客的生命财产安全，而非国家政府的“脸面”。对劫持者情绪的极度刺激，考虑欠周全的解救方案，被错误情报误导以及显得蹩脚、业余的解救行动，或许都是此次悲剧发生的原因。容易忽略的一点是，旅游大巴中途让无关人员搭便车，明显是错误的，显示出菲律宾旅游大巴司机缺乏起码的安全意识，这是导致悲剧发生的开端。

事后一系列故事的发生，导致菲律宾的旅游景区形象大受损伤，例如，中学生以被劫持大巴为背景照相，甚至菲律宾警察也含笑以此为背景照相，菲律宾总统事后视察现场时面露诡异的微笑，劫匪下葬时棺木覆盖菲律宾国旗，菲律宾移送遇难中国香港人遗体时，竟然开棺供记者拍照，最后菲律宾政府拒绝承认营救行动存在过错，拒绝对遇难者家属进行赔偿。凡此种种行为都表明，菲律宾政府缺乏旅游安全应急事前、事中、事后处理的起码常识。

对于菲警方“荒唐的解救”，世界媒体在继续嘲讽的同时，把这一事件称为“菲国家形象的一场悲剧”。法新社称，这一事件将加深世界对这个东南亚国家目无法纪、贪污和混乱的坏印象。英国、尼泊尔等一些国家针对赴菲律宾旅游发出警告。

事件发生的次日，中国香港特别行政区发布赴菲黑色旅游警告。随后，相继有6个国家对本国公民发出不同级别的赴菲旅游警告。菲律宾前总统埃斯特拉达表示：“难以想象，甚至尼泊尔和巴基斯坦都发布了对菲律宾的旅游警告，其实这些国家没多少游客来菲律宾，然而他们还是发布了旅行警告”。他指出，菲律宾政府将不得不作出双倍的努力来恢复国际社会对菲律宾的信心。另外，中国内地各省市旅行社普遍收到游客赴菲律宾的退团要求。

或许，此次事件中能使我们略感欣慰的是殉职领队成就“香港骄傲”。在旅行团被劫匪门多萨挟持一刻，带团领队谢廷骏冒死悄悄致电回港，向旅行社报告，旅行社随即联络旅游业议会和保安局，要求菲律宾警方拯救人质。谢廷骏坚守全团直到中枪身亡，其英勇行为广受网民称赞，感动港人，被赞赏是“香港骄傲”，网民更发动“一人一信行动”，通过向香港政府发出电邮，争取追颁谢廷骏英勇勋章及让他永久安葬景仰园。

（三）案件处理及各方反应

中华人民共和国外交部发言人马朝旭在事件发生后曾发言表示，中国政府高度重视，立即向菲方提出交涉，要求菲方在确保人质安全的前提下，全力开展营救行动。中国驻菲大使馆一直与菲方就此保持沟通。中方有关部门将与菲方和香港特别行政区政府保持密切沟通，全力抢救受伤人员，妥善处理善后事宜。中方已要求菲方采取切实措施，确保在菲中国公民的生命和财产安全。中华人民共和国驻菲律宾共和国大使馆临时代办白天表示，驻菲大使馆已经派出18位外交官分布各家医院。而中国驻菲大使馆表示，接下来大使馆要确保做好四件事：①全力抢救伤者；②协助死者家属做好善后工作；③协助有关人员，让遇事游客尽快返港；④就事件作出书面解释。

香港特别行政区行政长官曾荫权2010年8月23日晚表示，对香港游客在菲律宾人质劫持事件中遇害感到十分悲伤，对凶手冷血的行为感到愤怒。香港特别行政区政府将于2010年8月24日下半旗向遇难同胞致哀。曾荫权说，2010年8月23日上午收到消息后，香港特别行政区政府保安局局长马上启动应急机制，同时通过中国驻菲律宾大使馆、外交部驻港特派员公署向菲律宾外交部长要求保障人质的安全。香港特别行政区政府也在第一时间派遣出入境处、警务处4名人员到马尼拉协助处理事件。政务司司长和保安局局长已召见菲律宾驻港总领事，要求菲律宾政府就善后作最大努力和配合。曾荫权对中央政府表示感谢，表示香港特别行政区政府将派工作组赴菲，与外交部工作组和驻菲大使馆密切合作，妥善处理善后事宜。

香港特别行政区政府于2010年8月23日晚决定安排两班包机，于2010年8月23日晚和24日晨安排人质在港家人前往菲律宾，随行的包括医疗救护人员和临床心理学家。香港特别行政区政府2010年8月23日把对菲律宾的旅游警示级别提高至黑色，政府发言人提醒市民不应前往当地，而身在当地游客应留意人身安全，提高警惕。香港特别行政区政府已通过旅游业议会要求身在当地的旅游团尽快返港，而未出发的亦要取消行程。

本章小结

本章阐述了旅行社的概念、旅行社应急管理的概念，以及旅行社应急管理的类型、特点、具体内容，比较了旅行社安全管理、旅行社危机管理与旅行社应急管理，介绍了旅行社应急预案编制，分析了旅行社应急管理案例。

旅行社应急管理是指针对旅行社在组织旅游活动中可能遭遇的各种突发事件——自然灾害、事故灾难、公共卫生事件、社会安全事件，采取事前预防、事发应对、事中处置与善后安排的一系列工作。由于旅行社所遭遇的突发事件在一些方面具有典型性，如自然灾害事故、交通事故、火灾事故、社会治安事故、食物中毒事故等，因此也需要旅行社在这些方面积极加强应急管理。此外，广义的旅行社应急管理还包括对旅行社业务事故，如漏接、错接、误机（车、船）、游客走失、游客证件丢失、游客财物丢失等的事前预防、事发应对、事中处置以及善后安排，这也是旅行社应急管理的内容之一。

旅行社应急管理具有复杂性（对象）、艰险性（环境）、协同性（过程）、系统性（机制）、基层性（层次）等特征。在具体内容方面，旅行社应急管理在一些方面，诸如自然灾害事故、交通事故、火灾事故、社会治安事故、食物中毒事故、业务事故方面具有典型性。

依据旅行社应急管理所面对的突发事件与业务事故，科学制定旅行社综合应急预案，以及针对旅行社经常遇到的典型突发事件与业务事故的专项应急预案，乃至现场应急预案，成为旅行社应急管理的重要环节。

思考与练习

1. 简述旅行社安全管理、旅行社危机管理、旅行社应急管理的联系与区别。
2. 依据应急管理的对象分类，旅行社应急管理可以分为哪些类型？
3. 与其他旅游企业相比，旅行社应急管理具有哪些特点？
4. 有哪些典型的突发事件经常成为旅行社应急管理的对象？
5. 旅行社综合应急预案与专项应急预案有什么区别？
6. 对于旅游团发生食物中毒事故，旅行社的应急预案包括哪些内容？
7. 对于旅游团遭遇交通事故，旅行社的应急预案包括哪些内容？
8. 对于旅游团遭遇火灾事故，旅行社的应急预案包括哪些内容？
9. 对于旅游团遭遇重大治安事故，旅行社的应急预案包括哪些内容？
10. 对于旅游团户外活动中可能遭遇的各类自然灾害，旅行社的应急预案分别包括哪些内容？

拓展阅读

[1]《旅游企业突发事件应急管理与应急预案编制及典型案例解析指导手册》编委会．旅游企业突发事件应急管理与应急预案编制及典型案例解析指导手册［M］．北京：当代法制出版社，2006.

[2] 赵冉冉．导游应急处理一本通［M］．北京：旅游教育出版社，2008.

[3] 阎友兵．导游员应急手册［M］．长沙：湖南科学技术出版社，2007.

[4] 中国旅游研究院旅游安全研究基地：http：//ctssr.hqu.edu.cn/default.aspx.

第五编

旅游者及其家庭旅游应急管理

第十章　旅游者及其家庭旅游应急管理

【学习目的】

通过本章学习，理解旅游者及其家庭旅游应急管理的概念、特点与类型，了解旅游者家庭在旅游应急管理系统中的作用，熟悉旅游者及其家庭旅游应急管理的基本内容，掌握作为旅游者个人及其家庭对常见旅游突发事件的预防与应急处理措施。

【学习要点】

1. 旅游者及其家庭旅游应急管理的概念、特点与类型。
2. 旅游者家庭在旅游应急管理系统中的作用。
3. 旅游者及其家庭旅游应急管理的基本内容。
4. 常见旅游突发事件的预防与应急处理措施。

【关键词】

旅游者　旅游者家庭　应急预案　应急管理

旅游者的人身与财产安全是旅游应急管理的基本对象。但旅游者及其家庭不仅是旅游应急管理的客体，同时也是旅游应急管理的主体。旅游者及其家庭成员本身所具备的应急管理意识、知识、能力与技能使旅游突发事件的预防、应对、处置和善后更为有效。因此，随着旅游休闲逐渐成为人们的一种生活方式，在国家公民应急管理教育与培训的基础上，进一步提升旅游者及其家庭的旅游应急管理意识、知识、能力与技能成为社会的当务之急。

第一节 旅游者及其家庭旅游应急管理的概念、特点与类型

一、旅游者及其家庭旅游应急管理的概念

（一）旅游者

旅游者作为旅游活动的主体、旅游产品的消费者，是旅游活动的三大要素之一，但对旅游者的界定在空间距离、时间范围、目的等方面仍存在许多争议。为了便于从理论上理解和实践中统计，有必要区分概念性定义与技术性定义，前者如“旅游者即出自寻求愉悦的目的而前往异地并在该地做短暂停留的人”（谢彦君，2004），后者如过夜旅游者与不过夜旅游者、旅游者与游憩者、国际旅游者与国内旅游者的区分。由于人们离开工作与生活地点到异地的空间位移，无论时间长短、距离远近、目的如何，都有可能碰到突发事件的应急管理问题，因此，这里的旅游者范围更为广泛，不仅是纯粹意义上的旅游者，还包括本地游憩者、异地旅行者等。旅游者家庭不仅包括旅游者核心家庭，还包括夫妻双方亲属。

（二）旅游者及其家庭的旅游应急管理

旅游者及其家庭的旅游应急管理是针对旅游者个体及其家庭在旅游活动中面临突发事件的危险问题而提出的，是旅游者个体及其家庭针对包括自然灾害、事故灾难、公共卫生事件、社会安全事件、个体安全突发事件进行的事前预防、事发应对、事中处置和善后管理。其中危险是由意外事故、意外事故发生的可能性，以及蕴藏意外事故发生可能性的危险状态构成的，包括人的危险、物的危险和责任危险三大类。其中，人的危险可以分为生命危险和健康危险，如旅途患病；物的危险是指威胁财产安全的危险，如治安事故；责任危险是产生于法律之上的损害赔偿责任，如旅游者意外发生伤害他人生命、健康与财产安全事故。

旅游是寻求改变身心状态，获得身体和心理最大满足以达到身心愉悦的过程。但各种突发事件会给旅游者带来身心的负面影响，从而破坏旅游者的旅游体验，甚至威胁旅游者的生命、健康与财产安全。旅游者及其家庭通过树立自身的应急意识、学习必备的应急知识、发展必要的应急能力、形成基本的应急技能，以及建立相关的应对机制，采取系列的必要措施，保障自身乃至他人的生命、健康与财产安全。旅游者及其家庭的旅游应急管理作为旅游应急管理系统的有机组

成部分，一方面需要旅游者对自身生命、健康与财产安全负责，另一方面需要关注他人生命、健康与财产安全，尽量减少突发事件对旅游者当前与未来的负面影响。

二、旅游者及其家庭旅游应急管理的特点

与政府、行业协会和旅游企业的旅游应急管理相比，旅游者及其家庭的旅游应急管理具有个体性、直接性、广泛性和专业性的特点。

（一）个体性

旅游者及其家庭作为旅游应急管理的主体主要是个体行为，是旅游者个体及其相关群体面对旅游突发事件所展开的自救行动。因此，旅游者个体所具备的应急管理意识、知识、能力、技能成为有效应急管理的前提。

（二）直接性

旅游者处于旅游突发事件的现场，旅游突发事件直接威胁到旅游者的人身与财产安全，旅游者及其家庭能在第一时间作出快速反应，展开自救与互救行动，成为旅游应急快速反应第一人，对减轻旅游者生命与财产损失具有十分重要的意义。

（三）广泛性

旅游者及其家庭旅游应急管理的广泛性，既包括旅游应急管理主体——旅游者及其家庭的广泛性，几乎与每一位社会成员息息相关，因此，普及国民应急管理教育与培训成为旅游应急管理的基本前提；也包括旅游应急管理客体——旅游突发事件的广泛性，旅游者会遇到多种多样的旅游突发事件，如自然灾害、事故灾难、公共卫生事件、社会安全事件等。

（四）专业性

旅游者及其家庭的旅游应急管理与一般常规性的应急管理存在一些差异，例如，旅游活动以户外、野外活动居多，旅游者如“驴友”、自驾游者要具备户外、野外生存知识、能力与技能；某些旅游活动如探险活动还要具备专业技能；旅游者及其家庭分离两地，旅游者更为独立，也更需要旅游者之间的互助互救，等等。这样，旅游者及其家庭的旅游应急管理需要在有关专业组织指导下开展对旅游突发事件的预防、应对、处置与善后工作。

三、旅游者及其家庭旅游应急管理的类型

（一）基于主体的分类

从旅游应急管理的主体——旅游者及其家庭的角度来看，可以分为旅游者的旅游应急管理和旅游者家庭的旅游应急管理，其中后者在旅游突发事件的预防以及配合处理方面发挥着积极作用。

（二）基于客体的分类

从旅游应急管理的客体——旅游突发事件的角度看，旅游者及其家庭的旅游应急管理可以分为对自然灾害、事故灾难、公共卫生事件、社会安全事件以及个人安全突发事件的应急管理。

（三）基于威胁对象的分类

从旅游突发事件的威胁对象看，旅游者及其家庭的旅游应急管理可以分为对旅游者生命危险和健康危险的应急管理，如旅途患病；对旅游者财产危险的应急管理，如治安事故；以及对旅游者责任危险的应急管理，即产生于法律之上的损害赔偿责任，如旅游者意外发生伤害他人生命、健康与财产安全事故。

四、旅游者及其家庭在旅游应急管理中的作用

旅游者既是旅游应急管理的客体，又是旅游应急管理的主体。作为客体，是旅游应急管理的对象，需要积极配合旅游应急管理活动，听从各级政府、企业组织的旅游应急管理指挥；作为主体，也是旅游应急管理的参与者甚至指挥者，是个体、群体自救行动的主体，是自身生命安全与财产安全管理的主人，在旅游突发事件的事前预防、事发应对、事中处置以及善后处理方面发挥着不可替代的积极作用。

家庭是旅游者最为亲密的社会生活组织，也是一个重要的闲暇群体，在旅游者旅游行为过程中，家庭也是一个主要影响因素，即家庭是影响旅游者旅游行为的社会环境因素之一。在旅游应急管理中，旅游者家庭发挥着积极作用，尤其在旅游突发事件的积极预防和配合处理方面。

（一）旅游突发事件的积极预防

（1）家庭教育方面。旅游者对突发事件的相关知识了解越多，则警惕性越高，对旅游者造成的影响就越小。旅游者家庭在旅游突发事件相关知识的收集和

教育中发挥着重要作用，可以有效地帮助旅游者预防突发事件。旅游者家庭应该关注各种突发事件预防与应对措施的介绍，并及时对旅游者进行教育，例如，旅游安全事件中的紧急自救、火灾时的逃生技能以及其他诸如地震、海啸、泥石流等灾害的常识，帮助家人正确辨认灾害发生的征兆，提前预防，以便提高应对能力。

(2) 家庭决策方面。家庭结构及其各方面的条件、信息资料的收集等都会对旅游者的出游决策产生影响。在有关旅游信息收集、旅游目的地及出行方式选择方面，家庭决策有利于预防旅游突发事件，如家庭要对旅游目的地的安全信息进行了解，特别是旅游目的地发生概率最大的安全事故。家庭对旅游者个人行为模式可以产生影响，引导旅游者行为模式的改变，其中包括：引导旅游者出游方式的选择；引导旅游者旅游活动的时空选择；引导旅游者主动承担旅游行为的社会责任，促使旅游者接受生态化的旅游行为模式；引导旅游者改变不良的日常行为模式；引导旅游者逐步提高旅游目的的层次；引导旅游者选择安全系数高的旅游项目，等等。另外，家庭在收集旅游信息资料的基础上，根据具体情况为出游成员购买相应的旅游保险。

(3) 信息沟通方面。旅游者家庭应该时刻关注旅游者旅游目的地的相关信息，特别是天气预报和新闻报道等，并及时向旅游者汇报和提醒，如提醒旅游者在天气变化时增减衣服、携带雨具，在天气炎热干燥时多喝水、多吃水果，等等。家庭成员之间要相互保持联系，旅游者家庭要多关心旅游者的行踪和身体状况，也可以从旅游者的信息反馈中获取咨询，帮助旅游者分析情况，作出行程调整等。

(二) 旅游突发事件的配合处理

一旦发生旅游突发事件，旅游者家庭成员要与旅游者、旅游企业以及旅游目的地有关管理部门取得联系，了解其生命、健康与财产安全情况，必要时亲临现场协助旅游企业、旅游目的地有关管理部门处理善后事宜。

如果旅游者在旅游活动中失踪或遭遇绑架等突发事件，旅游者家庭要保持冷静，减少慌乱，以迅速进行决策应对，给公安部门提供更多旅游者的个人信息，以协助破案。

当旅游者家庭收到旅游者在旅途中受伤或患病的通知后，帮助安抚旅游者情绪，伤病严重时要劝告旅游者暂时取消和退出旅游活动，并前往旅游者就医的医院，给予旅游者照顾。

如果旅游者在突发事件中遇难，旅游者家庭在接到旅行社或旅游目的地相关部门的通知后，要派出亲属及时赶往通知地点，控制情绪，接受安排，做好善后工作。

突发事件发生后，旅游者家庭要根据受害情况和购买的旅游保险进行索赔，准备相关资料。在维护旅游者权益的同时要依章办事，避免发生不必要的纠纷和冲突。

第二节　旅游者及其家庭旅游应急管理的基本内容

基于旅游应急管理的客体——旅游突发事件的标准分类，旅游者及其家庭的旅游应急管理的基本内容包括了旅游者对自然灾害、事故灾难、公共卫生事件、社会安全事件以及个体安全突发事件的应急管理。

一、旅游者对自然灾害的应急管理

自然灾害对旅游活动影响巨大，严重威胁旅游者生命、健康与财产安全。随着旅游活动范围越来越大，旅游活动项目越来越多，发生在旅游活动中的自然灾害也越来越普遍，如遭遇地震、海啸、台风、泥石流、洪水、雪崩，等等。对这类事件的预防与处理属于旅游者生命、健康与财产安全危险的应急管理。旅游者在出游前，需要多了解一些关于避难、救护的知识，有备无患，在关键时刻会派上用场。

（一）地震

地震，是指地球内部介质局部发生急剧破裂，产生震波，从而在一定范围内引起地面震动的现象。地震开始发生的地点称为震源，震源正上方的地面称为震中。

地震的应急处理要点如下：

（1）在平房，应迅速头顶保护物向室外跑，来不及可躲在桌下、床下及坚固家具旁。

（2）在楼房，应暂避到洗手间等跨度小的空间，承重墙根、墙角等易形成三角空间处，不要使用电梯，更不能跳楼。

（3）在学校、商店、影剧院等公共场所，应迅速抱头、闭眼，在课桌、椅子或坚固物下躲避，待地震过后有序撤离，切勿乱跑。

（4）在街上，应抱头迅速跑到空旷地蹲下，避开高楼、立交桥，远离高压线。

（5）在郊外，尽量避开山脚、陡崖，防止山体滑坡、山崩等。

（6）驾车行驶时，应迅速避开立交桥、陡崖、电线杆等，尽快选择空旷处停车。

（7）如果被废墟埋压，要尽量保持冷静，设法自救：①尽量用湿毛巾、衣物或其他布料捂住口、鼻，防止灰尘呛闷发生窒息；②尽量活动手脚，清除脸上的灰土和压在身上的物件；③用周围可以挪动的物品支撑身体上方的重物，避免进一步塌落；④扩大活动空间，保持足够的空气；⑤无法脱险时，要保存体力，耐心等待救援，不要盲目大声呼救。当听到附近有人活动时，要用砖或硬物敲打墙壁、铁管等，向外界传递信号。

专家提示：

避险时注意近水不近火，靠外墙，不靠内墙。已经脱险的人员，震后不要急于回屋，以防余震。关注政府发布的最新消息，不听信和传播谣言。

阅读材料 10.1

地震避险口诀

保持镇静勿慌张，切断用电煤气源。
身在高楼勿近窗，坚固家具好避处。
检查住所保性命，危楼勿近先离开。
公共场所要注意，争先恐后最危险。
震后电梯勿搭乘，楼梯上下要小心。
听从老师避桌下，顺序离室到空地。
室外行走避乘车，慎防坠物和电线。
行车勿慌减车速，注意四方靠边停。
收听广播防余震，自救互救勿围观。
避震演练要认真，时时防震最安全。

（二）泥石流

泥石流，是指由于降水（暴雨、冰川、积雪融化水）产生在沟谷或山坡上的一种夹带大量泥沙、石块和巨砾等固体物质的特殊洪流，是高浓度的固体和液体的混合颗粒流。泥石流通常来势凶猛，与山体崩塌相伴相随，对农田、道路、桥梁和民房等建筑物破坏性极大。

泥石流的应急处理要点如下：

（1）发现有泥石流迹象，应立即观察地形，跑至沟谷两侧山坡或高地。

（2）逃生时，要抛弃一切影响奔跑速度的物品。

（3）不要躲在有滚石和大量堆积物的陡坡下。

（4）不要停留在低洼地方，不要攀爬到树上躲避。

专家提示：

泥石流发生前的迹象：河流突然断流或水势突然加大，并夹有柴草、树枝；深谷或沟内传来类似火车轰鸣或闷雷般的声音；沟谷深处突然变得昏暗，并有轻微震动感等。

在山地户外游玩时，要选择平整的高地做营地，尽可能避开河（沟）道弯曲的凹岸或地方狭小高度又低的凸岸。切忌在沟道处或沟内平处搭建宿营棚。当遇到间降雨或暴雨时，应警惕泥石流发生。

（三）海啸

海啸，是指由于海底地震、海底火山喷发、海岸山崩或山体滑坡、小行星和彗星溅落大洋以及海底核爆炸等产生的具有超大波长（数百千米）和较大周期（10～60分钟）的大洋行波。海啸经常极具破坏力，可造成严重伤亡。

海啸应急处理要点如下：

（1）停泊在海港的船只要在海啸到来前驾驶到开阔海面，如果没有时间开出海港，所有人都要撤离停泊在海港里的船只；航行在海上的船只不要回港或者靠岸，要马上驶向深海区。

（2）察觉海啸发生信号，迅速撤离海边，向内陆或者高处转移。

（3）不幸落水时要尽量抓住木板等漂浮物，避免与其他硬物碰撞。在水中不要举手，不要挣扎，尽量减少动作。尽量不要游泳，防止体内热量过快散失。尽量向其他落水者靠拢，互相帮助。

（4）把溺水者救上岸后，最好在温水里恢复体温，没有条件的要尽量裹上被子、毛毯等保温。

专家提示：

要注意海啸发生的信号，例如，地面强烈震动；潮汐突然反常涨落，海平面显著下降或者有巨浪袭来，并且有大量的水泡冒出；海水异常退去后，浅滩上出现许多海生物；听到如火车行走般的咆哮声。

（四）台风

台风（热带气旋）是指发生在热带或副热带洋面上急速旋转的低压涡旋，

常伴有狂风、暴雨和风暴潮。其应急处理要点如下：

1. 行人

(1) 外出时尽量穿上雨衣，不要打伞。

(2) 尽量远离高大树木、棚子、架子、架空电线等。

(3) 不要在高墙、广告牌及居民楼下行走，以免发生重物倾斜或高空坠物等突发事件。

(4) 避开高层施工现场，不可靠近塔吊或工地围墙。

(5) 注意街道积水，不要在道路边缘或打着漩涡的路上行走，以免落入水中。

(6) 风大造成行走困难时，可就近到商店、酒店等公共场所暂避。

(7) 看见倾斜及倒下的电杆等输电设施，要远远绕行，以避免触电。

2. 航海船只

(1) 注意收听邻近地区气象台的气象预报，及时了解海风、海浪情况。

(2) 保持与陆地指挥系统的联络，及时避开台风的突袭。

(3) 尚未出港的船只要推迟出航时间，待风暴过后再出航；在海面航行的船只要根据台风移动方向和范围，适当改变航线绕道而行，或抢在台风来到之前迅速穿过。

专家提示：

台风来临时，应做好以下准备：检查房屋是否牢固安全，若是危旧建筑应马上离开避险；加固有可能被风吹落的物体，如花盆、护栏、遮雨棚、凉衣杆、室外天线等；准备适量的水及食物；准备好蜡烛、手电筒，以备停电时使用；检查煤气及电路，留心火源；门窗玻璃用胶带粘好，准备好胶合板、塑料板、毛毯等，以备加固窗户。

二、旅游者对事故灾难的应急管理

事故灾难主要是人为因素的结果，对旅游活动会产生负面影响，严重威胁旅游者生命、健康与财产安全，属于旅游者生命、健康与财产安全危险的应急管理。

(一) 道路交通事故

道路交通事故，指车辆在道路上因过错或者意外造成的人身伤亡或者财产损失的事件。

道路交通事故的应急处理要点：

(1) 立即报警，请求支援。

(2) 关闭引擎，若撞车后起火燃烧，应迅速撤离，防止油箱爆炸伤人。

(3) 警察到来前，保护好现场；肇事车逃逸，要记下车牌号码、车身颜色及特征，为侦破工作提供线索。

(4) 机动车在高速公路上发生故障或交通事故时，应在故障车来车方向150米外设置警告标志，车上人员应迅速转移至右侧路边或应急车道内，并迅速报警。

专家提示：

严格遵守交通规则；禁止酒后驾驶，禁止非司机驾车；禁止驾驶中打手机，禁止疲劳驾驶。另外，作为旅游者还需要注意：

(1) 预防措施。在行车期间要避免和司机聊天，惹司机生气或使司机过度兴奋，确保司机注意力集中；发现司机过度疲劳驾驶，要提醒他注意安全。

(2) 应急措施。一旦遇到事故，甚至出现伤亡，旅游者除了自救应急外，还需要积极帮助他人脱险。①迅速脱离汽车事故险境，转移到安全地方，自我包扎或在他人协助下包扎伤口，等待救护车救援；②协助他人特别是导游保护事发现场，保护现场肇事痕迹，不要在忙乱中破坏现场，尽可能防止肇事者逃逸，以便交通警察与治安部门调查处理；③迅速协助他人特别是导游向交通、公安部门联络报警，让其派人前来调查处理，并与家人、亲戚、朋友取得联系，积极寻求帮助。

(3) 善后处理。争取自我安抚，并安抚他人，恢复身心平衡。在家人、亲戚、朋友帮助下，与旅游企业、旅游部门沟通联系，向保险公司索赔。

(二) 火灾

酒店、景点、娱乐、购物等场所发生火灾，会威胁旅游者的生命、健康和财产安全，火灾事故的预防与处理属于旅游者生命、健康与财产安全突发事件的应急管理。

发生火灾的应急措施：

(1) 迅速报警。尽快拨打电话报火警，准确说明失火地点。

(2) 若在酒店或建筑设施内遭遇火灾，要紧跟导游或相关人员引导，切勿乱跑，找到太平门、紧急出口、安全楼梯，不要拥挤，要有秩序疏散。如果被浓烟围住不辨路径，最好用湿毛巾捂上口鼻，将面部靠近墙根或地面爬出去，等待救援。住在三楼以上的旅游者，切记不要跳楼。

(3) 看到或听到救护人员时要大声呼喊，或在窗口摇动色彩鲜艳的衣物；

情况危急时可以用床单结成绳索顺窗户滑下，救援人员到达后，要听从指挥。

三、旅游者对公共卫生事件的应急管理

公共卫生事件也会对旅游活动产生负面影响，主要威胁旅游者生命与健康安全，属于旅游者生命与健康安全危险的应急管理。

（一）食物中毒

食物中毒，是指食用被细菌性或化学性毒物污染的食物，或误食本身有毒的食物，引起急性中毒性疾病，分为细菌性食物中毒、真菌毒素中毒、动物性食物中毒、植物性食物中毒及化学性食物中毒。

主要症状：剧烈呕吐、腹泻，伴有中上腹部疼痛，常会因上吐下泻而出现脱水症状，如口干、眼窝下陷、皮肤弹性消失、肢体冰凉、脉搏细弱、血压降低等，甚至休克。

食物中毒的应急处理要点：

（1）立即停止食用可疑食品，喝大量洁净水以稀释毒素，用筷子或手指向喉咙深处刺激咽后壁、舌根进行催吐，并及时就医。用塑料袋留好呕吐物或大便，带去医院检查，有助于诊断。

（2）出现抽搐、痉挛症状时，马上将病人移至周围没有危险物品的地方，并取来筷子，用手帕缠好塞入病人口中，以防止咬破舌头。

（3）症状无缓解迹象，甚至脱水症状明显，四肢寒冷，腹痛腹泻加重，面色苍白，大汗，意识模糊，说胡话或抽搐，甚至休克，应立即送医院救治。

（4）了解与病人一同进餐的人有无异常，并告知医生和其一同进餐者。

（5）及时向当地疾病预防控制机构或卫生监督机构报告。

专家提示：

不食用病死的禽畜肉，不吃变质、腐烂、过期食品；不要采摘、捡拾、购买、加工和食用来历不明的食物、死因不明的畜禽或水产品，以及不认识的野生菌类、野菜和野果；加工、贮存食物时要做到生熟分开，食物必须煮熟煮透，不生吃海鲜、河鲜、肉类，隔夜的食品在食用前必须加热煮透后方可食用；要做好自备水的防护，保证水质卫生安全；不要饮用未经煮沸的生活饮用水；妥善保管有毒有害物品，农药、杀虫剂、杀鼠剂和消毒剂等不要存放在食品加工经营场所，避免被误食、误用。

（二）流感

流行性感冒（以下简称流感），是指由流感病毒引起，具有高度传染性的急

性呼吸道传染病。流感发病快，传染性强，发病率高，主要通过空气飞沫传播。

主要症状：重则发烧在38℃以上，浑身酸痛、头痛明显，轻则出现呼吸道症状，如咳嗽、流鼻涕等。老年人、儿童、孕妇和体弱多病者患流感后，容易引发严重的并发症，甚至致人死亡。

流感应急处理要点：

(1) 有流感症状时，要注意休息，多喝水，开窗通风。

(2) 发生流感时，尽量避免外出活动；不要去商场、影剧院等公共场所；必须出门时，应戴口罩。

(3) 流感病人应与家人分餐、分室居住。

(4) 流感病人的擤鼻涕纸和吐痰纸要包好，扔进加盖的垃圾桶，或直接扔进抽水马桶用水冲走。

(5) 重症病人应在医院隔离治疗。

专家提示：

无论何种原因，如身体持续发热，都应尽早就医；流感早期服用感冒冲剂或板蓝根冲剂，可以减轻症状；保持室内空气流通，即使在冬季，每天也要开窗通风3次以上，每次至少10~15分钟；空调设备应定期清洗空气过滤网；不随地吐痰，打喷嚏、咳嗽时一定要捂住口鼻；必要时定期注射流感疫苗。

四、旅游者对社会安全事件的应急管理

社会安全事件对旅游活动会产生巨大的负面影响，严重威胁旅游者生命、健康与财产安全，属于旅游者生命、健康与财产安全突发事件的应急管理。

(一) 恐怖袭击

恐怖袭击，是指恐怖组织或个人使用暴力或其他破坏手段制造的危害社会稳定、危及人民群众生命财产安全的一切形式的活动。常见形式有炸弹爆炸、枪击、毒气袭击、生物恐怖袭击等。

恐怖袭击应急处理要点如下：

(1) 听从公安、消防等部门的指挥，切勿制造混乱。

(2) 遭遇炸弹爆炸，应迅速撤离到安全的地方，不要躲入偏僻角落；如现场火灾引起烟雾弥漫，尽量不要吸入烟尘，防止灼伤呼吸道；尽可能将身体压低，用手脚触地爬到安全处。

(3) 遭遇有毒气体袭击，应尽快转移至上风方向或有滤毒通风设施的人防工程；尽可能用身边物品进行简易防护，防止毒气侵害；如果来不及转移，应尽

量寻找密闭性好、可以隔绝防护的高层建筑物躲避，入室后，立即关闭门窗、电源，堵住与外界明显相通的裂缝，并尽量停留在背风处和外层门窗最少的地方，等有毒气体散后，尽快打开下风方向门窗通风。

（4）遭遇匪徒枪击扫射，立即卧倒趴在地面不要动，手抱头迅速蹲下，并借助其他物品掩护。

（5）遭遇生物恐怖袭击，应及时报告，并立即前往医院医治；感染者和接触者应接受隔离，不要到处走动，防止成为新的传染源；疫区人群尽量少出门；注意饮食安全，防止病从口入；尽可能远离居民区；注意防止被可疑昆虫、鼠类或其他动物叮咬或抓伤。

专家提示：

提高警惕，发现可疑的包裹、物品、有害气体和人等，要及时报警，接到恐怖威胁电话时，尽可能多了解对方信息，保持与其通话时间，为破案提供帮助；熟悉周边环境，了解经常出入的场所的安全出口；准备好应急箱。

（二）球场骚乱

观看足球、篮球等大型比赛时如果发生骚乱，极易造成群死群伤的严重事件以及不良社会影响。

应急要点：

（1）发生球场骚乱时，应避免在看台上来回跑动，要迅速、有序地向自己所在看台的安全出口移动。

（2）周围人群处于混乱之中时，不要盲目跟随移动，应选择安全地点停留（如待在自己的座位上），以保证自己不被挤伤。

（3）注意观察活动现场情况和识别警示标志，做到心中有数，要有意识地了解现场安全通道和出入口的位置，在发生危险时要尽快从最近的安全出口撤离。

（4）远离栏杆，以免栏杆被挤折而伤及自身。

（5）疏散时特别要注意礼让身边的老人、儿童、妇女等弱势群体，不要拥挤，并保证疏散有序。

专家提示：

应自觉遵守球场规定，维护赛场秩序；遇到少数人起哄、煽动闹事等情况，不要盲目跟从；看台都有一定的坡度，所以遇到球场骚乱时，千万不要拥挤、翻越栏杆，以免造成人员伤亡事故。

(三) 涉外旅行风险

外交部领事司提醒赴国外的中国公民提高警惕，海外风险不少，环境陌生，切不可麻痹松懈，应做好以下四点：

(1) 行前阅读外交部网站“出国特别提醒”、“走出国门注意事项——旅行建议”、“中国领事保护和协助指南”等栏目及其他旅游信息，充分了解拟前往国家和地区最新安全状况及预警信息。避免前往近期恐怖活动较多、局势不稳、安全形势恶化的国家和地区。

(2) 出行前尽量了解一些拟前往国家的基本情况。出国后，遵守前往国家和地区的法律法规，尊重当地宗教民族习惯，事先了解有关衣着、饮食、拍照等方面的禁忌，讲究公共卫生，与当地人民友好相处。

(3) 出国后随时注意周围情况，谨言慎行，理智行事，依法维权，避免激化矛盾，不要采取群体性行为。

(4) 在外提高警惕，加强自我防范意识，注意人身和财物安全。遇到问题保持冷静，及时与警方及中国驻当地使领馆联系。

(四) 治安事故

治安事故是指在旅游过程中，旅游者遇到行凶、诈骗、偷盗、抢劫等而使生命、健康和财产受到损害的事故。治安事故的预防与处理属于旅游者生命、健康与财产安全突发事件的应急管理。此类事故不仅使旅游者遭受财物损失，有时候还会危及其生命安全，因此，在旅游过程中，不能只求新奇快乐而掉以轻心，要时刻警惕自己的人身财产安全。预防治安事故应做到：

(1) 在入住酒店时，最好将贵重财物存入酒店保险柜内，不要随身携带或放在客房内。

(2) 不要随便把自己房号告诉陌生人，不要让陌生人或自称酒店维修人员的人随便进入房间，出入房间要锁好门窗。

(3) 每次下旅游车时，不要将旅游证件和贵重物品遗留在车上。

(4) 在游览中，不要到人多杂乱的地方去，留意周围的环境，紧跟导游或者其他游客的动向。

治安事故一旦发生，根据个人情况，旅游者要采取应对措施：

(1) 如果本身不是受害者，遇到歹徒向其他游客行凶或抢劫财物时，保持冷静并及时转移到安全地点，首先确保自己的人身和财产安全，然后量力而行，配合现场群众捉拿凶犯，立即报案，配合导游及协助警察侦查和破案。

(2) 如果本身是受害者，及时发出求救并等待帮助和救援，若有受伤，等待医疗救援；向公安部门提供作案人特征、受伤情况及财物损失情况，做好医疗和财物损失证明，以备向保险公司索赔。

五、旅游者对个人安全突发事件的应急管理

以上自然灾害、事故灾难、公共卫生事件、社会安全事件都具有公共性，不可忽视的是，在旅游途中还存在个人安全突发事件，个人安全突发事件应急处理包括如下要点：

(一) 患病的预防与处理

旅游者旅途患病的预防与处理属于旅游者生命、健康安全危险的应急管理。在旅游过程中，旅游者患病是一种常见的旅游故障，特别是少年儿童、年老体弱者，由于气候不适、生活习惯改变、旅途疲劳常会引起患病，甚至患重病、病危或死亡。所以旅游者在旅途过程中要做好预防措施：要合理安排旅游行程，张弛有度，劳逸结合，避免连续安排路途遥远、体力消耗大的旅游项目；注意饮食卫生，不要购买不卫生的食物；留意天气变化，注意相应增减衣服、携带雨具等，天气炎热干燥要多喝水、多吃水果；感到身体不适或患病要到住宿处休息并尽早去看医生等。

以心脏病发作的预防与处理为例，有心脏病史的旅游者务必在出发前准备一个急救盒，以备旅途中应急之用；在旅游过程中尽量保持平时的生活规律，按时起居饮食，避免暴饮暴食；尽量保持轻松愉快的心情，减少争执发生，也不要疲劳过度，注意休息；不要勉强参加剧烈活动，如蹦极、空中跳伞、攀岩等；有心脏病史的旅游者应谨听导游的提醒，注意相关事项。

如果心脏病猝发，尽量在导游或其他游客的帮助下保持安静，平躺，头略高，服用备用药物，并等待就近医院或急救中心派医生前来救治。

(二) 毒蛇咬伤的预防与处理

被毒蛇咬伤是比较严重的突发事件，对毒蛇咬伤的预防与处理属于旅游者生命、健康安全突发事件的应急管理，旅游者在导游或者相关人员的提醒下务必做好以下防护措施：

(1) 出发前穿上长筒靴或者高帮鞋、长裤，必要时绷紧裤脚；进入丛林时，头戴斗笠或者草帽以防毒蛇攻击。

(2) 在前往有毒蛇出没的密林或者草丛前，用少量雄黄（二硫化砷）烟熏

衣服、裤子和鞋袜，这种芳香浓郁气味的药物可以驱蛇；备用一些治疗毒蛇咬伤的中西药。

（3）在旅途行进过程中，可以用登山杖、木棍不断敲击地面、草丛、树干，以使虫蛇回避。

如果不幸被毒蛇咬伤，应及时作如下处理：

（1）保持冷静，勿走动。如果跑动或者有其他剧烈动作，血液循环加快，会导致蛇毒扩散，身体吸收也会加快。

（2）马上用布带或植物纤维在伤口靠近心脏一侧 5～10 厘米处包扎。

（3）用清水冲洗伤口或用 1∶5000 的高锰酸钾液冲洗，减少伤口毒液的吸附。

（4）用小刀按毒牙痕的方向切纵横各 1 厘米的十字形口，然后挤压。如果来不及在伤口处用拔火罐吸出毒液，可以用口吸（口腔、牙龈、口唇、舌头等必须没有任何伤口）。

（5）服药解毒，并及时前往附近医院进行救治。

第三节　旅游者及其家庭旅游应急预案准备与案例

一、旅游者及其家庭的旅游应急预案准备

为了有效地对旅游活动中的突发事件进行应急管理，旅游者及其家庭也需要有意识地、成文或不成文地准备基于旅游者及其家庭的旅游应急预案。在出游前，多学习、了解有关突发事件及其预防、处置知识，甚至演练应对过程；在旅游过程中，时刻保持对突发事件的敏感性和警惕性，尽量避免突发事件；如若不可避免，依据突发事件应急办法尽量减少其对自身与他人的伤害；在旅游结束后，积极总结突发事件预防与处置的经验教训，为日后再次出游积累经验。

因此，旅游者及其家庭的旅游应急预案一般没有政府有关部门、旅游行业协会、旅游企业应急预案那样系统完备，可以依据出游前、旅游中、旅游结束后的时空变化，针对具体问题特别是可能发生的突发事件而展开，将综合应急预案与专项应急预案、现场应急预案紧密结合，强调实用性和可操作性。其基本内容主要包括以下四个方面：

（1）预测旅途中可能发生的问题特别是突发事件。例如，“驴友”旅游户外活动中的自然灾害，如山洪、泥石流、雪崩等；个人安全突发事件，如虫蛇咬伤等。

(2) 针对可能发生的问题特别是突发事件，制定专项应急预案，包括预防、应对、处置、善后措施，如探险旅游中的自然灾害突发事件的应急处置预案。

(3) 针对可能发生的问题特别是突发事件现场特征，制定现场应急预案。例如，自驾车游交通事故现场的保护，现场人员的自救与互救。

(4) 依据应急预案组织家庭成员学习、训练，树立应急意识，掌握应急知识，培养应急能力，提升应急技能。

从下面附录中的《美国家庭应急预案》可见旅游者及其家庭旅游应急预案的基本内容。随着度假旅游、自驾旅游的兴起，家庭旅游者日益增多，临时旅游住宿地就如“第二家庭”一样，旅游者及其家庭应急预案不可忽视。

阅读材料 10.2

美国家庭应急预案

灾难来临时往往没有任何先兆，并常常伴随水、电、气中断，电话瘫痪等异常情况。尽管随后就会有救援人员赶赴现场，但是因为他们难以在短时间内帮助到每一个需要帮助的人，因此，制定一个行之有效的家庭应急预案，是赢得更多摆脱困境的时间与可能的必要措施之一。

(一) 保证安全的四个步骤：

1. 了解可能发生的灾难

一旦确定在某个地区长期居住，第一件事情就是要与当地政府部门以及红十字会等机构联系，或者向常年居住在当地的邻居打听，了解以下信息：

(1) 咨询当地最可能发生的灾难会是什么以及应该做些什么样的准备。

(2) 熟悉各种警告信号，当听到这些警告信号时，能准确地断定究竟发生了什么以及应该怎样行动。

(3) 咨询当灾难发生时，家养的宠物应该怎样得到保护。因为考虑到可能影响家人健康，出现紧急事件时，宠物可能不允许进入紧急避难所。

(4) 如果家里有老人或行动不便的人，应了解灾难发生时怎样给予他们帮助。

(5) 了解在其他各种场所，比如家人工作的地方，孩子上学的学校、幼儿园、托儿所以及家人经常去的地方，应该制定什么样的应急预案。

2. 制定相应的应急预案

和家人一起讨论为什么要为可能发生的灾难做准备，尤其要向孩子解释火灾、地震、暴风雪等灾难带来的危害。制定家庭应急预案之后，要以家庭为单位进行演练。家庭应急预案一般需要考虑以下内容：

(1) 和家人（包括孩子）一起讨论可能发生的灾难类型，并详细向他们解释不同灾难发生时应该怎么做。

(2) 选择两个灾难发生时家人会合的地点：比如当火灾发生时可以选择在自己家外面的某个安全的位置会合；当灾难发生没法回家时，可以选择在邻居家外面的某个安全的位置会合。注意：一定要确保每个家庭成员都清楚这个安全的会合地点，还要让孩子记住家庭地址和电话，以便在他与父母失去联系时可以有效地寻求他人的帮助。

(3) 请求一个在外地的亲戚朋友作为灾难发生时的联系人，让每个家庭成员都牢记这个朋友的联系电话。灾难发生后，失散的家庭成员就都可以跟这个指定的朋友联系，想办法让家庭每个成员都明白各自的处境以及所在位置。

(4) 讨论灾难发生时应该怎样撤退，选择什么样的撤退路线，撤退时注意些什么事项，撤退时怎样为孩子、行动不便的人员以及宠物提供保护等。

(5) 和邻居商议应付灾难的对策，当灾难发生时，大家可以互相帮助，更好地应付灾难。

(6) 了解自己和邻居的特殊技能，也许这项特殊技能能在灾难发生时发挥特殊的作用，帮助大家减轻灾难带来的损失或者有效地规避危险。

(7) 和邻居商议，制订一个遭遇灾难时保护独自在家的孩子的计划。

特别提示：为了确保不会忘记灾难发生时需要牢记的重要事项，最好制作一张“家庭紧急预案”卡片，内容包括两个紧急会合地点（在自己家外面、在邻居家外面）、家庭电话、家庭住址、灾难发生时联系人姓名和电话，切记一定要把家庭电话和工作电话都记下，保证无论白天、夜晚都能跟灾难发生时的联系人及时保持联系。

3. 减轻灾难的预防措施

如果事先做好各种准备，了解灾难发生时可以采取哪些措施，并传达给每一位家庭成员，即便孩子没有能力去做点什么，但是他们可能会在关键时刻给父母一些提醒。这样，我们就能赢得时间，减少出现疏漏的可能，防止灾难导致的各种继发事件带来的延伸性损害，有效地保障家庭成员安全，降低财产损失。

(1) 牢记各类常用的紧急电话，如火警电话、匪警电话、急救电话等。

(2) 给孩子解释在什么情况下以及该怎样拨打急救电话寻求帮助。

(3) 让每个家庭成员都了解什么情况下该切断水源、煤气或天然气、电源等的总开关。

(4) 确定是否购买相关的保险。

(5) 检查家里是否存在安全隐患。

(6) 让每个家庭成员都学会使用灭火器，并且确保他们都知道灭火器所在的位置。

(7) 确保家里每一层尤其每个卧室都安装有烟火探测器。

(8) 储存应急的生活必需品和应付灾难的各种工具、装备。

(9) 确定最佳的疏散路线，每个房间都要有两条这样的安全疏散出口。

(10) 找出各种灾难发生时家里最安全的地点，以便灾难发生时为家人提供庇护。

(11) 如果你认为不安全，灾难发生时最好不要开启电源，不要使用火柴等照明用具，而要使用手电筒。

(12) 和邻居一起协同应付灾难，可以更好地挽救生命，保护家庭财产。

4. 进行家庭应急预案演习

尽管已经制定了各种应急预案，但是当紧急事件发生时，家人往往还是会慌了手脚，脑子里一片空白，不知道怎样面对突然发生的一切，所以和孩子一起进行应急预案演习可以帮助我们在遇到紧急情况时本能地采取正确的应对方式。

(1) 每6个月和孩子一起来一场演习，以确保他们不会忘记应急预案内容。

(2) 训练孩子逃离火灾现场的技巧。

(3) 每3个月更换一次储存的饮用水，每6个月更换一次储存的食物。

(4) 按照说明书定期检查烟火探测器及其电源是否完好。

(5) 每月测试一次烟火探测器，每年更换一次烟火探测器的电池。

(二) 家庭应急必需品的储备

最好准备足够全家人使用3天的生活必需品，将这些物品整合到一起，放在一个结实、便于携带的容器如旅行背包、特别结实的垃圾袋等里面，方便随时拎上出门。一般需准备以下应急必需品：

(1) 可供3天使用的不会腐烂的食品和饮用水（饮用水一般以每人每天1加仑标准准备）。

(2) 每人1套换洗的衣服、1双备用鞋、1条毛毯或者1个睡袋。

(3) 一个装有家庭成员常备药物的小药箱。

(4) 带电池的收音机、手电筒和大量的电池。

(5) 一套额外的车钥匙以及信用卡、现金和旅游签证。

(6) 卫生用品，如纸尿裤、给孩子擦屁股和小脸蛋的柔湿巾、手纸、餐巾纸等。

(7) 备用的墨镜等物品。

（三）检查各种家庭安全隐患

一旦灾难发生，家里一些很平常的物体也会成为伤害家人的罪魁祸首。

（1）那些可以移动，可能坠落、粉碎及易燃的物体都是灾难来临时可能引发更多危险的因素。

（2）热水器可能被碰倒或者震倒，导致热水洒出来烫伤家人，应采取措施固定。

（3）书架有可能倾倒，或者里面的书本滑落砸伤孩子等，因此最好上锁固定。

（4）每个家庭每年至少进行一次全面检查，彻底清除可能带来的各种家庭安全隐患。如果对这些不了解，可以请教一些专业机构。

（5）使用热水器时要记得用鼻子仔细闻闻，看是否有煤气或者天然气泄漏。一旦发现煤气或者天然气泄漏，迅速关闭总闸，切断煤气或者天然气，打开窗户，将孩子抱到室外。

（四）把握安全疏散的诀窍

当听到安全疏散的指令时，立刻疏散，疏散时应注意以下事项：

（1）认真听收音机，严格按照地方政府有关部门或机构发布的消息行事。

（2）保持镇定，不要慌张，按照预先制订的方案行事。

（3）记得清点人数，看看有没有被遗漏的家庭成员。

（4）穿戴具有防护作用的服装和结实的鞋子。

（5）记得带上准备好的生活补给品。

（6）锁上房门。

（7）按照权威部门提供的旅游路线疏散，不要抄近道疏散，因为某些路段可能无法通行甚至会有危险。如果确信还有足够的时间离开危险地带，可以考虑：①离开房间前关上水源、电源和天然气的开关；②留下一张便条，告诉他人你们什么时候离开以及准备去往哪里；③将宠物安顿好；④关闭其他可能带来安全隐患的设备。

［资料来源：Adams. 雨薇译. 美国家庭应急预案［J］. 少年儿童研究，2011（2）］

二、旅游者及其家庭的旅游应急管理案例

（一）重庆市万州区潭獐峡旅游事故①

1. 案例简介

重庆市万州区潭獐峡地缝峡“一线天”是一个原始而未开发的峡谷，峡谷地形复杂，山势陡峭，河床最窄处只有2~3米，河床坡降2.1%。

2009年7月11日下午，在重庆行健户外俱乐部超哥的带领下，重庆“驴友”空间通过网上自发联络组织的35名山友，进入地缝峡“一线天”险滩峡谷徒步探险。

下午3时许，本地村民卢延双正在谷底钓鱼，看着一大队人马从谷底经过，提醒他们可能有山洪危险，然而，这一行山友还是决定继续前行。

下午3时30分左右，队伍穿越峡谷深处时突遇暴风骤雨，山洪暴发，队员们紧急向两岸高处避险，但由于正在峡谷深处，一部分队员不能就近上岸而被洪水冲走。最先向外界呼救的是被洪水围困在一块大岩石上的11名队员。

事件发生后，万州区相关部门紧急赶往事发现场，与云阳县迅速制订出搜救方案，组织附近乡里人员，全力搜救失踪和被困游客。

最终，洪水造成19人溺水身亡，多人受伤，被认为是中国“驴友”户外旅游活动最惨的死亡事故。

2. 案例分析

“驴友”一词源自网络，最初由新浪旅游论坛传出，“驴”是旅游的“旅”的谐音，泛指参加旅游特别是自助游的朋友。“驴友”现在更多地是指背包客，就是那种背着背包，带着帐篷、睡袋宿营的户外运动爱好者。简单地说，“驴友”就是户外运动的爱好者。我国开展的主要户外运动包括远足、穿越、登山、攀岩、漂流、越野山地车等，这些运动多数带有探险性，属于极限和亚极限运动，有很大的挑战性和刺激性，因为可以拥抱自然，挑战自我，锻炼意志以及培养团队合作精神，提高野外生存能力，所以它深受青年人的喜爱。但是，近年来接连发生的“驴友”意外伤亡事故，在全国各地引起了不小的震动。面对惨剧，安全再次成为众人议论的焦点。随着我国自助游的迅速发展，旅游者及其家庭的旅游应急管理被提上日程。

① 资料来源于《重庆日报》。

（1）存在问题分析。

①广大“驴友”自身的体能和心理素质参差不齐。很多年轻“驴友”并不具备专业户外运动的经验和救援知识，并且非常缺乏必要的安全意识，但他们好奇心强，胆子大，喜欢刺激，时常脑子一热就参与冒险。

②户外运动组织不规范，没有到有关单位对活动线路进行报备。活动组织者或领队是一支队伍的灵魂，如他的经验不够、技术不过关、装备不足或者责任心不强都会带来严重的后果。现在很多“驴友”往往采取网络联系、自行组队的方式，彼此间并不熟悉，一旦出现意外，很容易手忙脚乱，不知所措，不能相互协作。

③事故发生后后续处置工作比较困难，责任难以认定，处置工作如果不妥，极有可能会引发群体性事件。首先，可以将户外活动定性为“驴友”通过 AA 制的形式开展的集体探险或者说是结伴自助游，这就决定了组织者与参与者之间是平等的，纯粹的 AA 制，并没有涉及商业利益纠纷，也就不存在安全保障义务之说。其次，对于户外探险活动存在的风险性，每个成年人也即是法律上所说的民事行为人，必然是知晓的。再次，探险过程中发生的意外死亡，对于其他“驴友”来说，主观上是没有过错的。所有这些都可以初步认定，该事件不存在侵权行为。遗憾的是，到现在还没有一部专门针对户外运动的管理法规，这增加了公安机关认定责任的难度。

（2）事故预防建议。

①国家应尽快出台相关法规及管理条例，对组织者、领队进行资格认证，组织者发帖时要注明难度、强度等级，并制定安全规范，对参与者进行约束。同时，“驴友”团要携带可能使用的装备和专业人员，如带专业医生同行、买保险、定协议、制定应急预案等，并报相关部门进行备案。

②户外活动意外发生后，公安、消防和当地乡镇政府成为户外救援的主体。由于“驴友”们自主选择的游线往往比较偏僻，救援难度较大，救援设备很难运抵，这就对政府救援人员的个人素质提出了较高的要求，不但要有很好的体能素质，往往还要具备高山协作救援能力、伤员急救能力以及无线电台联络能力。另外，可以组建熟悉当地地理地貌的民间救援队辅助政府部门展开救援。

③户外运动时刻要有危险意识，如何提高户外运动的安全系数是广大“驴友”应该掌握的，主要有以下五点：一是时刻要有危险意识。一个户外运动爱好者成熟的标志是看他在户外行进过程中是否会感到害怕和懂得放弃，户外运动者必须从学会“害怕”开始，尊重生命。二要储备个人体能。现在出去户外运动的多为城市白领，平时锻炼机会少，体力很可能跟不上。即使能坚持，一旦在户外遇到恶劣的环境，身体里的潜在病症可能会被激发出来，后果不堪设想。三要具备基本、必要的救生和自救技能，同伴出现身体不适，千万不能盲目去救。

平时注意学习应急知识，提升应急能力，只有具备一定的相关知识、能力、技能，学会使用户外活动工具，如地图定位工具，才可以出行。户外运动，绝对不能仅凭一腔热情。四是选择安全、专业的户外装备。户外运动是一项对装备有专业要求的运动，前期需投入一定经费。为了保证自身安全，这个经费一定不要吝惜。同时要选择适合自己的场地，如果不是专业的“驴友”，不要轻易尝试高山、悬崖等专业运动场地。五是建议新手尽量选择正规户外团体。专业户外俱乐部一般会有活动预案，线路都经过事先考察后确定，具备完善的后勤保障和联络系统。相比之下，无责任的自发团体活动盲目性和随意性就很大，出现问题的几率会大大增加。即便是自发组织的形式，也要慎重挑选同伴和领队，看组织者有没有表明他自己水平的证书。

（二）一起8死5伤交通事故的分析①

1. 案例简介

2003年“十一”长假期间，一起8死5伤的惨痛交通事故让驾车出行的每一位北京人都绷紧了神经，由于这起发生在内蒙古卓资县境内的交通事故涉及一支北京赴内蒙古额济纳旗的自驾游车队，在北京引起很大的反响。

每年的“十一”长假期间，北京的一些汽车俱乐部、个人都会忙于驾车出行旅游，北京最著名的北京蜂鸟汽车俱乐部也很早就安排了当年的自驾车出行。

9月初，活动部杨大鹏就开始策划出行线路，在一些俱乐部会员的推荐下，“远征内蒙古额济纳旗”开始在会员网站上公布出来了，半个月时间，就有十几名会员积极响应。10月1日早上7点，这支由18人、10辆车组成的车队就从北京出发了，但谁也没想到这次驾车旅行第一天就成为噩梦之旅。

当天下午5时10分左右，当时天气状况良好，由东往西行驶的车辆有一些逆光，排在车队第三辆的车——陈晨驾驶的霸道4000在正常行驶过程当中，突然驶入逆行，其左前侧与对面车道正常行驶的两厢夏利左侧撞击，撞击后，由于霸道在刹车的同时往右打方向，造成车辆侧翻入路边的沟内，两厢夏利向后横向推移，致使尾随其后的另一辆三厢夏利前部与两厢夏利右侧面发生撞击，造成8死5伤、三辆车全部受损的惨痛后果。

2. 案例分析

自驾游是自驾车旅游的简称，简单地说就是自己驾驶汽车出游，与“驴友”旅游户外活动一样，属于自助游的典型形式。2006年首届中国自驾游高峰论坛将自驾游定义为“有组织、有计划，以自驾车为主要交通手段的旅游形式”。自

① 资料来源于《北京青年报》(2003年11月19日)。

驾游的兴起，符合青年一代的心理，他们不愿意受拘束，追求人格的独立和心性的自由，而自驾游恰恰填补了这种需求。

自驾车的字面含义为：驾车者为自己，车辆包括汽车（主要有轿车、越野车、房车）、摩托车和自行车等，以私有为主，也可以采用借用、租借及其他方式；驾车的目的具有多样性和随意性，最终决定权在于车主或出行团队。可见，旅游是自驾车的活动内容之一，当自驾车作为旅游手段时会有以下变化：驾车者可以是车主或其同行者，驾车出行以休闲旅游为主要目的，非工作、运输等原因；自驾车旅游带有私有出游性质，非公众旅游。

目前我国除了自己组织的自驾游外，市场上主要存在三个供应商：汽车俱乐部、汽车租赁公司和旅行社。由于自驾游以亲朋、同事、邻舍特别是家庭出游比较常见，因此除汽车俱乐部、汽车租赁公司和旅行社等供应商要做好应急预案准备外，旅游者及其家庭的应急预案准备十分重要。

（1）存在问题分析。

①缺乏实用的自助游信息。目前，随着网络发展，旅游者出行前信息的收集也更为方便。但这些信息还远不能满足自驾游者的需要，目前网上旅游信息大都是景点的介绍、旅游线路和产品推广、票务预订以及一些自助游记。有关旅游地信息不够全面，甚至还不够准确，极易误导自驾旅游者，而且也缺乏综合的交通网络、路况和气象等信息，这些对自己设计新线路的自驾游者来说影响重大。具有互动性的在线咨询也基本空白，不便于自驾游者通过网络预订。

②缺乏出行前的充分准备。许多旅游者往往是临时决定去某地旅游，在驾车前没有考虑路况和沿途休息、吃饭、住宿等情况，结果得不到合理的食宿安排。有些新手驾车前不检查车辆，给自驾游带来不必要的麻烦，甚至会带来安全隐患。此外，自驾游者驾驶经验不足，对道路不熟悉，不携带应急的修车工具、易损零配件，不具备基本的维修车辆的能力。由于他们对道路情况不清楚，仅凭一张地图和一张嘴，往往要走冤枉路。车辆时常会出一些小毛病，如果车坏了，自己又没有检修车辆的简易工具和能力，那么这一段美好的旅行很可能会变成一个很大的遗憾。

③缺乏相应配套设施和服务。自驾车旅游对旅游基础设施具有很大的依赖性，但我国现有的基础设施，无论是交通和路况信息的发布、加油站的合理布局与标志指示，还是汽车旅馆的建设、汽车维修以及紧急救援服务等方面，都已远远落后于自驾车旅游发展的需要。同时，政府和行业也缺乏相应激励政策，普遍缺乏价格折扣，导致目前自驾车旅游的费用居高不下。其中，特别是道路收费，已成为自驾车出行者最大的一笔开支。此外，旅行中支付、取款、使用信用卡等金融服务也不够方便。这些问题使自驾车旅游的乐趣大打折扣。

④缺乏安全保障。由于自驾游者本身驾驶经验不足、对路况不熟、疲劳驾驶、开快车等造成的“车毁人亡”的惨祸屡见不鲜。此外，个别地方治安状况较差，导致自驾车游客半路被劫，或露营被盗、被伤害等问题时有发生。

⑤缺乏行业规范。自驾游究竟如何组织？不同组织形式中的权、责、利如何明晰？如何制定促进行业有序发展的规范？这些成为摆在行业面前的突出问题。

（2）事故预防建议。

①结伴而行。远途旅行选择会开车又懂修车的旅伴最佳，女性人数不宜超过男性，最好几辆车同行，可以互相照应。可以考虑参加汽车俱乐部组织的自驾游，他们一般有丰富的经验和应付突发事件的办法。

②车辆检查。出发前做好车辆保养和检查工作，检查手刹、刹车、轮胎及定位等，有隐患的车不能跑长途。工具也应齐备，工作如警示架、备胎、地图、GPS 卫星定位系统、对讲机、电池充电器，太阳镜、相机、电池、小型望远镜、手电筒等。

③备足物品。自驾游就像一次远足，有备才能无患。应准备的物品为：各种证件及信用卡，如信用卡、身份证、驾照、行驶证、车船使用税和养路费单据、保单和保险公司联系方式等；野营用品，如睡袋、防潮垫、地席、帐篷、煤气炉、餐具、打火机、水壶及一定数量的可储存食物等；服装及化妆品，如适合旅游地点天气的衣物、户外鞋、防晒霜等；药品，如感冒药、消炎药、黄连素、止血绷带、创可贴、维生素片、眼药水、红花油等。

④计划线路。事先选好线路及途经的风景点及停留点，估算大概里程，查看沿途有几处加油地点和休息区，了解它们之间的距离有多远，备足现金缴纳过路费。带好行车地图，有条件的还可安装 GPS 导航系统，建议最好白天行车，避免走夜路。

⑤驾车原则。车行在外，路上需注意几点：因道路生疏，路况复杂，一定不要求快，应严控车速，集中精力驾驶；途中最好轮流开车或注意中途休息，切不可疲劳驾驶；不要等油用光了再加，油用到 2/3，就要及时补给。如果出现缺油预警，而下个加油站还有一段距离，建议将时速锁定在 80～100 千米/时，这样最省油，一般都可支撑到加油站。若路途遥远，不妨带个铁制油桶。

⑥高速行车。在高速路上要严格按限速行驶，但也不要太慢，否则容易造成追尾；谨记交通规则从里道超车，因为外侧一般是大客车或大货车行驶道，从其右侧超车因视线受阻，不小心会碰到突然冒出来的养路工人，有可能避让不及酿成大祸；尽量躲开大货车，因为大货车上的货物有时会在高速中脱落造成伤害，大货车的司机易疲劳驾驶，致使车辆方向偏离，跟随其后有一定危险；切忌不开双闪灯就在高速公路的匝道上休息停留，这样很容易被疾驶的后车撞到；最好到

高速公路专门的服务区休息。

⑦山路须知。山区道路情况复杂，同伴的车要保持适当的车距，以防追尾，同时又能照应。在坡上应根据坡度保持适当的档位，坡度较陡时采用较低档位，匀速前进，尽量避免因动力不足造成的坡上减档操作。下坡时如果前方道路不是很直很长，最好不要增档，用原来的档位牵制车辆的行驶速度，未遇到特殊情况尽量不要踩刹车（尤其雪天和雨天），以防侧滑。用油门的大小来控制行车速度，严禁踩下离合空档滑行或熄火行进。

⑧行车应急。长时间行车，轮胎过热容易引起爆胎，但有时驾车人不易察觉。如果发现车尾摇晃，但方向不会失控，可判断后胎有异常，这时可反复踩刹车，慢慢将车停下。若方向向一侧跑偏，就要注意前胎。此时应双手用力控制方向盘，并松开油门踏板，使车利用转动助力自行停下，千万不要急于踩刹车，否则会加剧汽车跑偏。异地出了事故，应及时报案给保险公司或购车的4S店，他们一般会提供相应的救援措施，即便没有异地救援服务，也会指点或帮助解决问题。

⑨归来检修。经过长途跋涉，归来后有必要对车辆进行常规检修，包括地盘、油路、电器、三滤、机油、轮胎、刹车油等项目。

本章小结

本章阐述了旅游者及其家庭旅游应急管理的概念、特征、类型以及旅游者特别是其家庭在旅游应急管理中的作用，介绍了作为旅游者个体及其家庭对旅游途中常见突发事件的预防与应急处理措施，以及旅游者及其家庭旅游应急预案的准备。

旅游者及其家庭的旅游应急管理是针对旅游者个体及其家庭在旅游活动中面临突发事件的危险问题而提出的，是旅游者个体及其家庭针对包括自然灾害、事故灾难、公共卫生事件、社会安全事件、个体安全突发事件的事前预防、事发应对、事中处置和善后管理。旅游者及其家庭的旅游应急管理具有个体性、直接性、广泛性、专业性。旅游者及其家庭的旅游应急管理可以基于主体——旅游者及其家庭、客体——旅游突发事件，以及威胁对象——生命与财产安全进行分类。旅游者及其家庭在旅游突发事件的事前预防、事发应对、事中处置以及善后管理中发挥着不可或缺的积极作用。

旅游者及其家庭旅游应急管理的基本内容主要包括旅游者对自然灾害、事故灾难、公共卫生事件、社会安全事件以及个体安全突发事件五个方面的旅游突发事件的应急管理。

为了有效地进行旅游突发事件的应急管理，旅游者及其家庭也需要有意识地、成文或不成文地准备旅游应急预案，通过教育、培训强化旅游者及其家庭对旅游突发事件的预防、应对、处置能力。

思考与练习

1. 如何理解旅游者及其家庭的旅游应急管理？
2. 简述旅游者及其家庭的旅游应急管理分类。
3. 谈谈旅游者及其家庭在旅游应急管理中的作用。
4. 谈谈旅游者及其家庭的旅游应急预案意义。
5. 举例说明旅游者的旅游应急管理过程。
6. 举例说明旅游者家庭的旅游应急管理过程。

拓展阅读

上海市民防协会. 家庭应急计划与指南［M］. 上海：学林出版社，2006.

附录1　旅游应急常识与应急指南

一、突发事件的范围及分级划分

（一）突发事件的范围

根据我国2007年11月1日起施行的《中华人民共和国突发事件应对法》的规定，突发事件是指突然发生，造成或者可能造成严重社会危害，需要采取应急处置措施予以应对的自然灾害、事故灾难、公共卫生事件和社会安全事件。

1. 自然灾害

自然灾害导致的重大游客伤亡事件包括地震、洪涝、大雪、山体滑坡、泥石流、飓风、海啸等自然灾害。

2. 事故灾难

事故灾难导致的重大游客伤亡事件包括民航、铁路、公路、水运等重大交通事故以及火灾、爆炸和特种设施设备等其他重大安全事故等。

3. 公共卫生事件

公共卫生事件造成的重大游客伤亡包括突发性重大传染性疾病疫情、群体性不明原因疾病和重大食物中毒以及其他严重影响公众健康的事件。

4. 社会安全事件

社会安全事件造成的重大游客伤亡和社会影响包括在大型旅游节庆活动中，因人群拥挤、建筑物垮塌等原因造成游客伤亡的突发事件，也包括旅游从业人员和游客及亲属的群体性上访事件和引发的社会治安事件。

（二）旅游突发事件的等级划分

按照事件的严重程度、可控性和影响范围，旅游突发事件可分为特别重大（Ⅰ级）、重大（Ⅱ级）、较大（Ⅲ级）、一般（Ⅳ级）四级：①特别重大突发事件，是指造成游客30人以上死亡（含失踪），或100人以上重伤（包括急性中毒，下同），或1亿元以上直接经济损失的事件。②重大突发事件，是指造成游客10人以上、30人以下死亡（含失踪），或50人以上、100人以下重伤，或5 000万元以上、1亿元以下直接经济损失的事件。③较大突发事件，是指造成游客3人以上、10人以下死亡（含失踪），或10人以上、50人以下重伤，或1 000万元以上、5 000万元以下直接经济损失，或涉及港澳台、涉外食品安全事故，或资源开发造成环境污染和生态破坏，直接威胁游客安全的事件。④一般突发事件，是指造成游客3人以下死亡（含失踪），或10人以下重伤、中毒，或1 000万元以下直接经济损失的事故，或涉及港澳台、涉外食品安全事故，以及游客违反有关部门提示、警示、劝告而进行、开展某项旅游项目或者前往某个旅游目的地等事件。上述有关数量的表述中，“以上”含本数，“以下”不含本数。

二、旅游突发事件应急响应与处置

（一）旅游突发事件的应急响应

1. 事件信息速报

突发事件发生后，旅行社领队、导游和旅游场所工作人员在第一时间内向本单位和当地旅游应急领导机构报告。

当发生港澳台和外国游客伤亡事件时，接待旅行社及事发地旅游应急领导机构要在第一时间将事件发生的详情报告省旅游应急领导机构，并及时通报省外事侨务办或省台办。

发生较大以上旅游突发事件后，除首次报告外，要及时续报突发事件发展动态和应急处置工作信息。

2. 先期处置

事发旅游团队和单位在事发后应迅速组织开展自救、互救，充分利用社会救援力量开展抢险救援工作。事发地应急救援力量不足时，可向上级旅游应急机构请求支援，并协助事发地旅游应急领导机构做好先期处置工作，及时组织应急救援，采取措施控制事态发展。

（二）旅游突发事件应急处置

1. 自然灾害和事故灾难的应急救援处置

当自然灾害和事故灾难危及游客生命财产安全时，随团领队、导游、景区景点工作人员要立即组织游客采取避险措施，同时向所属旅游经营单位和事发地旅游应急领导机构报告情况。

2. 突发公共卫生事件的应急处置

（1）突发重大传染病疫情。旅游团队发现疑似重大传染病疫情时，随团领队和导游要立即向事发地卫生行政部门和所属旅游经营单位报告，同时向当地旅游应急领导机构报告，并提供团队的详细情况。

（2）重大食物中毒事件。旅游团队、宾馆、酒店和景区发生重大食物中毒事件时，随团领队、导游和有关人员要立即向事发地卫生行政部门报告，及时救治中毒人员，同时向所在地旅游应急领导机构报告。

3．社会安全事件的应急处置

当发生社会安全突发事件危及游客生命财产安全时，随团领队、导游和有关人员要立即向事发地治安管理部门和所属的旅游经营单位报告。同时安抚旅游者情绪并协助当地旅游应急领导机构以及公安、外事、武警、交通、卫生等相关部门向游客提供应急救援。

4．其他旅游突发事件的应急处理

（1）省内组织团队在外省（市、区）旅游。省内旅游机构组织的团队在外省（市、区）旅游时发生突发事件，旅游团队领队和导游要及时向事发地旅游应急领导机构报告。

（2）省内组织团队赴台旅游。省内旅游机构组织的团队赴台旅游发生突发事件时，旅游团队领队和导游要及时向海峡两岸旅游交流协会驻台办事机构请求协调救援。

（3）省内组织团队在国（境）外及港澳地区旅游。省内旅游机构在组织公民出国（境）或赴港澳旅游中发生突发事件时，旅游团队领队和导游要及时向所属国内旅游机构报告，由该旅游机构报告当地旅游应急机构。

（4）涉外、涉港澳台旅游者。当发生外国和港澳台旅游者被困、伤亡事件时，当地旅游应急领导机构要及时向上级旅游应急领导机构报告，并采取相应的应急救援措施。省旅游应急指挥部接到事件报告后，立即上报省人民政府和国家旅游局，并通过省外事侨务办及时向相关外国驻华使领馆、港澳驻内地办事处或机构通报情况，通过省台办及时向国台办和海峡两岸关系协会通报情况。

三、旅游应急常识

（一）旅游突发事件的应急常识

1．火车事故

火车失事前通常没有什么迹象，不过乘客会察觉紧急刹车。应该利用失事前短短几秒钟改取比较安全的姿势：

（1）远离门窗，甚至可趴下来。抓住牢固的物体，以防被抛出车厢。

（2）紧靠在牢固的物体上。

（3）低下头，下巴紧贴胸前，以防颈部受伤。

（4）如座位不近门窗应留在原位，保持不动；若接近门窗，就应尽快离开；

火车碰撞时须抓住牢固的物体。

(5) 火车出轨向前冲时，不要尝试跳车，否则身体会以全部冲力撞向路轨。此外还可能发生其他危险，如碰到通电流的路轨或飞脱的零件，或掉到火车蓄电池破裂而露出的酸液上。

(6) 火车停下来后，看看周围环境如何。假如在交通繁忙地带或隧道内，应留在原地，等待救援人员到来。火车失事后，人很可能惊魂未定，在火车周围徘徊很容易发生危险。

(7) 如路轨通电流，就不要走出火车，除非铁路部门宣告已经截断电源。

(8) 新式的长途火车，车窗玻璃特厚，就算翻车也不容易破裂。假如车厢两段的出口堵塞了，就在其中一端从红色箱内拿出锤子，打破玻璃窗爬出去。

(9) 离开火车后，马上通知救援人员。如附近有一组信号灯，灯下通常有电话，可用来通知信号控制室。此外还可打电话报警。

2. 空中事故

乘搭飞机最易发生危险的是起飞和降落的时候，在这两个时间点，发生的飞机失事事故占总数的60%。因此，飞机起飞时应聆听乘务员讲解怎样应付紧急事故，并留意机上各种安全设施，如太平门等。飞机在空中发生故障时不得不采取迫降的办法，迫降一般尽可能在海上进行，迫降时最为重要的是保持头脑的冷静，坚决服从机组人员的命令，飞机着陆前要做到以下八点：

(1) 记住靠近自己座位的太平门的位置及其开启方法（机门上会有说明）。

(2) 仔细阅读椅背袋里的紧急措施说明。

(3) 严格按照规定竖直坐椅靠背，尽可能束紧安全带，遇空中减压立即戴上氧气面罩，屈身向前，脸趴在枕头或毛毯上，双臂抱住大腿。

(4) 熄灭香烟。

(5) 脱下鞋袜，摘下眼镜和假牙，身上不能有任何尖利、坚硬的东西。

(6) 在机组人员的指挥下，尽可能坐在前舱，因为机尾坠毁的可能性较大。

(7) 千万不要在走出机舱前穿起救生衣，以免造成出舱门的困难。

(8) 机舱门一打开，充气逃生梯会自行膨胀。用坐着的姿势跳到梯上。

3. 道路交通事故

在道路交通事故中最好的保护措施就是系好安全带，从上车开始就系上。一旦车辆在发生交通事故，停稳后，立即解开安全带，让自己和车上的其他人尽快下车，然后迅速逃离到尽可能安全的地方。脊椎受严重创伤的人，在医护人员抵达之前都不能随意移动，除非车辆还会出现其他致命事故。

如果车上没有安全带，当预感即将发生事故的时候，立即采取抱头的保护姿势，用双手保护头部，双肘抵在前排坐椅的背部。这将减少受伤的可能性。

若在国外遇到交通事故，无论情况如何，考虑到可能会有语言沟通上的障碍，应该先用相机将事故现场拍摄下来或维护现场，然后再报警。如果出现严重情况，要和当地驻中国使馆联系。

4. 混乱局面的应对

（1）在拥挤的人群中，要时刻保持警惕，当发现有人情绪不对，或人群开始骚动时，就要做好准备保护自己和他人。

（2）发觉拥挤的人群向着自己行走的方向拥来时，应该马上避到一旁，但是不要奔跑；此时脚下要利索些，千万不能被绊倒，避免自己成为拥挤踩踏事件的诱发因素。

（3）如果路边有商店、咖啡馆等可以暂时躲避的地方，可以暂避一时。切记不要逆着人流前进，那样非常容易被推倒在地。

（4）遭遇拥挤的人流时，一定不要采用体位前倾或者低重心的姿势，即便鞋子被踩掉，也不要贸然弯腰提鞋或系鞋带。

（5）当发现自己前面有人突然摔倒了，马上要停下脚步，同时大声呼救，告知后面的人不要向前拥挤。

（6）若身不由己陷入人群之中，一定要先稳住双脚。切记远离店铺的玻璃窗，以免因玻璃破碎而被扎伤。

（7）当带着孩子遭遇拥挤的人群时，最好把孩子抱起来，避免其在混乱中被踩伤。

（8）若被推倒，要设法贴近墙壁。面向墙壁，身体蜷成球状，双手在颈后紧扣，以保护身体最脆弱的部位。

（9）如有可能，抓住一样坚固的东西，如路灯柱之类，待人群过去后，迅速而镇静地离开现场。

5. 踩踏事故的应对

（1）拥挤踩踏事故发生后，一方面赶快报警，等待救援，另一方面，在医务人员到达现场前，要抓紧时间用科学的方法开展自救和互救。

（2）在救治中，要遵循先救重伤者、老人、儿童及妇女的原则。判断伤势的依据有：神志不清、呼之不应者伤势较重；脉搏急促而乏力者伤势较重；血压下降、瞳孔放大者伤势较重；有明显外伤，血流不止者伤势较重。

（3）当发现伤者呼吸、心跳停止时，要赶快做人工呼吸，辅之以胸外按压。

（二）境外旅游应急指南

旅客在出境旅游之前应详细考虑各种可能出现的突发状况，要学会保护自己。在公共场合要表现平静，不要大声说话，不突出自己；出门随身少带摄像机、照相机等贵重物品；不要随身携带大量现金，也不要在居住地存放大量现金；不要参与街上和公共汽车上别人的争吵；不要在汽车上的明处放贵重物品；如车胎被扎，下车修理时一定要先锁好车门；在街上捡到东西要交警察处理，以防被敲诈、陷害；交罚款时不要当街交给警察，而要凭罚单交到银行等指定地点。

1．旅游途中需要注意的事项

（1）不要轻易相信陌生人，尤其是过于热情的陌生人。由于中国旅客有带大量现金或贵重物品在身上的习惯，国外往往有一些“黑导”在路边，专门等候或是诱骗中国旅客。

（2）仔细阅读出团通知、注意事项以及境外和国内的紧急联系人电话，并将紧急联系电话随身携带。如果有小孩和老人，建议家属帮忙再次叮嘱并确认。

（3）每到一站一定要记下所住酒店地址、电话、领队、导游房号、旅游车牌号、司机联系电话等，到达国外酒店后，一定要向领队、当地导游或是酒店前台要一张酒店的地址卡片。

（4）问清当天的计划安排和乘坐车辆的车号、外观特征。万一走失，立即设法到下一景点等待或打电话与导游取得联系。

（5）自由活动时一定要记清集合时间、地点。若想在某处停留照相或是去洗手间，一定向导游或领队打好招呼，团友之间最好彼此互相照应。

2．意外事故的处理

（1）机票遗失。若旅客遗失机票，应立即到当地派出所或警察局报案，取得遗失证明，然后到航空公司当地办事处办理挂失手续。有的航空公司会补给一张新票；有的航空公司会要求客人再买一张票，回到国内后再到航空公司办理手续，等待一年至一年半左右的时间后，如果未发生冒用、冒退情况，航空公司会通知客人或代理人退款。

（2）护照遗失。若遗失护照，当事人应立即向所在国当地警察部门报失，以便向当地移民局申请出境签证时备用。当事人应持本人有关身份材料和照片向就近的中国使领馆申请补发护照或旅行证。在此特别提醒，中国公民在国外应注意妥善保管护照等重要证件。应将护照、签证、身份证等复印备份，并将复印件与证件原件分开携带，以备急需。

（3）遭遇劫持。中国公民在国外失踪或遭遇绑架，其在国外事发地的亲属获悉后应迅速向案发地警方报案或通知中国驻该国的使领馆相关情况，包括失踪者或被绑架者姓名、性别、年龄、职业、相貌特征和在国外住址等。根据当事人亲属要求，领事馆官员将请求驻在国有关当局寻找失踪者和解救被绑架者。

（4）遭遇抢劫。中国公民在国外遭抢劫后应立即向所在国当地警察部门报案，要求警方缉拿罪犯。如有必要，当事人可向中国驻该国使领馆反映情况并请求协助。

（5）发生车祸。中国公民在国外遇到交通事故时，如有自行能力，应立即向当地警察报案，并通知其亲友或中国驻该国使领馆；如当事人不能自立行事，其家属得知消息后，应尽快通知我国有关使领馆，可请领事官员协助敦促所在国当局依法惩处肇事者或协助通过法律途径向保险公司（如当事人已投保）争取赔偿。

（6）出入境过关受阻。当持有效签证在目的地国出入境或过境受阻时，首先应向该国主管部门如实说明自己出入境或过境的事由，同时了解受阻原因。如果请求仍然得不到有关部门的许可，也可要求与我国驻该国使领馆联系，寻求帮助。领事馆官员将向有关当局了解情况并视情况反映请求人的要求，或进行必要的交涉，但不能保证一定会被放行。如交涉未果，出入境者应当接受当地主管部门的决定；如确实受到对方不公正对待，要注意搜集和保存证据，以便日后投诉之用，或通过法律程序处理。

（7）托运行李丢失。旅客到达目的地后，除办理入境手续外，一个最重要的问题就是自己托运的行李是否到达。当旅客到行李提取处后，如果发现自己的行李丢失可持挂失单到航空公司交涉。航空公司一般暂不作赔偿决定，而是先向旅客支付一些购买衣物及生活急需用品的现金，或让旅客在指定的一定限额内自行购买一些生活急需用品，然后凭发票报销。此笔费用在行李找到后不必退还。若六个月内如行李仍未找到，航空公司才决定赔偿，这时旅客可填写索赔单。航空公司一般按行李重量，参考遗失物品的价格及旅客身份等给予一定赔偿。有的按每千克20～40美元赔偿，有的按每位旅客400～800美元赔偿。各航空公司的标准不一。旅客如有特殊情况，可个别提出交涉。为了防止在托运中丢失行李，旅客要把行李捆牢上锁，铭牌标签要贴牢固，姓名、地址和目的地最好用英文填写清楚，行李上的行李牌内的登记项目要准确，尤其是目的地和航班号必须准确无误。

（8）出国旅行走失。出境旅游，不论是自助还是随团，由于周围的环境比较陌生，即使是非常小心，也会有很多意想不到的问题，尤其是不慎走失。①随团旅游走失。不要着急，首先在原地或是导游约定的地点等候。切忌自作主张回到下车的原地，除非肯定领队说过会在原地上车。如果脱离队伍已有一段距离，而自己知道团队下一站地址，可电话联络领队，再乘的士马上赶去。如果行程计划书不在身边，又不记得所住的酒店和领队的电话，那就打电话回家。让亲友和国内旅行社取得联系，从而尽快得知领队的联系方式及团队下一个目的地。到警察局、使馆或当地旅游观光部门请求援助。如忘记了酒店名称，尽可能地仔细回想并描述酒店及其周围建筑特征。要提防路上可能会有人假冒警察，如不能判断警察真伪，最好不要掏出重要证件和金钱。②自助旅行，问路也有窍门。一般而言，询问警察可以事半功倍。在旅游景点时，可找其他旅游团队中文导游或是领队寻求帮助。丰富的肢体语言往往能辅助沟通。连说带比划，尽可能让对方理解。如果有个快译通会很省事。如果忘记了酒店的名称，可通过酒店预订中心或其他途径，及时获得酒店的名称、电话号码和地址等资料。

（三）旅行病的处理与预防

1. 晕动病

症状：恶心呕吐、出汗、头晕、腹泻和脸色苍白。

应急处理：当感到眩晕，应把头向后仰；情况允许时，可平躺下来，不要用枕头。

预防：最有效的预防方法是服用晕动病药品，通常在出发前半小时服用。此外，在出发前不宜吃太饱，也不宜喝酒。出发前和旅途中可吃少量容易消化的食物。晕动病的成因，是交通工具移动的时候，眼睛所见和耳内平衡器官所感觉的互不协调。因此，在旅途中应往远处看，尽量保持头部不动，有助减轻眩晕欲吐的感觉。

2. 高原反应

症状：气促、心跳加快、头痛、失眠和食欲不振。较严重的症状有头晕、恶心、呕吐、痉挛、焦渴、疲乏、困倦、耳鸣、视觉模糊等。若不以调理，可能导致肺部严重受伤。

应急处理：若出现高原反应，应卧床休息，直至适应高山气候为止；如有氧气瓶，可吸几口以补充体内氧气，病情轻微者会马上感到舒适。通常症状会在一两天内自行消失，如果症状仍然持续，甚至病情加剧，应该立刻转移到海拔较低的地方，或者找医生治疗。

预防：通常人在海拔 3 000 米以上会有高原反应，有的人在 1 500 米的地方可能已出现轻微症状。因此，在高海拔地区旅游时，应先适应某一高度的气候，再继续往上走。在高原地区活动，动作要缓慢，避免剧烈运动；不要暴饮暴食，要多喝水。

3. 中暑

症状：头痛、头晕、口渴、多汗、四肢无力发酸、注意力不集中、动作不协调等均为先兆症状；轻微中暑，会有头晕、口渴、面色潮红、大量出汗、皮肤灼热等表现；重度中暑更会出现四肢湿冷、面色苍白、血压下降、脉搏增快，甚至昏厥等症状。

应急处理：迅速撤离引起中暑的高温环境，选择阴凉通风的地方休息，并多饮用一些含盐分的清凉饮料，充分休息直至症状减轻；此外，还可以在额部、颞部涂抹清凉油、风油精等，或服用人丹、十滴水、藿香正气水等中药。若患者出现血压降低、虚脱、昏厥症状甚至失去意识，应尽快将其移至阴凉处并平卧躺下，及时送往医院接受救治。

预防：切勿在太阳下暴晒，切勿停留在没空调、密闭的车厢内，最佳办法是戴一顶能遮住颈背的帽子，注意避免体力消耗过大，多喝含盐的水或饮料。

（四）突发疾病的处理

1. 心绞痛

有心绞痛病史者，外出旅游时应随身携带急救药物。如发生心绞痛，首先让病人坐起，不可搬动，迅速给予硝酸甘油片或救心丹等对症药片于舌下含服，以缓解病情。

2. 心源性哮喘

奔波劳累常会诱发心源性哮喘。病人首先应采取半卧位，并用布带轮流扎紧四肢中的三肢，每隔5分钟更换一次，可有效减少回心血量，减轻心脏负担，缓解症状。

3. 支气管哮喘

有哮喘病史的人，外出旅游时应备有喘康速等药物，因为旅游景点的花草可能会诱发哮喘。哮喘一旦发作，应立即在咽喉部喷以喘康速，一般均可奏效。

4. 胆绞痛

旅途中若摄入过多的高脂肪食物，容易诱发急性胆绞痛。发病时患者应平卧，迅速用热水袋敷于右上腹部，也可用大拇指压迫刺激足三里穴，以缓解疼痛。

5. 突然晕倒

切不可搬动病人，应就地取平卧位头偏向一侧，松开裤腰带和领扣，观察其脉搏和呼吸变化。如呼吸、脉搏正常，可用大拇指刺激人中穴使其苏醒；如呼吸停止，应立即采取口对口人工呼吸和胸外心脏按压等方法急救。

6. 急性肠胃炎

由于旅途中食物、饮水不洁或腐败变质，极易引起急性肠胃炎。除了出现呕吐、腹泻和剧烈腹痛之外，严重的还伴有发热或虚脱等症状，应多喝些干净水或盐茶水（浓茶加盐），可口服痢特灵、黄连素或氟哌酸等药物，或将大蒜压碎后服下。

7. 急性胰腺炎

有些人在旅游时由于暴饮暴食而诱发急性胰腺炎，表现为上腹部剧烈疼痛，伴有呕吐、大汗淋漓、面色苍白等症状。发病后应严格禁止饮水和饮食。用拇指或食指压迫足三里穴、合谷穴等穴位，并积极联系送医院救治。

8. 头痛

一般头痛，可以用双手食指分别按压头部双侧太阳穴，压至胀痛并按顺时针方向旋转约一分钟，头痛便可减轻。

9. 胃痛

胃痛时，用双手拇指揉患者双腿足三里穴，足三里穴在膝盖下 9 厘米左右，胫骨外侧一横指处，待有酸麻胀感后 3 ~5 分钟，胃痛可明显减轻。

10. 便秘

便秘者在大便时，以左手中指点压左侧天枢穴（位于肚脐旁 3 厘米直下方 1 厘米处），至有明显酸胀感即按住不动，坚持 1 分钟左右，就有便意。

（五）意外受伤的处理及预防

在旅游过程中，无论是导游还是游客，都应该掌握一定的应急常识和急救技能，在遇到意外受伤时，积极采取有效措施进行自救或互救。下面介绍一些在旅游过程中可能用到的意外受伤的预防和应急处理方法。

1. 被毒蛇咬伤

切忌惊慌失措或奔跑，以免因血液循环加快而加速毒素的吸收；正确的方法是立即用绳子或裤带扎紧伤口靠近心脏的一侧；每隔 3 分钟松一下绑，松绑时时间以1 ~2分钟为宜，以防肢体坏死，如有条件可尽快用利刃切开伤口处，用力挤压以排除毒素，然后尽快送医院处理。

2. 被昆虫咬伤

被某些昆虫咬后会导致局部红肿剧痛，但大都没有生命危险。少部分人在被毒虫咬后会产生严重的过敏反应，出现皮肤发红及红斑、面部及眼睑肿胀、呼吸困难等症状。招致蜂的攻击，应用衣物保护好自己的头部和颈部，反向逃跑或者原地趴下。处理时，先在伤口近心端扎止血带，然后可用针或镊子挑出毒刺，切忌挤压；可用肥皂水、氨水或苏打水涂抹被蜇伤口；用冷水浸透毛巾敷在伤处，以减轻肿痛。若患者出现严重过敏反应，应立即口服抗过敏药并送医院抢救。可穿着浅色光滑的长袖衣物预防。

3. 野外遇到雷雨

若发现闪电后有巨雷，说明自己身处雷区，此刻要避免与多人聚集在一起，要立即在近处寻找低洼处蹲下，双脚并拢，双手放在腿上，头埋于两腿之间；不要靠近独立大树、古塔、电线杆、孤立小屋；不要在水中游泳或划船；在暴风雨中，如头、颈、手处有蚂蚁爬走感，头发直立，说明将发生雷击，应赶紧卧倒，并拿去身上佩戴的金属饰品和发卡等。

4. 关节扭伤

关节不慎扭伤后，切忌立即搓揉按摩或热敷，应立即用冷水或冰块冷敷受伤部位15~20分钟，以减轻肿胀。然后用手帕或绷带扎紧扭伤部位，尽量减少活动。

5. 骨折或脱臼

上肢或下肢发生骨折，不能盲目地转动骨折部位的肢体骨骼，应立即将患者放在平坦而坚硬的地方，再用冰水敷（千万不要让身体晃动），然后立即送往医院救治。在去医院途中，可先用物件加以固定，防止移位加重伤情。可就地取材，利用长树枝或板条，用绳子或绷带将其固定在骨折的肢体上。

6. 太阳晒伤

如属于轻度晒伤，最初三四天会感到少许不适，皮肤会发红，然后变黑。如晒伤比较严重，发红部位会疼痛，数小时后会肿胀起来。在48小时内，症状恶化至最严重阶段，皮肤会起泡甚至皲裂。再过几天就开始脱皮。

护肤油可防止皮肤晒伤，但要不断涂抹才有效。严重晒伤需要就医。不过，即使严重晒伤，通常也会在一两个月内痊愈。

7. 抽筋

若出现抽筋，应停下来，拉引患处肌肉，并轻轻按摩。补充水分及盐分，休息直到患处感觉舒适为止。

附录 2　中国公民出境旅游突发事件应急预案

1　总则

1.1　编制目的

建立健全国家处置中国公民出境旅游突发事件应急机制，规范出境旅游突发事件应急工作，维护国家利益，保障中国游客的生命财产安全及其合法权益。

1.2　编制依据

《中国公民出国旅游管理办法》等国家有关法律法规；《国家突发公共事件总体应急预案》和《国家涉外突发事件应急预案》以及《旅游突发公共事件应急预案》等有关部门应急预案。

1.3　适用范围

本预案适用于中国公民出境旅游过程中生命财产受到损害或严重威胁的重大和较大突发事件的应急处置工作。

1.4　工作原则

本预案遵循《国家突发公共事件总体应急预案》和《国家涉外突发事件应急预案》明确的基本原则。同时，结合旅游应急救助工作实际，坚持如下原则：

（1）以人为本，救助第一。以保障出境旅游的中国公民生命财产安全为准则，履行政府公共服务职能，尽力提供事前、事中和事后的必要应急救助。

（2）迅速反应，减少损失。事件发生后做到在第一时间、第一现场实施救助和报告。根据需要，迅速动员和协调国内外应急救援力量，力争在最短的时间内将危害和损失降到最低程度。

（3）依法规范，协调配合。遵守国家法律法规和国际条约，参照事发国（地区）法律法规的相关规定。各部门要认真履行职责，主动配合协调，保证信息畅通，确保应急措施到位。

（4）顾全大局，服从指挥。各相关部门和涉事单位要认真贯彻党中央、国务院有关处理突发事件的要求，认真履行职责，树立大局意识，服从应急指挥机构的统一领导，保证完成各项处置工作。

2　组织指挥体系和职责

中国公民出境旅游突发事件发生后，根据需要启动不同级别的应急响应机制。处理重大和较大突发事件，启用以下组织指挥系统。

2.1　部际联席会议

中国公民出境旅游重大和较大突发事件发生后，根据需要启动境外中国公民和机构安全保护工作部际联席会议，统一组织、协调、指挥应急处置工作。

2.2　应急领导小组

中国公民出境旅游重大和较大突发事件发生后，启动外交部和国家旅游局成立的应急领导小组，负责统一组织、协调、指挥应急处置工作。必要时，国务院其他有关部门和相关省级人民政府参与组织协调。

2.3　部门职责

外交部和国家旅游局按照各自职责，负责指导和协调现场救助、收集和发布有关信息、履行报告制度、组织和协调善后处理等应急工作。各有关部门和地方积极参与，提供相应的支持和保障。

3　预警机制

3.1　预警机制建立

建立和完善中国公民出境旅游安全预警信息收集、评估和发布制度。

3.2　预警信息收集

国家有关部门要加强相关信息的收集和分析，及时掌握和通报有关情况。

3.3　预警信息分级

提示——提示中国公民前往某国（地区）旅游应注意的事项。

劝告——劝告中国公民不要前往某国（地区）旅游。

警告——警告中国公民一定时期内在任何情况下都不要前往某国（地区）旅游。

3.4　预警信息评估

组织开展对预警建议的评估，并履行报批程序。

3.5　预警信息发布

经授权，国家旅游局或其他部门向社会发布旅游预警信息。

4　应急响应

根据事发地点、性质、规模和影响，中国公民出境旅游突发事件应急响应分为特别重大（Ⅰ级）、重大（Ⅱ级）、较大（Ⅲ级）和一般（Ⅳ）四级。

4.1　Ⅰ级响应

国务院成立涉外突发事件应急总指挥部处置。

4.2　Ⅱ级响应

根据需要启动部际联席会议或由外交部和国家旅游局成立应急领导小组，负责统一组织、协调、指挥应急处置工作。

4.3 Ⅲ级响应

参照Ⅱ级响应。

4.4 Ⅳ级响应

启动国家旅游局《旅游突发公共事件应急预案》处置。

5 Ⅱ级和Ⅲ级响应处置程序

5.1 先期处置

（1）事发后，当事人立即向事发地有关部门报警求助，并组织必要的自救。同时，迅速向我国驻当地外交机构和国内组团单位报告。

（2）我国驻当地外交机构接到事发报告后，采取必要措施，努力控制事态，并迅速将事发情况向外交部和国家旅游局报告。

5.2 处置措施

（1）我国境外有关部门协助开展医疗急救、财产保护、安置安抚和游客转移等工作。对救助及善后处理提出建议，随时向国内相关部门报告。

（2）旅游机构及时了解核实涉事旅游团队及游客情况，及时准确地向有关部门提供信息。

（3）迅速通知涉事保险机构及国际救援机构提供紧急救援。督促国内组团单位履行合同承诺，采取措施保证及时救助。

（4）组织协调国内组团单位负责人和当事游客家属尽快赴事发国（地区）参与和协助处理有关事宜。根据需要，派遣有关部门和地方政府组成的工作组。

（5）与事发国（地区）有关部门交涉，寻求必要的合作与支持。

（6）组织协调有关部门和地方政府协助做好应急处置相关工作。

5.3 后期处置

（1）做好旅游团队回国后的善后工作。

（2）提交事件处理报告。

6 信息报告和发布

6.1 信息报告

事发后，当事人应第一时间向我国驻外和国内有关部门报告。接报部门在两小时内应向上级部门报告，同时通报有关单位和地区。在应急处置过程中，及时续报有关情况。

6.2 信息发布

根据需要，外交部和国家旅游局设立热线电话；在政府网站及时发布有关信息；通过提供新闻稿、组织报道、接受记者采访、举行新闻发布会等形式发布信息。

7　应急保障和培训演练

7.1　相关保障

各有关部门和地方政府按照职责分工和突发事件处置需要，及时做好应对突发事件的各种保障工作。

7.2　培训演练

旅游机构要组织中国公民出境旅游的安全保护和保险意识的教育，开展对部门、企业和从业人员的应急业务培训和演练。要面向广大游客做好出境前的安全教育，加强安全防范意识，提供有关境外目的国（地区）的驻外外交机构和电话、旅游救援电话、报警电话等应急救援信息。

8　附则

8.1　解释与修订

本预案由外交部和国家旅游局负责解释，根据形势发展，及时修订。

8.2　发布与实施

本预案自发布之日起实施。

附录 3　旅游应急管理政策与法规

一、旅游应急管理政策文件索引

旅游应急管理政策文件索引

政策文件	发布机构	内容概述	备注/文号/生成日期
国家旅游局《关于贯彻突发事件应对法的意见》	国家旅游局	一、认真组织对突发事件应对法的宣传学习 二、全面贯彻突发事件应对法的各项规定和要求 三、做好贯彻实施突发事件应对法的监督检查	2007 年 12 月 7 日发
北京市实施《中华人民共和国突发事件应对法》办法	北京市人民代表大会常务委员会	《北京市实施〈中华人民共和国突发事件应对法〉办法》已由北京市第十三届人民代表大会常务委员会第四次会议于 2008 年 5 月 23 日通过，现予公布，自 2008 年 7 月 1 日起施行	第 1 号
北京市旅游局关于实施《北京市旅游突发事件应急预案》的通知	北京市旅游局	依据《中华人民共和国突发事件应对法》和《北京市实施〈中华人民共和国突发事件应对法〉办法》，市旅游局为做好各项奥运旅游服务接待安全保障工作，进一步提高全市旅游行业防范能力及处置各类旅游突发事件的应急能力和救援水平。经市旅游局研究，决定在全市旅游行业发布《北京市旅游突发事件应急预案》	2008 年 7 月 8 日发

（续上表）

政策文件	发布机构	内容概述	备注/文号/生成日期
上海市奉贤区人民政府办公室关于印发《奉贤区处置旅游突发事件应急预案》的通知	上海市奉贤区人民政府	关于印发《奉贤区处置旅游突发事件应急预案》的通知	沪奉府办〔2010〕55号
甘南藏族自治州人民政府办公室关于印发《甘南藏族自治州旅游突发公共事件应急预案》的通知	黑龙江省甘南藏族自治州人民政府	关于印发《甘南州旅游突发公共事件总体应急预案》的通知	州政办发〔2008〕178号
关于印发《2009年星级饭店重大火灾事故应急预案演练计划和方案》的通知	黑龙江省双鸭山市旅游局	按照《关于做好2009年安全生产应急预案演练工作的通知》双安办发〔2009〕21号要求，旅游局制定了《2009年星级饭店重大火灾事故应急预案演练计划和方案》并要求认真落实	2009年5月31日发
“朝阳市应急管理宣传周活动实施方案”活动的通知	辽宁省朝阳市旅游局	为认真开展好“应急管理宣传周”活动，贯彻落实好此项工作，结合朝阳市旅游应急管理工作实际，市旅游局将于10月27日至31日开展朝阳市旅游行业“应急管理宣传周”活动	朝政办传〔2008〕14号
关于印发《邹城市旅游突发公共事件应急预案》的通知	山东邹城市人民政府	关于印发《邹城市旅游突发公共事件应急预案》的通知	邹文旅字〔2008〕12号
关于印发《青岛市旅游行业安全事故应急预案管理实施方案》的通知	山东省青岛市旅游局	青岛市安全生产监督管理局关于印发《青岛市生产安全事故应急预案管理实施方案》的通知	青安监〔2009〕111号

（续上表）

政策文件	发布机构	内容概述	备注/文号/生成日期
关于印发《临汾市涉外突发事件应急预案》的通知	山西省临汾市人民政府	关于印发《临汾市涉外突发事件应急预案》的通知	临政办发〔2009〕53号
西安市旅游局关于扎实做好旅游安全和突发事件应对工作的通知	陕西省西安市旅游局	一、充分认识旅游安全与应急管理的重要性 二、强化应急管理领导机构建设 三、建立健全旅游突发事件信息报告和通报机制 四、加大旅游安全与应急管理宣传教育和培训 五、加强旅游安全与应急管理的监督检查	2008年4月14日发
西安市旅游局关于认真做好旅游行业应急预案备案管理工作的通知	陕西省西安市旅游局	一、提高认识，扎实做好应急预案编制工作 二、落实分级负责原则，加强督导检查 三、认真做好应急预案编制和演练工作 四、落实专人负责，2010年9月30日前按时报送应急预案	市旅发〔2010〕60号
四川省旅游局关于印发《旅游突发公共事件应急预案》的通知	四川省旅游局	按照省委、省政府关于强化涉旅安全工作的有关要求，为规范我省旅游突发公共事件的应急处理工作，特制定《旅游突发公共事件应急预案》	川旅发〔2005〕86号
新津县人民政府办公室关于印发《新津县旅游突发公共事件应急预案》的通知	四川省新津县人民政府	关于印发《新津县旅游突发公共事件应急预案》的通知	2007年6月11日发

（续上表）

政策文件	发布机构	内容概述	备注/文号/生成日期
万源风景旅游管理局关于2009年度应急管理工作自查报告	四川省万源市旅游局	一、强化领导，落实责任 二、强化应急预案体系建设 三、加强应急管理知识宣传培训 四、强化安全管理，加大隐患排查力度 五、积极落实灾后重建措施 六、服从指挥，统一调配	万旅〔2009〕57号
关于印发《温江区旅游突发公共事件应急预案》的通知	四川省成都市温江区人民政府	关于印发《温江区旅游突发公共事件应急预案》的通知	温府办发〔2009〕62号
关于下发《南京市旅游园林局安全应急救援预案》的通知	江苏省南京市旅游园林局	关于下发《南京市旅游园林局安全应急救援预案》的通知	2010年9月19日发
关于印发《东阳市旅游突发公共事件应急预案》的通知	浙江省东阳市人民政府办公室	关于印发《东阳市旅游突发公共事件应急预案》的通知	东政办发〔2006〕76号
义乌市风景旅游管理局办公室关于印发《义乌市旅游系统防汛（旱）抗台应急预案》的通知	浙江省义乌市风景旅游管理局	关于印发《义乌市旅游系统防汛（旱）抗台应急预案》的通知	2007年5月16日发
关于印发《宁波东钱湖旅游度假区突发公共事件总体应急预案》的通知	浙江省宁波东钱湖旅游度假区管委会	关于印发《宁波东钱湖旅游度假区突发公共事件总体应急预案》的通知	2008年8月6日发
缙云县人民政府办公室关于印发《缙云县旅游突发公共事件应急预案》的通知	浙江省缙云县人民政府	关于印发《缙云县旅游突发公共事件应急预案》的通知	缙政办发〔2009〕125号

（续上表）

政策文件	发布机构	内容概述	备注/文号/生成日期
丽水市人民政府办公室关于做好全市旅游行业突发公共事件应急管理有关问题的通知	浙江省丽水市人民政府应急管理办公室和丽水市旅游局	一、制定和完善旅游行业应急预案体系 二、做好和加强旅游行业信息报告和预警 三、加强旅游行业风险隐患排查整改工作 四、建立健全旅游行业应急管理组织体系 五、加强和提高旅游行业突发公共事件的应急处置能力 六、加强领导，保障旅游行业应急管理工作顺利推进	丽政办发〔2009〕0108号
舟山市普陀区人民政府办公室关于印发《舟山市普陀区节假日旅游突发公共事件应急预案》的通知	浙江省舟山市普陀区人民政府	一、切实加强组织领导，努力营造喜庆团圆的节日氛围 二、切实加强安全保障，确保长假期间旅游安全 三、规范假日旅游市场秩序，营造良好的旅游环境 四、加强假日旅游服务保障，提高旅游服务水平	2009年9月28日发
关于印发《上海世博会"环沪护城河"旅游突发事件应急预案》和《上海世博会"环沪护城河"旅游安全管理规定》的通知	浙江省丽水市旅游局	关于印发《上海世博会"环沪护城河"旅游突发事件应急预案》和《上海世博会"环沪护城河"旅游安全管理规定》的通知	丽旅发〔2010〕48号
关于印发《5·20天台山旅游日突发公共事件应急预案》的通知	浙江省天台县人民政府	关于印发《5·20天台山旅游日突发公共事件应急预案》的通知	天政办发〔2010〕63号
关于印发《马鞍山市旅游安全事故应急处置预案》的通知	安徽省马鞍山市旅游局	关于印发《马鞍山市旅游安全事故应急处置预案》的通知	马旅〔2005〕20号

（续上表）

政策文件	发布机构	内容概述	备注/文号/生成日期
关于报送2008年应急管理工作总结及2009年应急管理工作计划的通知	江西省大余县旅游局	一、加强领导，落实责任，牢固树立“安全旅游”理念 二、突出重点，完善措施，提高应急管理水平和处置突发事件能力 三、2009年应急管理工作计划	余府办字〔2008〕233号
关于切实加强旅游安全和突发事件应对工作的紧急通知	陕西省旅游局	一、充分认识旅游安全与应急管理的重要性，切实加强组织领导 二、加强旅游安全与应急管理宣传教育与培训 三、进一步完善和落实旅游安全与应急管理措施 四、加强旅游安全与应急管理的监督检查	陕旅质管字〔2008〕41号
关于印发《宁夏回族自治区旅游突发公共事件应急预案》的通知	宁夏回族自治区旅游局	关于印发《宁夏回族自治区旅游突发公共事件应急预案》的通知	宁旅（办）发〔2006〕59号
关于印发《平和县旅游突发公共事件应急预案》的通知	福建省平和县旅游局	关于印发《平和县旅游突发公共事件应急预案》的通知	平旅〔2006〕4号
关于转发《漳州市旅游局制订的“国庆60周年”期间安全保障、防台风、传染病暴发流行控制工作三个应急预案的通知》通知	福建省平和县旅游局	关于转发《漳州市旅游局“国庆60周年”期间安全保障应急预案》、《漳州市旅游局“国庆60周年”期间防台风应急预案》、《漳州市旅游局“国庆60周年”期间防控甲型H1N1流感、登革热等传染病暴发流行控制工作》三个应急预案的通知	平旅〔2009〕32号

（续上表）

政策文件	发布机构	内容概述	备注/文号/生成日期
关于印发《台山市旅游突发公共事件应急救援预案》的通知	广东省台山市旅游局	根据广东省旅游局、江门市旅游局关于做好旅游突发公共事件应急救援预案的通知精神，结合台山市的实际情况，旅游局制定了《台山市旅游突发公共事件应急救援预案》	2006年7月15日发
关于印发《盐田区旅游突发公共事件应急预案》的通知	广东省深圳市盐田区人民政府	关于印发《盐田区旅游突发公共事件应急预案》的通知	深盐府办〔2007〕71号
关于印发《重庆市万州区旅游突发公共事件应急预案》的通知	重庆市万州区政府	关于印发《重庆市万州区旅游突发公共事件应急预案》的通知	万州府办发〔2008〕36号
石柱土家族自治县人民政府办公室关于印发《县旅游突发公共事件应急预案》的通知	重庆市石柱土家族自治县人民政府	关于印发《县旅游突发公共事件应急预案》的通知	石柱府办发〔2008〕66号
济源市人民政府办公室关于印发《济源市重、特大旅游安全事故应急预案》的通知	河南省济源市人民政府	关于印发《济源市重、特大旅游安全事故应急预案》的通知	济政办〔2006〕27号
新乡市人民政府办公室关于印发《新乡市旅游突发公共事件应急预案》的通知	河南省新乡市人民政府	关于印发《新乡市旅游突发公共事件应急预案》的通知	新政办〔2008〕81号
关于印发《济源市2009年"十一"黄金周旅游突发公共事件应急预案》《济源市旅游局甲型H1N1流感防控应急预案》的通知	河南省济源市旅游局	关于印发《济源市2009年"十一"黄金周旅游突发公共事件应急预案》《济源市旅游局甲型H1N1流感防控应急预案》的通知	济旅〔2009〕63号

（续上表）

政策文件	发布机构	内容概述	备注/文号/生成日期
道县人民政府办公室关于印发《道县旅游突发公共事件应急预案》的通知	湖南省道县人民政府	关于印发《道县旅游突发公共事件应急预案》的通知	道政办函〔2007〕70号
关于印发《花垣县旅游突发公共事件应急预案》的通知	湖南省花垣县人民政府	关于印发《花垣县旅游突发公共事件应急预案》的通知	花政办函〔2008〕137号
关于印发《汉川市外事侨务旅游局重大突发事件应急预案》的通知	湖北省汉川市外事侨务旅游局	关于印发《汉川市外事侨务旅游局重大突发事件应急预案》的通知	川外侨旅文〔2008〕10号
关于印发《荆州市旅游投诉工作应急预案》的通知	湖北省荆州市旅游局	关于印发《荆州市旅游投诉工作应急预案》的通知	荆旅游文〔2010〕35号
澄迈县人民政府关于印发《澄迈县突发公共事件医疗救援应急预案》与《澄迈县突发公共卫生事件应急预案》的通知	海南省澄迈县人民政府	关于印发《澄迈县突发公共事件医疗救援应急预案》与《澄迈县突发公共卫生事件应急预案》的通知	澄府函〔2007〕22号
海口市人民政府办公厅关于印发《海口市旅游突发公共事件应急预案》的通知	海南省海口市人民政府	关于印发《海口市旅游突发公共事件应急预案》的通知	海府办〔2009〕196号

二、旅游应急管理相关法律行政法规索引

旅游应急管理相关法律行政法规索引

	法律类	法规类	规章类
综合类	《中华人民共和国突发事件应对法》		
自然灾害类	《中华人民共和国防洪法》 《中华人民共和国防沙治沙法》 《中华人民共和国防震减灾法》 《中华人民共和国气象法》	《水库大坝安全管理条例》《人工影响天气管理条例》《破坏性地震应急条例》《森林病虫害防治条例》《地质灾害防治条例》《草原防火条例》《森林防火条例》《中华人民共和国防汛条例》	《地震灾情上报暂行规定》 《地质灾害防治管理办法》
事故灾难类	《中华人民共和国消防法》 《中华人民共和国道路交通安全法》 《中华人民共和国海上交通安全法》 《中华人民共和国建筑法》 《中华人民共和国安全生产法》	《国务院关于特大安全事故行政责任追究的规定》《生产安全事故报告和调查处理条例》《中华人民共和国海上交通事故调查处理条例》《建设工程安全生产管理条例》《铁路运输安全保护条例》《特种设备安全监察条例》《建筑工程质量管理条例》《中华人民共和国河道管理条例》	
公共卫生事件类	《中华人民共和国传染病防治法》 《中华人民共和国食品卫生法》 《中华人民共和国国境卫生检疫法》 《中华人民共和国进出境动植物检疫法》	《国务院关于加强食品等产品安全监督管理的特别规定》 《突发公共卫生事件应急条例》 《国内交通卫生检疫条例》 《中华人民共和国国境口岸卫生监督办法》	《突发公共卫生事件与传染病疫情监测信息报告管理办法》《国家救灾防病与突发公共卫生事件信息报告管理规范》《传染性非典型肺炎防治管理办法》《国境卫生检疫法实施细则》《食物中毒事故外理办法》
社会安全事件类	《中华人民共和国国家安全法》 《中华人民共和国人民警察法》 《中华人民共和国治安管理处罚法》 《中华人民共和国公民出境入境管理法》 《中华人民共和国外国人入境出境管理法》 《中华人民共和国价格法》	《企业事业单位内部治安保卫条例》 《中华人民共和国民用航空安全保卫条例》 《中华人民共和国民用爆炸物管理条例》	

参考文献

[1] 肖鹏军．公共危机管理导论［M］．北京：中国人民大学出版社，2003.

[2] 卢涛．危机管理［M］．北京：人民出版社，2008.

[3] 薛澜等．危机管理：转型期中国面临的挑战［M］．北京：清华大学出版社，2003.

[4] 朱德武．危机管理：面对突发事件的抉择［M］．广州：广东经济出版社，2002.

[5] 王茂涛．近年来国内公共危机管理研究综述［J］．政治学研究，2005（4）.

[6] 谷慧敏．旅游危机管理研究［M］．天津：南开大学出版社，2007.

[7] 罗伯特·希斯．危机管理［M］．王成等译．北京：中信出版社，2001.

[8] 胡杰武等．企业风险管理［M］．北京：清华大学出版社，北京交通大学出版社，2009.

[9] 王健康．风险管理原理与实务操作［M］．北京：电子工业出版社，2008.

[10] 郑向敏．旅游安全学［M］．北京：中国旅游出版社，2003.

[11] 唐承沛．中小城市突发公共事件应急管理体系与方法［M］．上海：同济大学出版社，2007.

[12] 计雷等．突发事件应急管理［M］．北京：高等教育出版社，2006.

[13] 李磊等．峨眉旅游资源开发应急机制初探［J］．技术与市场，2010（9）.

[14] 谢朝武．业外突发事件与旅游业的应急管理研究［J］．华侨大学学报（哲学社会科学版），2008（4）.

[15] 中国现代国际关系研究所危机管理与对策研究中心．国际危机管理概论［M］．北京：时事出版社，2002.

[16] 杨雪冬等．风险社会与秩序重建［M］．北京：社会科学文献出版社，2006.

[17] 赵刘，郭胜．国外旅游危机管理及其对我们的启示［J］．城市发展研

究，2009（10）.

[18] 姚国章．印度灾害知识管理发展探析［J］．中国应急管理，2009（7）.

[19] 李瑞霞．泰国对旅游危机的控制及其启示［J］．东南亚纵横，2006（12）.

[20] 毛晓莉．马来西亚旅游危机管理经验借鉴［J］．东南亚纵横，2006（10）.

[21] 刘春玲．旅游产业危机管理与预警机制研究［M］．北京：中国旅游出版社，2007.

[22] 周在泉．旅游企业应对突发性公共事件的危机管理策略［J］．商业经济，2009（22）.

[23] 张骁鸣，戴光全，保继刚．从事件角度对 SARS 进行“危机管理”［J］．旅游学刊，2003（4）.

[24] 寇丽平．当前我国治安灾害事故的现状及影响因素分析［J］．山东公安专科学校学报，2004（3）.

[25] 李琛．节庆旅游游客分流管理［J］．合作经济与科技，2008（5）.

[26] 刘轶梅．城市公共危机突发事件对城市发展的影响及反思［J］．黑龙江社会科学，2007（6）.

[27] 李洪波，郑向敏．目的地旅游安全事故范畴简析［J］．北京第二外国语学院学报，2004（1）.

[28] 国家旅游局人事劳动教育司．导游业务［M］．北京：旅游教育出版社，2008.

[29] 李永菊，徐淑梅．浅谈旅游安全事故成因［J］．时代金融，2007（5）.

[30] 张进福．旅游安全理论与实践——福建省个案实证研究［D］．厦门：华侨大学硕士学位论文，1999.

[31] 汪萍．城市旅游危机管理研究——以乌鲁木齐为例［D］．乌鲁木齐：新疆师范大学硕士学位论文，2009.

[32] 邓冰，吴必虎，蔡利平．国内外旅游业危机管理研究综述［J］．旅游科学，2004（1）.

[33] 陈嘉智．风险管理理论综述［J］．特区经济，2008（6）.

[34] 张琴，陈柳钦．风险管理理论沿袭和最新研究趋势综述［J］．河南金融管理干部学院学报，2008（5）.

[35] 冯楠．软件项目风险管理理论与模型研究［D］．天津：天津大学博士学位论文，2007.

[36] 张公绪，孙静．新编质量管理学［M］．北京：高等教育出版社，2003.

[37] 尤建新，杜学美，张建同．质量管理学［M］．北京：科学出版社，2008.

[38] 薛惠锋等．管理系统工程新论［M］．北京：国防工业出版社，2008.

[39] 王宏伟等．重大突发事件应急机制研究［M］．北京：中国人民大学出版社，2010.

[40] 张沛，潘锋．现代城市公共安全应急管理概论［M］．北京：清华大学出版社，2008.

[41] 刘铁民．应急体系建设和应急预案编制［M］．北京：企业管理出版社，2004.

[42] 庄越，雷培德．安全事故应急管理［M］．北京：中国经济出版社，2009.

[43] 邢娟娟．企业事故应急救援与预案编制技术［M］．北京：气象出版社，2008.

[44] 宋英华．突发事件应急管理导论［M］．北京：中国经济出版社，2009.

[45] 张红．我国突发事件应急预案的缺陷及其完善［J］．行政法学研究，2008（3）.

[46] 李湖生．如何提高突发事件应急预案的有效性［J］．现代职业安全，2008，4（80）.

[47] 郑向敏，卢昌崇．论我国旅游安全保障体系的构建［J］．东北财经大学学报，2003（6）.

[48] 刘春玲，孙庆军，吴丽云等．突发性危机事件对旅游业发展的影响及其旅游业应急机制研究［J］．石家庄学院学报，2005（5）.

[49] 张丹宇，孙莅文，陈亚颦．浅析中国旅游业危机管理的对策［J］．经济问题探索，2006（7）.

[50] 李树民，温秀．论我国旅游业突发性危机预警机制建构［J］．西北大学学报（哲学社会科学版），2004（9）.

[51] 王光，秦立强，张明．试论政府应急管理的社会合作机制［J］．中国人民公安大学学报（社会科学版），2006（5）.

[52] 中国行政管理学会课题组．政府应急管理机制研究［J］．中国行政管理，2005（1）.

[53] 石奎．旅游危机管理的信息沟通机制构建［J］．广西民族大学学报

(哲学社会科学版), 2007 (3).

[54] 李华敏. 谈公共危机及其应急管理机制建设 [J]. 商业时代, 2010 (20).

[55] 刘爱华, 刘海燕. 中美日突发公共事件应急管理机制的比较研究 [J]. 工业安全与环保, 2010 (9).

[56] 钟开斌. "一案三制": 中国应急管理体系建设的基本框架 [J]. 南京社会科学, 2009 (11).

[57] 谢朝武, 郑向敏. 旅游业危机的应急管理研究 [J]. 北京第二外国语学院学报, 2007 (9).

[58] 赵士德, 郭小莉. 浅析我国旅游安全管理现状及对策 [J]. 资源开发与市场, 2008, 24 (8).

[59] 王军. 突发事件应急管理读本 [M]. 北京: 中共中央党校出版社, 2009.

[60] 邹统钎. 旅游危机管理 [M]. 北京: 北京大学出版社, 2005.

[61] 郑辉, 杨恒雨, 赵延敏等. 地方政府突发公共事件应急管理: 以四川为例 [M]. 成都: 四川人民出版社, 2008.

[62] 罗章, 李韧. 中日应急管理体制要素比较研究 [J]. 学术论坛, 2010 (9).

[63] 侯国林. 旅游危机: 类型、影响机制与管理模型 [J]. 南开管理评论, 2005 (1).

[64] 赵春艳, 冯启民. 城市防灾应急信息数据管理研究 [J]. 灾害学, 2010 (25).

[65] 李晓翔, 谢阳群. 危机信息系统研究 [J]. 情报理论与实践, 2007, 30 (3).

[66] 李娜. 从突发事件看我国政府应急管理的问题与对策 [J]. 经济论坛, 2010 (9).

[67] 徐仲伟, 蒋溢, 李盛竹等. 对重庆市突发事件应急信息决策支持系统建设的分析与思考 [J]. 重庆邮电大学学报 (社会科学版), 2008, 20 (2).

[68] 李文明. 发挥政府网站的应急平台作用 [J]. 科技传播, 2010 (4).

[69] 王伟. 公共危机信息管理体系构建与运行机制研究 [D]. 长春: 吉林大学博士学位论文, 2007.

[70] 刘焕成, 温芳芳. 国内应急信息研究的定量分析 [J]. 图书情报知识, 2009 (5).

[71] 周蓓. 基于旅游者认知的旅游危机信息管理模型研究 [J]. 情报科

学，2010，28（4）.

[72] 马骏．旅游业危机信息管理系统的初步研究［D］．南京：南京师范大学硕士学位论文，2004.

[73] 杨灵芝，丁敬达．论城市突发事件的应急信息管理［J］．情报科学，2009（27）.

[74] 杨颖．论政府危机传播中的信息公开问题［D］．成都：四川大学硕士学位论文，2006.

[75] 朱晓燕，徐林．浅析危化应急信息系统［J］．信息系统工程，2010（5）.

[76] 李翼．浅议我国城市突发公共事件应急信息系统的建设［J］．社科纵横（新理论版），2010，25（3）.

[77] 唐立红，高帆．日美德政府自然灾害危机管理经验与启示［J］．求索，2010（2）.

[78] 秦军．山西省政府应急信息系统建设［J］．电子政务，2008（21）.

[79] 刘焕成，刘永．社会突发事件应急信息系统构建研究［J］．情报科学，2005，23（12）.

[80] 林翊．泰达应急信息平台建设与研究［D］．天津：天津大学硕士学位论文，2010.

[81] 刘铁民，李湖生，邓云峰．突发公共事件应急信息系统平战结合［J］．中国安全生产科学技术，2005（5）.

[82] 王文俊．突发公共事件应急信息系统及其技术体系［J］．信息化建设，2005（9）.

[83] 范维澄．突发公共事件应急信息系统总体方案构思［J］．信息化建设，2005（9）.

[84] 杨军，张媛．网络环境下政府危机信息管理的新思路［J］．重庆工学院学报（社会科学版），2007，21（11）.

[85] 朱恪钧，谭晓梅．地方政府应急管理实践研究［M］．成都：四川人民出版社，2009.

[86] 吕飞科．我国政府公共危机信息管理研究［D］．郑州：郑州大学硕士学位论文，2005.

[87] 衡成军．政府公共危机信息的搜集问题研究［D］．苏州：苏州大学硕士学位论文，2006.

[88] 宋君．政府危机信息处理的必要性及其有效性分析［J］．行政与法，2006（7）.

[89] 宋君. 政府危机信息管理的重要性及其对策建议 [J]. 常熟理工学院学报, 2008 (7).

[90] 苌瑞月. 政府应对公共危机的信息机制研究 [D]. 合肥: 安徽大学硕士学位论文, 2007.

[91] 苌瑞月. 政府应对公共危机的信息机制研究综述 [J]. 图书与情报, 2007 (4).

[92] 王宏伟. 突发事件应急管理基础 [M]. 北京: 中国石化出版社, 2010.

[93] 姚国章. 应急管理信息化建设 [M]. 北京: 北京大学出版社, 2009.

[94] 张维平. 政府应急管理: "一案三制" 创新研究 [M]. 合肥: 安徽大学出版社, 2010.

[95] 韩丽丽. 我国突发事件应对与社会政策制定模式研究 [M]. 北京: 社会科学文献出版社, 2010.

[96] 王宏伟. 重大突发事件应急机制研究 [M]. 北京: 中国人民大学出版社, 2010.

[97] 德克·格莱泽. 旅游业危机管理 [M]. 安辉译. 北京: 中国旅游出版社, 2004.

[98] 刘德艳. 旅游危机管理 [M]. 上海: 上海人民出版社, 2010.

[99] 马志毅. 中国应急管理: 体制、机制与法制 [J]. 行政管理改革, 2010 (10).

[100] 戚建刚. 突发事件管理中的 "分类"、"分级" 与 "分期" 原则——《中华人民共和国突发事件应对法 (草案)》的管理学基础 [J]. 江海学刊, 2006 (6).

[101] 高小平, 刘一弘. 我国应急管理研究述评 (上) [J]. 中国行政管理, 2009 (8).

[102] 唐兴霖, 周幼平. 中国非政府组织研究: 一个文献综述 [J]. 学习论坛, 2010 (1).

[103] 徐珍珍. 非政府组织参与应急管理研究综述 [J]. 淮北职业技术学院学报, 2010 (2).

[104] 翟向坤, 黄绍梅, 韩玉灵. 非营利组织制度安排对北京市旅游行业协会的启示 [J]. 北京第二外国语学院学报 (旅游版), 2007 (11).

[105] 王金芳, 和文征. 从国外行业协会发展模式看我国旅游行业协会发展 [J]. 江西广播电视大学学报, 2006 (4).

[106] 黄琅. 谈中国旅游行业协会的改革与发展 [J]. 乐山师范学院学报,

2009（10）.

［107］曾明华．国外旅游行业协会模式的比较与借鉴［J］．企业家天地，2007（12）.

［108］方巧．旅游行业协会比较研究［D］．西安：西北大学硕士学位论文，2005.

［109］黄琅．中国旅游行业协会研究［D］．成都：四川大学硕士学位论文，2006.

［110］李连宇．转型时期中国旅游行业协会模式研究——以北京、青岛为例［D］．北京：北京第二外国语学院硕士学位论文，2006.

［111］董观志．景区经营管理［M］．广州：中山大学出版社，2007.

［112］黄代梅，刘娜．国内旅游危机管理研究综述［J］．经营管理，2009（6）.

［113］阚如良，邓念梅．旅游景区管理［M］．天津：南开大学出版社，2008.

［114］李巧玲，彭淑贞．旅游安全及其相关问题的初步研究［J］．泰山学院学报，2006（1）.

［115］李蓉茜．林区灾害应急管理机制及其对林区经济发展推动的研究［D］．哈尔滨：哈尔滨工业大学硕士学位论文，2007.

［116］刘铁民．重大事故应急处置基本原则与程序［J］．中国安全生产科学技术，2007（3）.

［117］邵冬梅，苗维亚．旅游景区自然灾害防治管理的研究［J］．桂林旅游高等专科学校学报，2006（2）.

［118］佟瑞鹏，孙超．旅游景区事故应急工作手册［J］．北京：中国劳动社会保障出版社，2008.

［119］王玉霞．不同类型旅游景区经营与管理［J］．商场现代化，2006（8）.

［120］邵冬梅，苗维亚．旅游景区自然灾害防治管理的研究［J］．桂林旅游高等专科学校学报，2006（2）.

［121］许纯玲，李志飞．旅游安全实务［M］．北京：科学出版社，2000.

［122］杨兴柱，陆林．旅游危机管理初步研究［J］．资源开发与市场，2004（6）.

［123］朱红新．旅游安全及其管理体制研究［D］．南京：南京农业大学硕士学位论文，2007.

［124］张进福．建立旅游安全救援系统的构想［J］．旅游学刊，2006（6）.

［125］张健华，余建辉．湖泊旅游区安全管理问题的探讨［J］．江西科技师范学院学报，2006（3）．

［126］郑向敏．旅游安全学［M］．北京：中国旅游出版社，2003.

［127］郑向敏．我国沿海岛屿旅游发展与安全管理［J］．人文地理，2007（4）．

［128］郑向敏，宋伟．国内旅游安全研究综述［J］．旅游科学，2005（5）．

［129］陈安，陈宁，倪慧荟等．现代应急管理理论与方法［M］．北京：科学出版社，2009.

［130］马勇．饭店管理概论［M］．北京：清华大学出版社，2006.

［131］魏小安，金慧．饭店管理［M］．北京：中国人民大学出版社，2007.

［132］袁义．现代酒店安全管理工作的特点分析［J］．商场现代化，2008（21）．

［133］刘筱筱．现代饭店安全管理要点及案例分析［M］．北京：化学工业出版社，2008.

［134］翁钢民．饭店管理概论［M］．武汉：华中师范大学出版社，2007.

［135］彭学强．现代饭店经营与管理［M］．长沙：湖南大学出版社，2006.

［136］邢夫敏．旅游饭店管理概论［M］．天津：南开大学出版社，2008.

［137］宋英华．突发事件应急管理导论［M］．北京：中国经济出版社，2009.

［138］《应急救援系列丛书》编委会．企业、政府应急预案编制实务［M］．北京：中国石化出版社，2008.

［139］刑娟娟．企业重大事故应急管理与预案编制［M］．北京：航空工业出版社，2005.

［140］吴东平，程万洲．我国突发公共事件应急管理现状［J］．中国安全生产科学技术，2009（5）．

［141］褚晓潇．突发公共事件应急管理相关概念的研究综述［J］．学习月刊，2010（12）．

［142］魏卫．现代饭店经营管理［M］．广州：中山大学出版社，2008.

［143］苏欣慰．刍议酒店突发事件的应急管理［J］．科技和产业，2009（12）．

［144］周军．大中型酒店消防安全状况的分析及对策［J］．淮南职业技术学院学报，2005（4）．

［145］李景文．浅析公共娱乐场所的火灾危险性及防火对策［J］．学理论，

2010 (22).

[146] 廖清华. 酒店危机事件分级模型的研究 [J]. 北京第二外国语学院院报, 2007 (7).

[147] 吴桂生. 公共娱乐场所现状及其火灾原因分析 [J]. 黑龙江科技信息, 2008 (35).

[148] 毕延鹤. 大型公共娱乐场所火灾成因及管理对策 [J]. 中国科技信息, 2009 (3).

[149] 官洪国, 郑世贞. 文化娱乐场所空气污染状况监测 [J]. 中国城乡企业卫生, 2001 (6).

[150] 赵益民. 国内中小旅行社危机分析与管理研究 [J]. 湖北经济学院学报 (人文社会科学版), 2010 (12).

[151] 游庆军. 海恩法则在旅行社危机管理中的应用研究 [J]. 辽宁医学院学报 (社会科学版), 2010 (4).

[152] 陈甜甜, 王建喜. 旅行社危机管理初探 [J]. 黑龙江史志, 2009 (22).

[153] 王明星, 王妙映. 旅行社危机管理研究述评 [J]. 韶关学院学报, 2008 (8).

[154] 刘书葵. 浅谈我国旅行社危机管理的几个误区 [J]. 经济问题, 2007 (6).

[155] 刘书葵. 浅谈旅行社危机管理 [J]. 山西煤炭管理干部学院学报, 2007 (2).

[156] 纪俊超. 浅谈旅行社的危机管理 [J]. 旅游科学, 2003 (1).

[157] 陶汉军, 黄松山. 导游服务学概论 [M]. 北京: 中国旅游出版社, 2003.

[158] 毛福禄, 樊志勇. 导游概论 [M]. 天津: 南开大学出版社, 2003.

[159] 杜炜, 张建梅. 导游业务 [M]. 北京: 高等教育出版社, 2002.

[160] 广东省导游人员考评委员会办公室. 导游业务 [M]. 广州: 广东旅游出版社, 2007.

[161] 宋洪波. 基于旅游者危机认知分析的旅游目的地危机管理机制构建研究 [D]. 上海: 上海师范大学硕士学位论文, 2005.

[162] 贺红琼. 自驾游存在的问题及对策探析 [J]. 内江科技, 2007 (5).

[163] 张波. 国内"自驾车旅游"的发展现状与问题分析 [J]. 渝西学院学报, 2004 (2).

[164] 梁佼佼, 曾荣青. 中国户外自助游的概念性定义及趋势发展研究

[J]．桂林旅游高等专科学校学报，2007（4）.

[165] C. F. Hermann. *International Crises: Insights from Behavioral Research* [M]. New York: Free Press, 1972.

[166] Uriel Rosenthal, et al. *Managing Crisis: Treat, Dilemmas, Opportunities* [M]. Springfield, Illinois: Charles C. Thomas Publisher Ltd., 2001.

[167] Niklas. Luhmann. *Risk: A Sociological Theory* [M]. Piscataway: Aldine Transaction, 2005.

[168] F. Ewald. Insurance and Risk [A]. G. Burchell, C. Gordon & P. Miller (eds). *The Foucault Effect: Studies in Governmentality* [M]. London: Harvester Wheatsheaf, 1991.

[169] Piet Strydom. *Risk, Environment and Society* [M]. Buckingham: Open University Press, 2002.

[170] Mary Douglas. *Risk Accept Ability According to the Social Sciences* [M]. New York: Russel Sage Foundation, 1986.

[171] Mary Douglas, Aaron Wildavsky. *Risk and Culture* [M]. California: University of California Press, 1982.

[172] Ulrich Beck. *Risk Society: Towards a New Modernity* [M]. Translated by Mark Ritter. London: Sage Publications, 1992.

[173] Gonzalez-Herrero, Alfonso Pratt, Cornelius B. Marketing Crises in Tourism: Communication Strategies in the United States and Spain [J]. *Public Relations Review*, 1998, 24 (1).

[174] Perry Hystad, Peter Keller. Disaster Management: Kelowna Tourism Industry's Preparedness, Impact and Response to a 2003 Major Forest Fire [J]. *Journal of Hospitality and Tourism Management*, 2006, 13 (1).

[175] Glaeper, Dirk. *Crisis Management in the Tourism Industry* [M]. Oxford: Butterworth-Heinemann, 2003.

[176] Smith, V. War and Tourism [J]. *Annals of Tourism Research*, 1998, 25 (1).

[177] World Meteordogical Organization, World Tourism Organization. *Handbook on Natural Disaster Reduction in Tourist Areas* [M]. Madrid: World Tourism Organization, 1998.

[178] 高世屹．媒体在政府危机管理中的作用 [DB/OL]. http://www.zhgpl.com, 2003-06-14.

[179] 丁培毅，范业正，Stephen Craig_ Smith. 英国“口蹄疫”危机及其管

理［DB/OL］. http：//ly. gdcc. edu. cn/n13278c84. aspx，2007－08－20.

［180］青岛市旅游突发公共事件应急预案.

［181］深圳市旅游突发事件应急预案.

［182］中华人民共和国突发事件应对法.

［183］旅游突发公共事件应急预案（简本）.

［184］国家突发公共事件总体应急预案.

［185］广东省人民政府应急管理办公室网站：http：//www. gdemo. gov. cn.

［186］中国旅游协会网站：www. chinata. com. cn.

［187］广东省人民政府应急管理办公室网站：http：//www. gdemo. gov. cn.

［188］中国自驾车旅游联盟网：http：//www. chinazjy. com.

［189］中国驴友网：http：//www. traveler365. com.

［190］http：//tieba. baidu. com/f？kz＝910513863.

［191］http：//news. sina. com. cn/richtalk/news/culture/9812/120310. html.

［192］http：//www. chinanews. com. cn/news/2005/2005－11－23/8/655501. shtml.

［193］http：//www. jiaodong. net/news/system/2008/04/14/010222975. shtml.

［194］http：//www. thebeijingnews. com/news/1111/2008/07－12/011@032841. htm.

［195］http：//www. youkecn. com/zxShow. asp？id＝20042.